HERR UNSICHTBAR
UND SEINE ZUKÜNFTIGE FRAU

meant to be together.

Iwatobi Neko

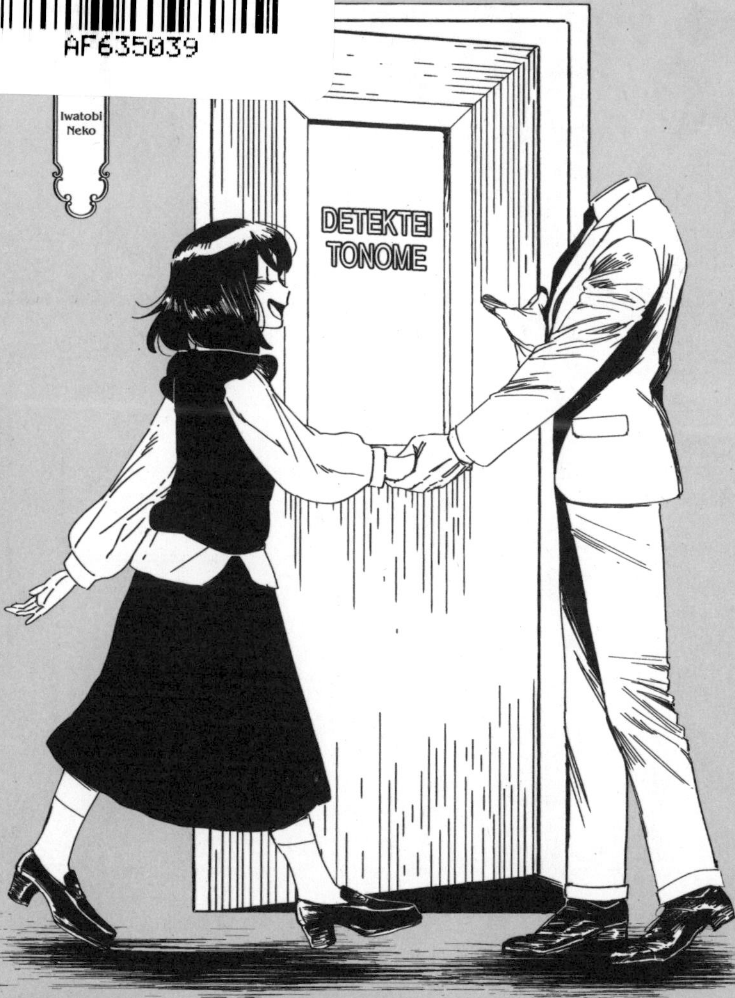

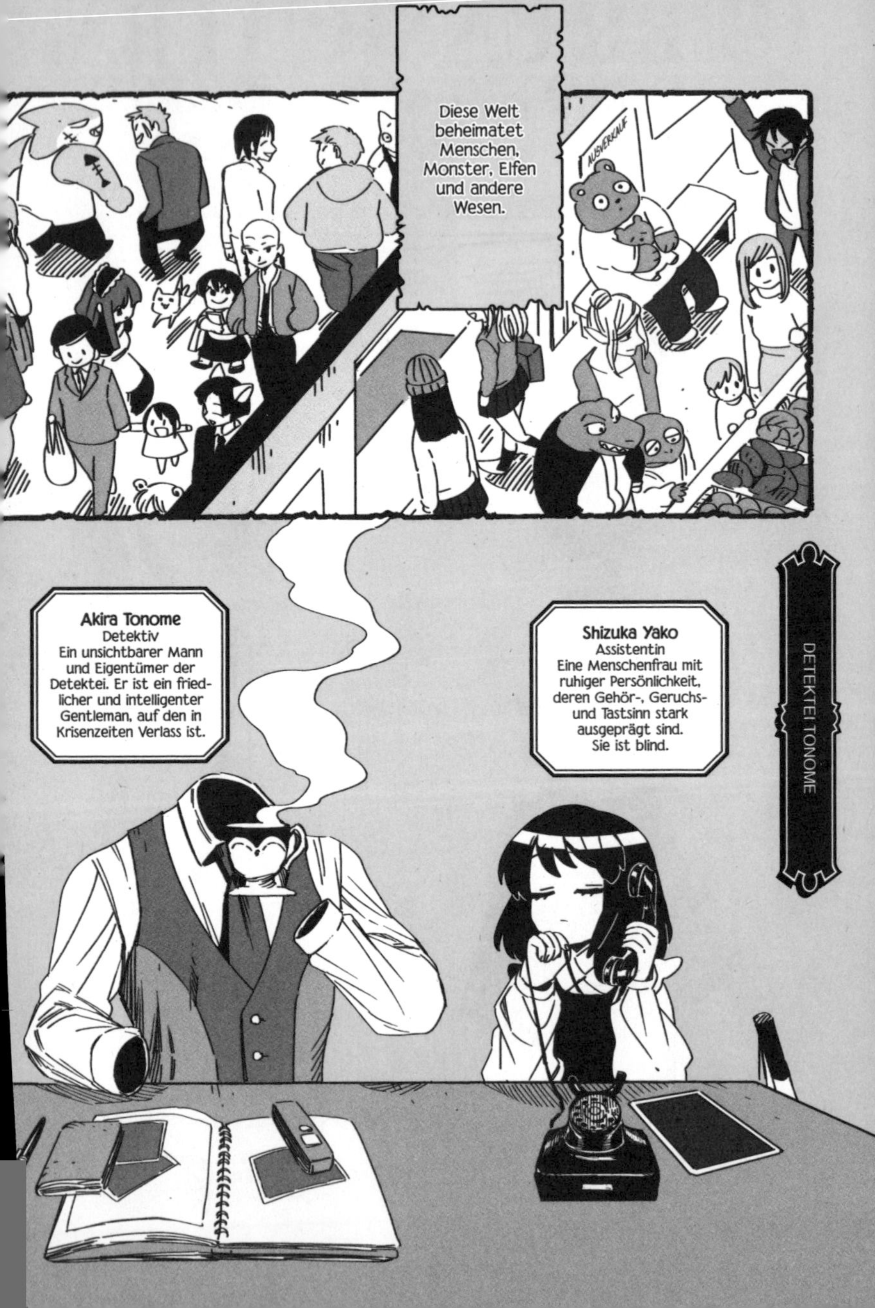
Diese Welt beheimatet Menschen, Monster, Elfen und andere Wesen.
AUSVERKAUF
Akira Tonome
Detektiv
Ein unsichtbarer Mann und Eigentümer der Detektei. Er ist ein friedlicher und intelligenter Gentleman, auf den in Krisenzeiten Verlass ist.
Shizuka Yako
Assistentin
Eine Menschenfrau mit ruhiger Persönlichkeit, deren Gehör-, Geruchs- und Tastsinn stark ausgeprägt sind. Sie ist blind.
DETEKTEI TONOME

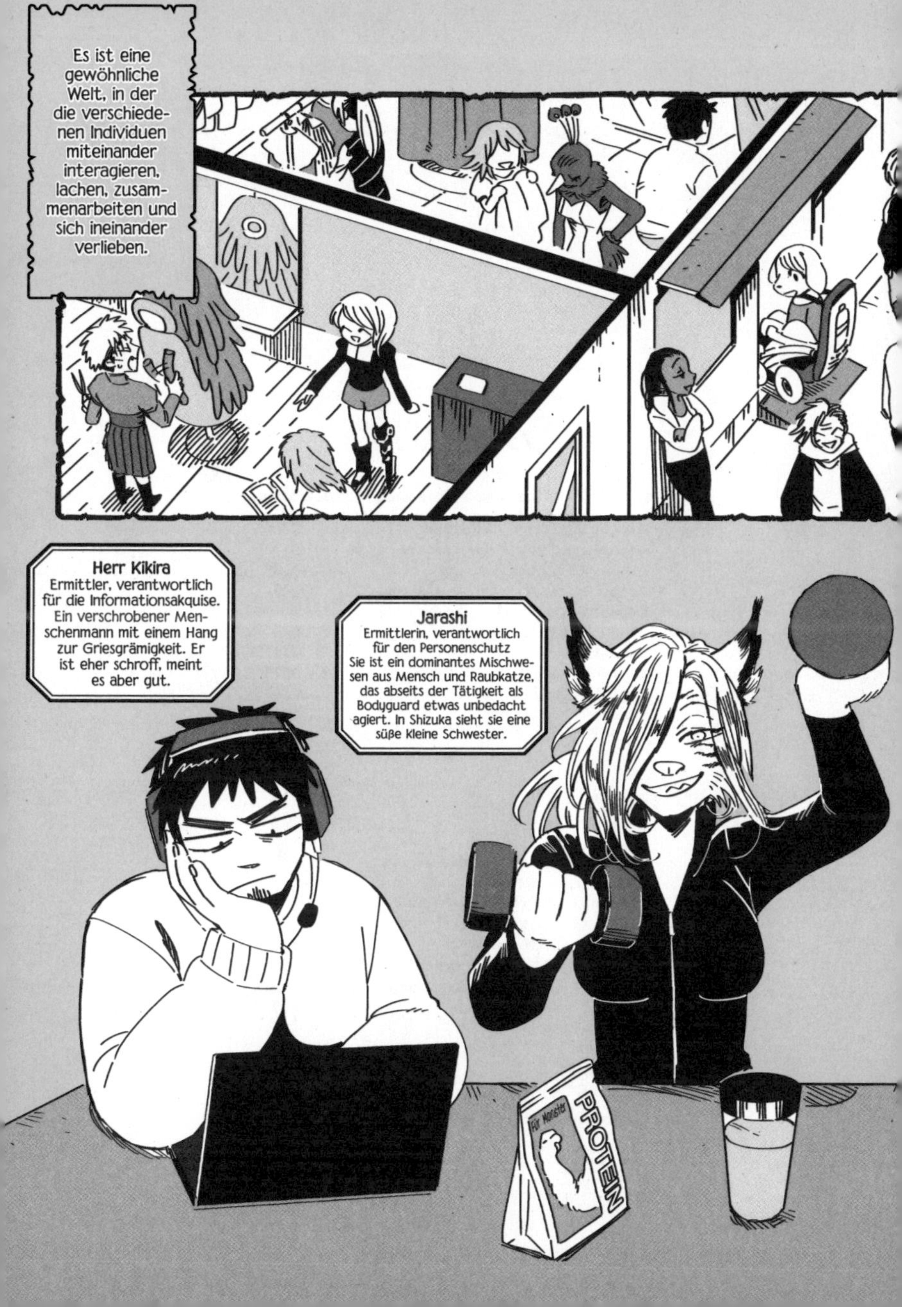
Es ist eine gewöhnliche Welt, in der die verschiedenen Individuen miteinander interagieren, lachen, zusammenarbeiten und sich ineinander verlieben.
Herr Kikira
Ermittler, verantwortlich für die Informationsakquise. Ein verschrobener Menschenmann mit einem Hang zur Griesgrämigkeit. Er ist eher schroff, meint es aber gut.
Jarashi
Ermittlerin, verantwortlich für den Personenschutz
Sie ist ein dominantes Mischwesen aus Mensch und Raubkatze, das abseits der Tätigkeit als Bodyguard etwas unbedacht agiert. In Shizuka sieht sie eine süße kleine Schwester.
Für Monster
PROTEIN

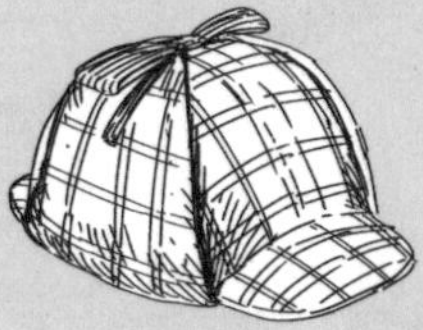

Inhalt

Kapitel 1: Das zukünftige Paar

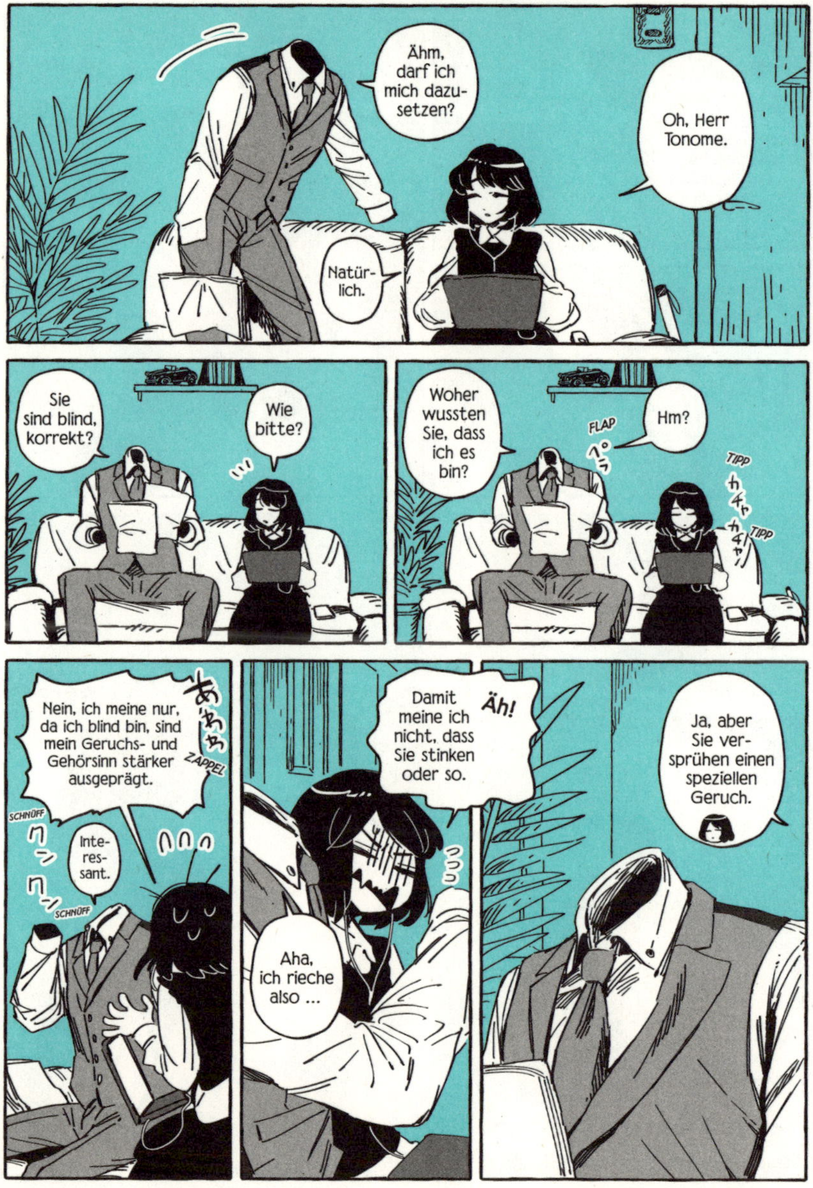

Oh, Herr Tonome.
Ähm, darf ich mich dazusetzen?
Natürlich.
Hm?
FLAP
TIPP
TIPP
Woher wussten Sie, dass ich es bin?
Sie sind blind, korrekt?
Wie bitte?
Ja, aber Sie versprühen einen speziellen Geruch.
Äh!
Damit meine ich nicht, dass Sie stinken oder so.
Aha, ich rieche also ...
Nein, ich meine nur, da ich blind bin, sind mein Geruchs- und Gehörsinn stärker ausgeprägt.
ZAPPEL
Interessant.
SCHNÜFF
SCHNÜFF

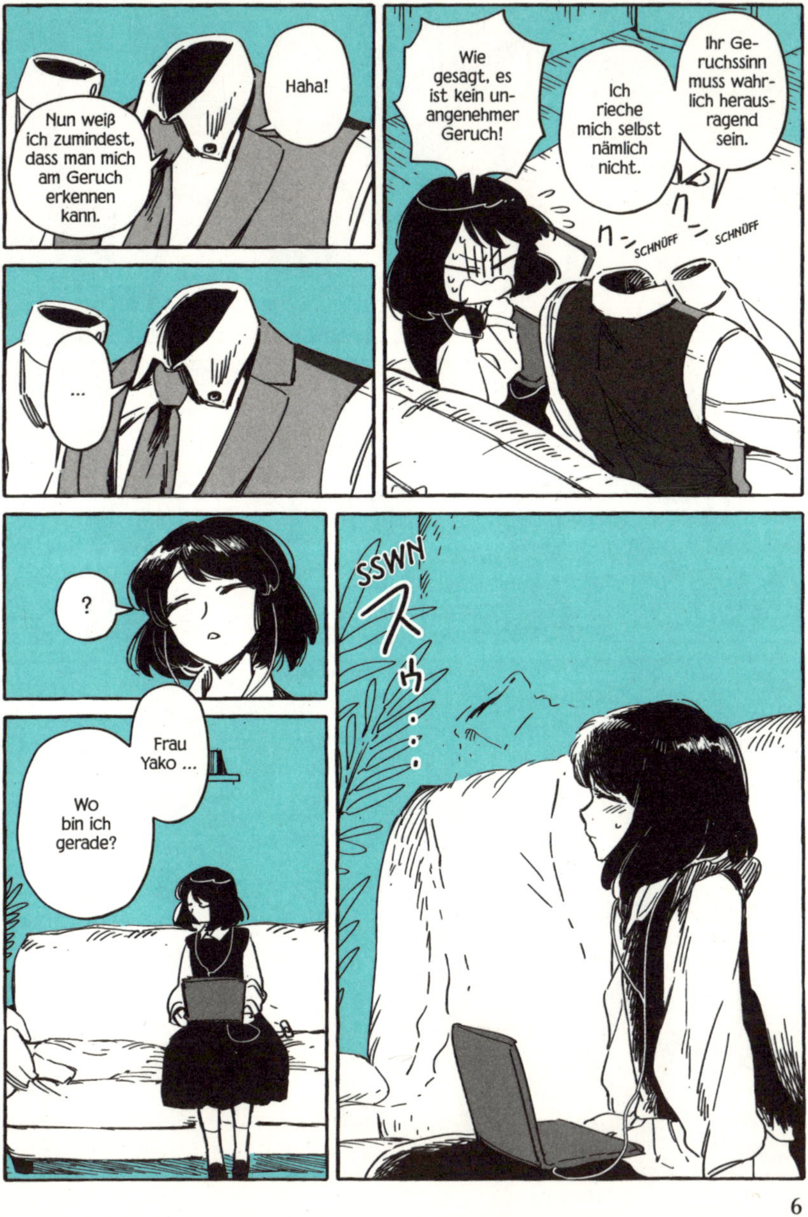
Ihr Geruchssinn muss wahrlich herausragend sein.
Ich rieche mich selbst nämlich nicht.
Wie gesagt, es ist kein unangenehmer Geruch!
SCHNÜFF
SCHNÜFF
Haha!
Nun weiß ich zumindest, dass man mich am Geruch erkennen kann.
...
SSWN
?
Frau Yako ...
Wo bin ich gerade?

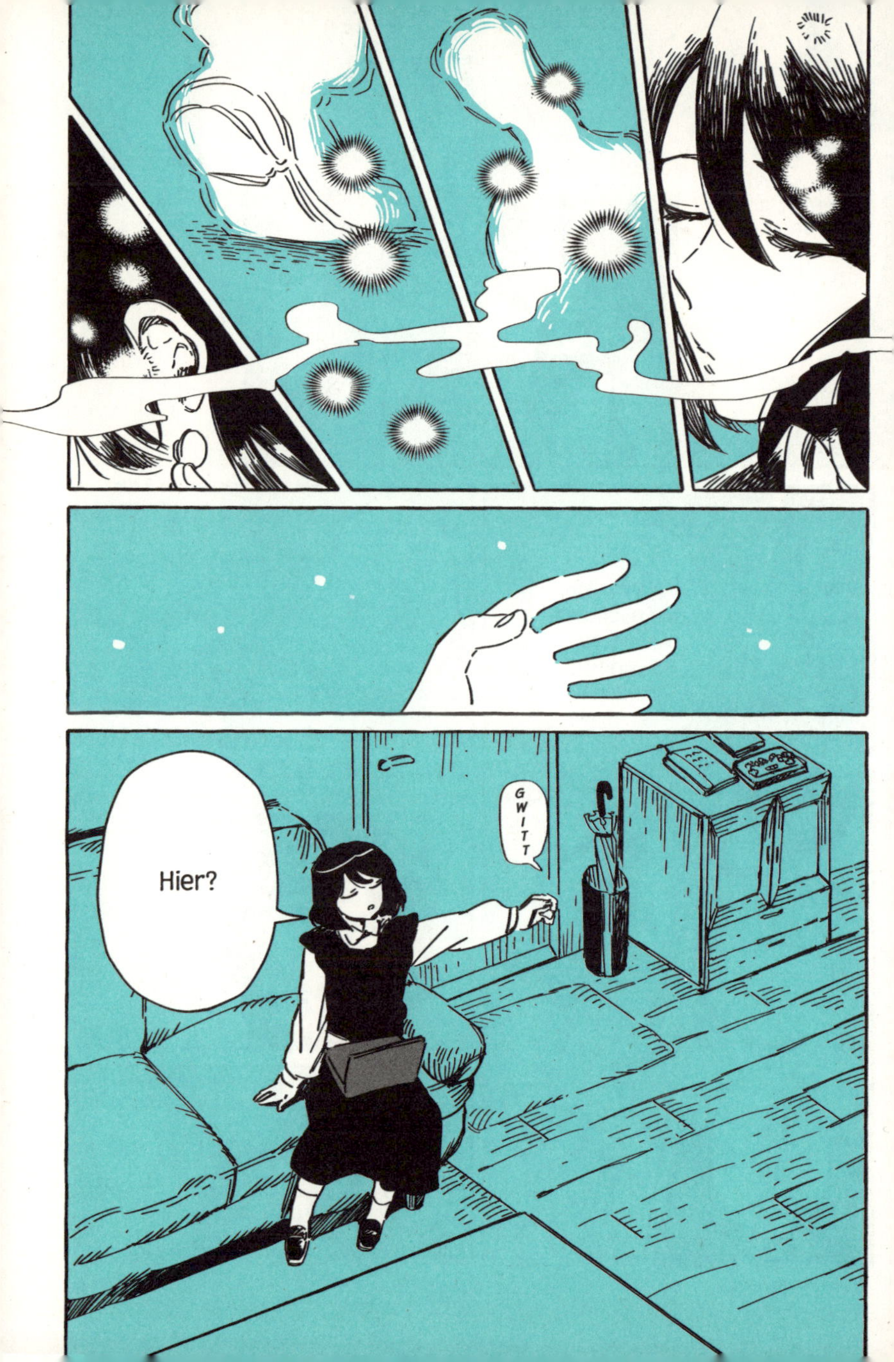
GWITT
Hier?

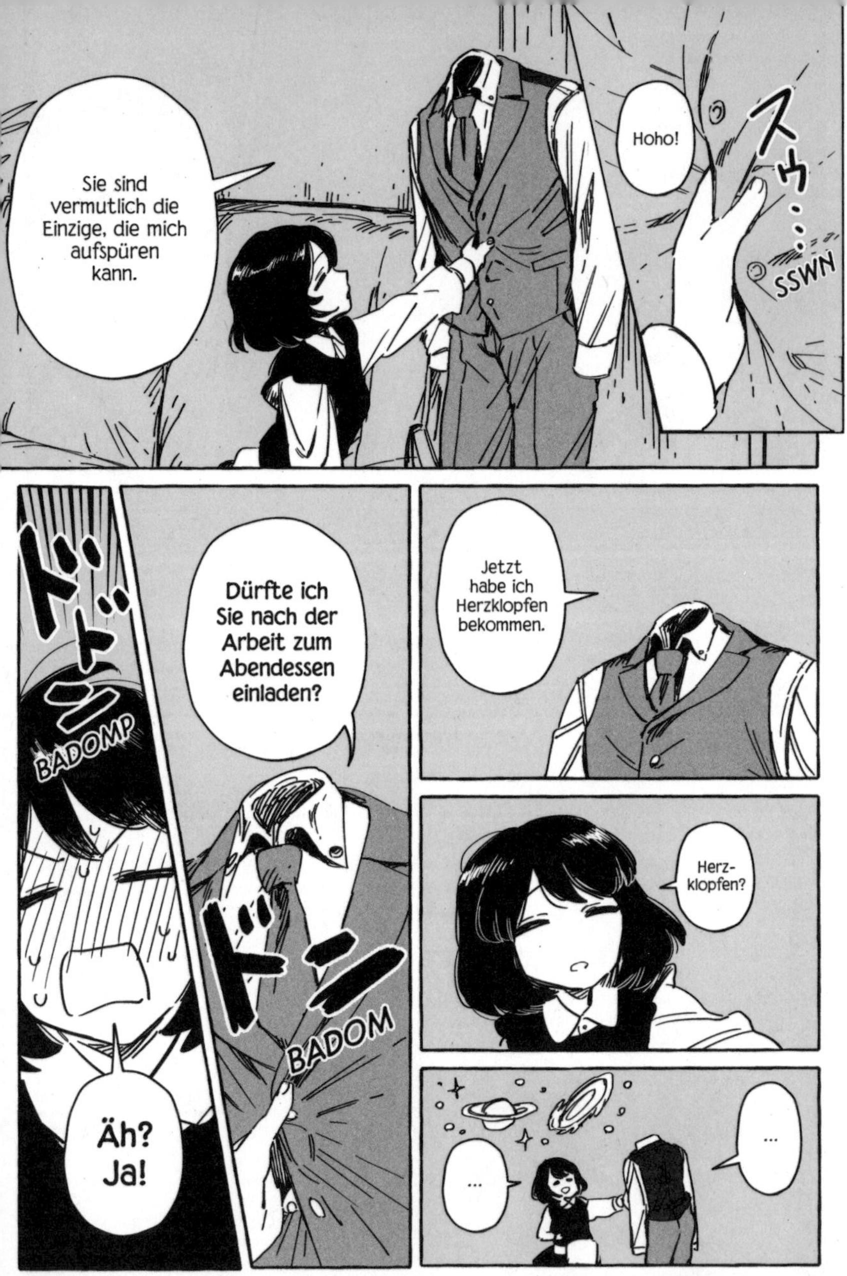
Hoho!
SSWN
Sie sind vermutlich die Einzige, die mich aufspüren kann.
Jetzt habe ich Herzklopfen bekommen.
Dürfte ich Sie nach der Arbeit zum Abendessen einladen?
BADOMP
Herz-klopfen?
BADOM
Äh? Ja!
...
...

◆ Das zukünftige Paar.

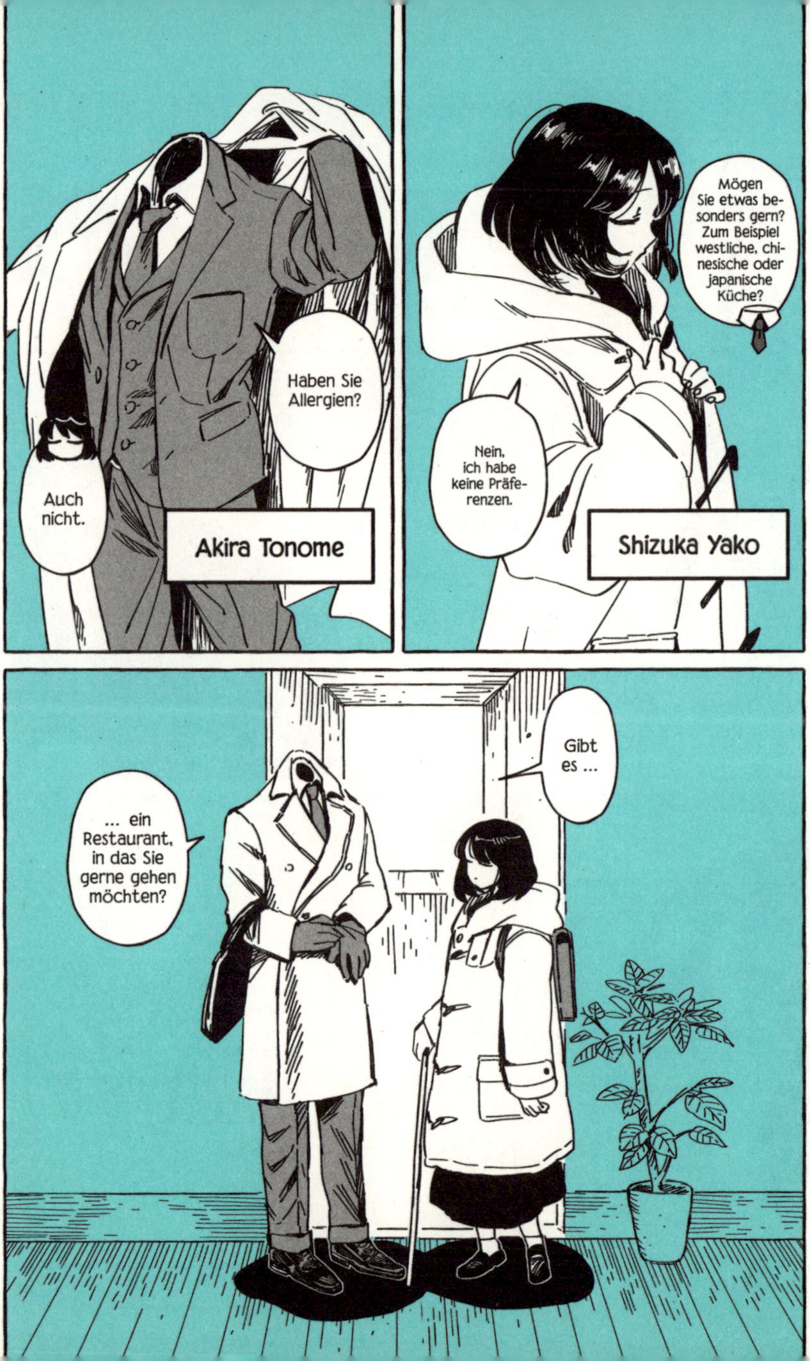
Mögen Sie etwas besonders gern? Zum Beispiel westliche, chinesische oder japanische Küche?
Nein, ich habe keine Präferenzen.
Shizuka Yako
Haben Sie Allergien?
Auch nicht.
Akira Tonome
Gibt es ...
... ein Restaurant, in das Sie gerne gehen möchten?

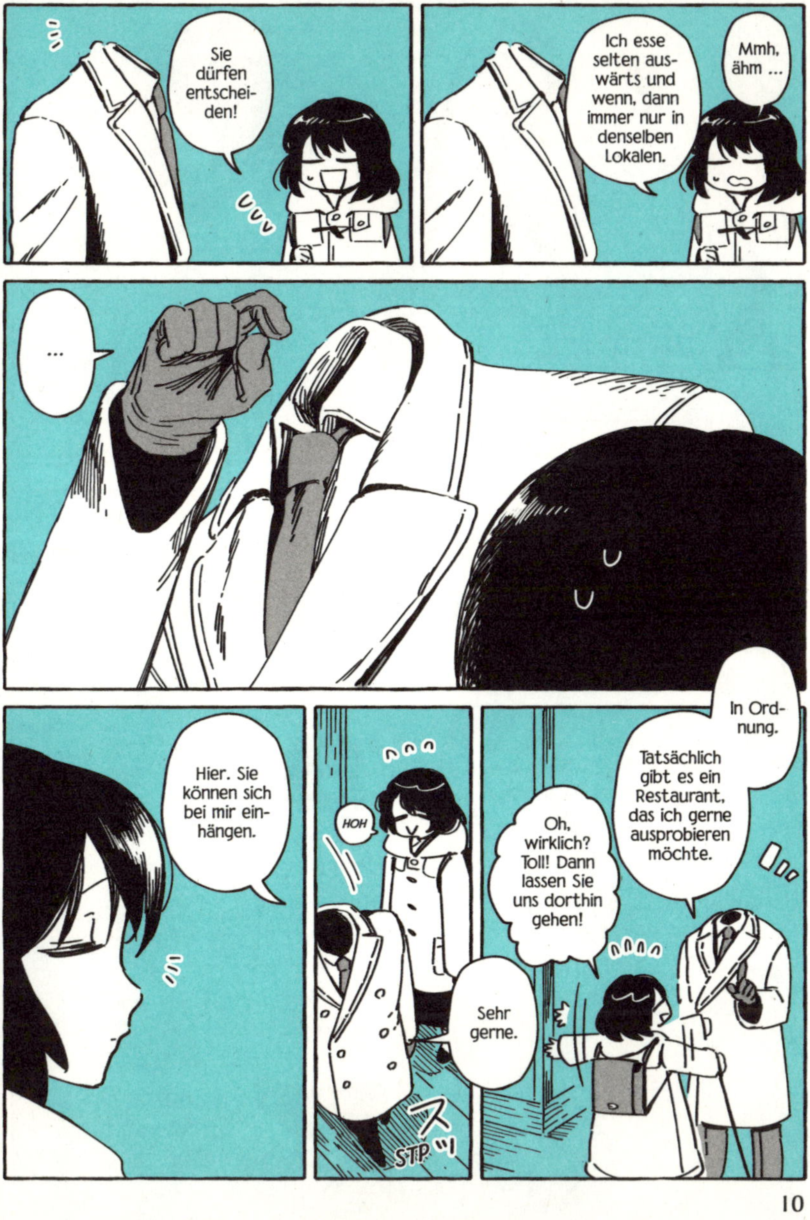
Mmh, ähm ...
Ich esse selten auswärts und wenn, dann immer nur in denselben Lokalen.
Sie dürfen entscheiden!
...
In Ordnung.
Tatsächlich gibt es ein Restaurant, das ich gerne ausprobieren möchte.
Oh, wirklich? Toll! Dann lassen Sie uns dorthin gehen!
Sehr gerne.
HOH
STP
Hier. Sie können sich bei mir einhängen.

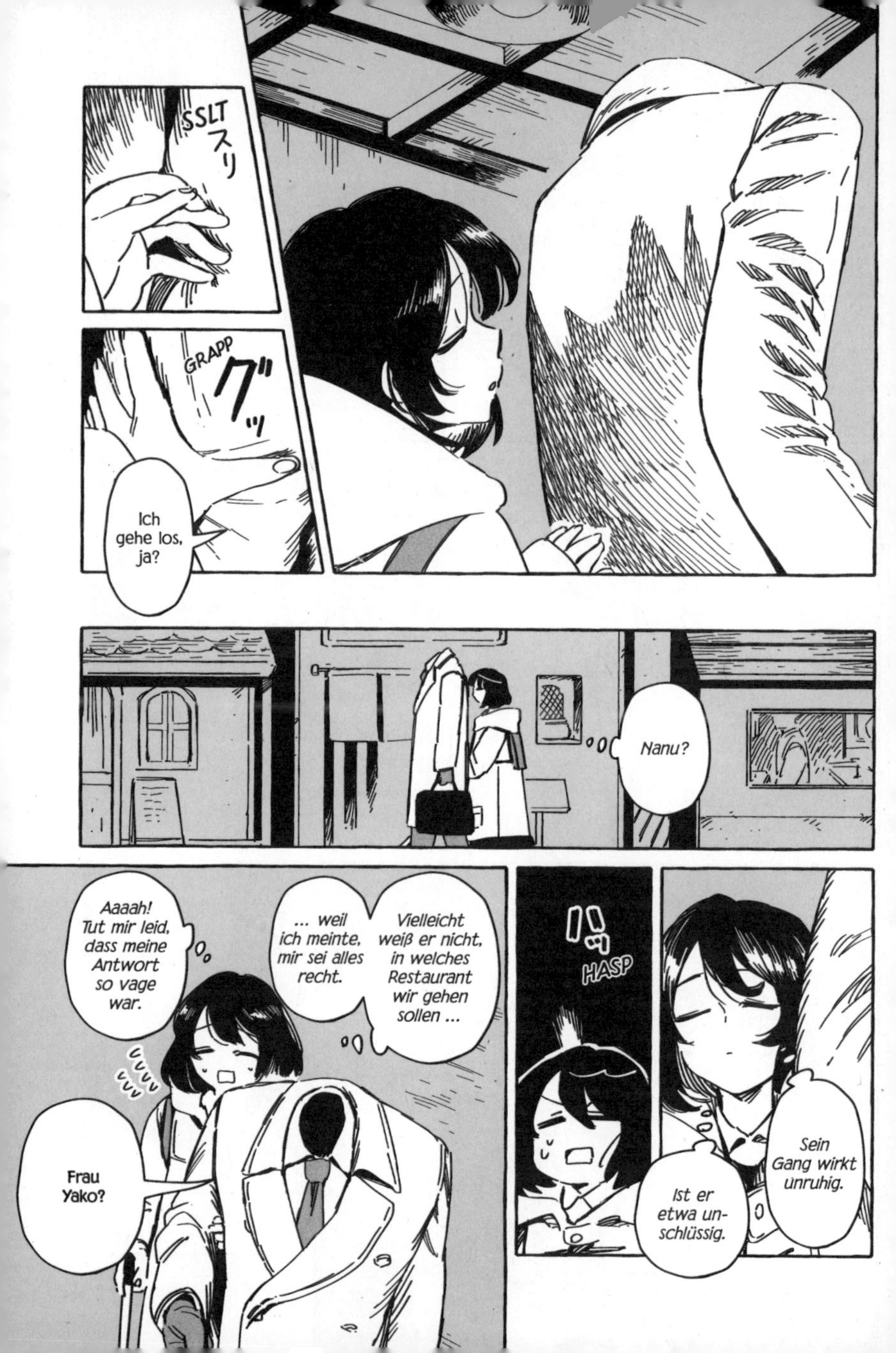
SSLT
スリ
GRAPP
グッ
Ich gehe los, ja?
Nanu?
Sein Gang wirkt unruhig.
Ist er etwa unschlüssig.
HASP
Vielleicht weiß er nicht, in welches Restaurant wir gehen sollen ...
... weil ich meinte, mir sei alles recht.
Aaaah! Tut mir leid, dass meine Antwort so vage war.
Frau Yako?

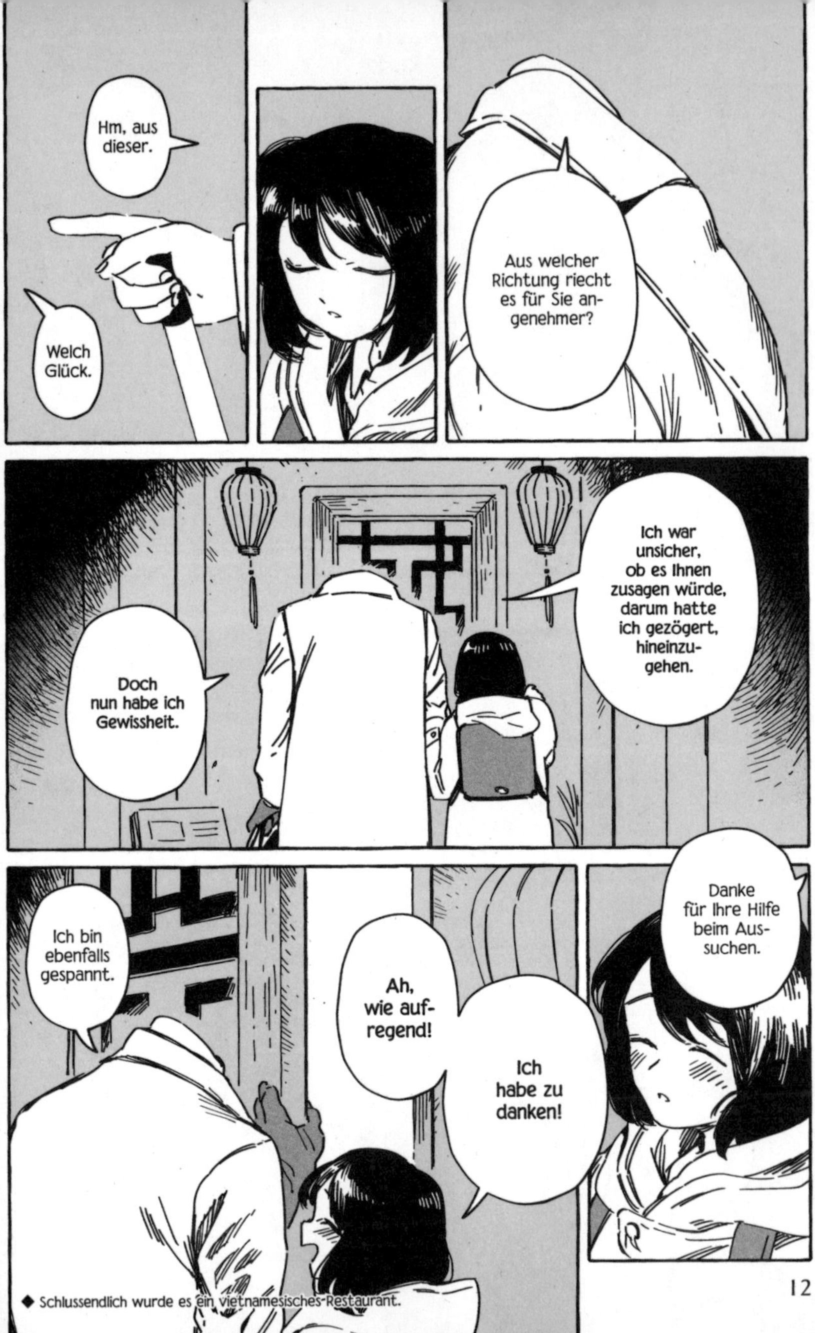
Aus welcher Richtung riecht es für Sie angenehmer?
Hm, aus dieser.
Welch Glück.
Ich war unsicher, ob es Ihnen zusagen würde, darum hatte ich gezögert, hineinzugehen.
Doch nun habe ich Gewissheit.
Danke für Ihre Hilfe beim Aussuchen.
Ah, wie aufregend!
Ich habe zu danken!
Ich bin ebenfalls gespannt.

◆ Schlussendlich wurde es ein vietnamesisches-Restaurant.

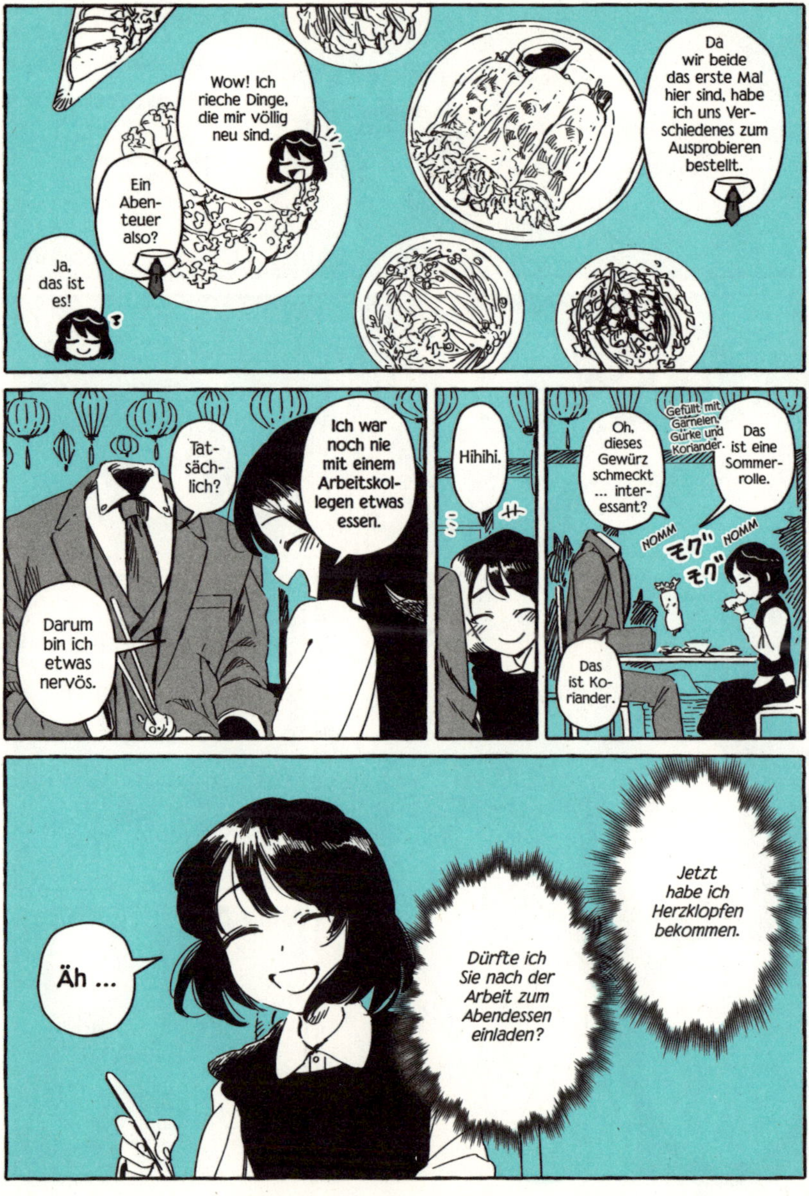
Da wir beide das erste Mal hier sind, habe ich uns Verschiedenes zum Ausprobieren bestellt.
Wow! Ich rieche Dinge, die mir völlig neu sind.
Ein Abenteuer also?
Ja, das ist es!
Das ist eine Sommerrolle.
Gefüllt mit Garnelen, Gurke und Koriander.
Oh, dieses Gewürz schmeckt ... interessant?
NOMM
モグ
NOMM
モグ
Das ist Koriander.
Hihihi.
Ich war noch nie mit einem Arbeitskollegen etwas essen.
Tatsächlich?
Darum bin ich etwas nervös.
Jetzt habe ich Herzklopfen bekommen.
Dürfte ich Sie nach der Arbeit zum Abendessen einladen?
Äh ...

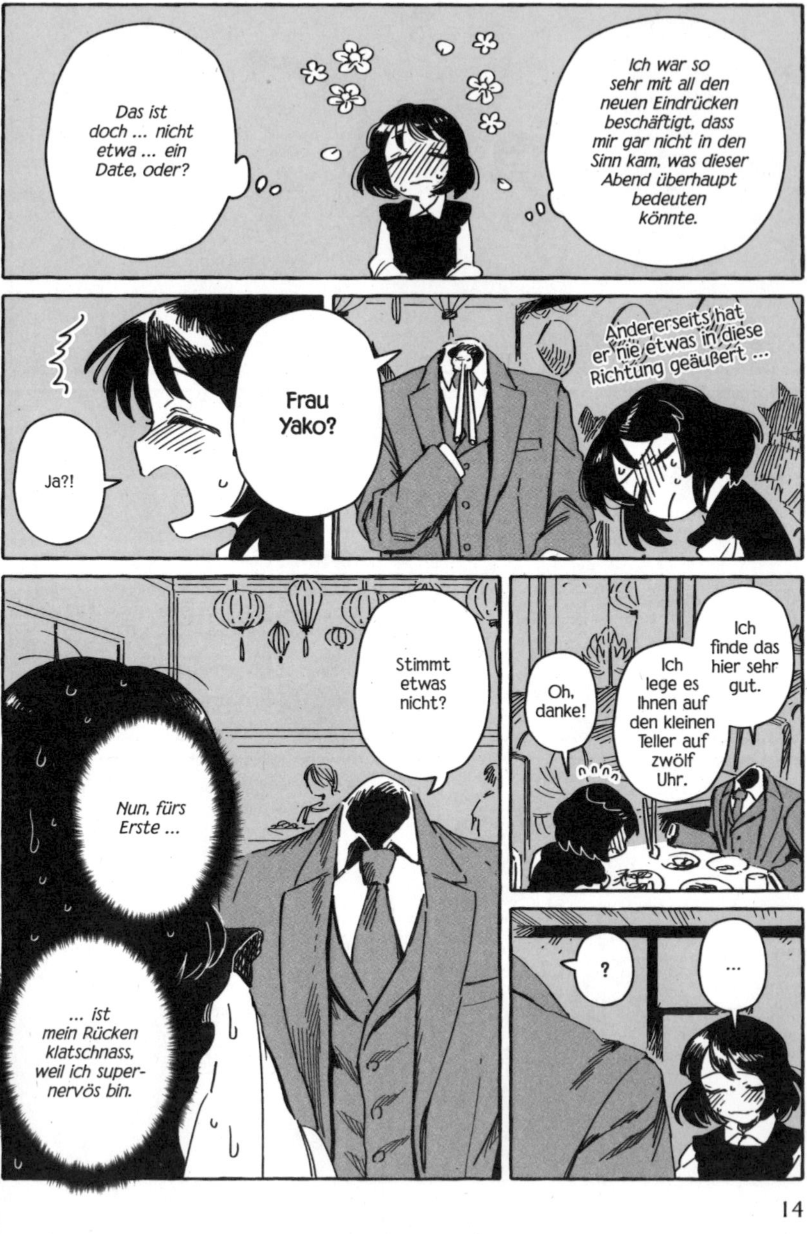
Ich war so sehr mit all den neuen Eindrücken beschäftigt, dass mir gar nicht in den Sinn kam, was dieser Abend überhaupt bedeuten könnte.
Das ist doch ... nicht etwa ... ein Date, oder?
Andererseits hat er nie etwas in diese Richtung geäußert ...
Frau Yako?
Ja?!
Ich finde das hier sehr gut.
Ich lege es Ihnen auf den kleinen Teller auf zwölf Uhr.
Oh, danke!
Stimmt etwas nicht?
...
?
Nun, fürs Erste ...
... ist mein Rücken klatschnass, weil ich super-nervös bin.

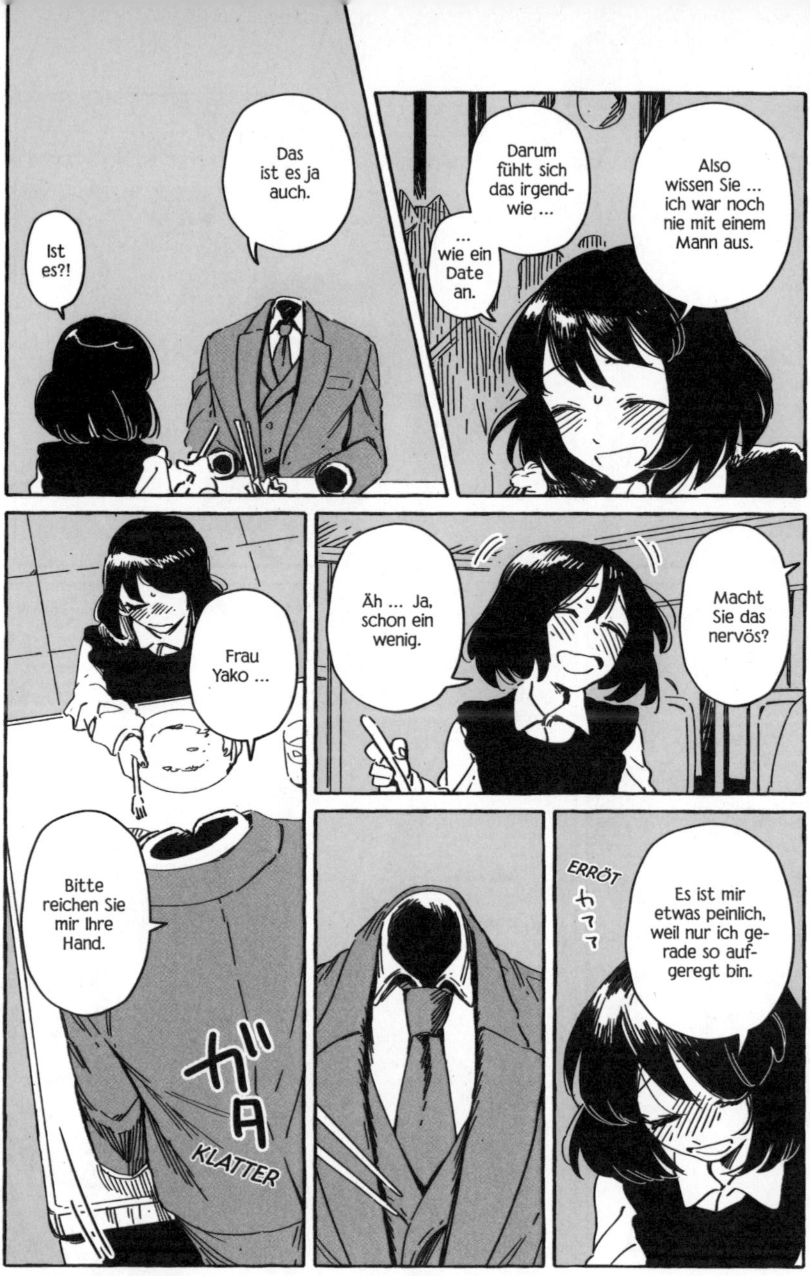
Also wissen Sie ... ich war noch nie mit einem Mann aus.
Darum fühlt sich das irgend-wie ...
... wie ein Date an.
Das ist es ja auch.
Ist es?!
Macht Sie das nervös?
Äh ... Ja, schon ein wenig.
Frau Yako ...
Es ist mir etwas peinlich, weil nur ich ge-rade so auf-geregt bin.
ERRÖT
カァァ
Bitte reichen Sie mir Ihre Hand.
ガタ
KLATTER

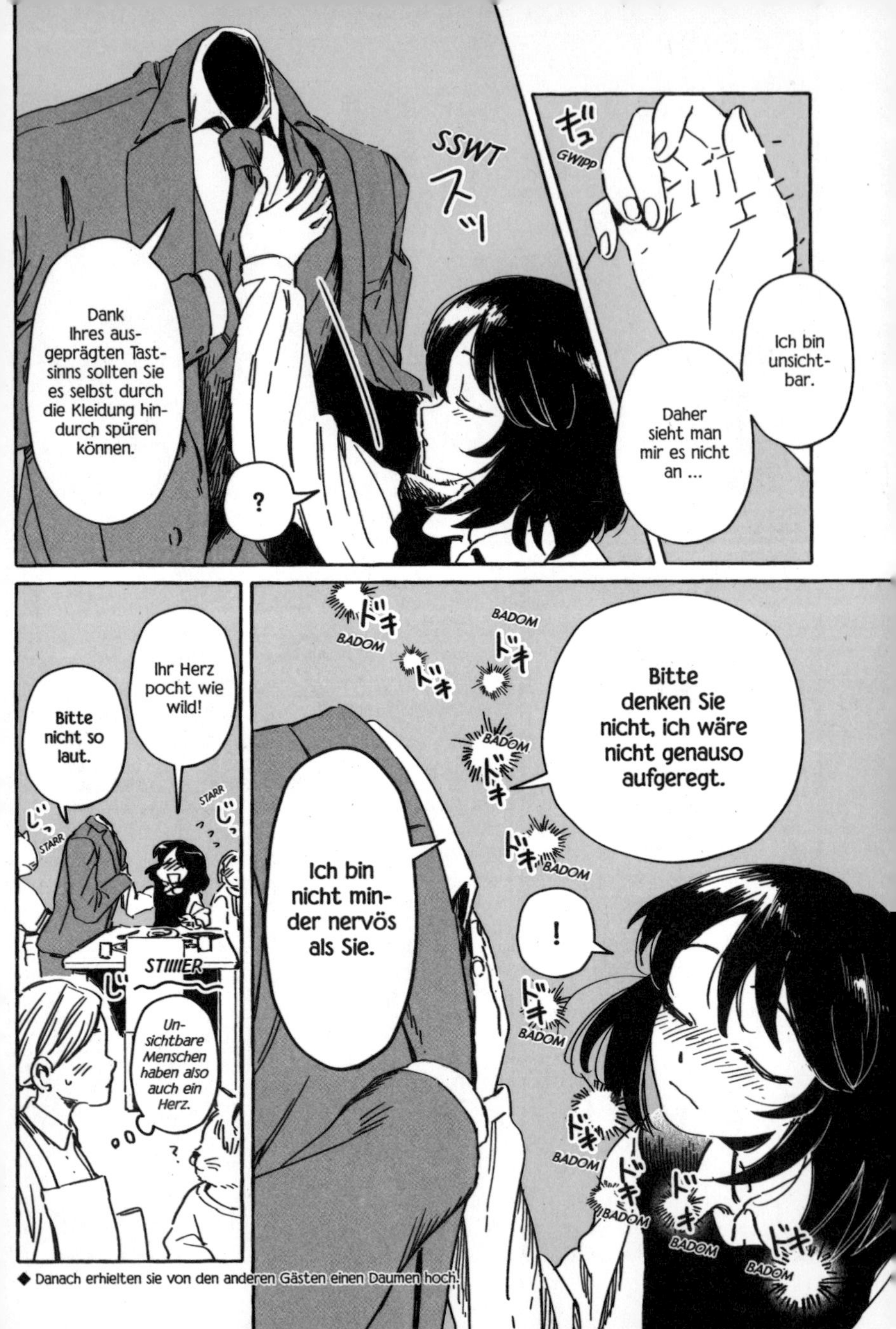
SSWT
GWIPP
Ich bin unsichtbar.
Daher sieht man mir es nicht an ...
Dank Ihres ausgeprägten Tastsinns sollten Sie es selbst durch die Kleidung hindurch spüren können.
?
BADOM
Bitte denken Sie nicht, ich wäre nicht genauso aufgeregt.
Ich bin nicht minder nervös als Sie.
!
Ihr Herz pocht wie wild!
Bitte nicht so laut.
STARR
STIIIIER
Unsichtbare Menschen haben also auch ein Herz.
◆ Danach erhielten sie von den anderen Gästen einen Daumen hoch.

Kapitel 2: Nervosität überwinden

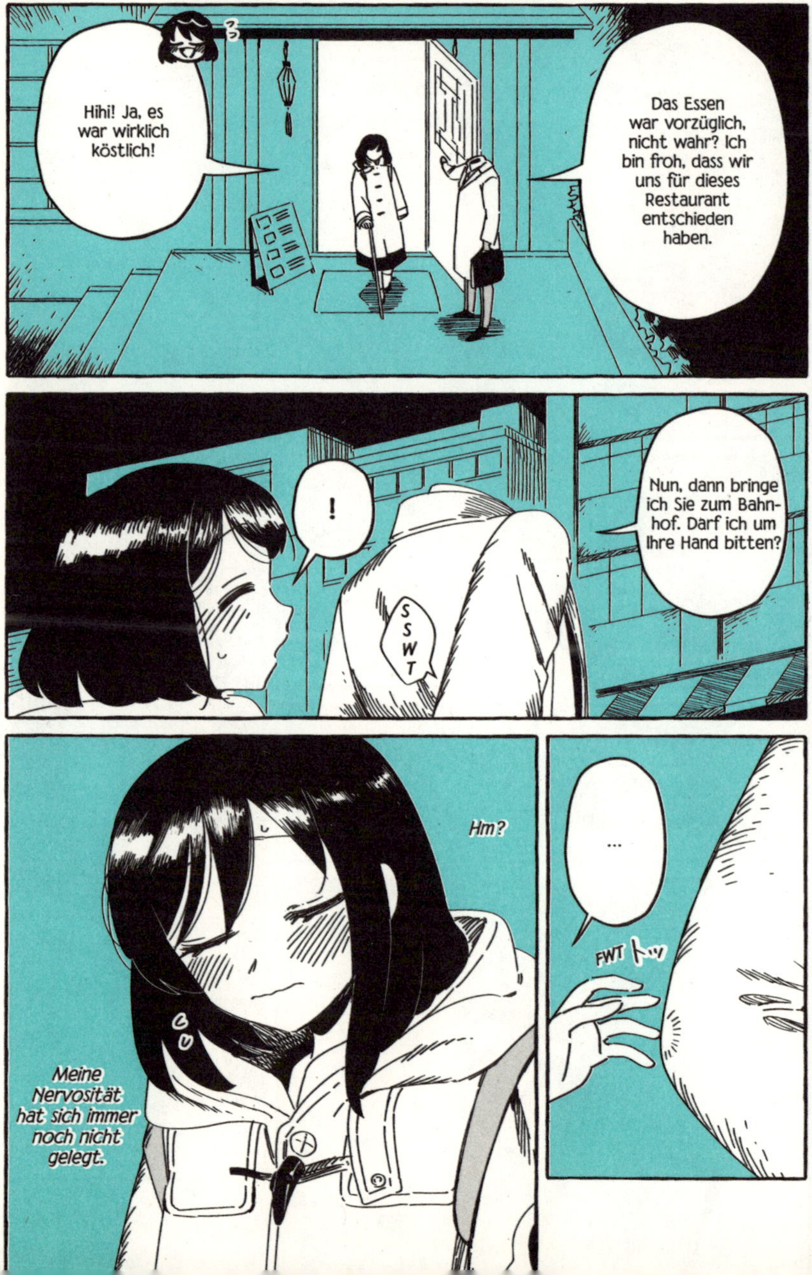

Das Essen war vorzüglich, nicht wahr? Ich bin froh, dass wir uns für dieses Restaurant entschieden haben.
Hihi! Ja, es war wirklich köstlich!
Nun, dann bringe ich Sie zum Bahnhof. Darf ich um Ihre Hand bitten?
!
SSWT
...
FWT トッ
Hm?
Meine Nervosität hat sich immer noch nicht gelegt.

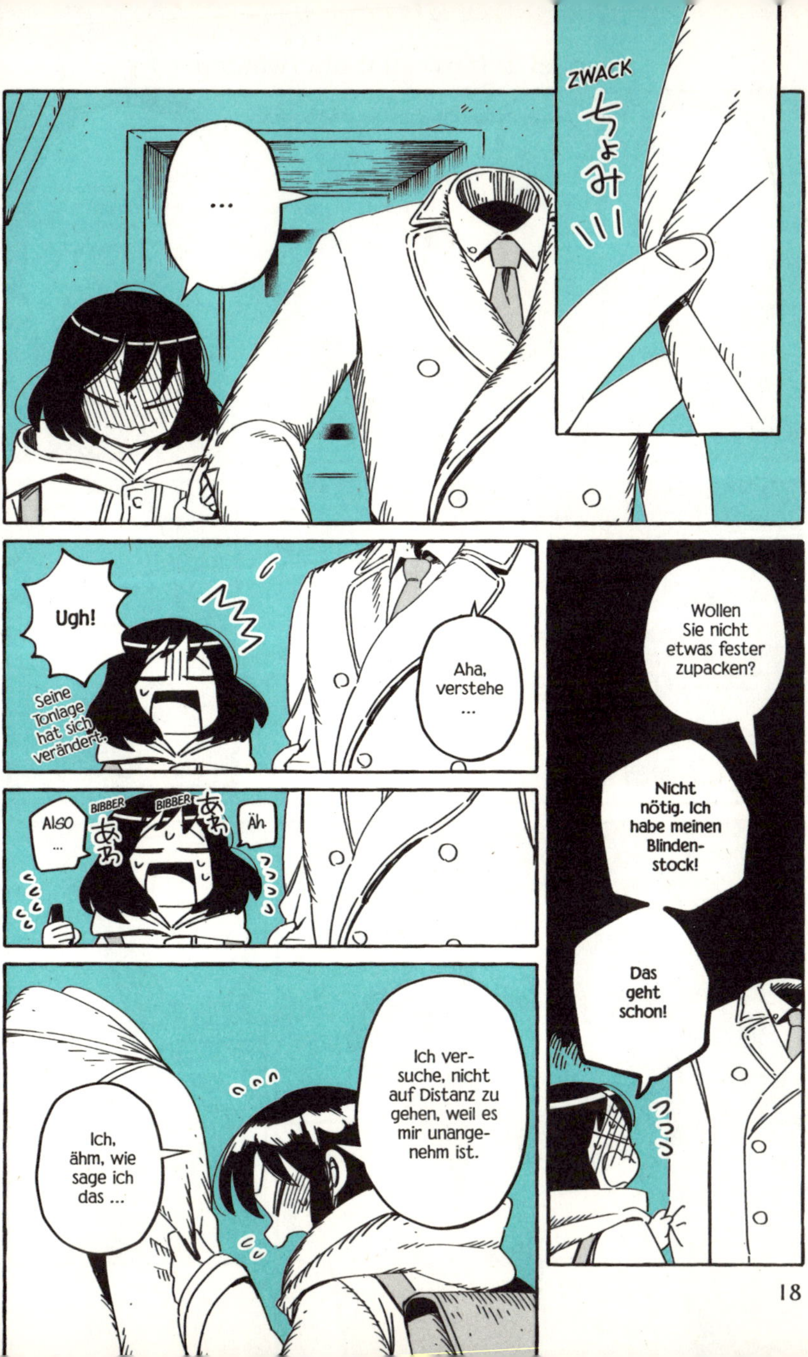
ZWACK
ちょみ
...
Ugh!
Seine Tonlage hat sich verändert.
Aha, verstehe ...
Wollen Sie nicht etwas fester zupacken?
Also ...
BIBBER
BIBBER
Äh.
Nicht nötig. Ich habe meinen Blinden-stock!
Das geht schon!
Ich ver-suche, nicht auf Distanz zu gehen, weil es mir unange-nehm ist.
Ich, ähm, wie sage ich das ...

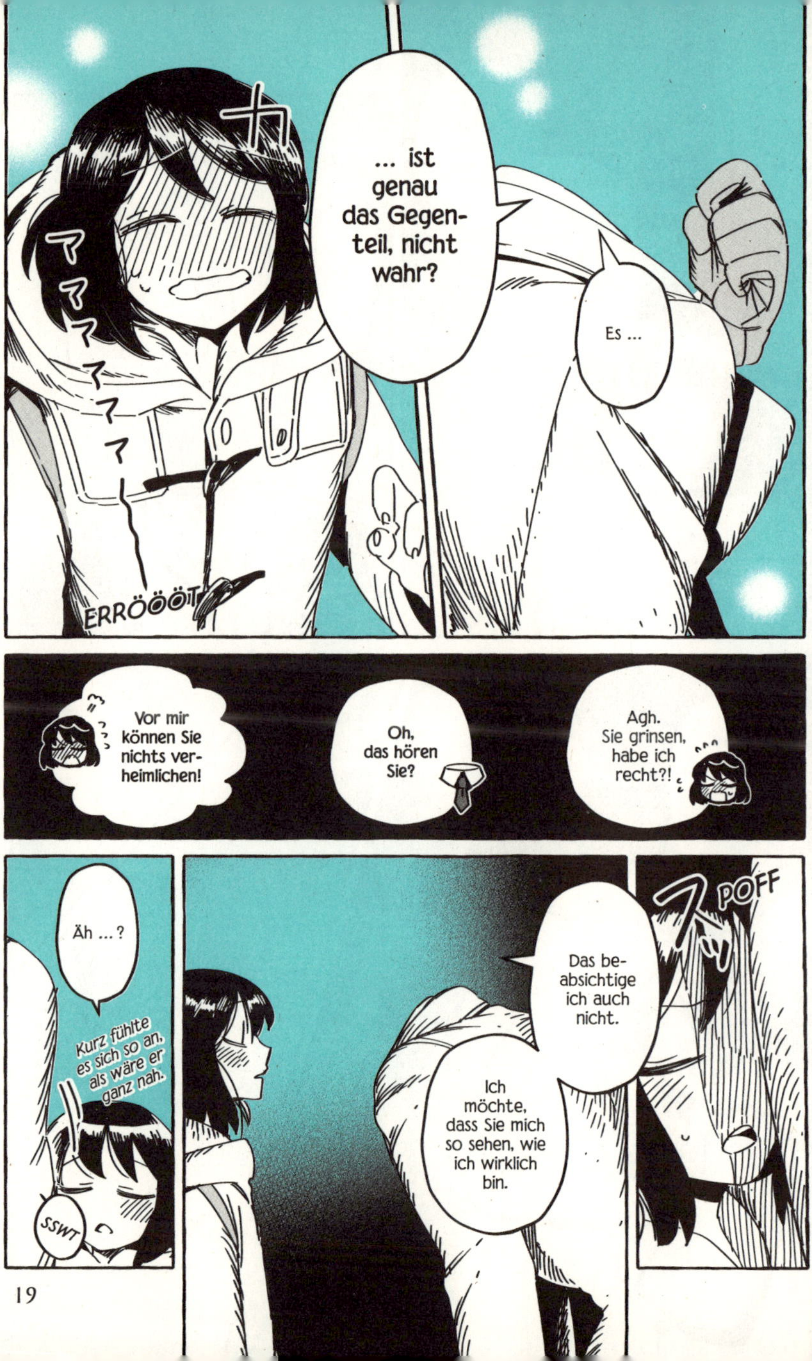
Es ...
... ist genau das Gegenteil, nicht wahr?
ERRÖÖÖT
Agh. Sie grinsen, habe ich recht?!
Oh, das hören Sie?
Vor mir können Sie nichts verheimlichen!
POFF
Das beabsichtige ich auch nicht.
Ich möchte, dass Sie mich so sehen, wie ich wirklich bin.
Äh ...?
Kurz fühlte es sich so an, als wäre er ganz nah.
SSWT

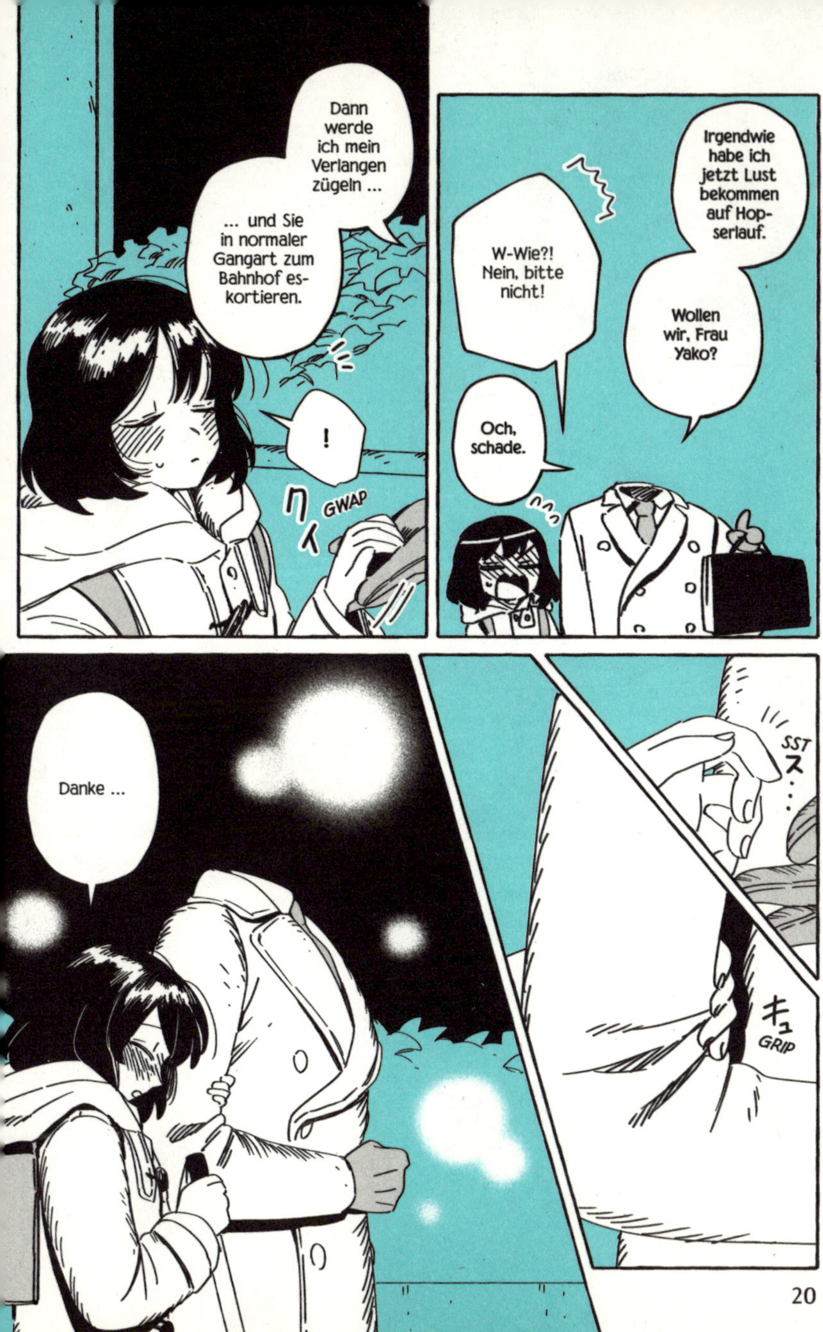

Irgendwie habe ich jetzt Lust bekommen auf Hopserlauf.
Wollen wir, Frau Yako?
W-Wie?! Nein, bitte nicht!
Och, schade.
Dann werde ich mein Verlangen zügeln ...
... und Sie in normaler Gangart zum Bahnhof eskortieren.
!
GWAP
SST
GRIP
Danke ...

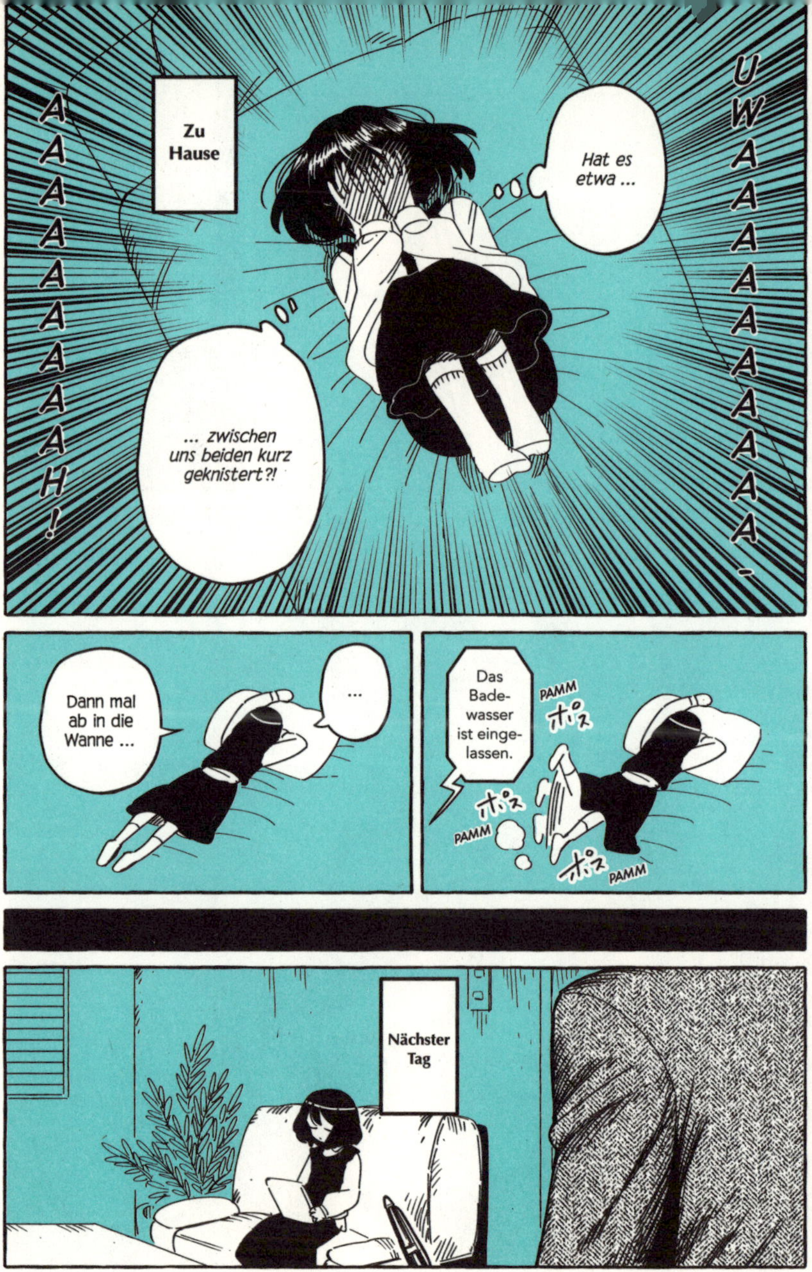
UWAAAAAAAAAAA-
Hat es etwa ...
Zu Hause
... zwischen uns beiden kurz geknistert?!
AAAAAAAAAAAH!
Das Bade-wasser ist einge-lassen.
PAMM
PAMM
PAMM
...
Dann mal ab in die Wanne ...
Nächster Tag

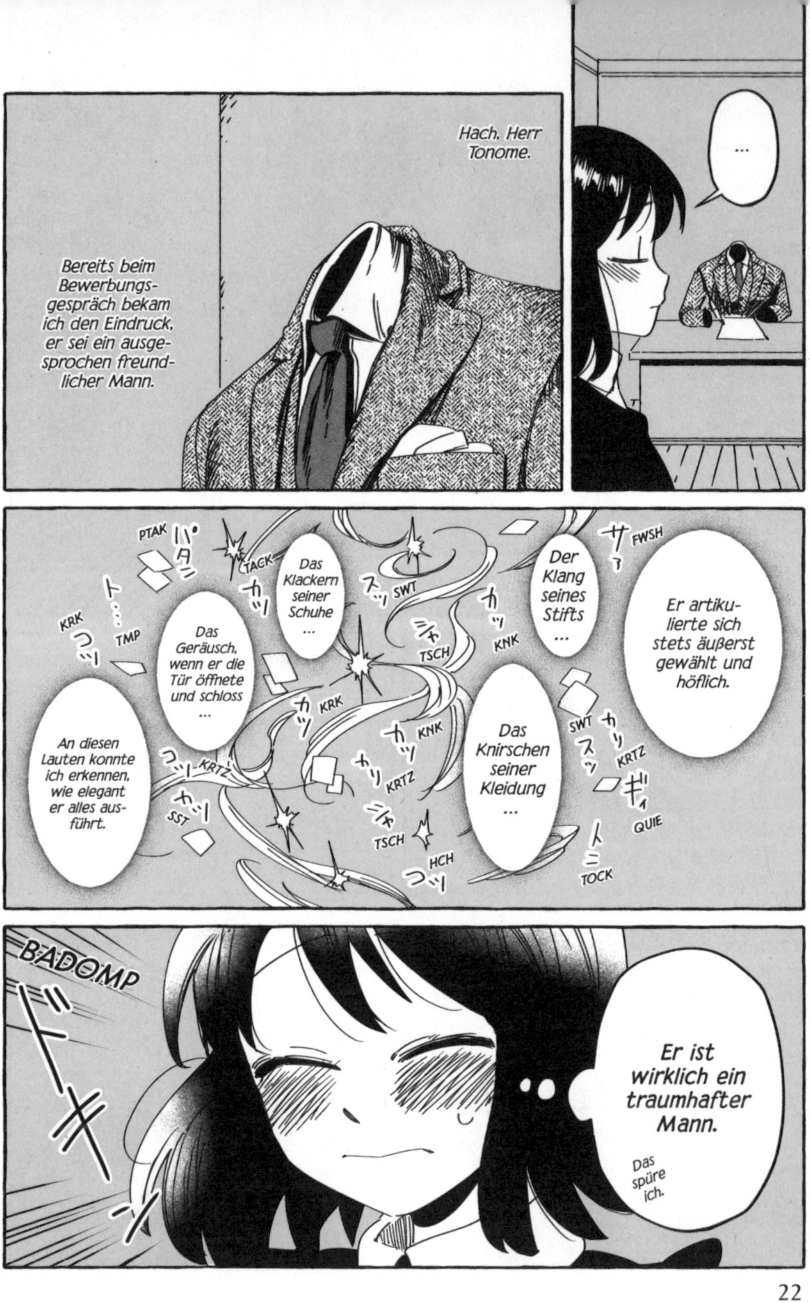
...
Hach, Herr Tonome.
Bereits beim Bewerbungsgespräch bekam ich den Eindruck, er sei ein ausgesprochen freundlicher Mann.
Er artikulierte sich stets äußerst gewählt und höflich.
Der Klang seines Stifts ...
Das Knirschen seiner Kleidung ...
Das Klackern seiner Schuhe ...
Das Geräusch, wenn er die Tür öffnete und schloss ...
An diesen Lauten konnte ich erkennen, wie elegant er alles ausführt.
FWSH
KNK
SWT
KRTZ
QUIE
TOCK
TSCH
KRK
KNK
KRTZ
TSCH
HCH
TACK
PTAK
TMP
KRK
KRTZ
SST
BADOMP
Er ist wirklich ein traumhafter Mann.
Das spüre ich.

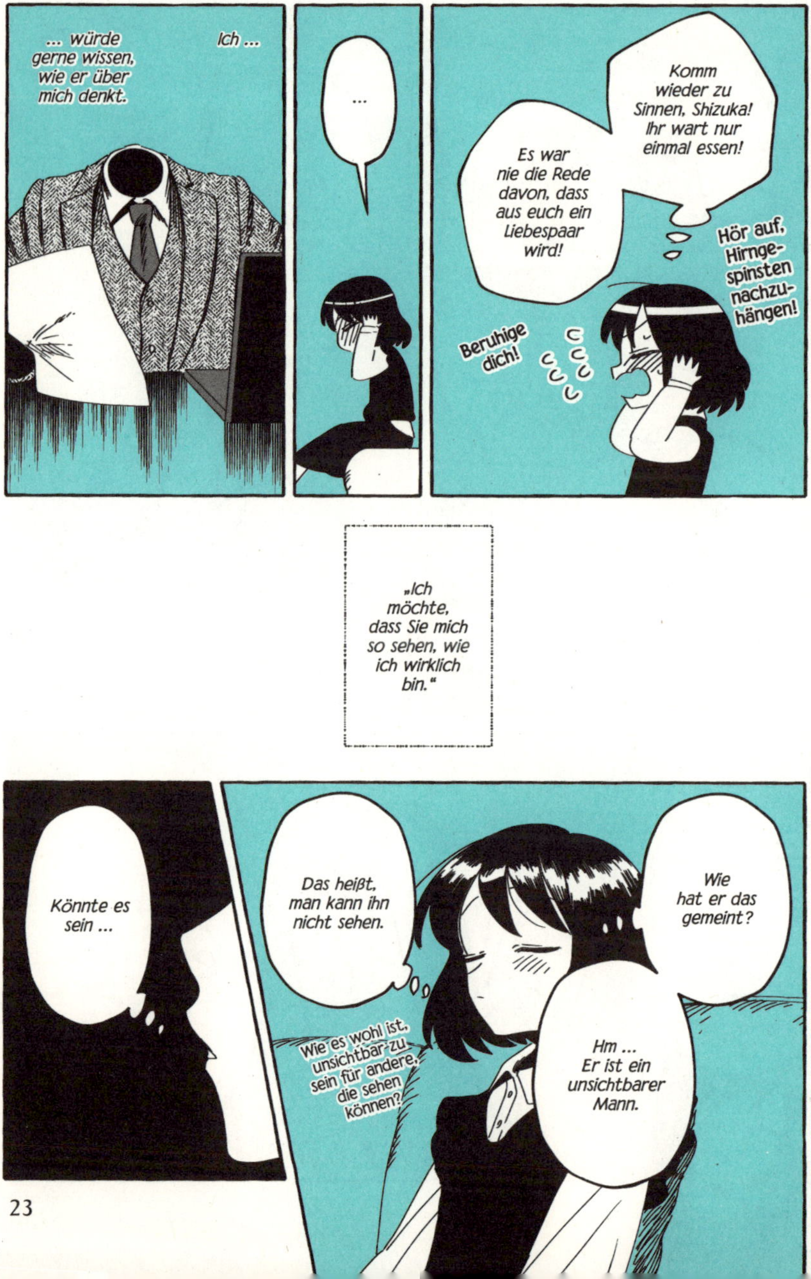
Komm wieder zu Sinnen, Shizuka! Ihr wart nur einmal essen!
Es war nie die Rede davon, dass aus euch ein Liebespaar wird!
Hör auf, Hirngespinsten nachzuhängen!
Beruhige dich!
...
Ich ...
... würde gerne wissen, wie er über mich denkt.
„Ich möchte, dass Sie mich so sehen, wie ich wirklich bin.“
Wie hat er das gemeint?
Hm ... Er ist ein unsichtbarer Mann.
Das heißt, man kann ihn nicht sehen.
Wie es wohl ist, unsichtbar zu sein für andere, die sehen können?
Könnte es sein ...

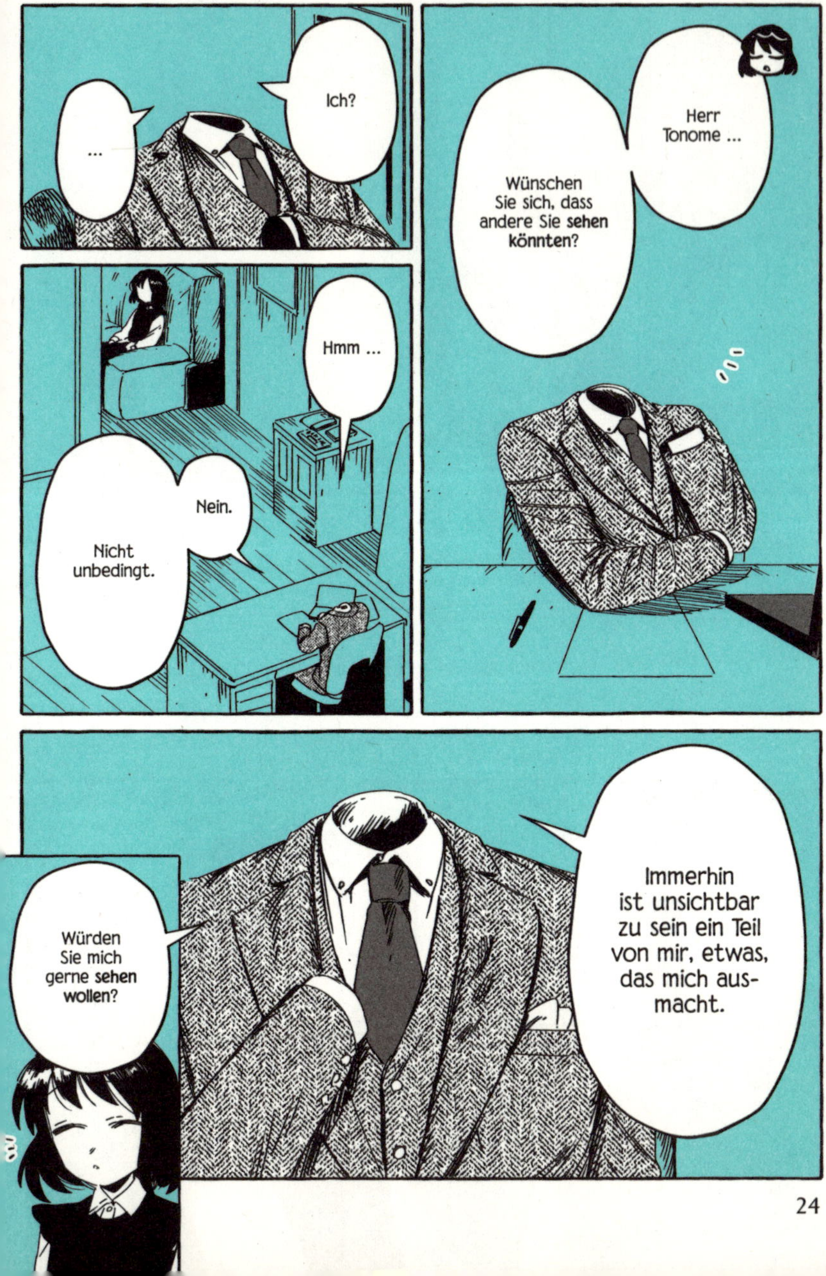

Herr Tonome ...
Wünschen Sie sich, dass andere Sie **sehen könnten**?
Ich?
...
Hmm ...
Nein.
Nicht unbedingt.
Immerhin ist unsichtbar zu sein ein Teil von mir, etwas, das mich aus-macht.
Würden Sie mich gerne **sehen wollen**?

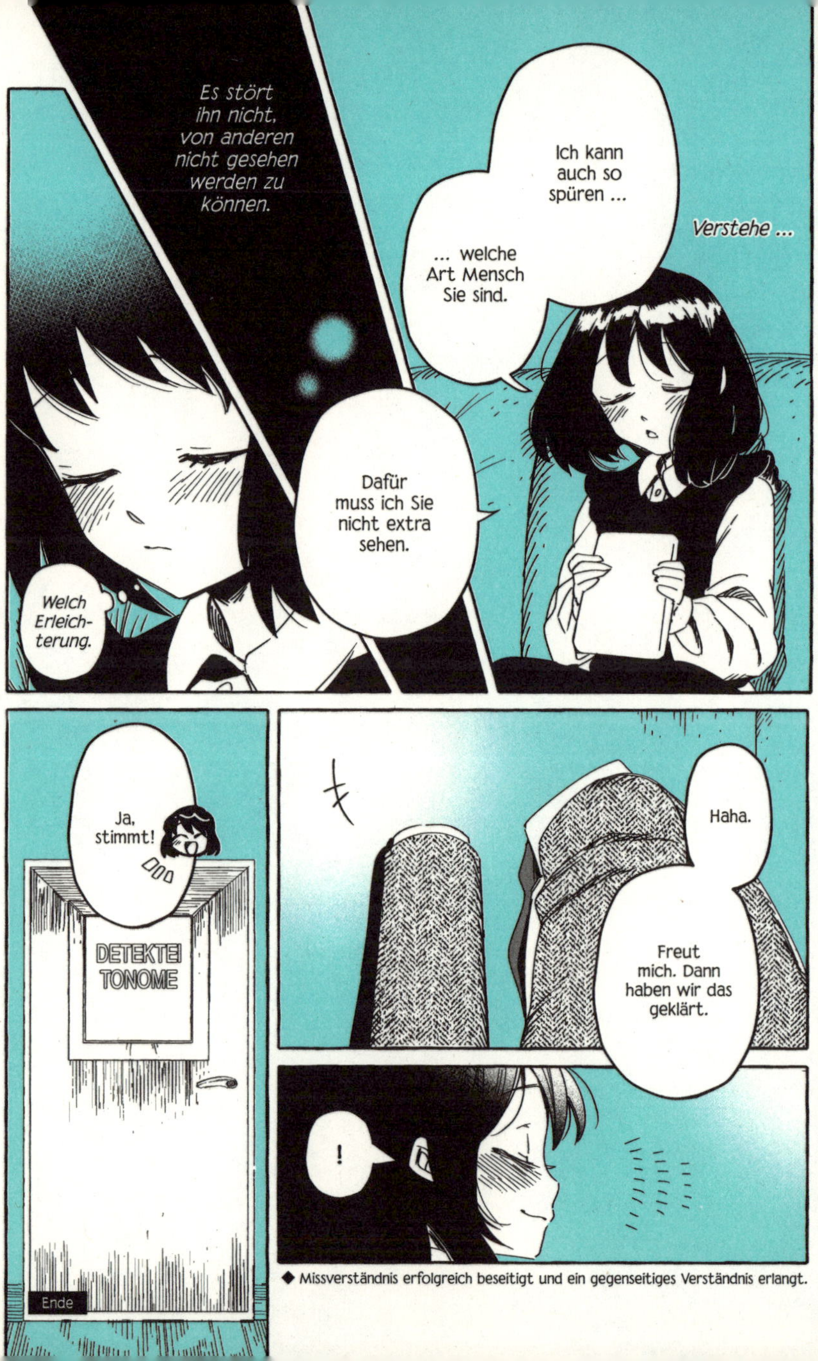
Verstehe ...
Ich kann auch so spüren ...
... welche Art Mensch Sie sind.
Es stört ihn nicht, von anderen nicht gesehen werden zu können.
Dafür muss ich Sie nicht extra sehen.
Welch Erleichterung.
Haha.
Freut mich. Dann haben wir das geklärt.
!
Ja, stimmt!
DETEKTEI TONOME
Ende
◆ Missverständnis erfolgreich beseitigt und ein gegenseitiges Verständnis erlangt.

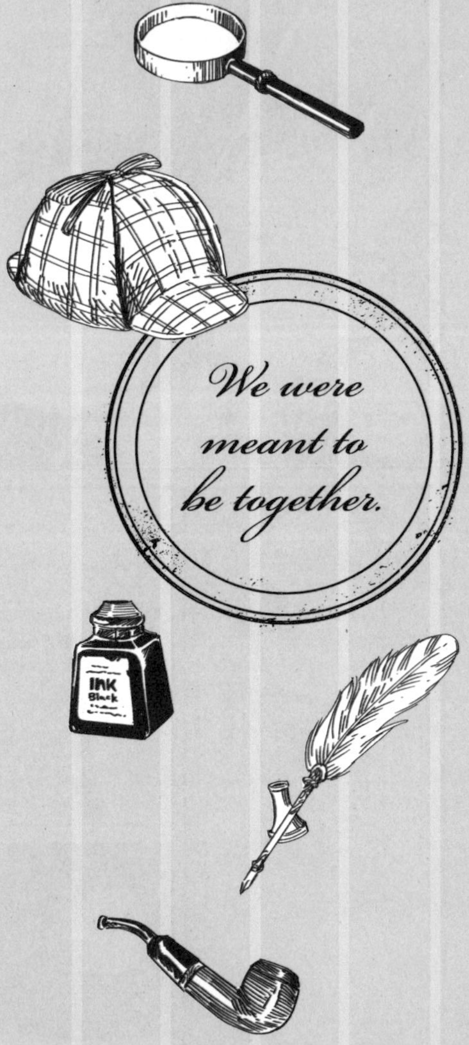
We were
meant to
be together.

Kapitel 3: Detektei Tonome

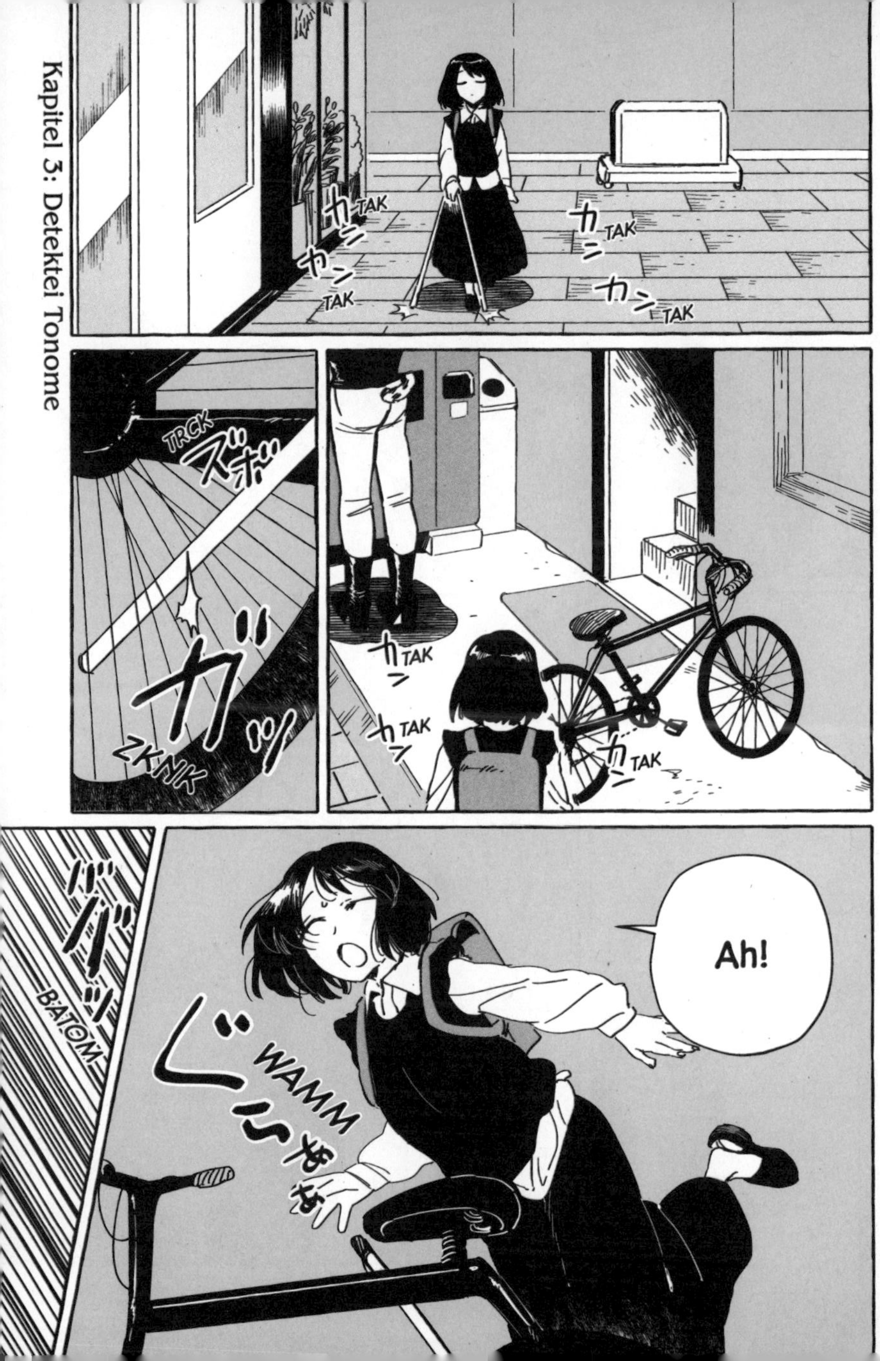

カン TAK
カン TAK
カン TAK
カン TAK
ズボ TRCK
ガッ ZKNIK
カン TAK
カン TAK
カン TAK
Ah!
ぐらぁ WAMM
バッ BATOM

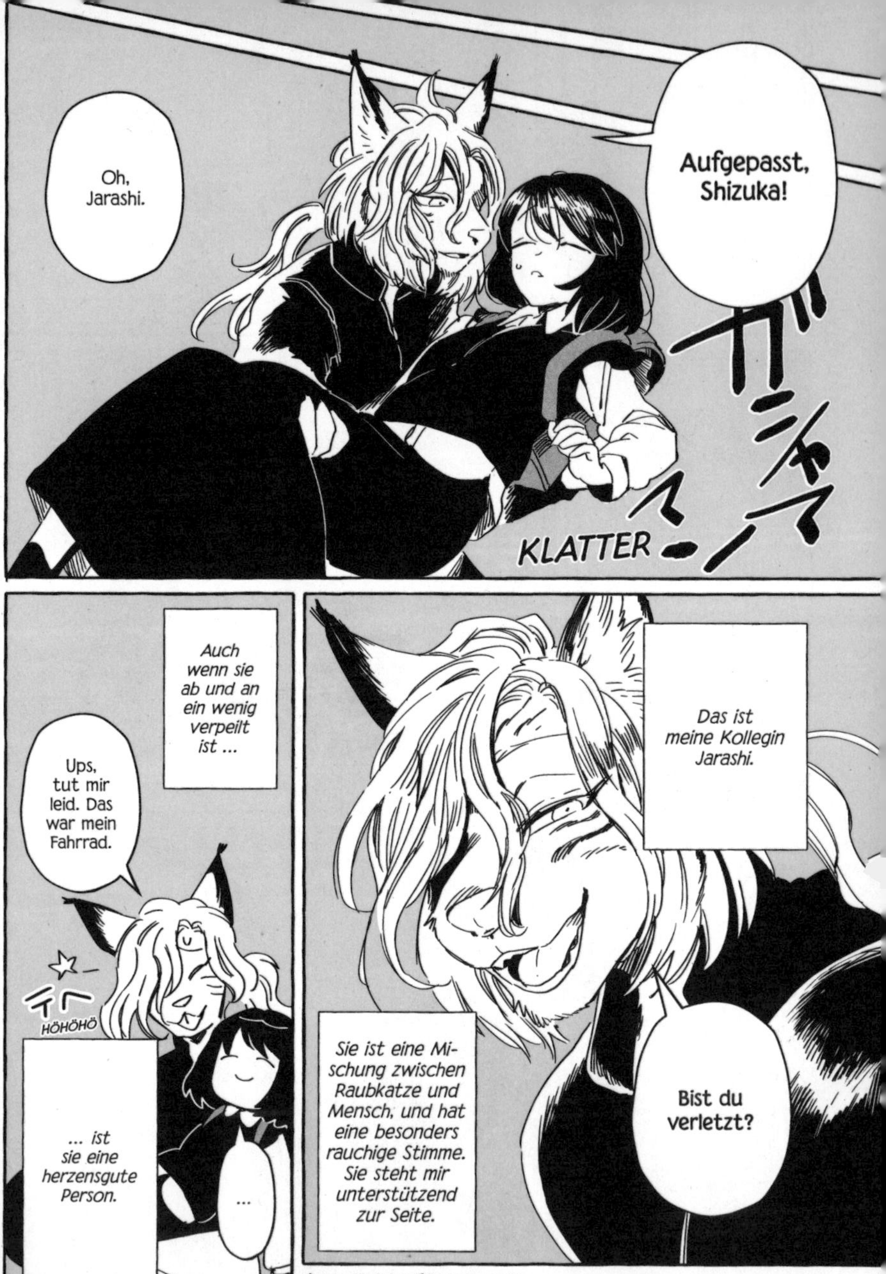
Aufgepasst, Shizuka!
Oh, Jarashi.
KLATTER
Das ist meine Kollegin Jarashi.
Bist du verletzt?
Sie ist eine Mischung zwischen Raubkatze und Mensch, und hat eine besonders rauchige Stimme. Sie steht mir unterstützend zur Seite.
Auch wenn sie ab und an ein wenig verpeilt ist …
Ups, tut mir leid. Das war mein Fahrrad.
HÖHÖHÖ
… ist sie eine herzensgute Person.
…

◆ Jarashis Schweif ist ja sooo süß.

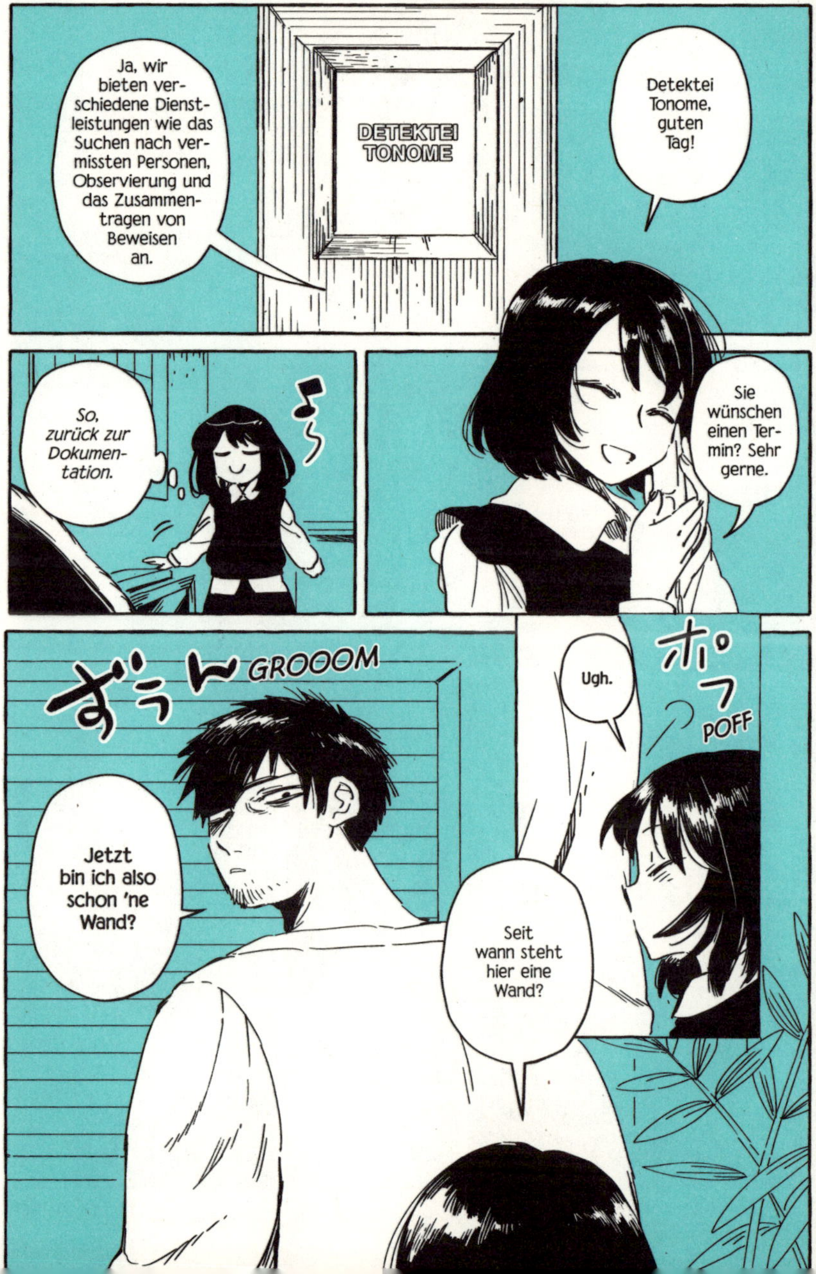
Detektei Tonome, guten Tag!
DETEKTEI TONOME
Ja, wir bieten verschiedene Dienstleistungen wie das Suchen nach vermissten Personen, Observierung und das Zusammentragen von Beweisen an.
Sie wünschen einen Termin? Sehr gerne.
So, zurück zur Dokumentation.
ポフ
POFF
Ugh.
ずうん
GROOOM
Seit wann steht hier eine Wand?
Jetzt bin ich also schon 'ne Wand?

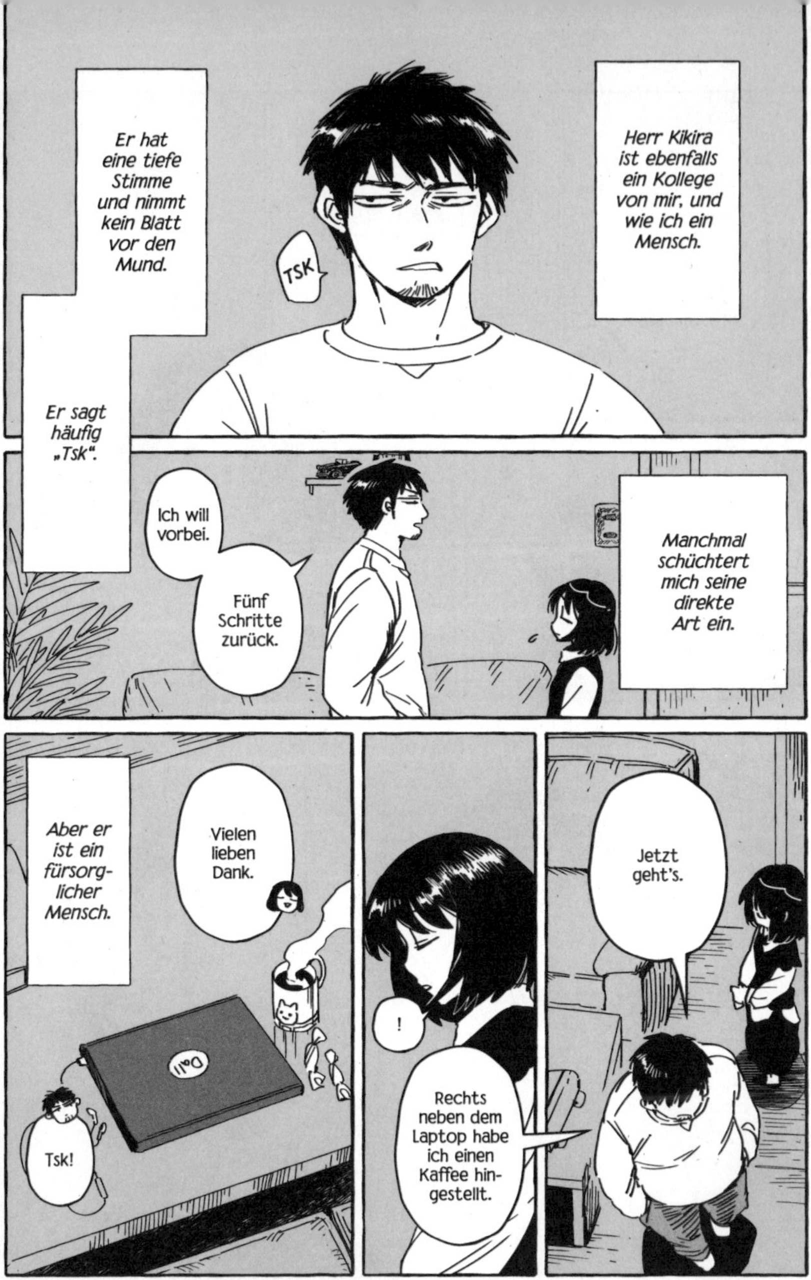
Herr Kikira ist ebenfalls ein Kollege von mir, und wie ich ein Mensch.
TSK
Er hat eine tiefe Stimme und nimmt kein Blatt vor den Mund.
Er sagt häufig „Tsk“.
Manchmal schüchtert mich seine direkte Art ein.
Ich will vorbei.
Fünf Schritte zurück.
Jetzt geht's.
Rechts neben dem Laptop habe ich einen Kaffee hingestellt.
!
Aber er ist ein fürsorglicher Mensch.
Vielen lieben Dank.
Dall
Tsk!

◆ Sogar mit Karamell-Bonbons!

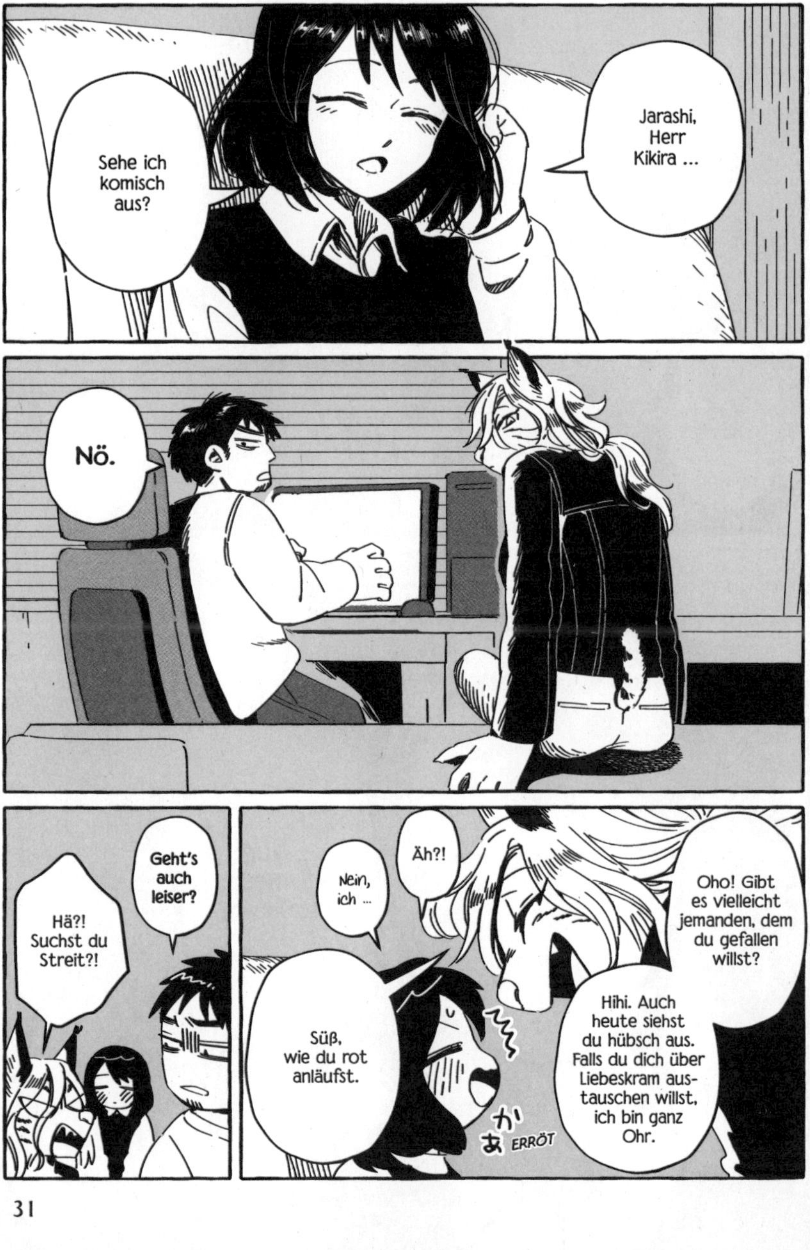
Jarashi,
Herr
Kikira …
Sehe ich
komisch
aus?
Nö.
Oho! Gibt
es vielleicht
jemanden, dem
du gefallen
willst?
Hihi. Auch
heute siehst
du hübsch aus.
Falls du dich über
Liebeskram aus-
tauschen willst,
ich bin ganz
Ohr.
Äh?!
Nein,
ich …
Süß,
wie du rot
anläufst.
かぁ ERRÖT
Geht's
auch
leiser?
Hä?!
Suchst du
Streit?!

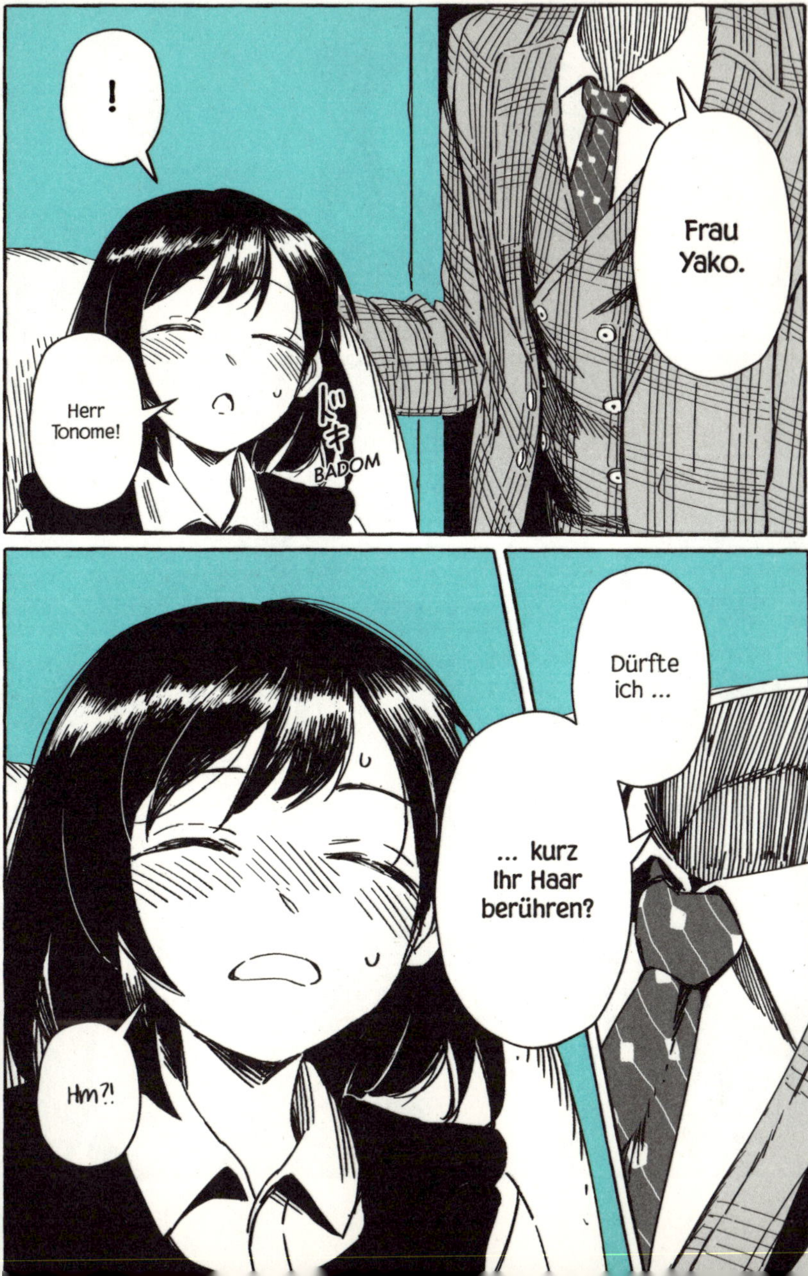
Frau Yako.
!
Herr Tonome!
ドキ
BADOM
Dürfte ich ...
... kurz Ihr Haar berühren?
Hm?!

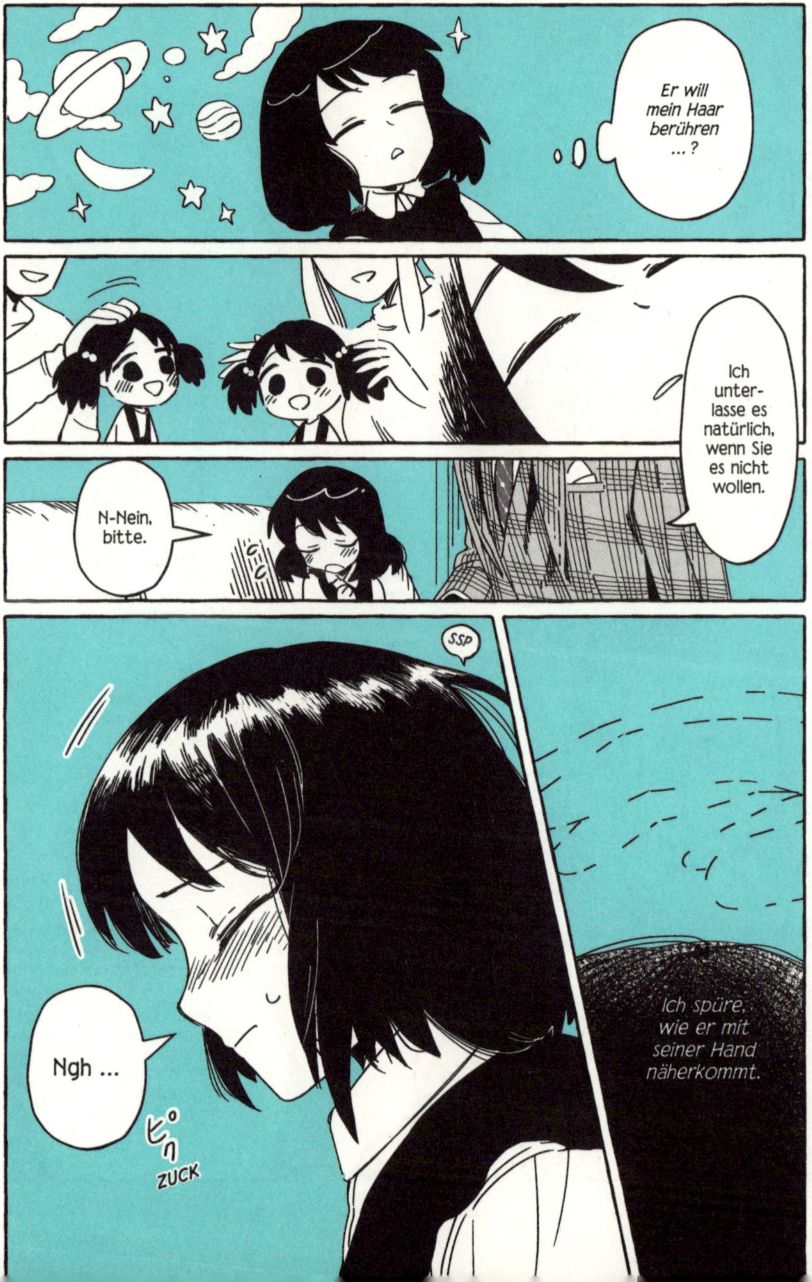
Er will mein Haar berühren ...?
Ich unterlasse es natürlich, wenn Sie es nicht wollen.
N-Nein, bitte.
SSP
Ich spüre, wie er mit seiner Hand näherkommt.
Ngh ...
ピク
ZUCK

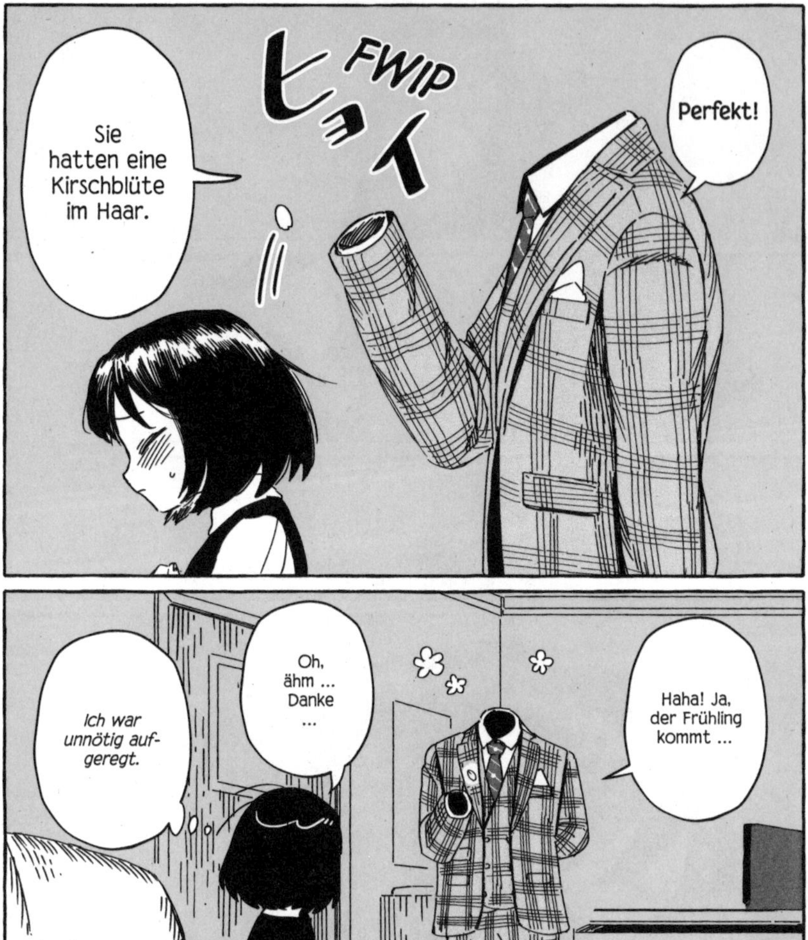
Perfekt!
FWIP
ヒョイ
Sie hatten eine Kirschblüte im Haar.
Haha! Ja, der Frühling kommt ...
Oh, ähm ... Danke ...
Ich war unnötig aufgeregt.
Oho, oho! Bahnt sich zwischen den beiden etwa was an? Äh, warte! Heißt das, wir sind dem jetzt jeden Tag bei der Arbeit ausgesetzt?
Liebe liegt in der Luft
Tsk.

◆ Der heutige Snack ist ein Sakura-Mochi*.

* Rosa eingefärbter Reiskuchen, gefüllt mit einer süßen Bohnenpaste, der traditionell im Frühling gegessen wird.

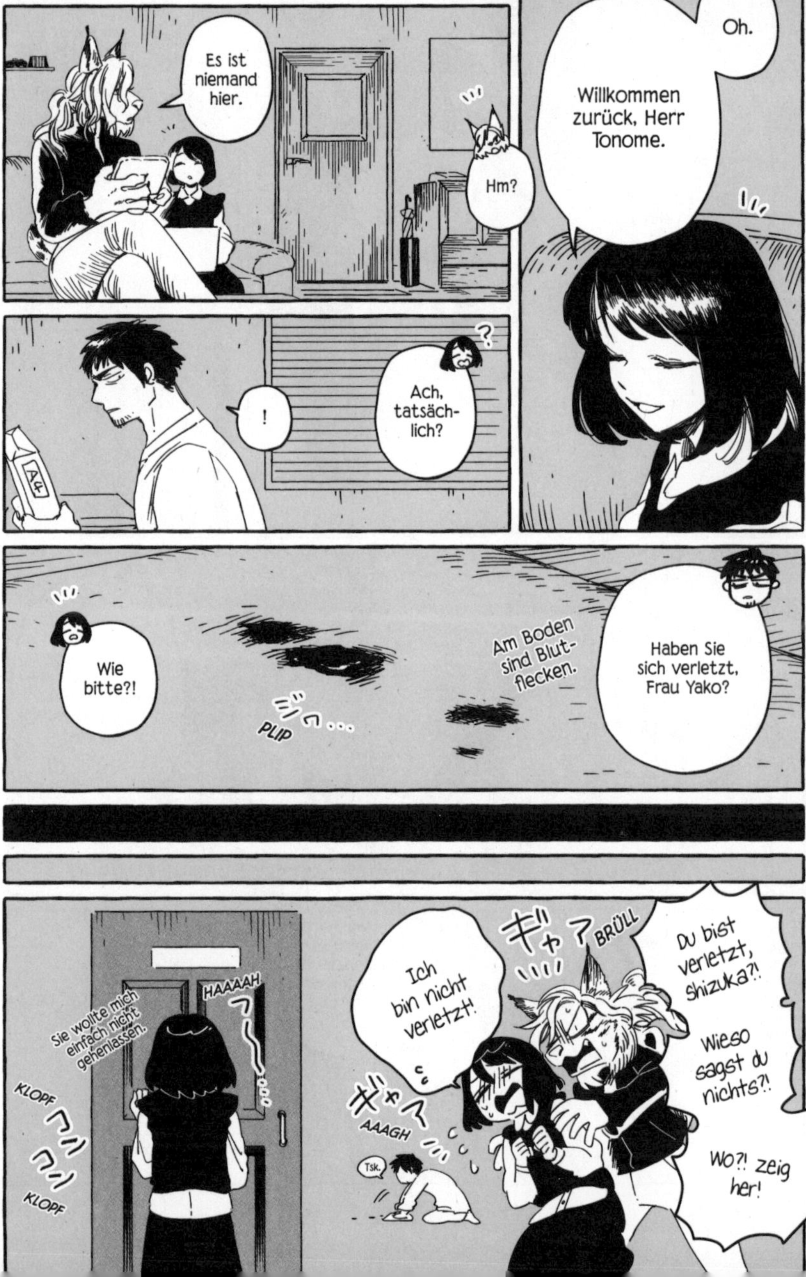
Oh.
Willkommen zurück, Herr Tonome.
Es ist niemand hier.
Hm?
Ach, tatsächlich?
!
Haben Sie sich verletzt, Frau Yako?
Am Boden sind Blutflecken.
Wie bitte?!
PLIP
Du bist verletzt, Shizuka?!
Wieso sagst du nichts?!
Wo?! zeig her!
BRÜLL
Ich bin nicht verletzt!
AAAGH
Tsk.
HAAAAH
Sie wollte mich einfach nicht gehenlassen.
KLOPF
KLOPF

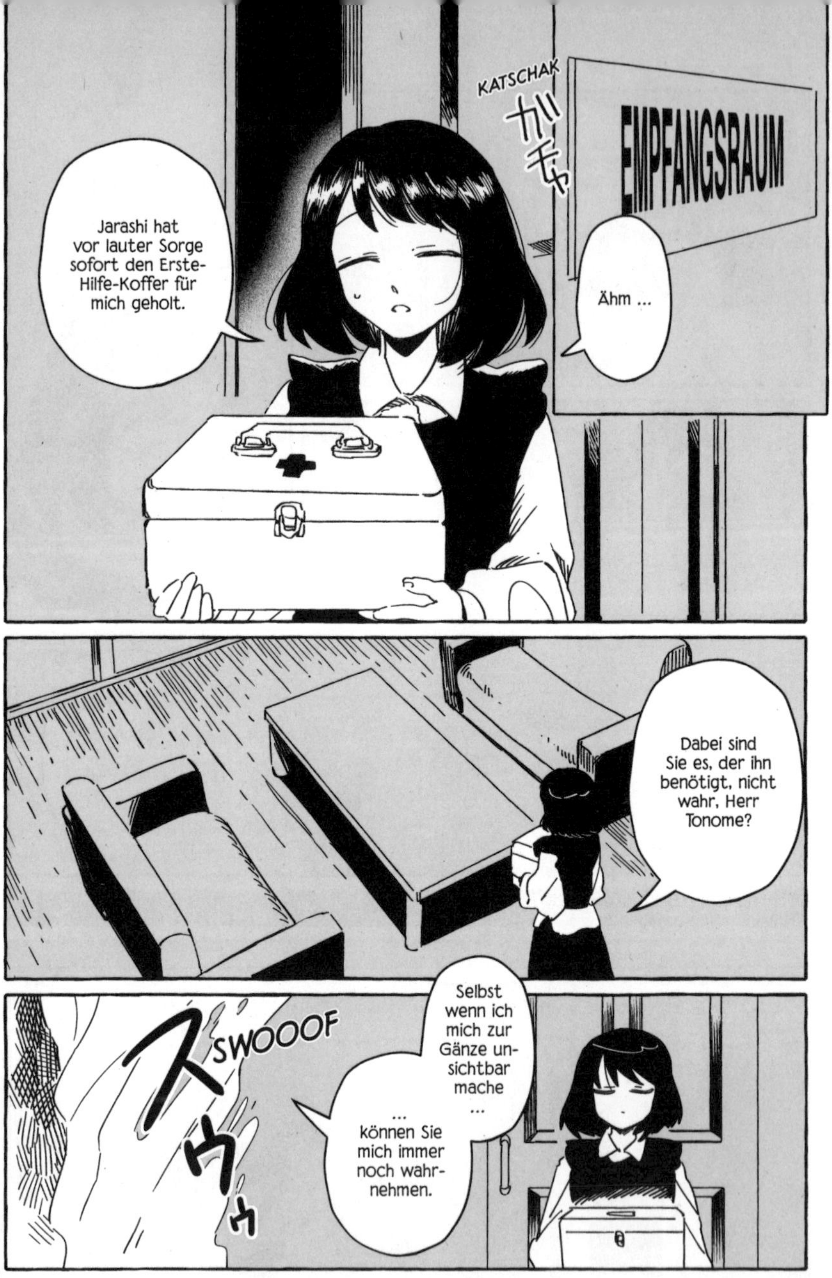
KATSCHAK
EMPFANGSRAUM
Ähm ...
Jarashi hat vor lauter Sorge sofort den Erste-Hilfe-Koffer für mich geholt.
Dabei sind Sie es, der ihn benötigt, nicht wahr, Herr Tonome?
Selbst wenn ich mich zur Gänze unsichtbar mache ...
... können Sie mich immer noch wahrnehmen.
SWOOOF

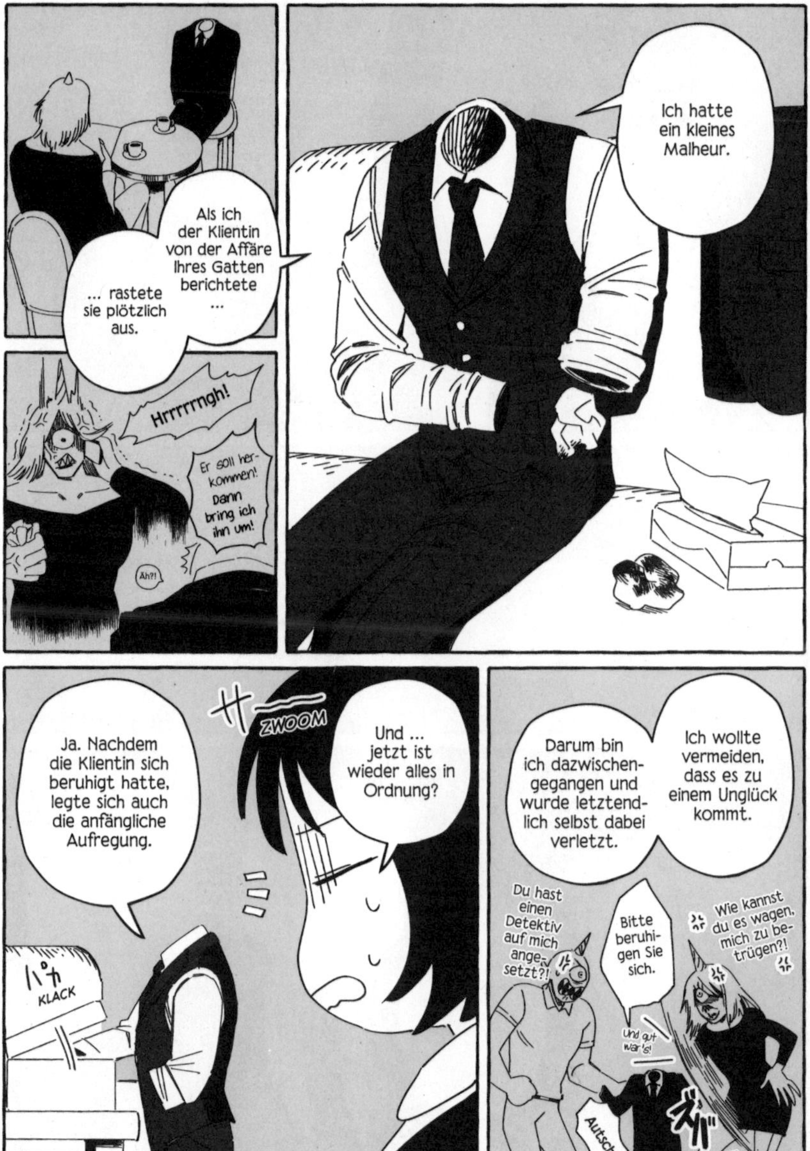
Ich hatte ein kleines Malheur.
Als ich der Klientin von der Affäre Ihres Gatten berichtete ...
... rastete sie plötzlich aus.
Hrrrrrngh!
Er soll herkommen! Dann bring ich ihn um!
Äh?!
Ich wollte vermeiden, dass es zu einem Unglück kommt.
Darum bin ich dazwischengegangen und wurde letztendlich selbst dabei verletzt.
Wie kannst du es wagen, mich zu betrügen?!
Bitte beruhigen Sie sich.
Du hast einen Detektiv auf mich angesetzt?!
Und gut war's!
RRTZ
Autsch!
ZWOOM
Und ... jetzt ist wieder alles in Ordnung?
Ja. Nachdem die Klientin sich beruhigt hatte, legte sich auch die anfängliche Aufregung.
KLACK

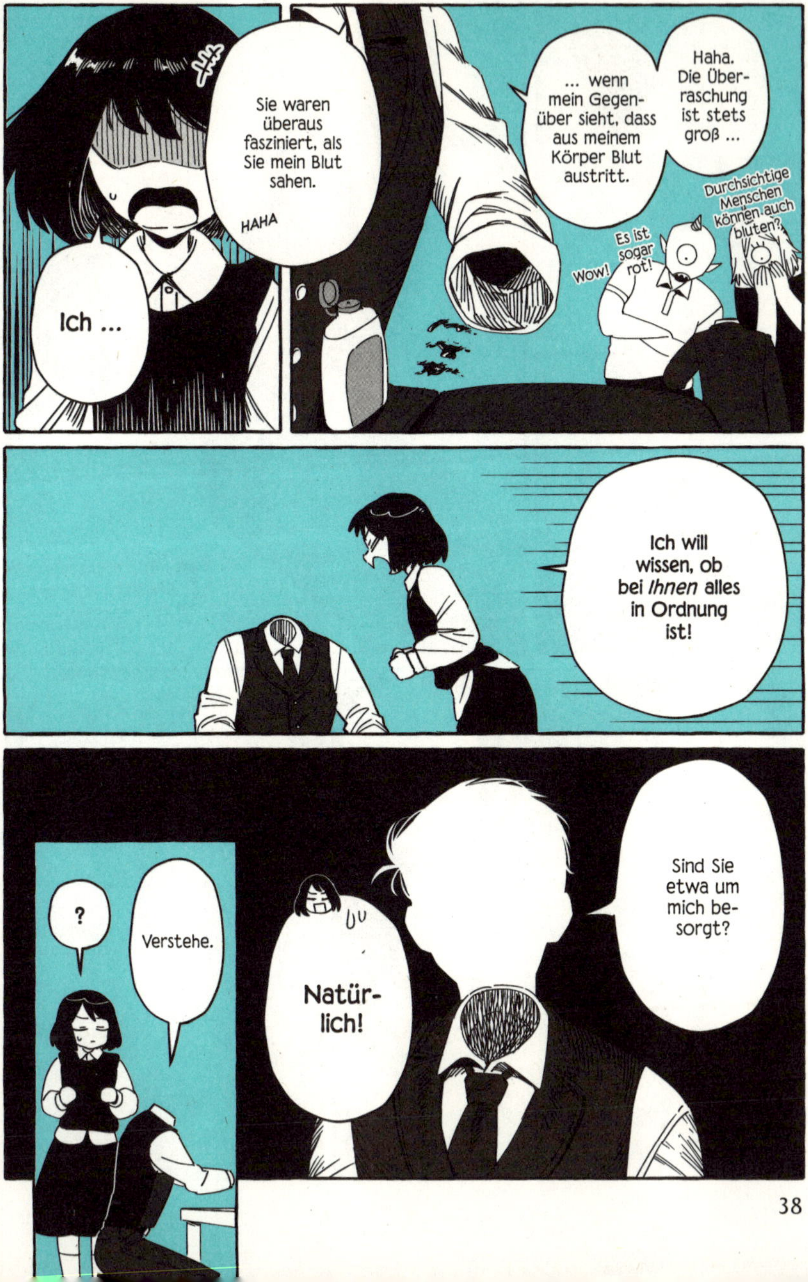
Haha. Die Überraschung ist stets groß ...
... wenn mein Gegenüber sieht, dass aus meinem Körper Blut austritt.
Durchsichtige Menschen können auch bluten?
Es ist sogar rot!
Wow!
Sie waren überaus fasziniert, als Sie mein Blut sahen.
HAHA
Ich ...
Ich will wissen, ob bei *Ihnen* alles in Ordnung ist!
Sind Sie etwa um mich besorgt?
Natürlich!
Verstehe.
?

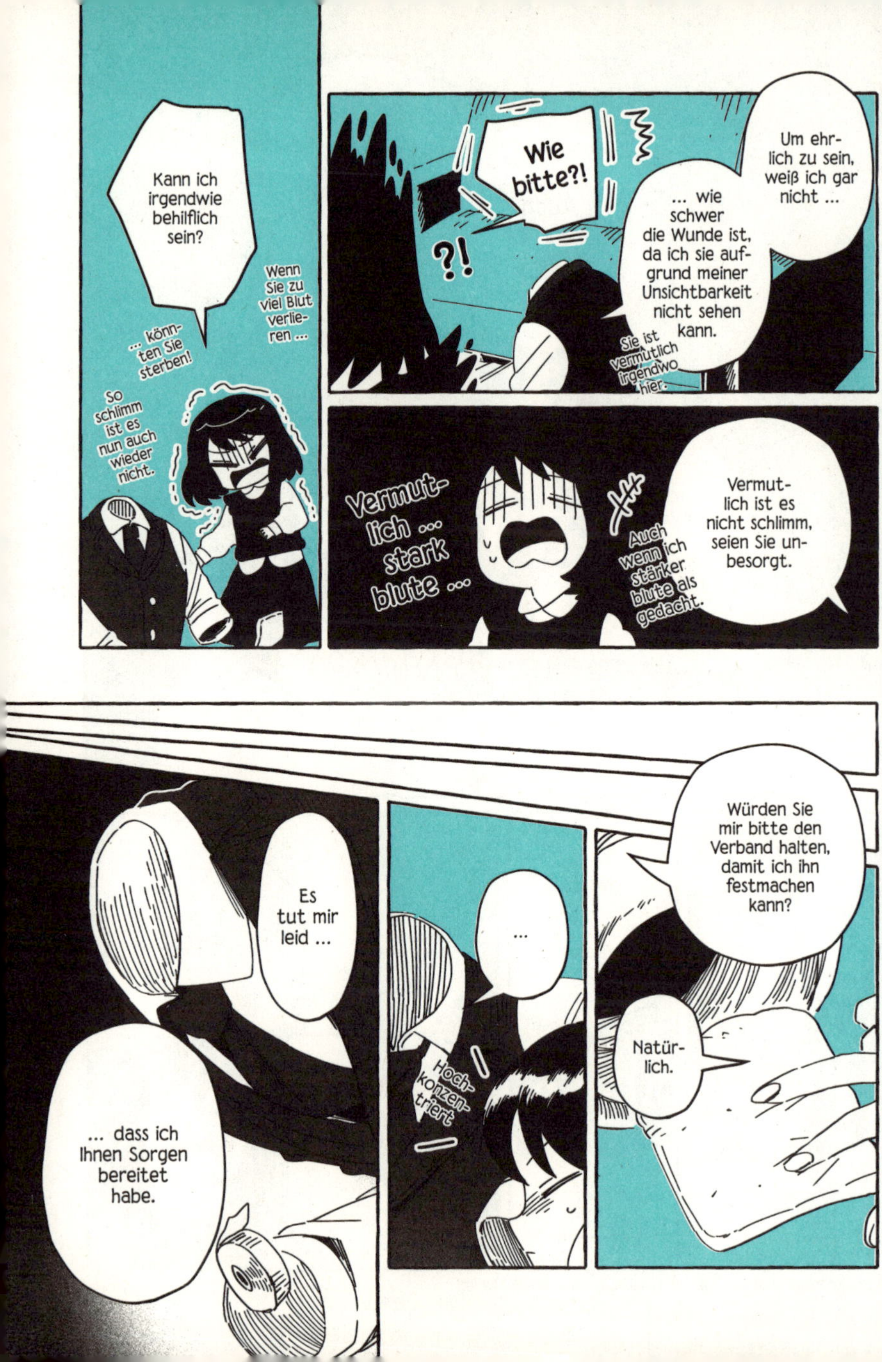
Um ehrlich zu sein, weiß ich gar nicht ...
... wie schwer die Wunde ist, da ich sie aufgrund meiner Unsichtbarkeit nicht sehen kann.
Sie ist vermutlich irgendwo hier.
Wie bitte?!
?!
Vermutlich ist es nicht schlimm, seien Sie unbesorgt.
Auch wenn ich stärker blute als gedacht.
Vermutlich ... stark blute ...
Kann ich irgendwie behilflich sein?
Wenn Sie zu viel Blut verlieren ...
... könnten Sie sterben!
So schlimm ist es nun auch wieder nicht.
Würden Sie mir bitte den Verband halten, damit ich ihn festmachen kann?
Natürlich.
...
Hochkonzentriert
Es tut mir leid ...
... dass ich Ihnen Sorgen bereitet habe.

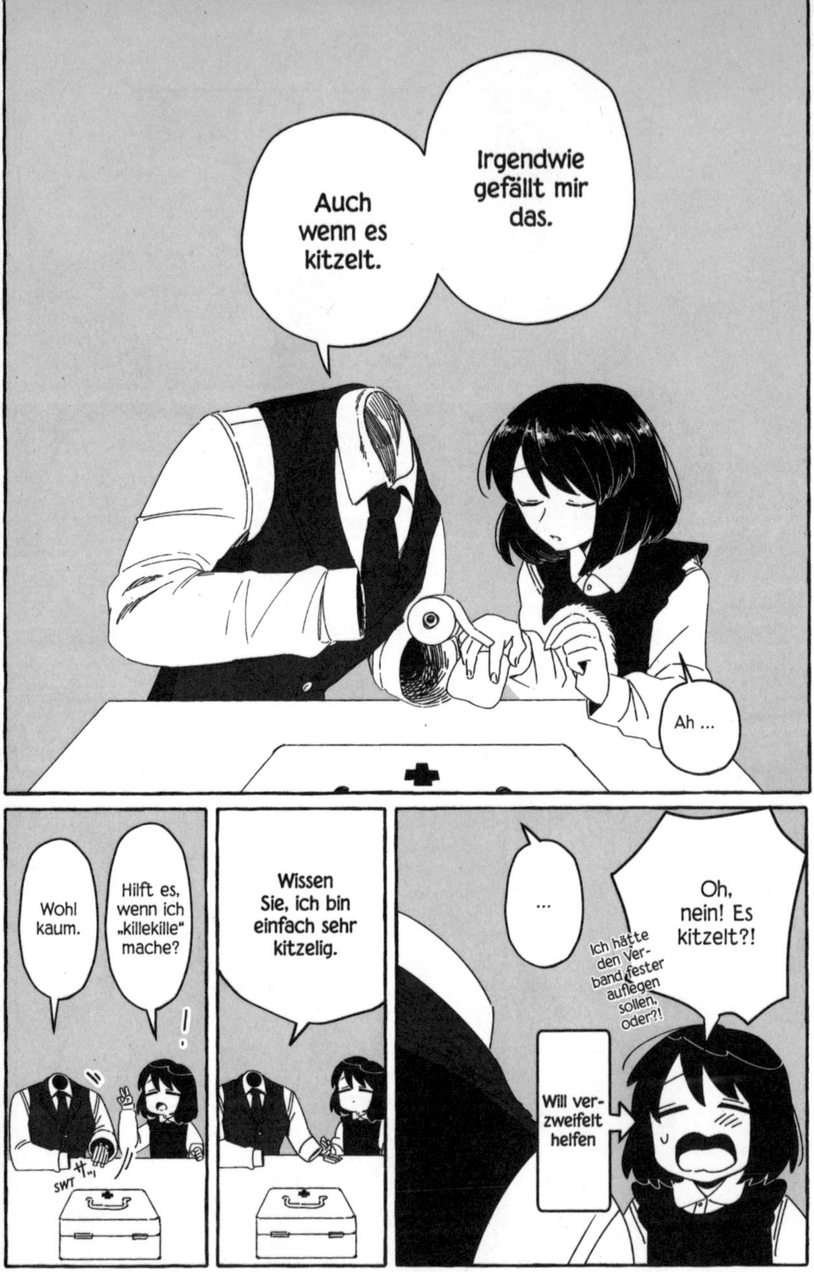
Irgendwie gefällt mir das.
Auch wenn es kitzelt.
Ah ...
Oh, nein! Es kitzelt?!
Ich hätte den Verband fester auflegen sollen, oder?!
Will verzweifelt helfen
...
Wissen Sie, ich bin einfach sehr kitzelig.
Hilft es, wenn ich „killekille“ mache?
!
Wohl kaum.
SWT

◆ Dieses Ereignis führt später zur Einführung der „Killekille-Strafe“.

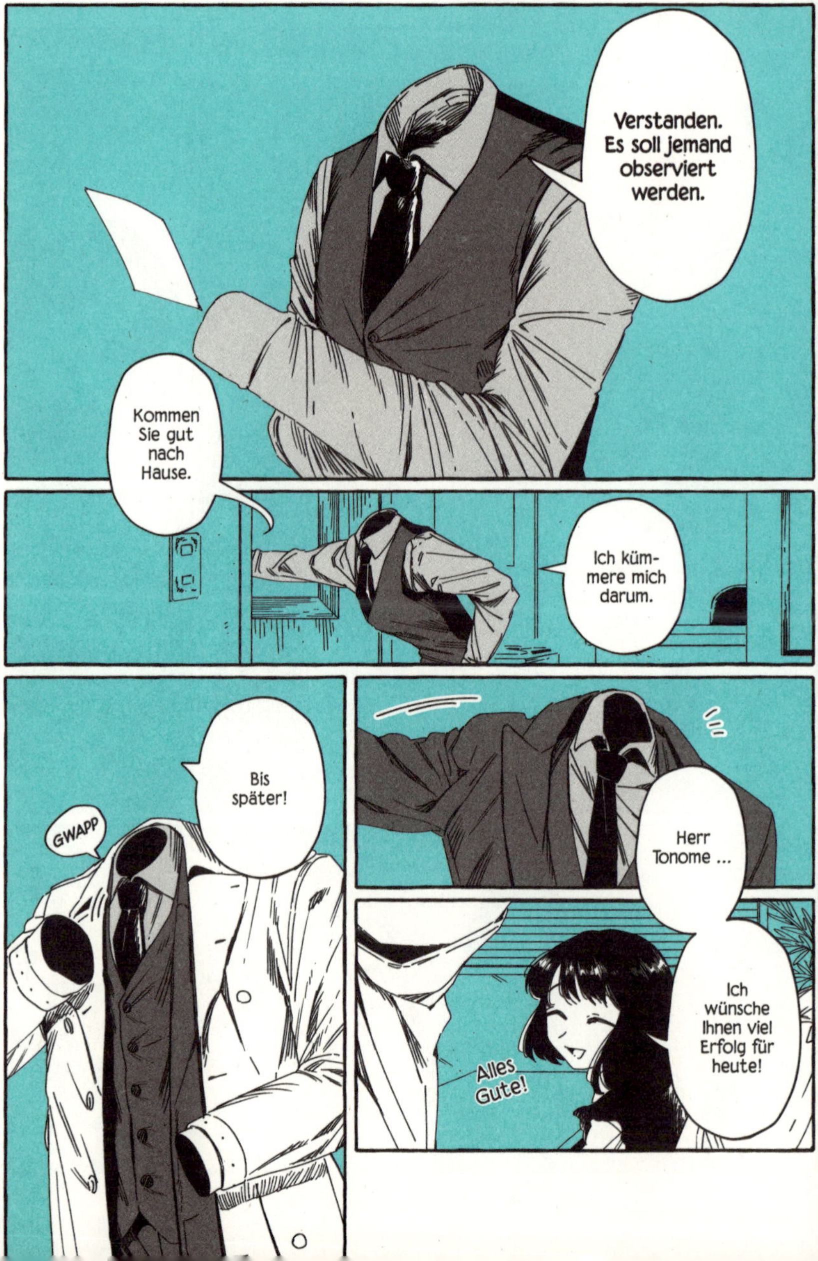
Verstanden. Es soll jemand observiert werden.
Kommen Sie gut nach Hause.
Ich kümmere mich darum.
Herr Tonome …
Ich wünsche Ihnen viel Erfolg für heute!
Alles Gute!
Bis später!
GWAPP

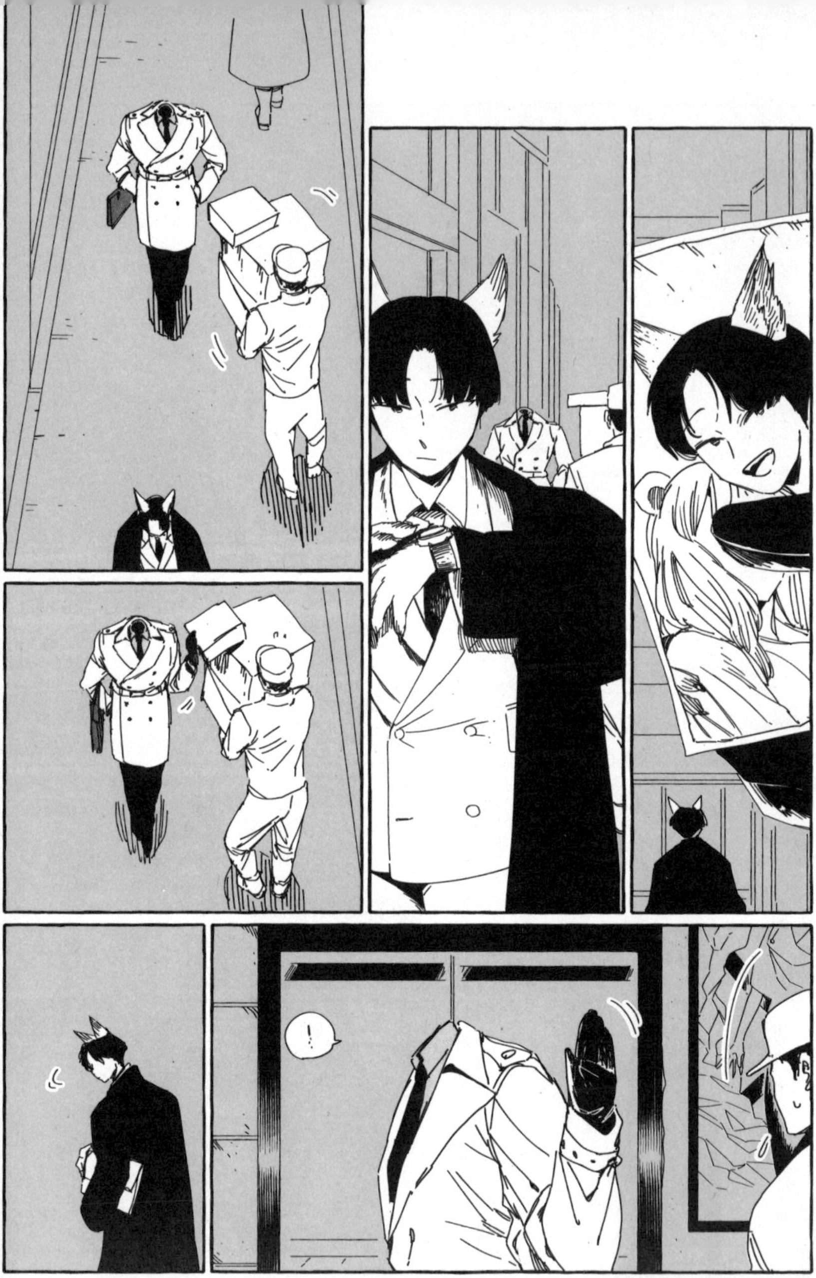

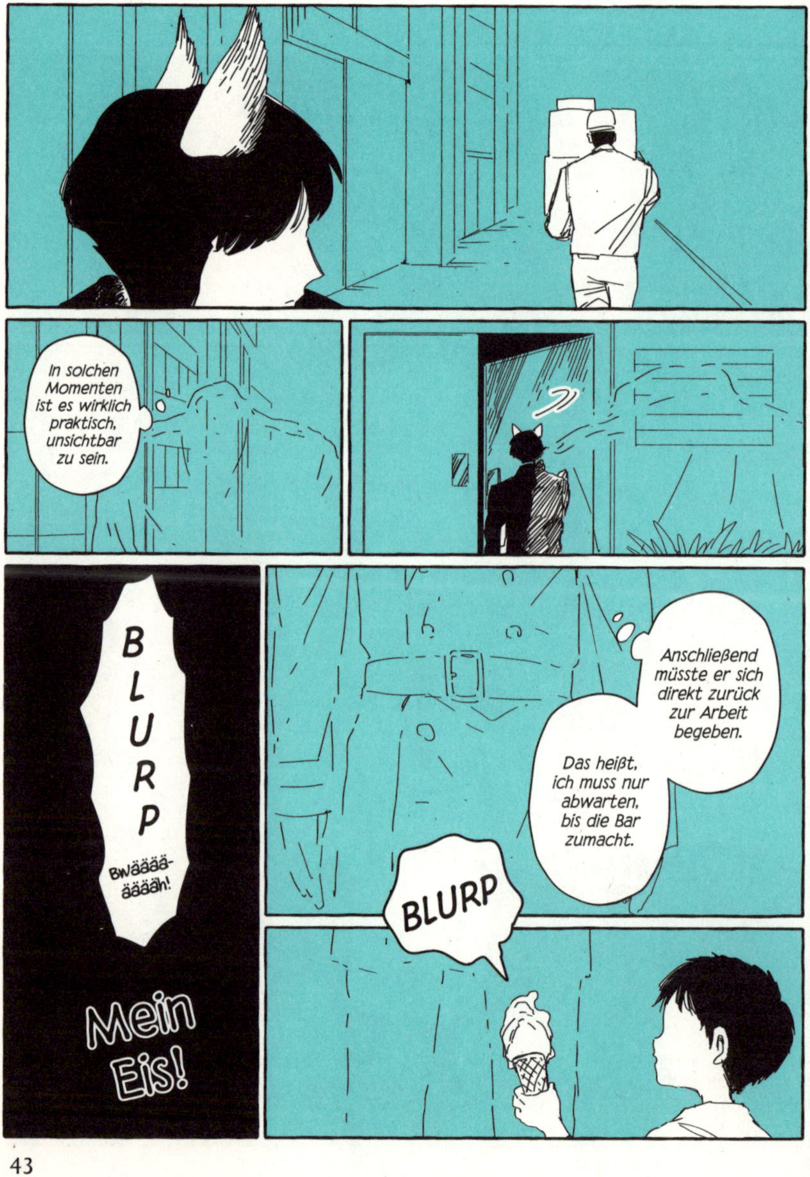

In solchen Momenten ist es wirklich praktisch, unsichtbar zu sein.
Anschließend müsste er sich direkt zurück zur Arbeit begeben.
Das heißt, ich muss nur abwarten, bis die Bar zumacht.
BLURP
BLURP
Bwääää-äääääh!
Mein Eis!

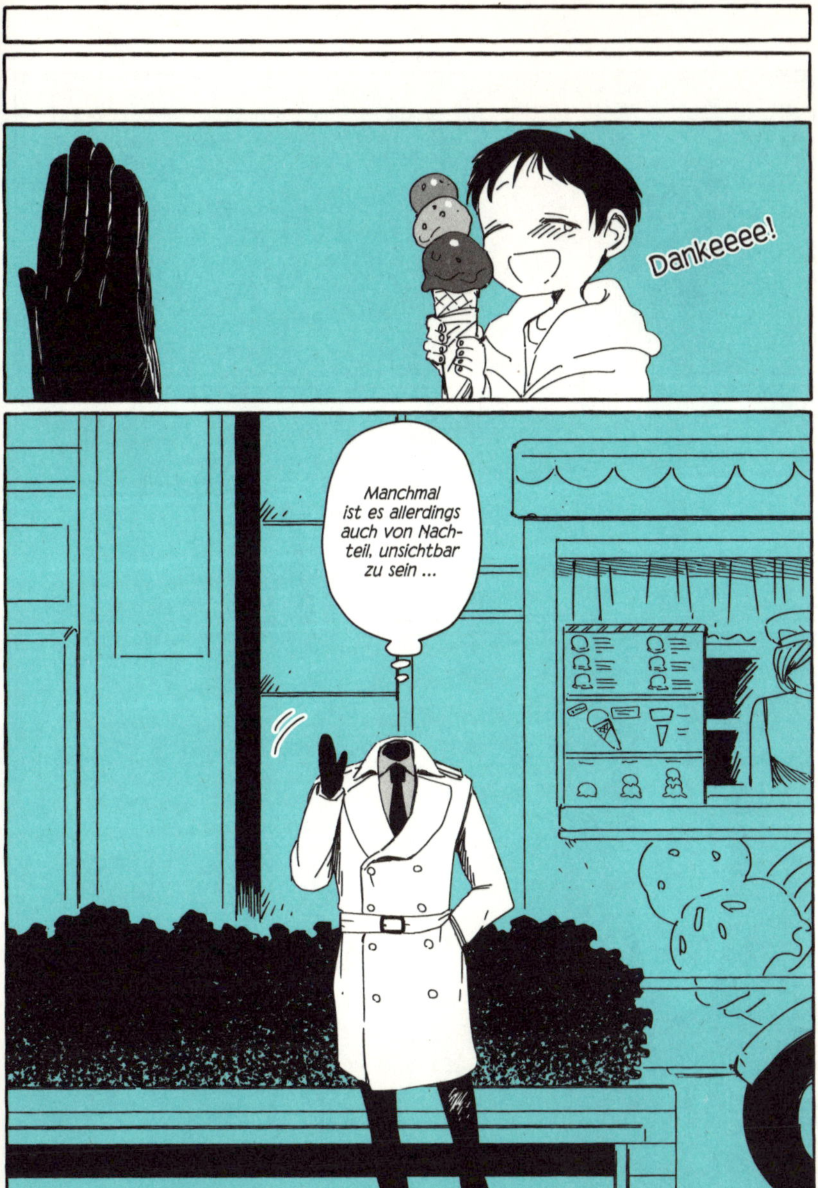
Dankeeee!
Manchmal ist es allerdings auch von Nachteil, unsichtbar zu sein …

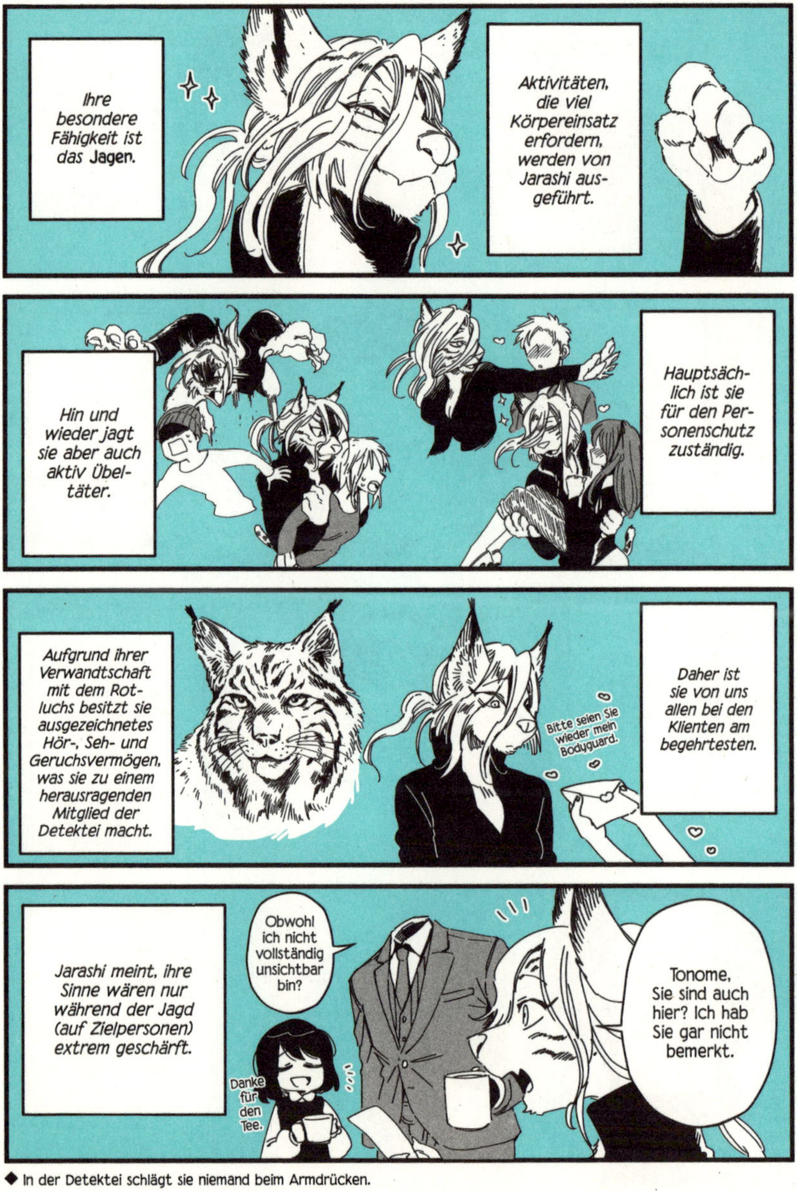
Ihre besondere Fähigkeit ist das Jagen.
Aktivitäten, die viel Körpereinsatz erfordern, werden von Jarashi ausgeführt.
Hin und wieder jagt sie aber auch aktiv Übeltäter.
Hauptsächlich ist sie für den Personenschutz zuständig.
Aufgrund ihrer Verwandtschaft mit dem Rotluchs besitzt sie ausgezeichnetes Hör-, Seh- und Geruchsvermögen, was sie zu einem herausragenden Mitglied der Detektei macht.
Bitte seien Sie wieder mein Bodyguard.
Daher ist sie von uns allen bei den Klienten am begehrtesten.
Jarashi meint, ihre Sinne wären nur während der Jagd (auf Zielpersonen) extrem geschärft.
Obwohl ich nicht vollständig unsichtbar bin?
Danke für den Tee.
Tonome, Sie sind auch hier? Ich hab Sie gar nicht bemerkt.

◆ In der Detektei schlägt sie niemand beim Armdrücken.

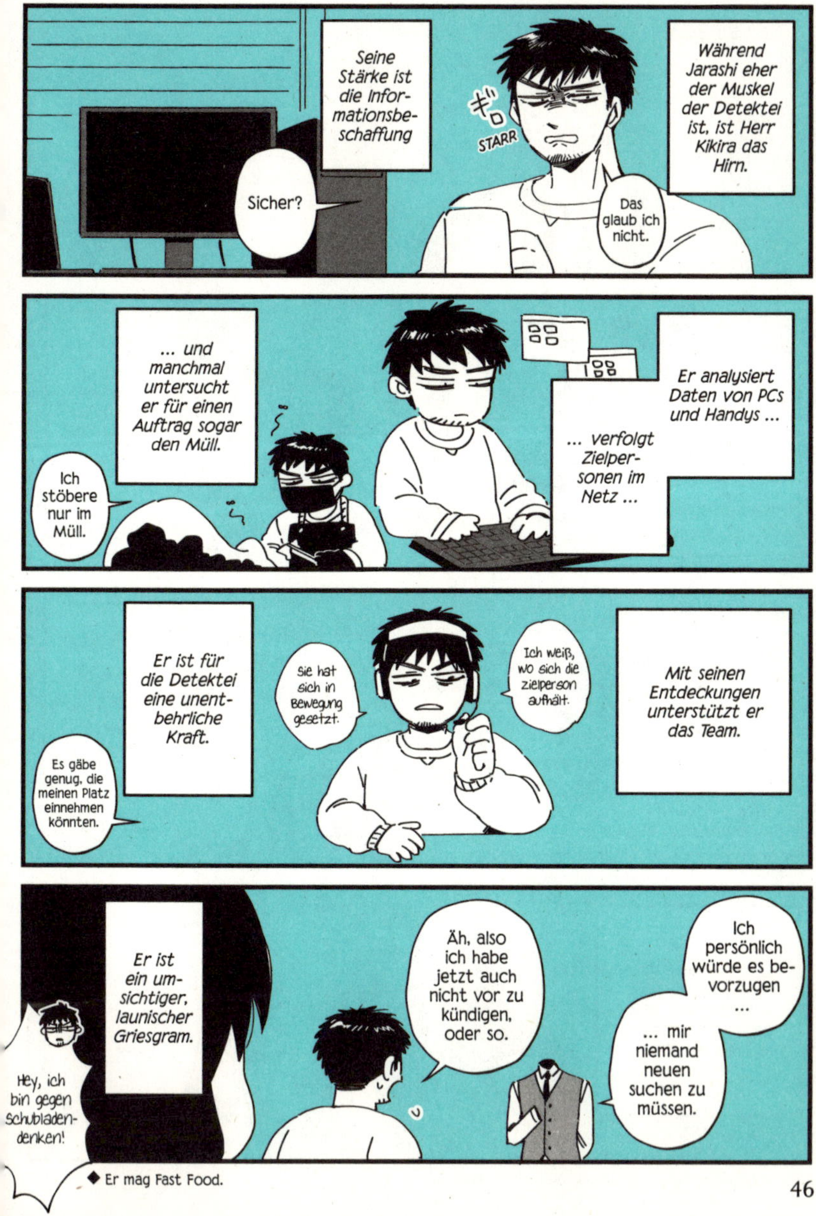
Während Jarashi eher der Muskel der Detektei ist, ist Herr Kikira das Hirn.
Das glaub ich nicht.
STARR
Seine Stärke ist die Informationsbeschaffung
Sicher?
Er analysiert Daten von PCs und Handys ...
... verfolgt Zielpersonen im Netz ...
... und manchmal untersucht er für einen Auftrag sogar den Müll.
Ich stöbere nur im Müll.
Mit seinen Entdeckungen unterstützt er das Team.
Ich weiß, wo sich die Zielperson aufhält.
Sie hat sich in Bewegung gesetzt.
Er ist für die Detektei eine unentbehrliche Kraft.
Es gäbe genug, die meinen Platz einnehmen könnten.
Ich persönlich würde es bevorzugen ...
... mir niemand neuen suchen zu müssen.
Äh, also ich habe jetzt auch nicht vor zu kündigen, oder so.
Er ist ein umsichtiger, launischer Griesgram.
Hey, ich bin gegen Schubladendenken!

◆ Er mag Fast Food.

* ein Computerausgabegerät für blinde Menschen

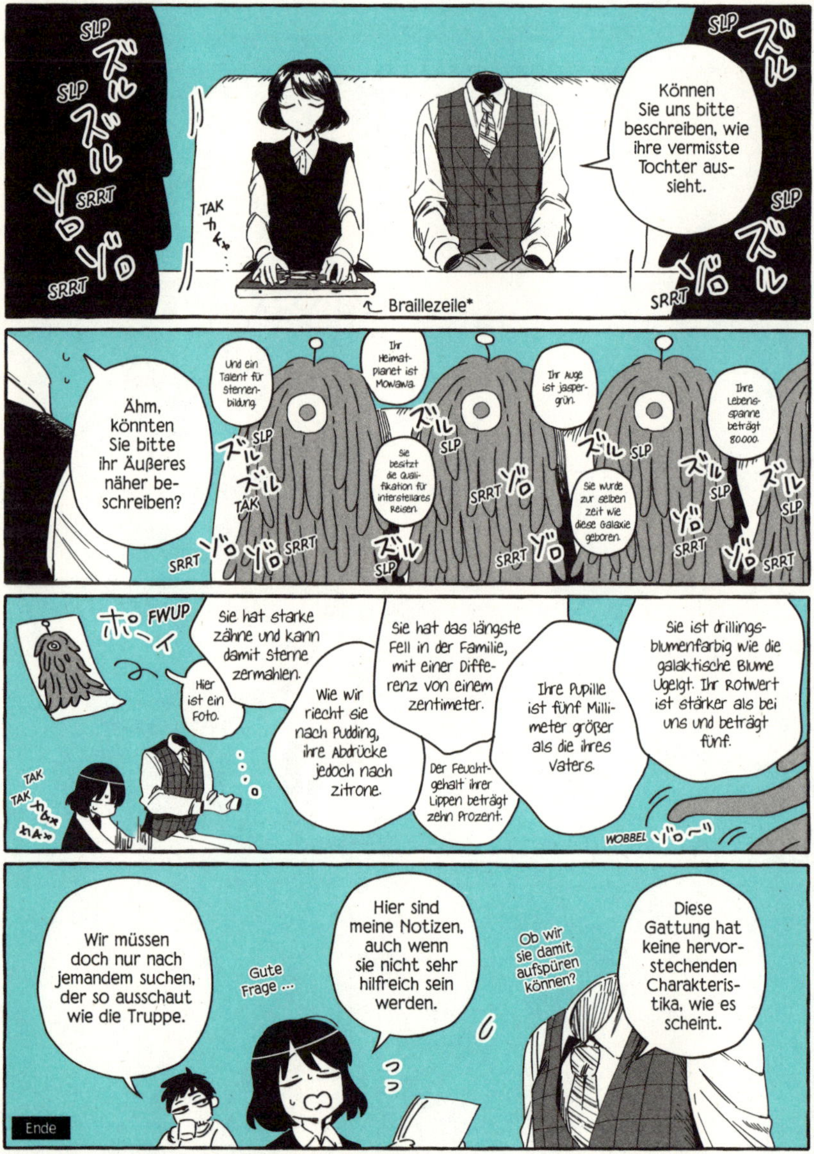

Können Sie uns bitte beschreiben, wie ihre vermisste Tochter aussieht.
SLP
SRRT
TAK
Braillezeile*
Ähm, könnten Sie bitte ihr Äußeres näher beschreiben?
Und ein Talent für Sternenbildung.
Ihr Heimatplanet ist Mowawa.
Sie besitzt die Qualifikation für interstellares Reisen.
Ihr Auge ist jaspergrün.
Sie wurde zur selben Zeit wie diese Galaxie geboren.
Ihre Lebensspanne beträgt 80.000.
Sie ist drillingsblumenfarbig wie die galaktische Blume Ugelgt. Ihr Rotwert ist stärker als bei uns und beträgt fünf.
Ihre Pupille ist fünf Millimeter größer als die ihres Vaters.
Sie hat das längste Fell in der Familie, mit einer Differenz von einem Zentimeter.
Der Feuchtgehalt ihrer Lippen beträgt zehn Prozent.
Wie wir riecht sie nach Pudding, ihre Abdrücke jedoch nach Zitrone.
Sie hat starke Zähne und kann damit Sterne zermahlen.
FWUP
Hier ist ein Foto.
TAK
TAK
WOBBEL
Diese Gattung hat keine hervorstechenden Charakteristika, wie es scheint.
Ob wir sie damit aufspüren können?
Hier sind meine Notizen, auch wenn sie nicht sehr hilfreich sein werden.
Gute Frage …
Wir müssen doch nur nach jemandem suchen, der so ausschaut wie die Truppe.
Ende

◆ Charakteristika: Bei der Fortbewegung bleibt viel Schmutz an ihr haften.

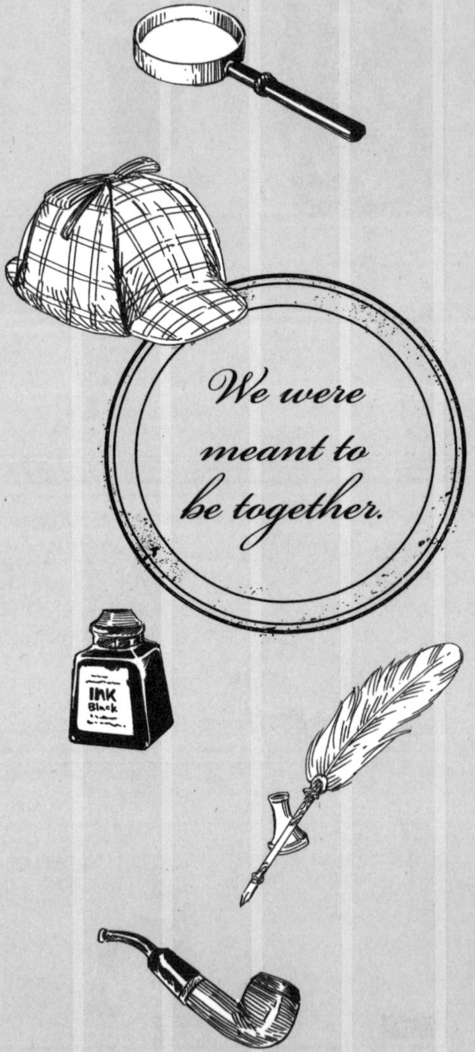
We were
meant to
be together.
INK
Black

Kapitel 4: Shizuka Yakos Arbeitstag

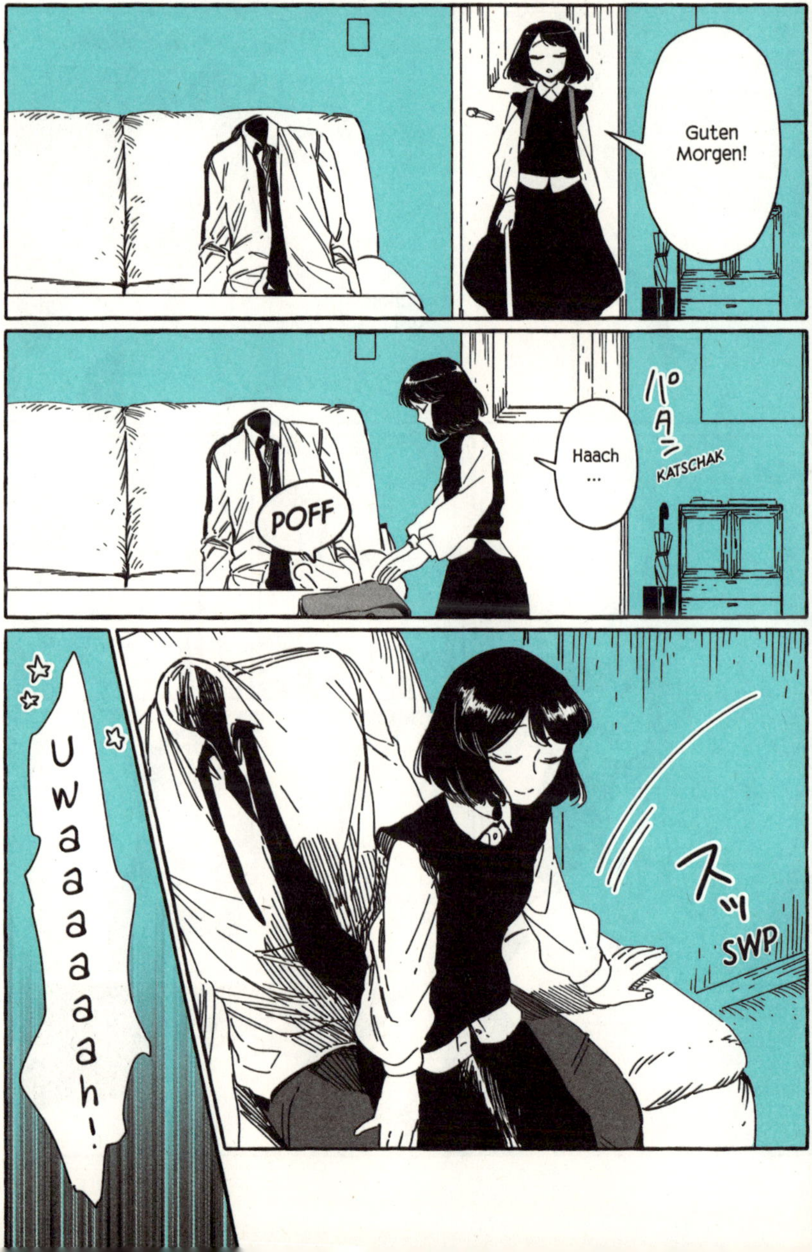
Guten Morgen!
パタン
KATSCHAK
Haach ...
POFF
スッ
SWP
Uwaaaaaaah!

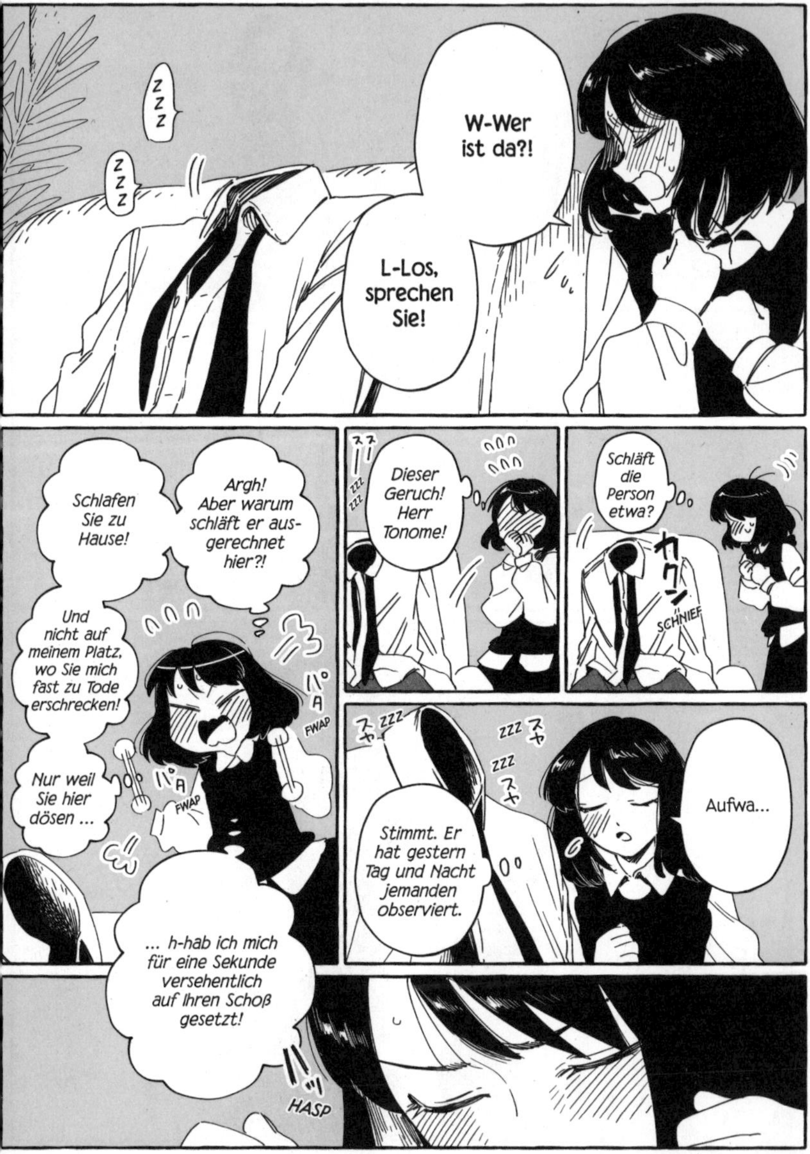
W-Wer ist da?!
L-Los, sprechen Sie!
ZZZ
ZZZ
Schläft die Person etwa?
SCHNIEF
Dieser Geruch! Herr Tonome!
ZZZ
Aufwa...
Stimmt. Er hat gestern Tag und Nacht jemanden observiert.
ZZZ
Argh! Aber warum schläft er ausgerechnet hier?!
Schlafen Sie zu Hause!
Und nicht auf meinem Platz, wo Sie mich fast zu Tode erschrecken!
FWAP
Nur weil Sie hier dösen ...
FWAP
... h-hab ich mich für eine Sekunde versehentlich auf Ihren Schoß gesetzt!
HASP

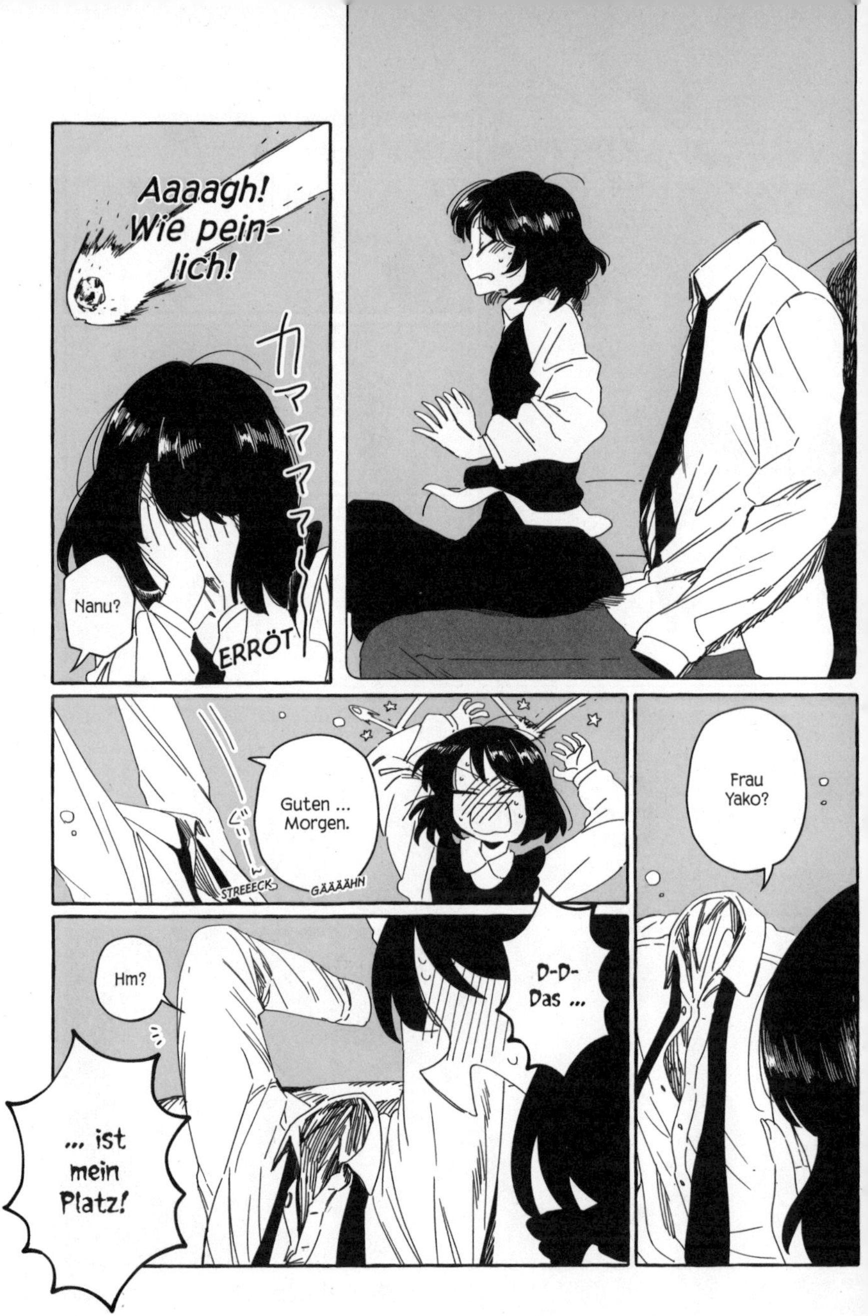
Aaaagh! Wie pein-lich!
カァァァ~
ERRÖT
Nanu?
Frau Yako?
Guten … Morgen.
GÄÄÄÄHN
STREEECK
D-D-Das …
Hm?
… ist mein Platz!

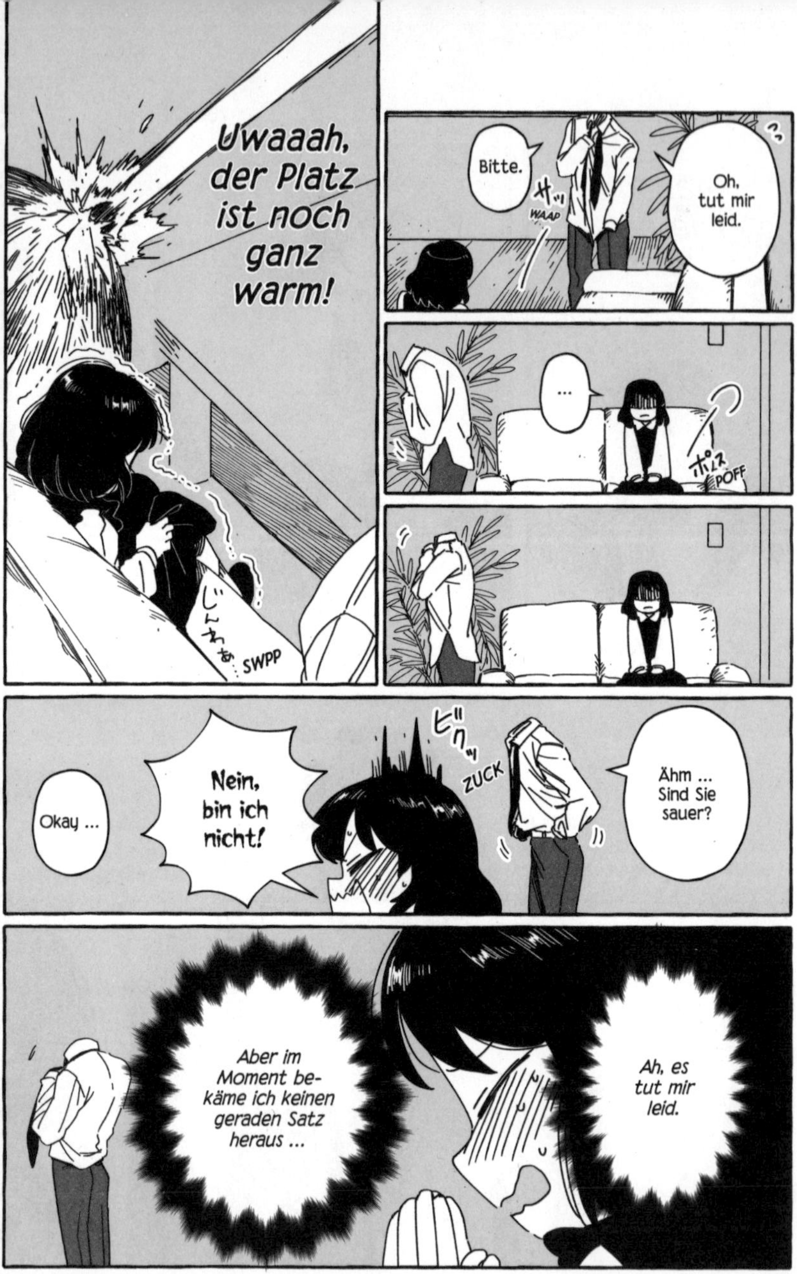
Oh, tut mir leid.
Bitte.
WAAP
Uwaaah, der Platz ist noch ganz warm!
SWPP
...
POFF
Ähm ... Sind Sie sauer?
ZUCK
Nein, bin ich nicht!
Okay ...
Ah, es tut mir leid.
Aber im Moment bekäme ich keinen geraden Satz heraus ...

◆ Herr Tonome träumte davon, dass für einen kurzen Augenblick ein Hund auf seinem Schoß saß.

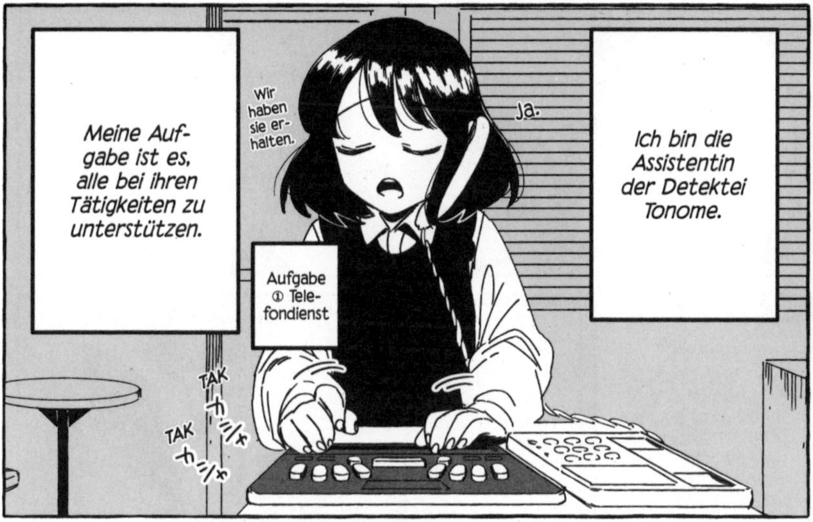
Ich bin die Assistentin der Detektei Tonome.
Ja.
Wir haben sie erhalten.
Meine Aufgabe ist es, alle bei ihren Tätigkeiten zu unterstützen.
Aufgabe ① Telefondienst
TAK
TAK

↑ Braillezeile

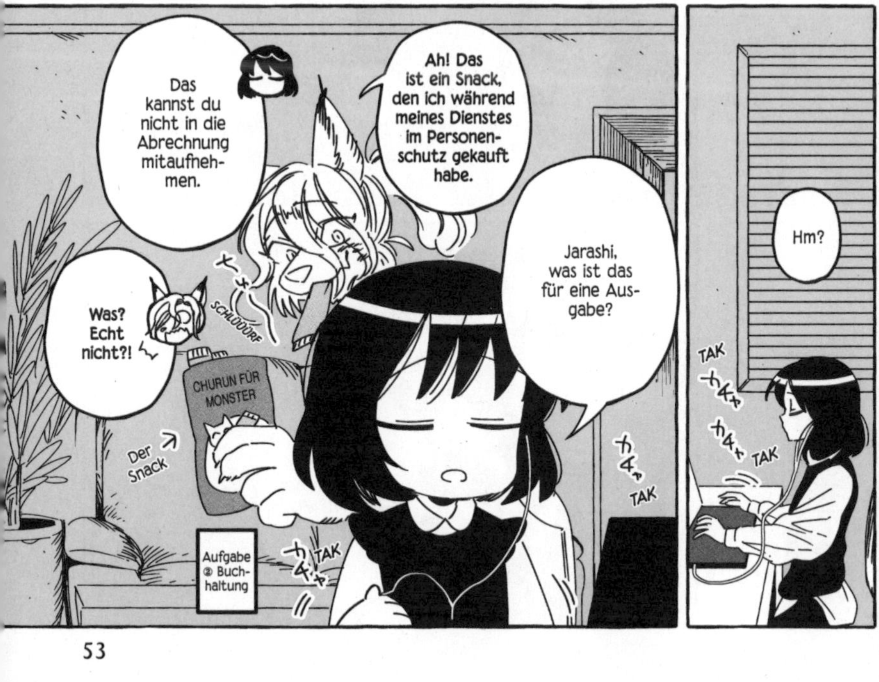
Hm?
TAK
TAK
Jarashi, was ist das für eine Ausgabe?
Ah! Das ist ein Snack, den ich während meines Dienstes im Personenschutz gekauft habe.
Das kannst du nicht in die Abrechnung mitaufnehmen.
Was? Echt nicht?!
SCHLÜÜÜRF
CHURUN FÜR MONSTER
Der Snack
TAK
TAK
Aufgabe ② Buchhaltung

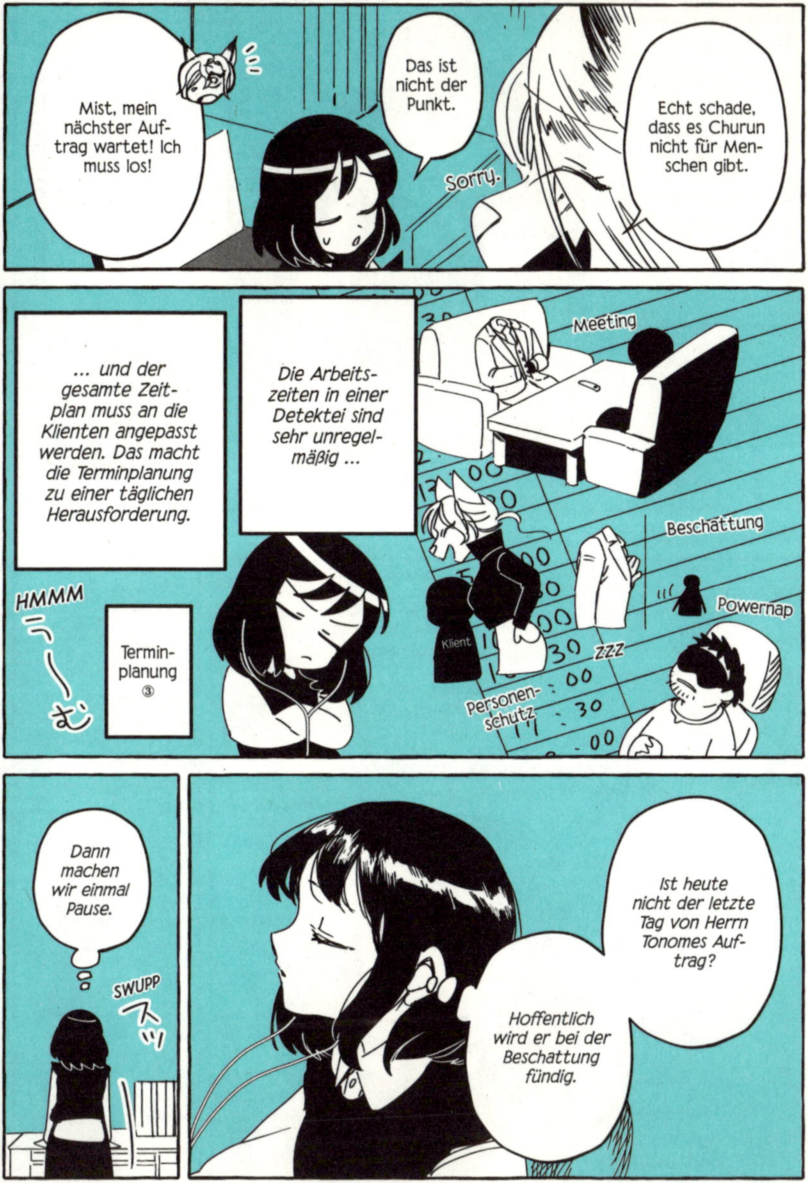
Echt schade, dass es Churun nicht für Menschen gibt.
Sorry.
Das ist nicht der Punkt.
Mist, mein nächster Auftrag wartet! Ich muss los!
Meeting
Beschattung
Powernap
Klient
ZZZ
Personenschutz
Die Arbeitszeiten in einer Detektei sind sehr unregelmäßig ...
... und der gesamte Zeitplan muss an die Klienten angepasst werden. Das macht die Terminplanung zu einer täglichen Herausforderung.
HMMM
Terminplanung ③
Ist heute nicht der letzte Tag von Herrn Tonomes Auftrag?
Hoffentlich wird er bei der Beschattung fündig.
Dann machen wir einmal Pause.
SWUPP

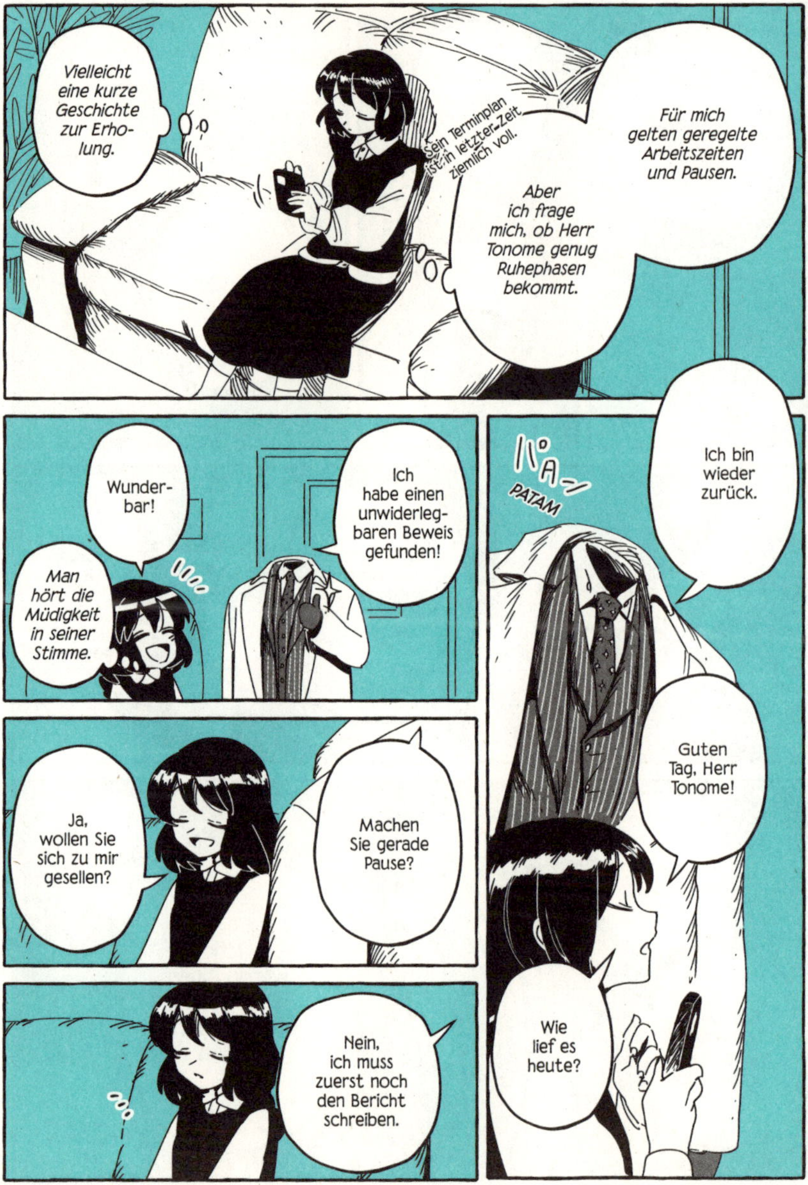
Für mich gelten geregelte Arbeitszeiten und Pausen.
Aber ich frage mich, ob Herr Tonome genug Ruhephasen bekommt.
Sein Terminplan ist in letzter Zeit ziemlich voll.
Vielleicht eine kurze Geschichte zur Erholung.
Ich bin wieder zurück.
PATAM
Guten Tag, Herr Tonome!
Wie lief es heute?
Ich habe einen unwiderlegbaren Beweis gefunden!
Wunderbar!
Man hört die Müdigkeit in seiner Stimme.
Machen Sie gerade Pause?
Ja, wollen Sie sich zu mir gesellen?
Nein, ich muss zuerst noch den Bericht schreiben.

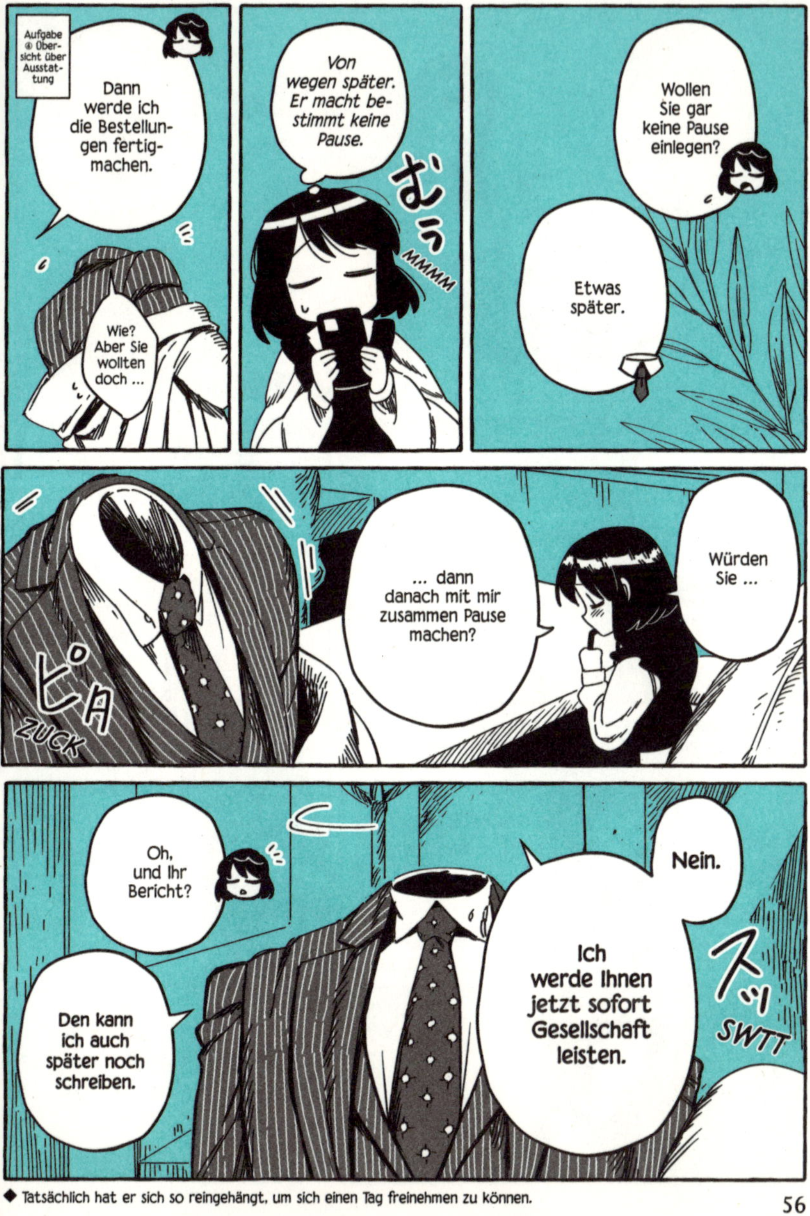
Wollen Sie gar keine Pause einlegen?
Etwas später.
Von wegen später. Er macht bestimmt keine Pause.
むぅ
MMMM
Aufgabe ④ Übersicht über Ausstattung
Dann werde ich die Bestellungen fertigmachen.
Wie? Aber Sie wollten doch …
Würden Sie …
… dann danach mit mir zusammen Pause machen?
ピク
ZUCK
Nein.
Ich werde Ihnen jetzt sofort Gesellschaft leisten.
スッ
SWTT
Oh, und Ihr Bericht?
Den kann ich auch später noch schreiben.

◆ Tatsächlich hat er sich so reingehängt, um sich einen Tag freinehmen zu können.

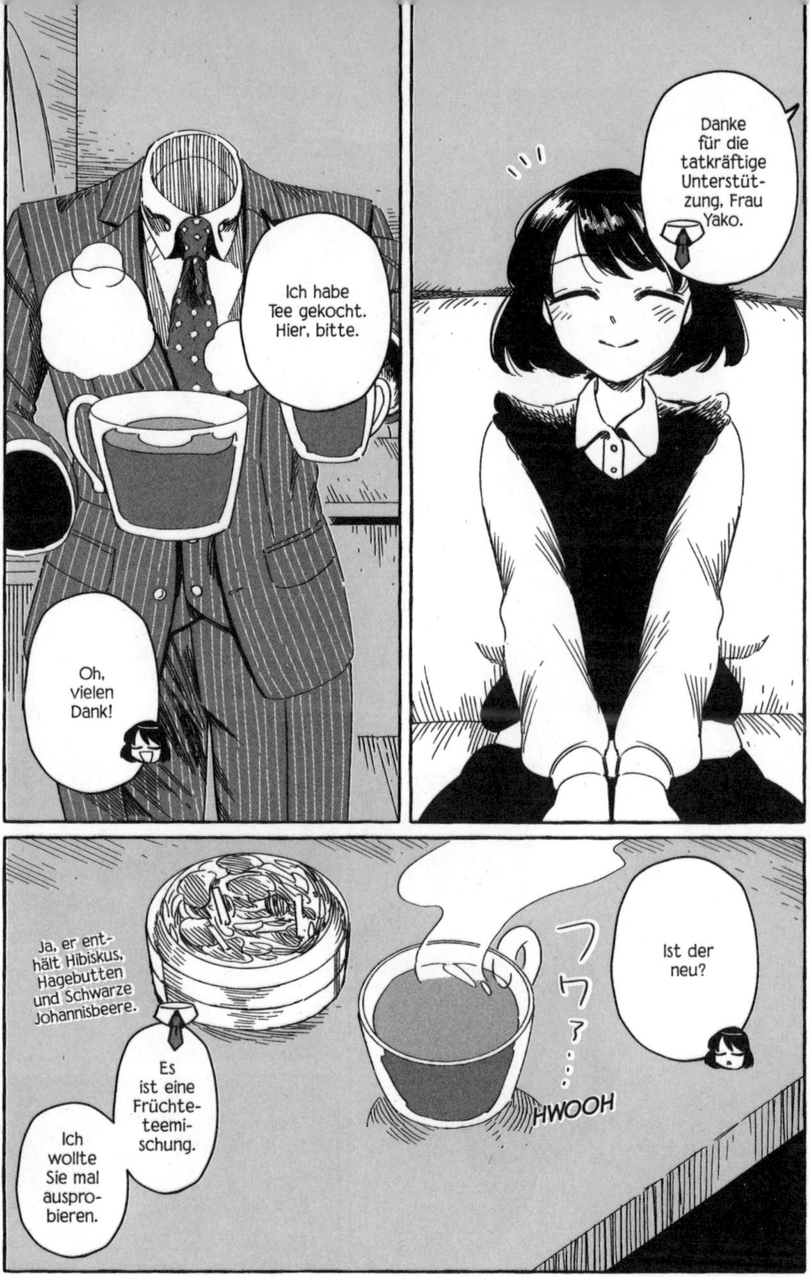
Danke für die tatkräftige Unterstützung, Frau Yako.
Ich habe Tee gekocht. Hier, bitte.
Oh, vielen Dank!
Ist der neu?
フワァ…
HWOOH
Es ist eine Früchteteemischung.
Ich wollte Sie mal ausprobieren.
Ja, er enthält Hibiskus, Hagebutten und Schwarze Johannisbeere.

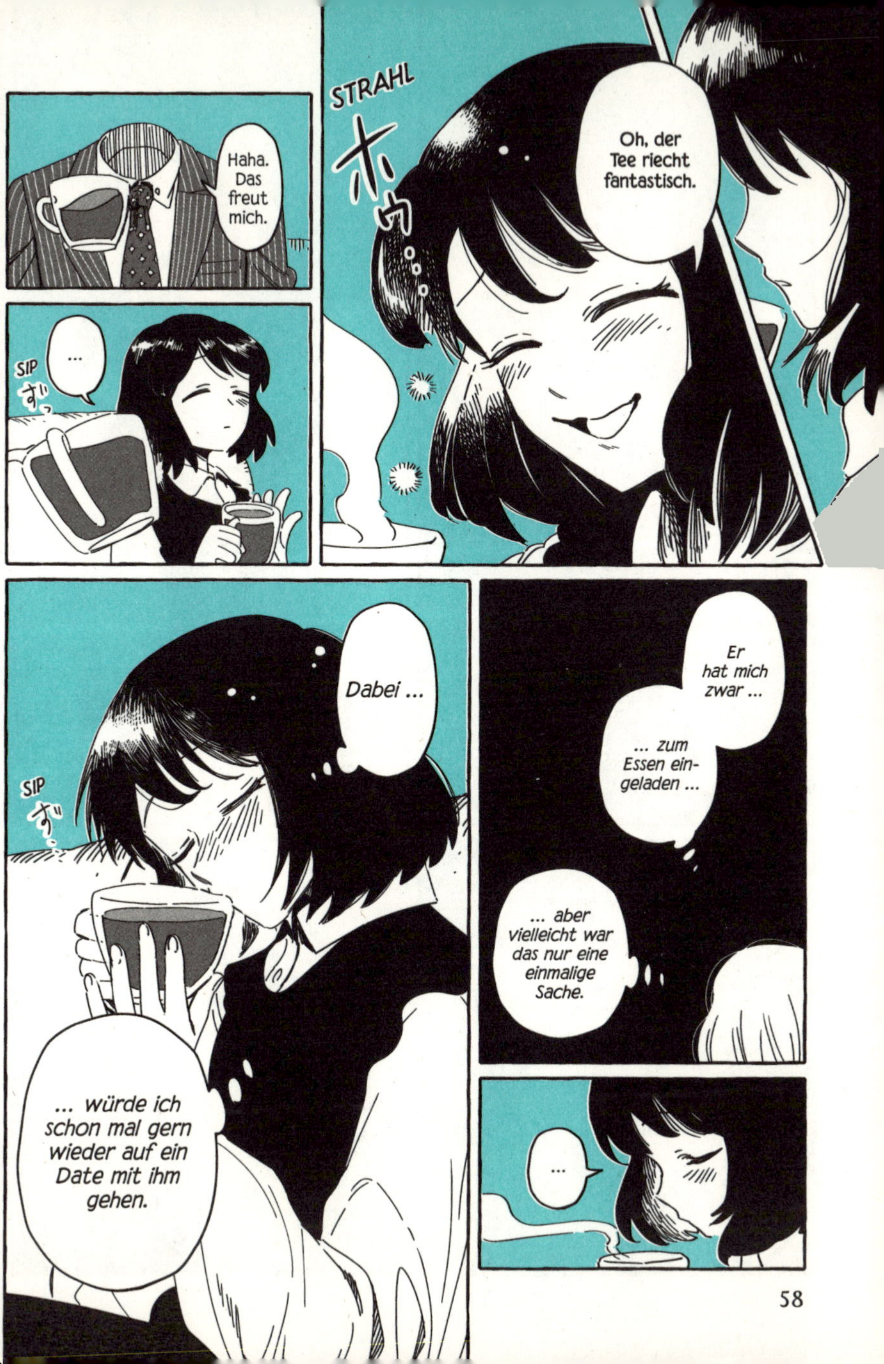
STRAHL
Oh, der Tee riecht fantastisch.
Haha. Das freut mich.
SIP
...
Er hat mich zwar ...
... zum Essen eingeladen ...
... aber vielleicht war das nur eine einmalige Sache.
Dabei ...
SIP
... würde ich schon mal gern wieder auf ein Date mit ihm gehen.
...

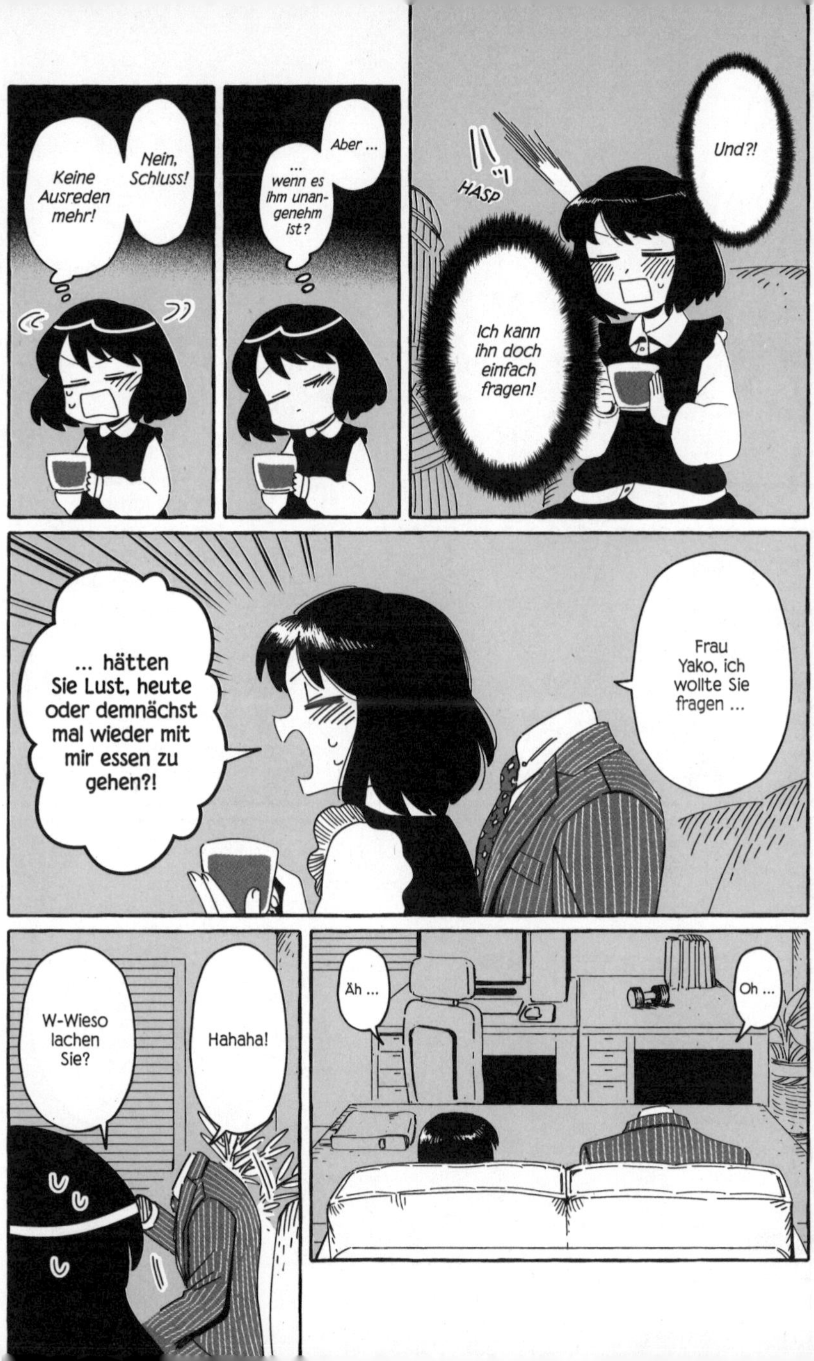
Und?!
HASP
Ich kann ihn doch einfach fragen!
Aber ...
... wenn es ihm unangenehm ist?
Nein, Schluss!
Keine Ausreden mehr!
Frau Yako, ich wollte Sie fragen ...
... hätten Sie Lust, heute oder demnächst mal wieder mit mir essen zu gehen?!
Oh ...
Äh ...
Hahaha!
W-Wieso lachen Sie?

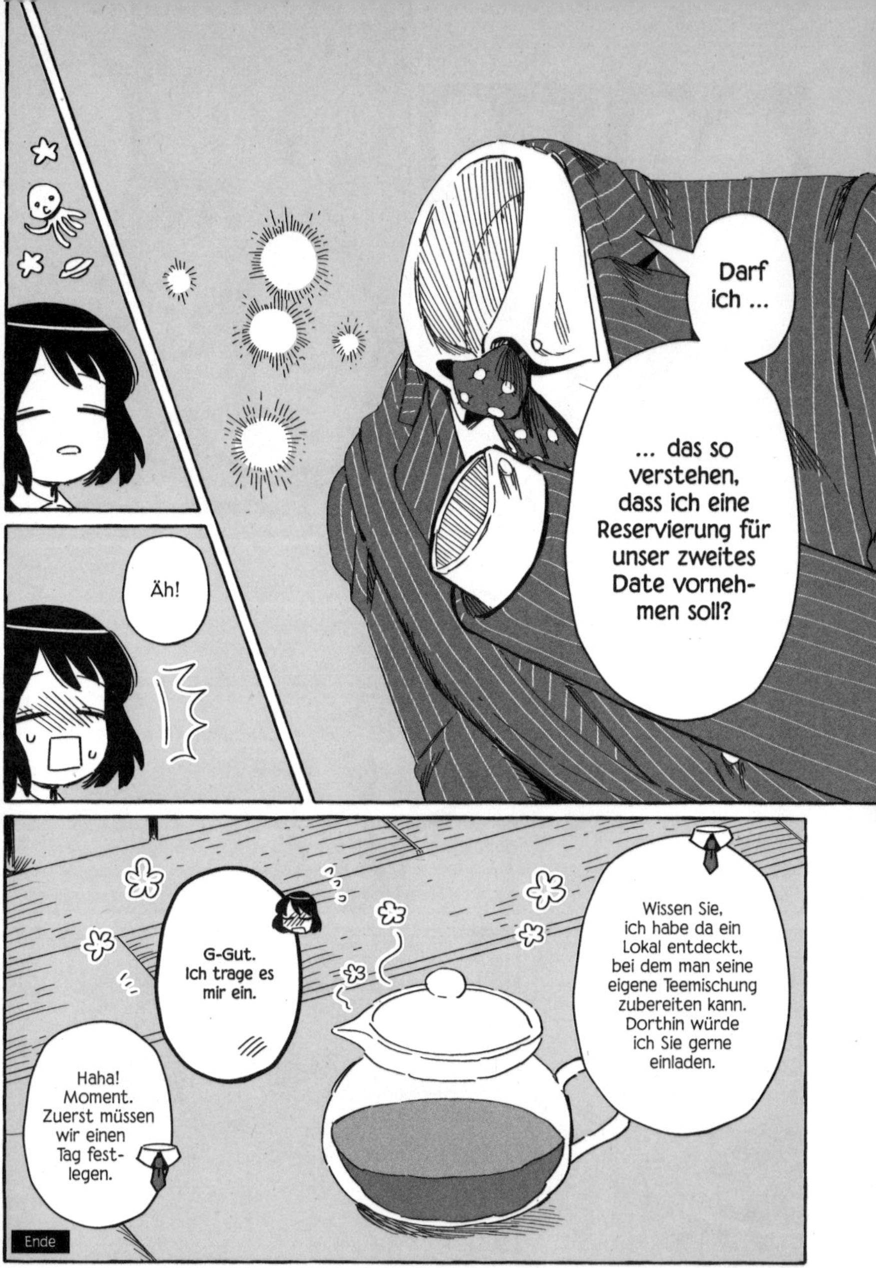
Darf ich ...
... das so verstehen, dass ich eine Reservierung für unser zweites Date vorneh-men soll?
Äh!
Wissen Sie, ich habe da ein Lokal entdeckt, bei dem man seine eigene Teemischung zubereiten kann. Dorthin würde ich Sie gerne einladen.
G-Gut. Ich trage es mir ein.
Haha! Moment. Zuerst müssen wir einen Tag fest-legen.
Ende

◆ Heute Abend geht es zum Italiener.

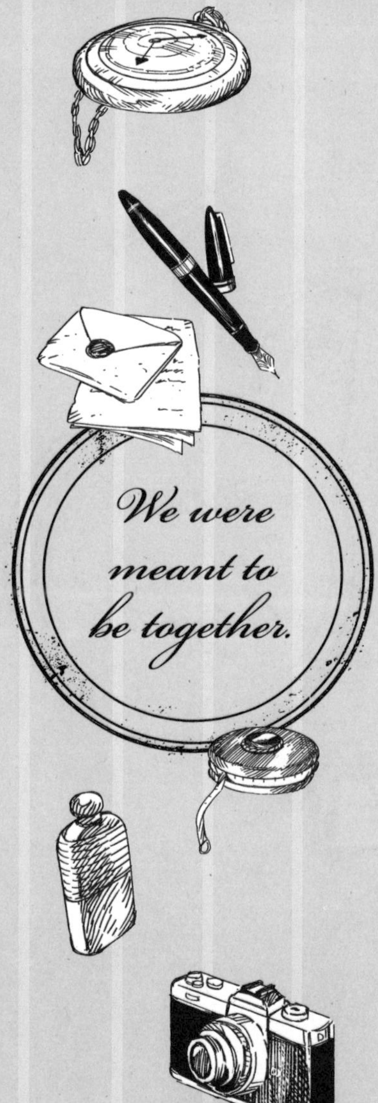
We were
meant to
be together.

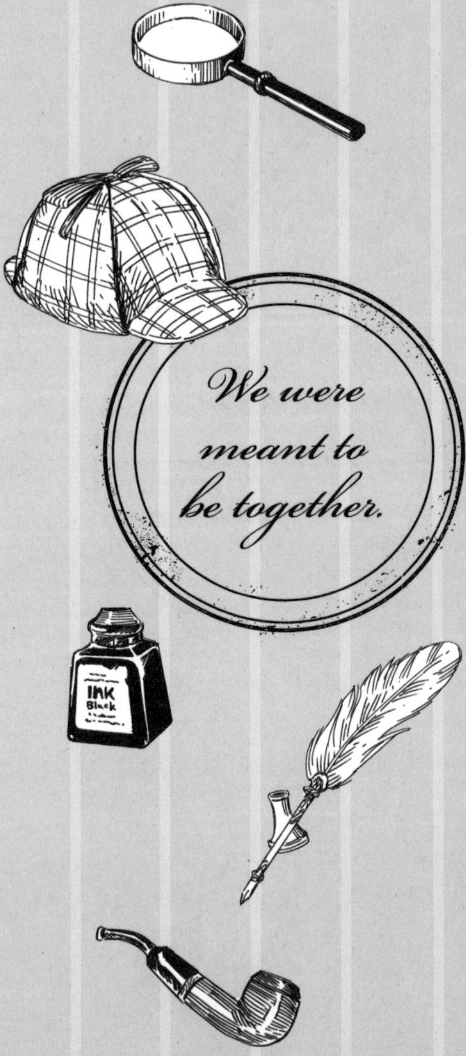
We were meant to be together.
INK
Black

Kapitel 5: Dem Dunkelelf fehlt jegliches Gespür

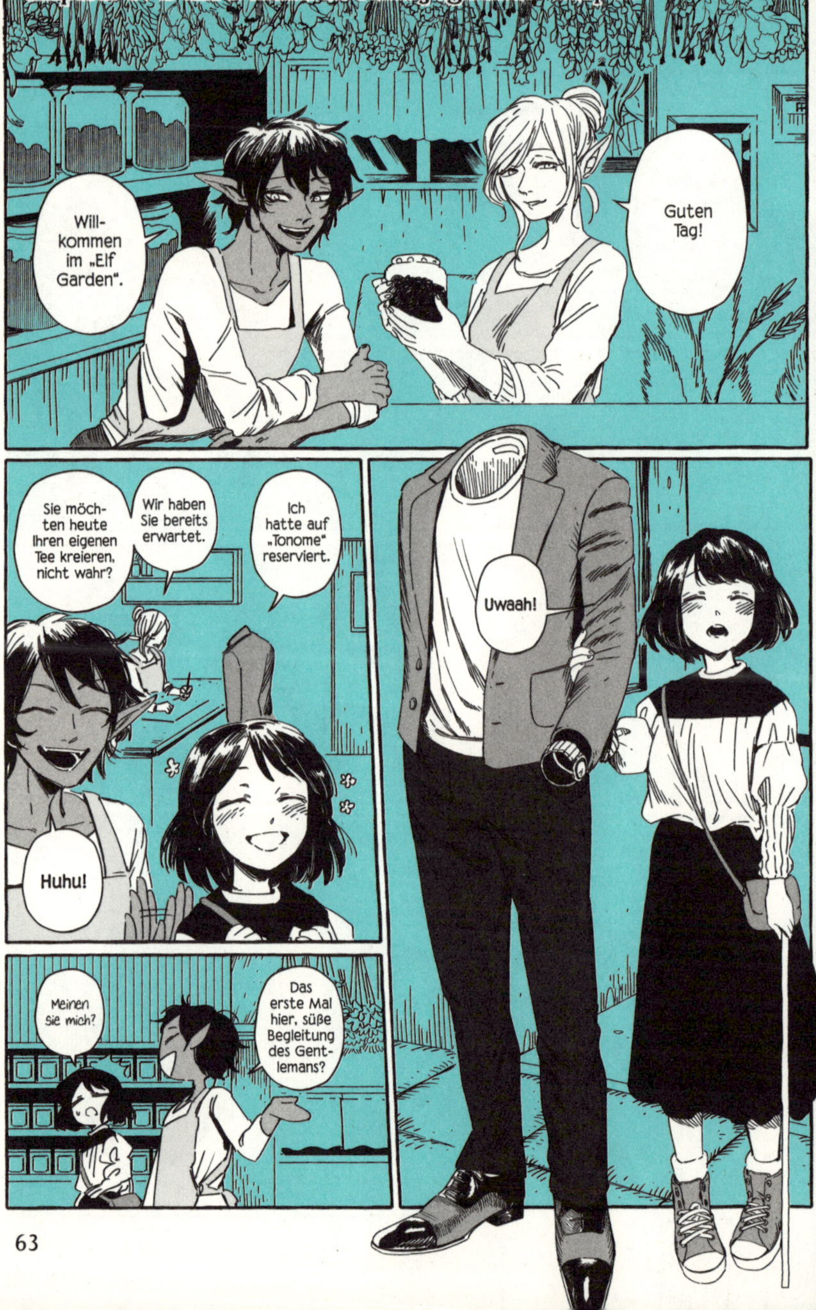

Guten Tag!
Willkommen im „Elf Garden“.
Uwaah!
Ich hatte auf „Tonome“ reserviert.
Wir haben Sie bereits erwartet.
Sie möchten heute Ihren eigenen Tee kreieren, nicht wahr?
Huhu!
Das erste Mal hier, süße Begleitung des Gentlemans?
Meinen Sie mich?

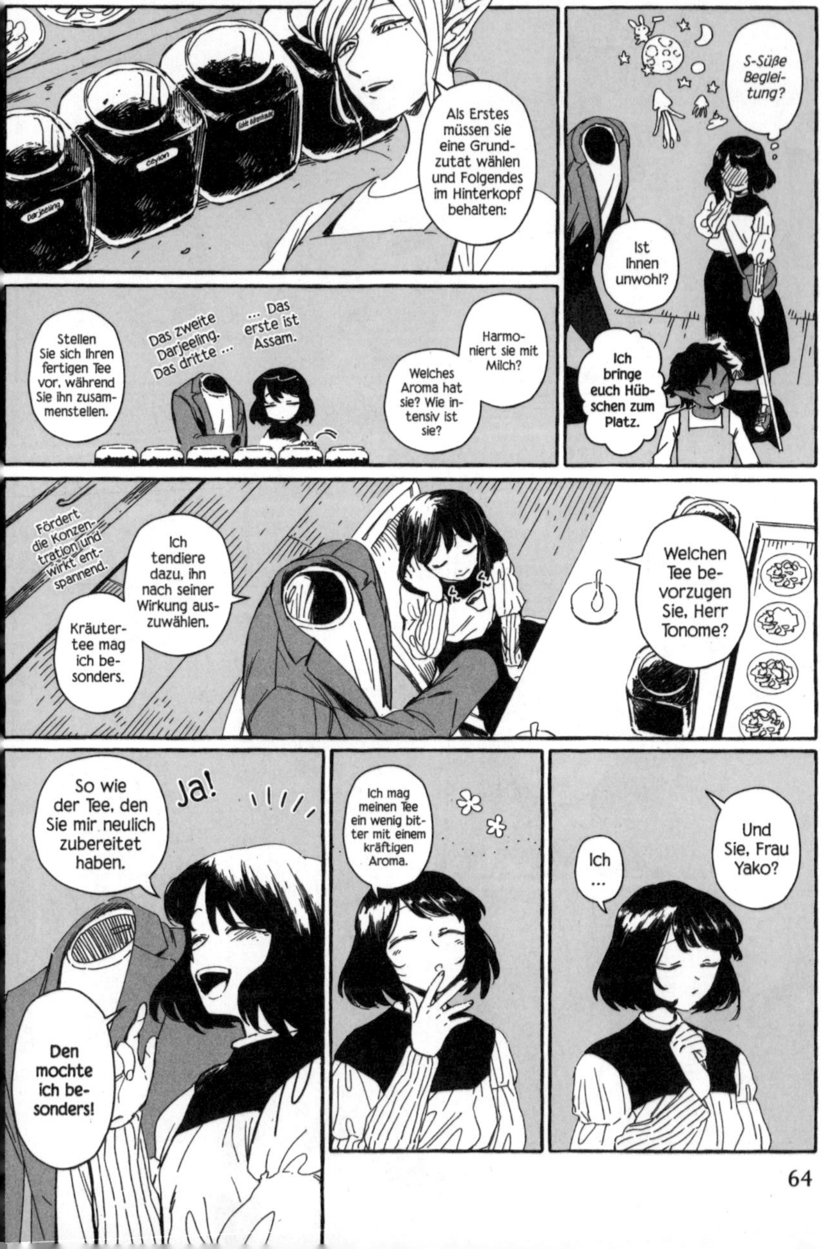
S-Süße Begleitung?
Ist Ihnen unwohl?
Ich bringe euch Hübschen zum Platz.
Als Erstes müssen Sie eine Grundzutat wählen und Folgendes im Hinterkopf behalten:
Harmoniert sie mit Milch?
Welches Aroma hat sie? Wie intensiv ist sie?
… Das erste ist Assam.
Das zweite Darjeeling. Das dritte …
Stellen Sie sich Ihren fertigen Tee vor, während Sie ihn zusammenstellen.
Welchen Tee bevorzugen Sie, Herr Tonome?
Ich tendiere dazu, ihn nach seiner Wirkung auszuwählen.
Kräutertee mag ich besonders.
Fördert die Konzentration und wirkt entspannend.
Und Sie, Frau Yako?
Ich …
Ich mag meinen Tee ein wenig bitter mit einem kräftigen Aroma.
Ja!
So wie der Tee, den Sie mir neulich zubereitet haben.
Den mochte ich besonders!

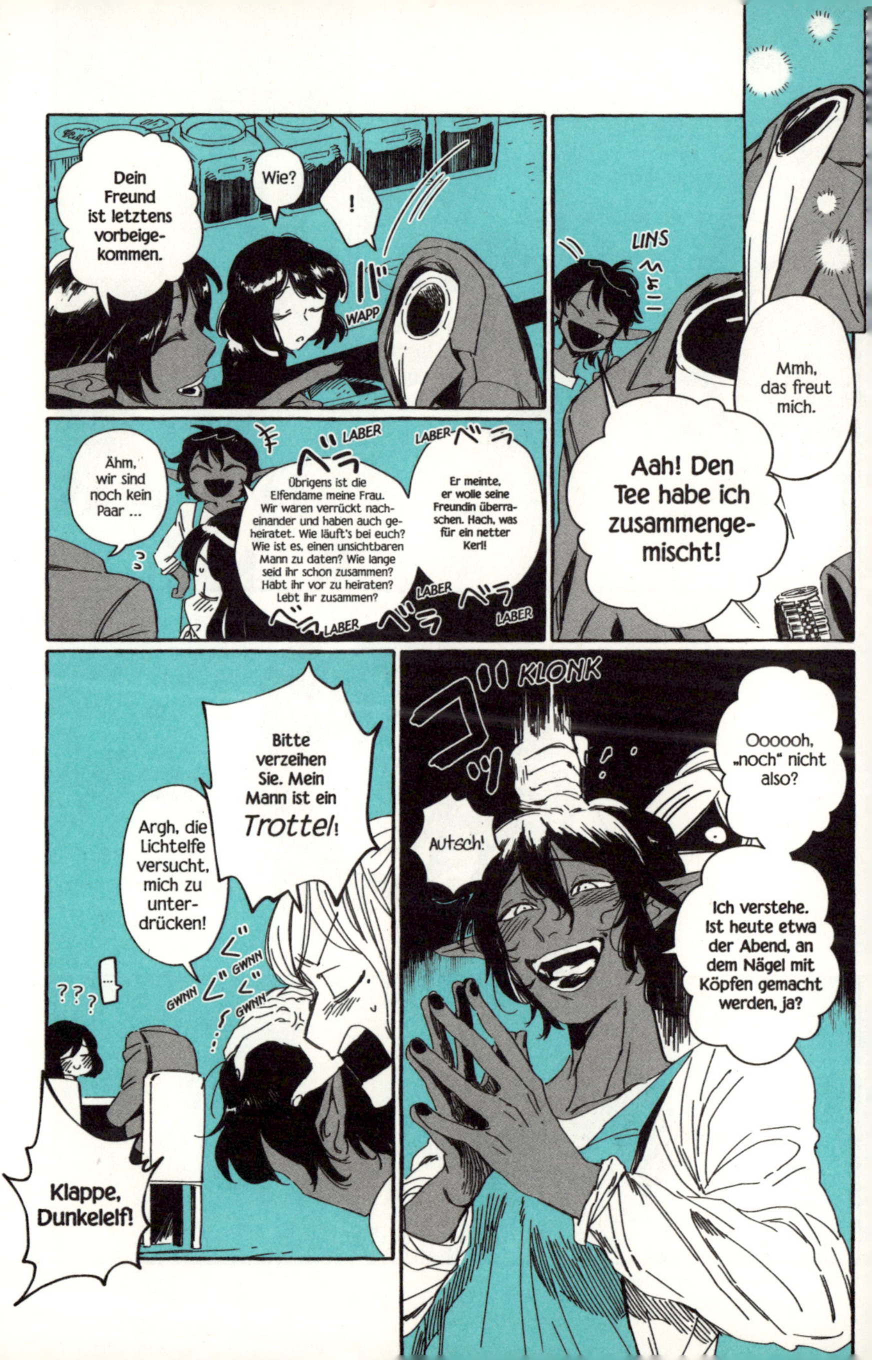
LINS
Mmh, das freut mich.
Aah! Den Tee habe ich zusammengemischt!
Dein Freund ist letztens vorbeigekommen.
Wie?
!
WAPP
Er meinte, er wolle seine Freundin überraschen. Hach, was für ein netter Kerl!
LABER
Übrigens ist die Elfendame meine Frau. Wir waren verrückt nacheinander und haben auch geheiratet. Wie läuft's bei euch? Wie ist es, einen unsichtbaren Mann zu daten? Wie lange seid ihr schon zusammen? Habt ihr vor zu heiraten? Lebt ihr zusammen?
LABER
Ähm, wir sind noch kein Paar …
KLONK
Oooooh, „noch“ nicht also?
Autsch!
Ich verstehe. Ist heute etwa der Abend, an dem Nägel mit Köpfen gemacht werden, ja?
Bitte verzeihen Sie. Mein Mann ist ein *Trottel*!
Argh, die Lichtelfe versucht, mich zu unterdrücken!
GWNN
…
???
Klappe, Dunkelelf!

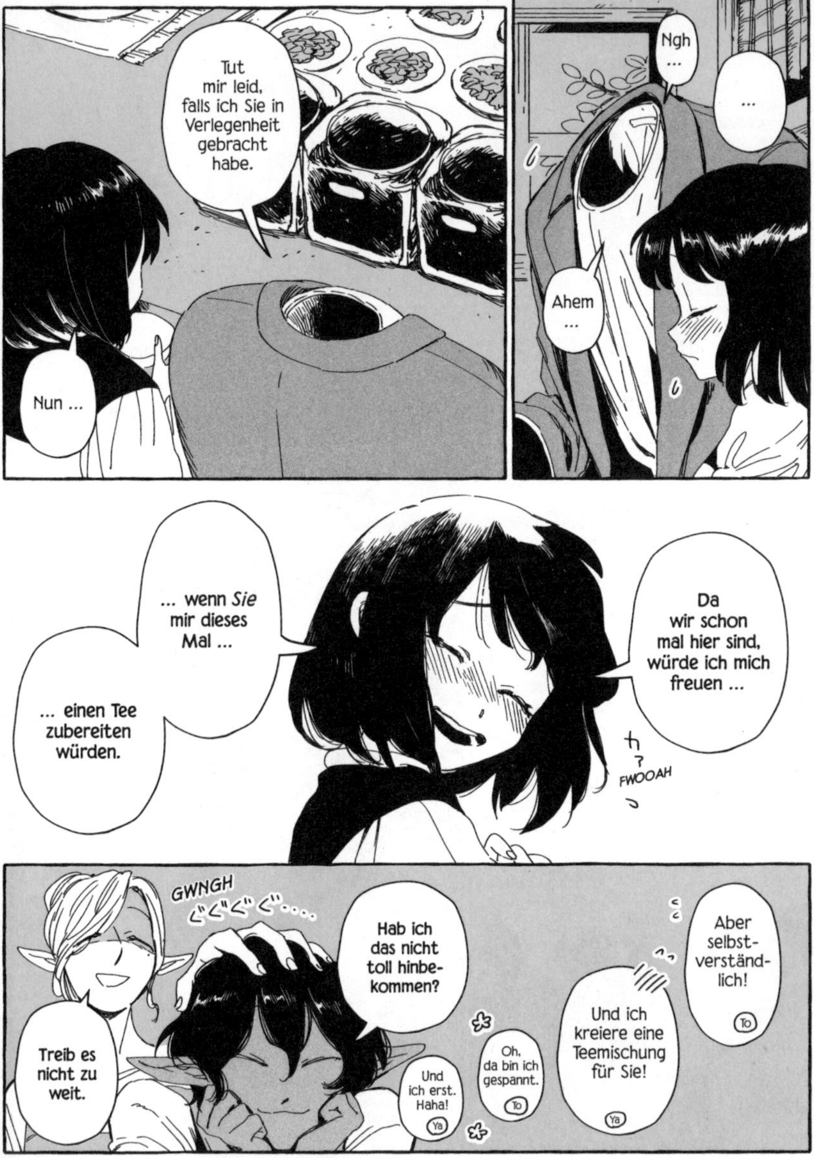
Ngh ...
...
Ahem ...
Tut mir leid, falls ich Sie in Verlegenheit gebracht habe.
Nun ...
Da wir schon mal hier sind, würde ich mich freuen ...
... wenn *Sie* mir dieses Mal ...
... einen Tee zubereiten würden.
FWOOAH
Aber selbstverständlich!
Und ich kreiere eine Teemischung für Sie!
Oh, da bin ich gespannt.
Und ich erst. Haha!
Hab ich das nicht toll hinbekommen?
GWNGH
Treib es nicht zu weit.

◆ Und so geht das Tee-Date weiter ...

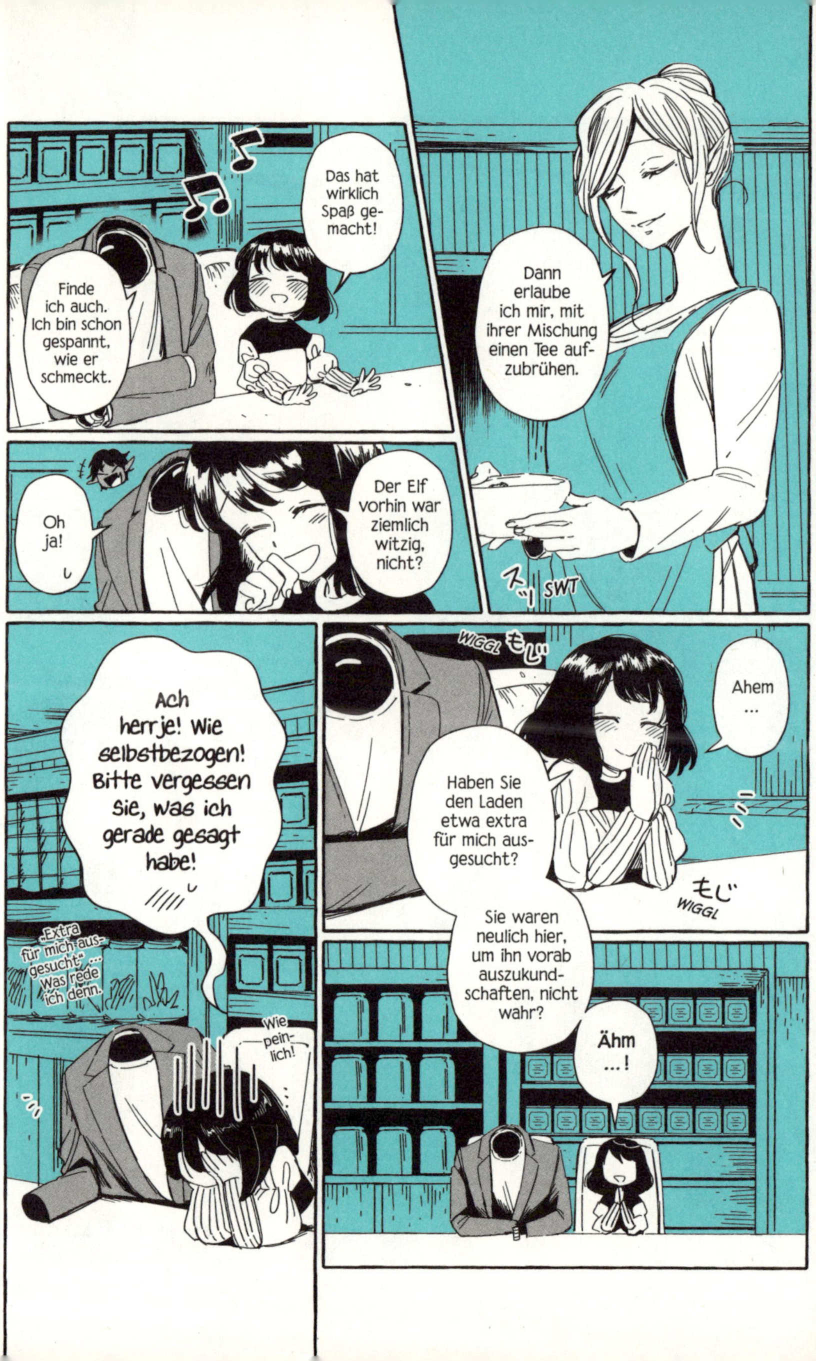
Dann erlaube ich mir, mit ihrer Mischung einen Tee aufzubrühen.
SWT
Das hat wirklich Spaß gemacht!
Finde ich auch. Ich bin schon gespannt, wie er schmeckt.
Der Elf vorhin war ziemlich witzig, nicht?
Oh ja!
Ahem ...
WIGGL
Haben Sie den Laden etwa extra für mich ausgesucht?
WIGGL
Sie waren neulich hier, um ihn vorab auszukundschaften, nicht wahr?
Ähm ...!
Ach herrje! Wie selbstbezogen! Bitte vergessen Sie, was ich gerade gesagt habe!
Wie peinlich!
„Extra für mich ausgesucht“ ... Was rede ich denn.

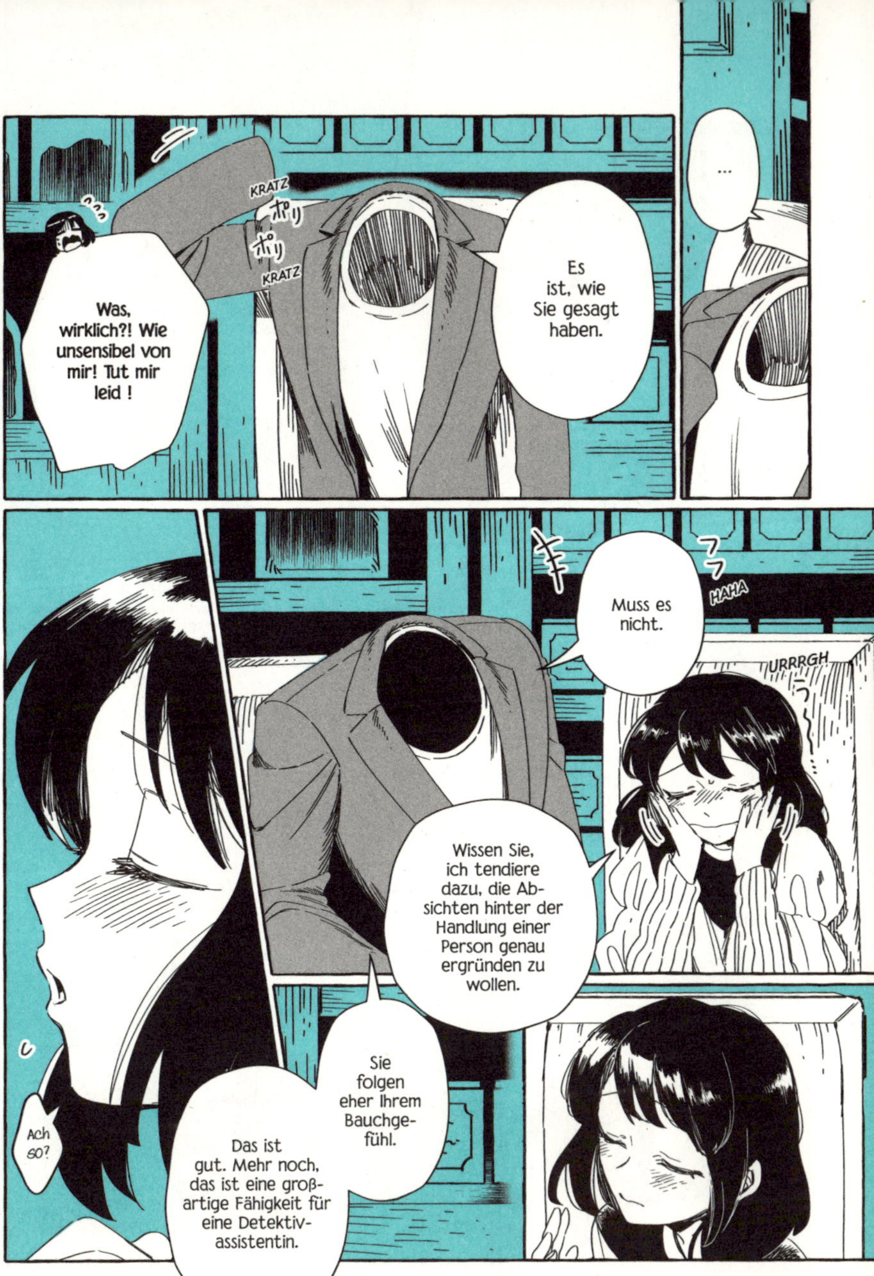
...
Es ist, wie Sie gesagt haben.
KRATZ
KRATZ
Was, wirklich?! Wie unsensibel von mir! Tut mir leid !
HAHA
Muss es nicht.
URRRGH
Wissen Sie, ich tendiere dazu, die Absichten hinter der Handlung einer Person genau ergründen zu wollen.
Sie folgen eher Ihrem Bauchgefühl.
Ach so?
Das ist gut. Mehr noch, das ist eine großartige Fähigkeit für eine Detektivassistentin.

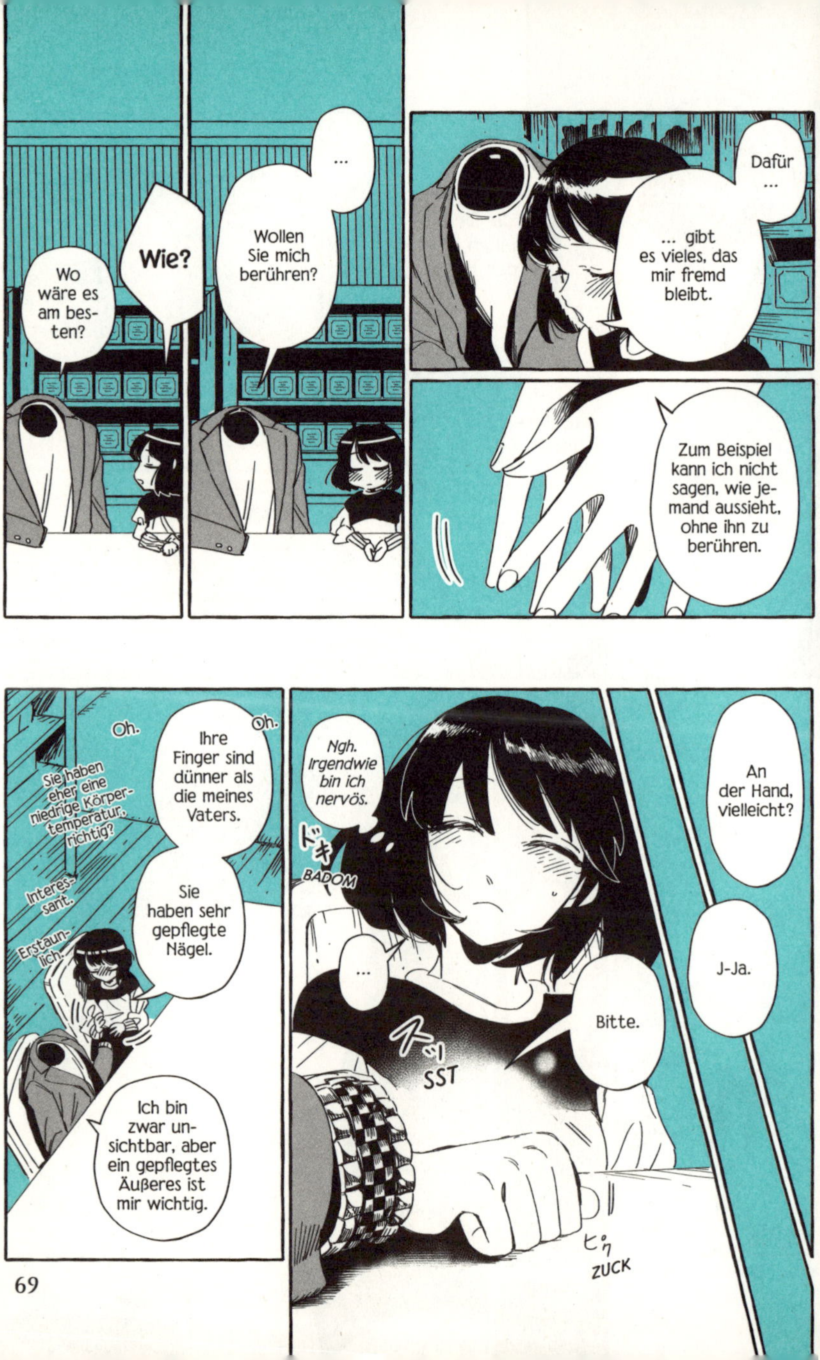
Dafür …
… gibt es vieles, das mir fremd bleibt.
Zum Beispiel kann ich nicht sagen, wie jemand aussieht, ohne ihn zu berühren.
…
Wollen Sie mich berühren?
Wie?
Wo wäre es am besten?
An der Hand, vielleicht?
J-Ja.
Bitte.
…
Ngh. Irgendwie bin ich nervös.
ドキ
BADOM
スッ
SST
ピク
ZUCK
Oh.
Ihre Finger sind dünner als die meines Vaters.
Sie haben sehr gepflegte Nägel.
Oh.
Sie haben eher eine niedrige Körpertemperatur, richtig?
Interessant.
Erstaunlich.
Ich bin zwar unsichtbar, aber ein gepflegtes Äußeres ist mir wichtig.

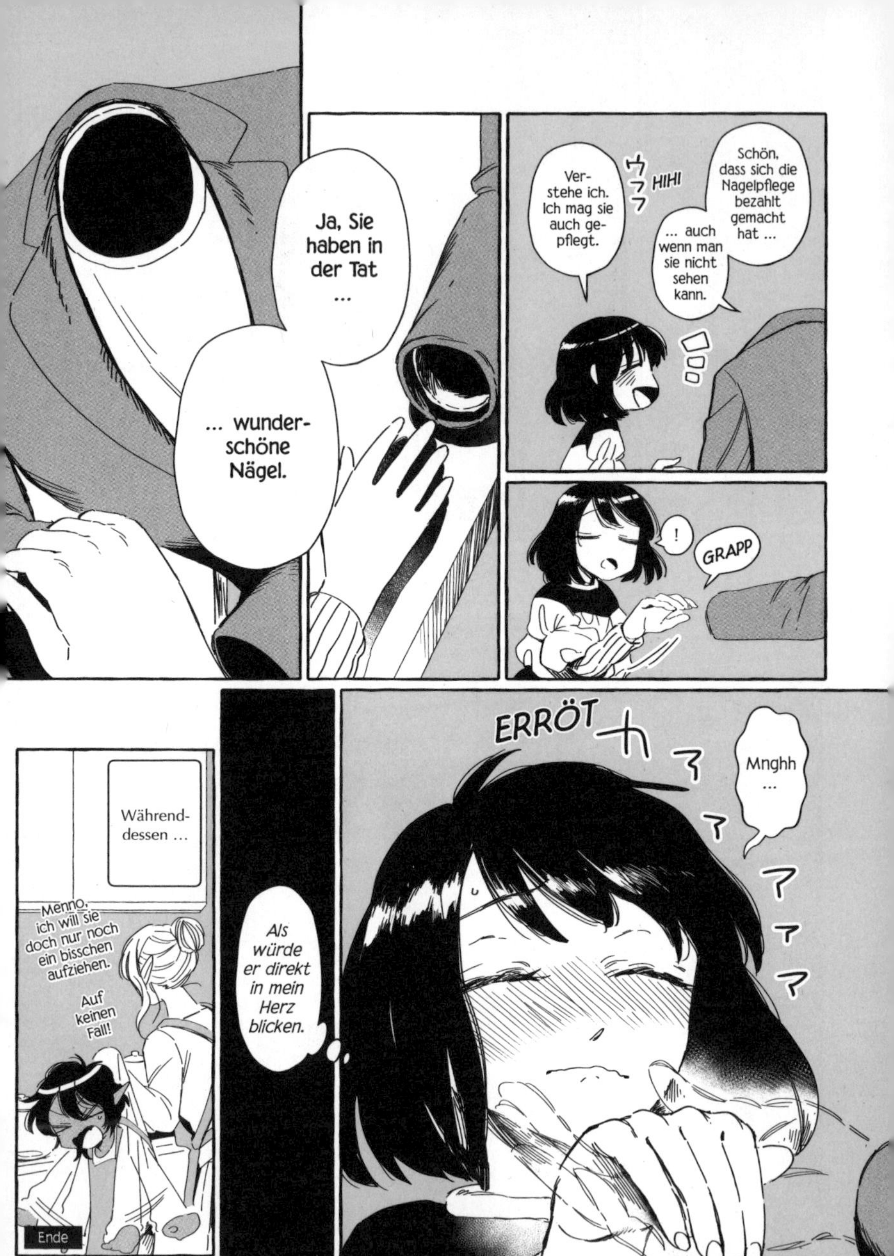
Schön, dass sich die Nagelpflege bezahlt gemacht hat …
HIHI
Ver-stehe ich. Ich mag sie auch ge-pflegt.
… auch wenn man sie nicht sehen kann.
!
GRAPP
Ja, Sie haben in der Tat …
… wunder-schöne Nägel.
ERRÖT
Mnghh …
Als würde er direkt in mein Herz blicken.
Während-dessen …
Menno, ich will sie doch nur noch ein bisschen aufziehen.
Auf keinen Fall!
Ende

◆ Herr Tonome und Frau Yako sind übrigens noch kein Paar.

Kapitel 6: Mission „Date“

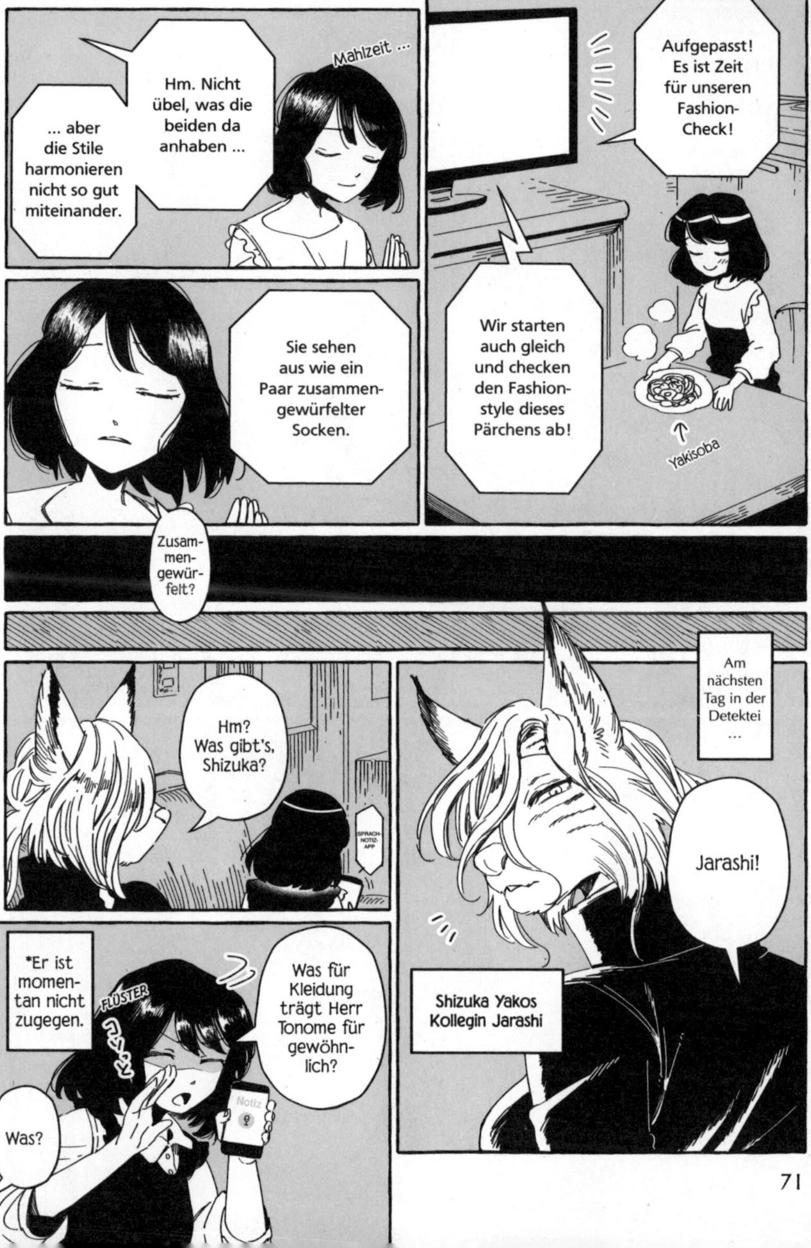
Aufgepasst! Es ist Zeit für unseren Fashion-Check!
Wir starten auch gleich und checken den Fashionstyle dieses Pärchens ab!
Yakisoba
Mahlzeit …
Hm. Nicht übel, was die beiden da anhaben …
… aber die Stile harmonieren nicht so gut miteinander.
Sie sehen aus wie ein Paar zusammengewürfelter Socken.
Zusammengewürfelt?
Am nächsten Tag in der Detektei …
Jarashi!
Shizuka Yakos Kollegin Jarashi
Hm? Was gibt's, Shizuka?
SPRACH-NOTIZ-APP
Was für Kleidung trägt Herr Tonome für gewöhnlich?
FLÜSTER
Notiz
*Er ist momentan nicht zugegen.
Was?

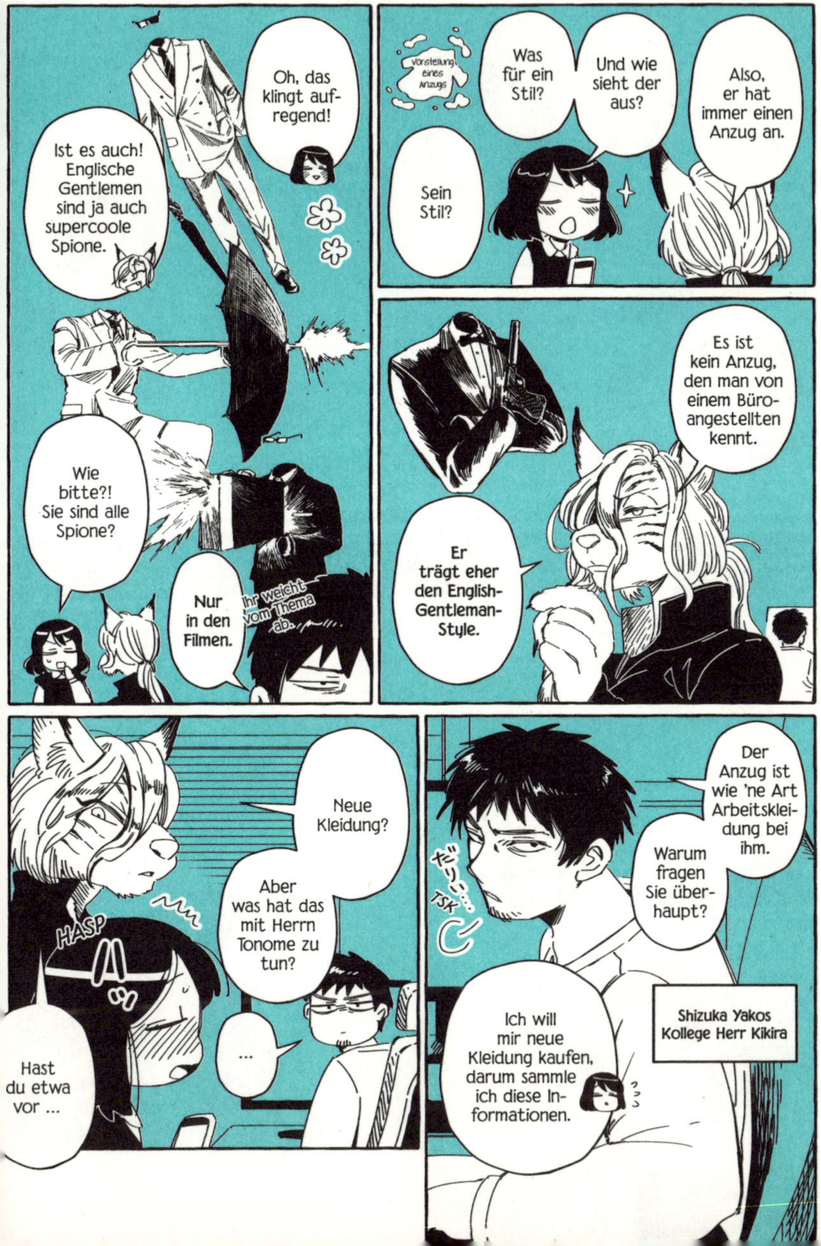
Also, er hat immer einen Anzug an.
Und wie sieht der aus?
Was für ein Stil?
Vorstellung eines Anzugs
Sein Stil?
Es ist kein Anzug, den man von einem Büroangestellten kennt.
Er trägt eher den English-Gentleman-Style.
Oh, das klingt aufregend!
Ist es auch! Englische Gentlemen sind ja auch supercoole Spione.
Wie bitte?! Sie sind alle Spione?
Nur in den Filmen.
Ihr weicht vom Thema ab.
Der Anzug ist wie 'ne Art Arbeitskleidung bei ihm.
Warum fragen Sie überhaupt?
TSK
Shizuka Yakos Kollege Herr Kikira
Ich will mir neue Kleidung kaufen, darum sammle ich diese Informationen.
Neue Kleidung?
Aber was hat das mit Herrn Tonome zu tun?
...
HASP
Hast du etwa vor ...

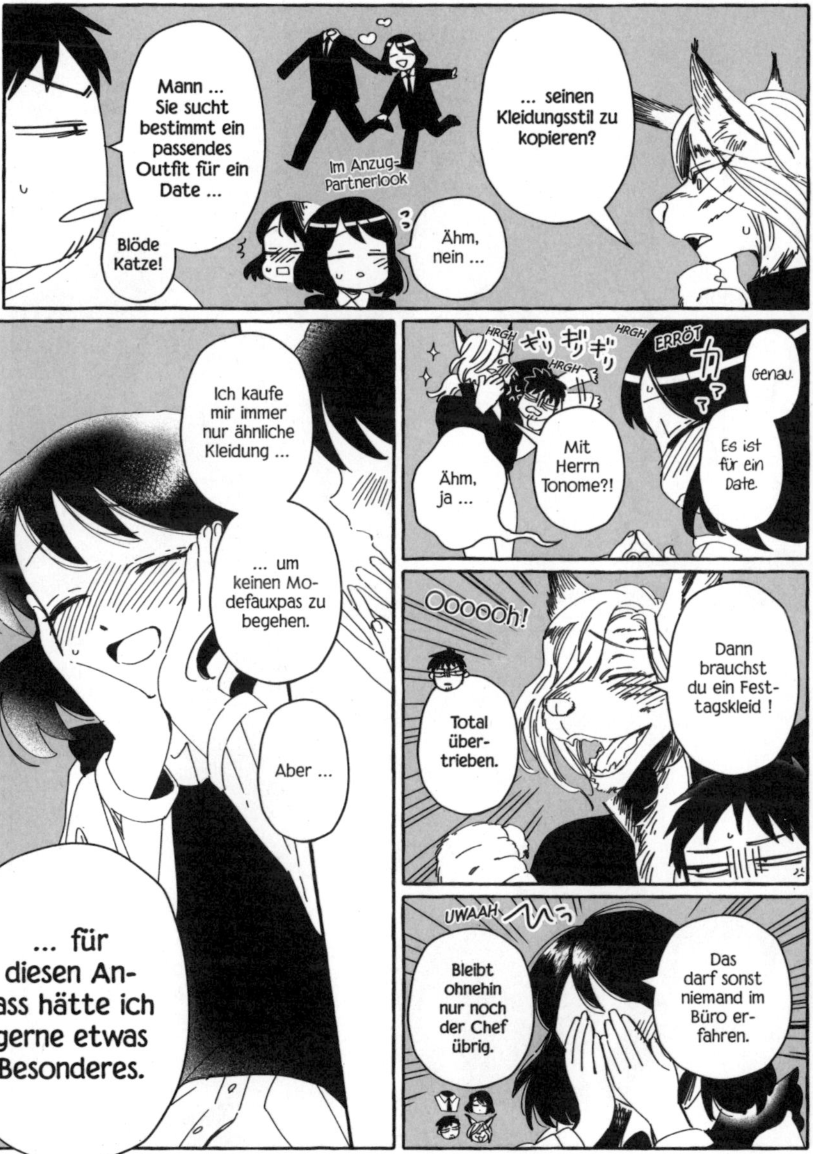
... seinen Kleidungsstil zu kopieren?
Ähm, nein ...
Im Anzug-Partnerlook
Mann ... Sie sucht bestimmt ein passendes Outfit für ein Date ...
Blöde Katze!
Genau.
ERRÖT
Es ist für ein Date.
HRGH
HRGH
HRGH
Mit Herrn Tonome?!
Ähm, ja ...
Dann brauchst du ein Fest-tagskleid !
Oooooh!
Total über-trieben.
Das darf sonst niemand im Büro er-fahren.
UWAAH
Bleibt ohnehin nur noch der Chef übrig.
Ich kaufe mir immer nur ähnliche Kleidung ...
... um keinen Mo-defauxpas zu begehen.
Aber ...
... für diesen An-lass hätte ich gerne etwas Besonderes.

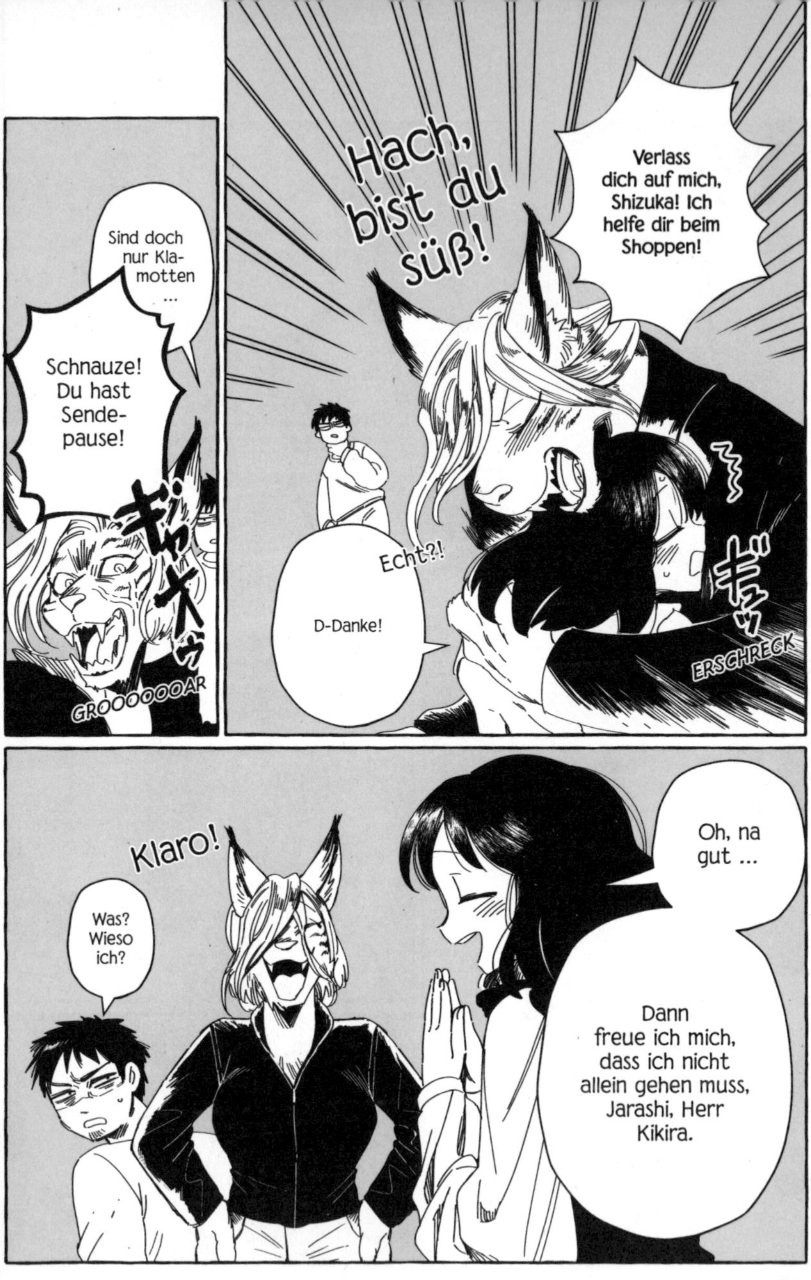
Verlass dich auf mich, Shizuka! Ich helfe dir beim Shoppen!
Hach, bist du süß!
ERSCHRECK
Echt?!
D-Danke!
Sind doch nur Klamotten ...
Schnauze! Du hast Sendepause!
GROOOOOOAR
Oh, na gut ...
Dann freue ich mich, dass ich nicht allein gehen muss, Jarashi, Herr Kikira.
Klaro!
Was? Wieso ich?

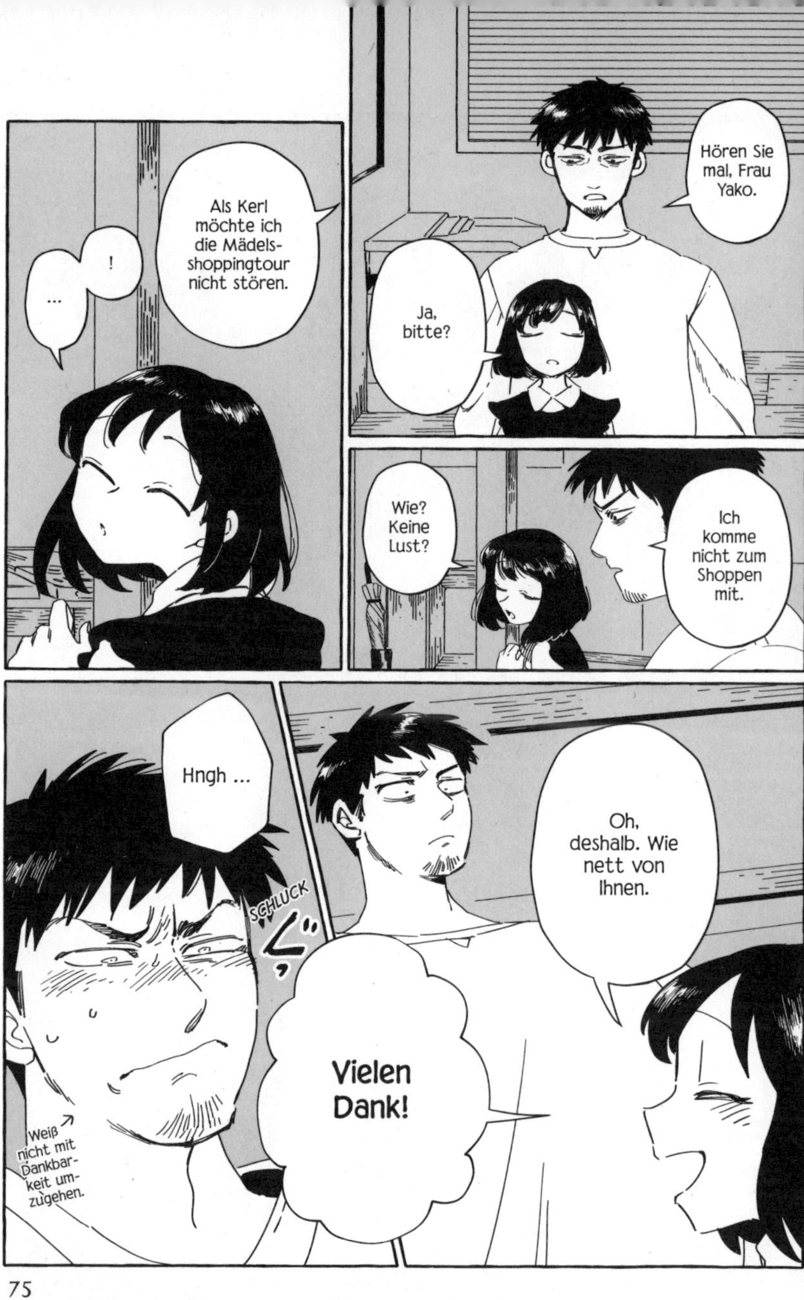
Hören Sie mal, Frau Yako.
Ja, bitte?
Als Kerl möchte ich die Mädels-shoppingtour nicht stören.
!
...
Ich komme nicht zum Shoppen mit.
Wie? Keine Lust?
Oh, deshalb. Wie nett von Ihnen.
Hngh ...
SCHLUCK
Vielen Dank!
Weiß nicht mit Dankbarkeit umzugehen.

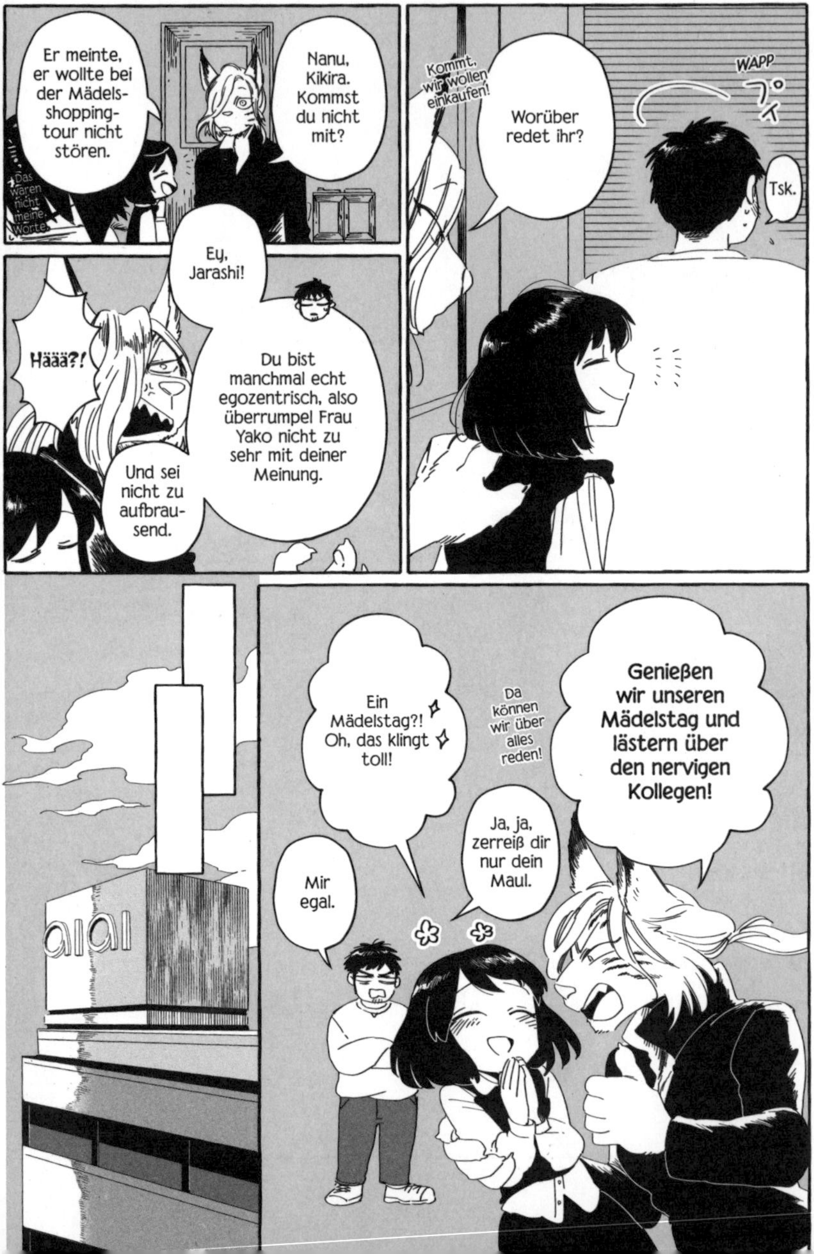
WAPP
プイ
Worüber redet ihr?
Kommt, wir wollen einkaufen!
Tsk.
Nanu, Kikira. Kommst du nicht mit?
Er meinte, er wollte bei der Mädels-shopping-tour nicht stören.
Das waren nicht meine Worte.
Ey, Jarashi!
Du bist manchmal echt egozentrisch, also überrumpel Frau Yako nicht zu sehr mit deiner Meinung.
Häää?!
Und sei nicht zu aufbrau-send.
Genießen wir unseren Mädelstag und lästern über den nervigen Kollegen!
Da können wir über alles reden!
Ein Mädelstag?! Oh, das klingt toll!
Ja, ja, zerreiß dir nur dein Maul.
Mir egal.

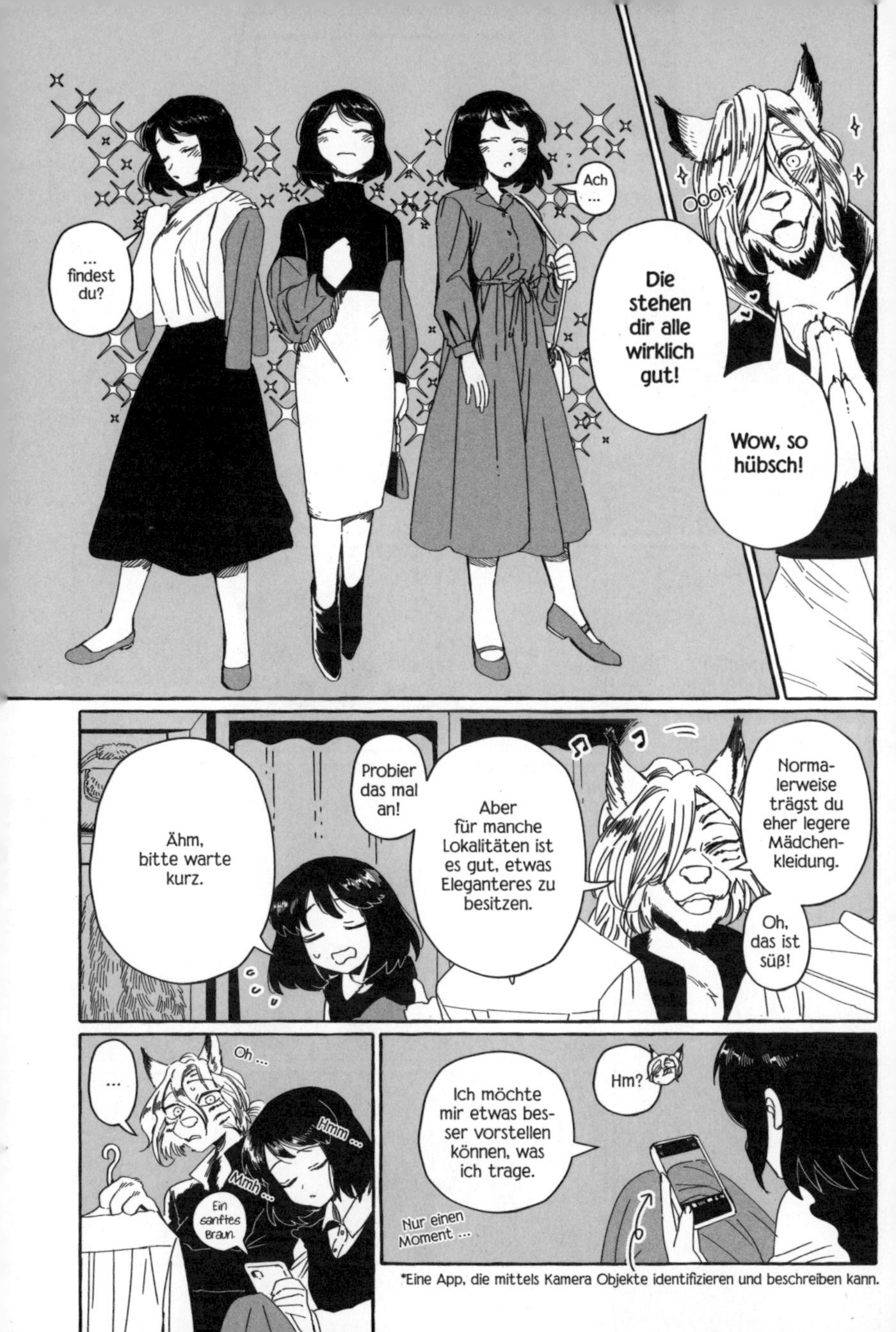
Oooh!
Die stehen dir alle wirklich gut!
Wow, so hübsch!
Ach ...
... findest du?
Normalerweise trägst du eher legere Mädchenkleidung.
Oh, das ist süß!
Aber für manche Lokalitäten ist es gut, etwas Eleganteres zu besitzen.
Probier das mal an!
Ähm, bitte warte kurz.
Hm?
Ich möchte mir etwas besser vorstellen können, was ich trage.
Nur einen Moment ...
Oh ...
...
Hmm ...
Mmh ...
Ein sanftes Braun.

*Eine App, die mittels Kamera Objekte identifizieren und beschreiben kann.

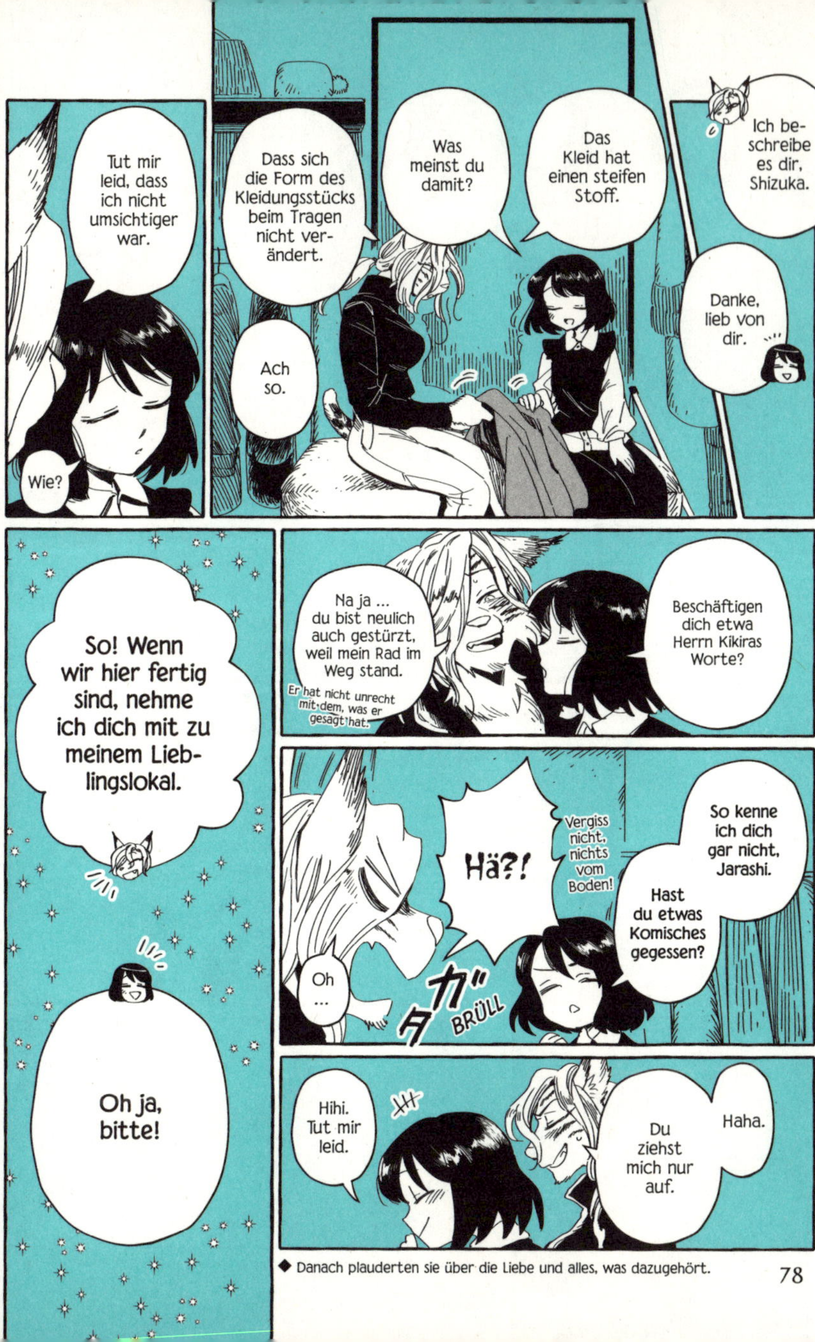
Ich beschreibe es dir, Shizuka.
Danke, lieb von dir.
Das Kleid hat einen steifen Stoff.
Was meinst du damit?
Dass sich die Form des Kleidungsstücks beim Tragen nicht verändert.
Ach so.
Tut mir leid, dass ich nicht umsichtiger war.
Wie?
Beschäftigen dich etwa Herrn Kikiras Worte?
Na ja … du bist neulich auch gestürzt, weil mein Rad im Weg stand.
Er hat nicht unrecht mit dem, was er gesagt hat.
So kenne ich dich gar nicht, Jarashi.
Hast du etwas Komisches gegessen?
Vergiss nicht, nichts vom Boden!
Hä?!
BRÜLL
Oh …
Haha.
Du ziehst mich nur auf.
Hihi. Tut mir leid.
So! Wenn wir hier fertig sind, nehme ich dich mit zu meinem Lieblingslokal.
Oh ja, bitte!

◆ Danach plauderten sie über die Liebe und alles, was dazugehört.

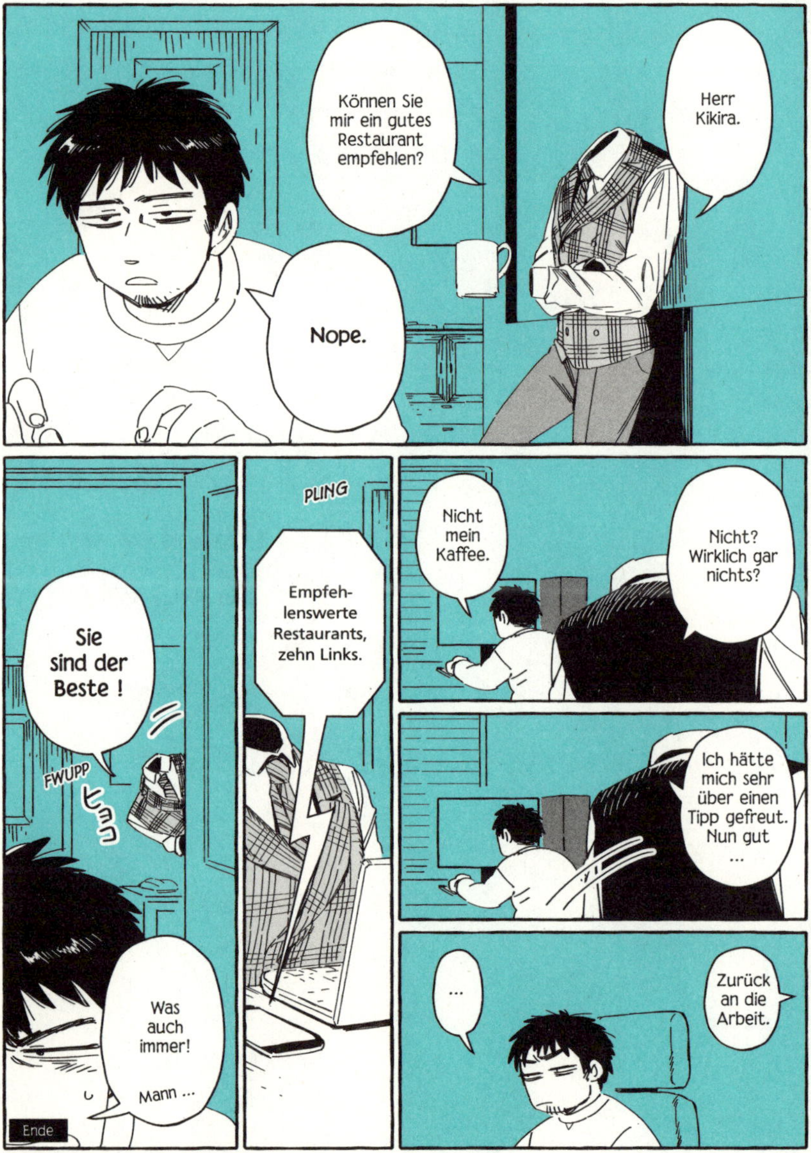
Herr Kikira.
Können Sie mir ein gutes Restaurant empfehlen?
Nope.
Nicht? Wirklich gar nichts?
Nicht mein Kaffee.
Ich hätte mich sehr über einen Tipp gefreut. Nun gut …
Zurück an die Arbeit.
…
PLING
Empfeh-lenswerte Restaurants, zehn Links.
Sie sind der Beste !
FWUPP
ヒョコ
Was auch immer!
Mann …
Ende

◆ Herr Kikira, der Recherchekönig.

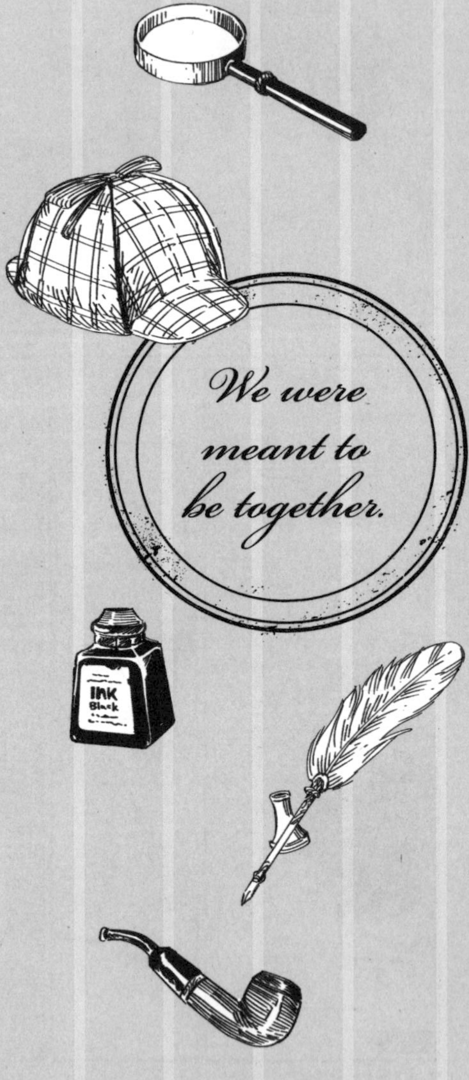
We were
meant to
be together.
INK
Black

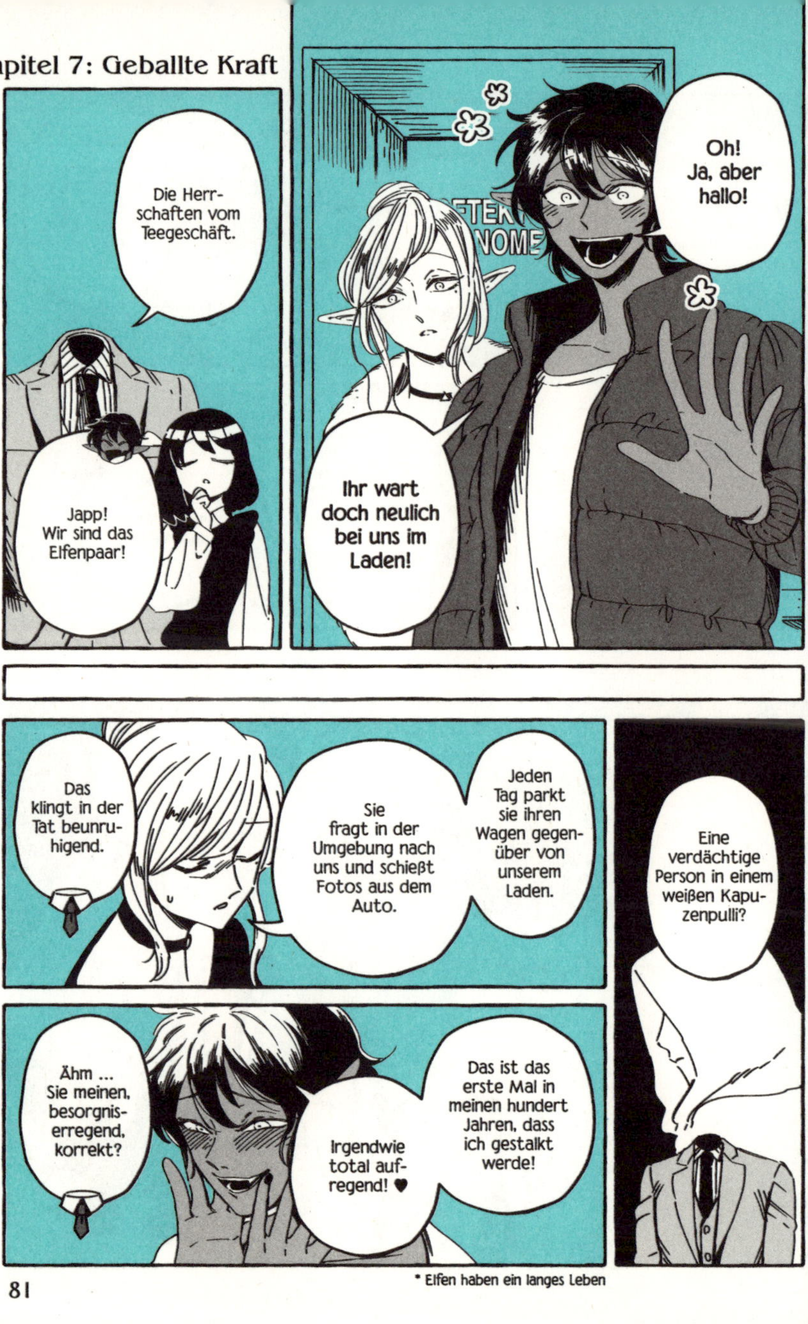
Oh! Ja, aber hallo!
Ihr wart doch neulich bei uns im Laden!
Die Herrschaften vom Teegeschäft.
Japp! Wir sind das Elfenpaar!
Eine verdächtige Person in einem weißen Kapuzenpulli?
Jeden Tag parkt sie ihren Wagen gegenüber von unserem Laden.
Sie fragt in der Umgebung nach uns und schießt Fotos aus dem Auto.
Das klingt in der Tat beunruhigend.
Das ist das erste Mal in meinen hundert Jahren, dass ich gestalkt werde!
Irgendwie total aufregend! ♥
Ähm ... Sie meinen, besorgniserregend, korrekt?

* Elfen haben ein langes Leben

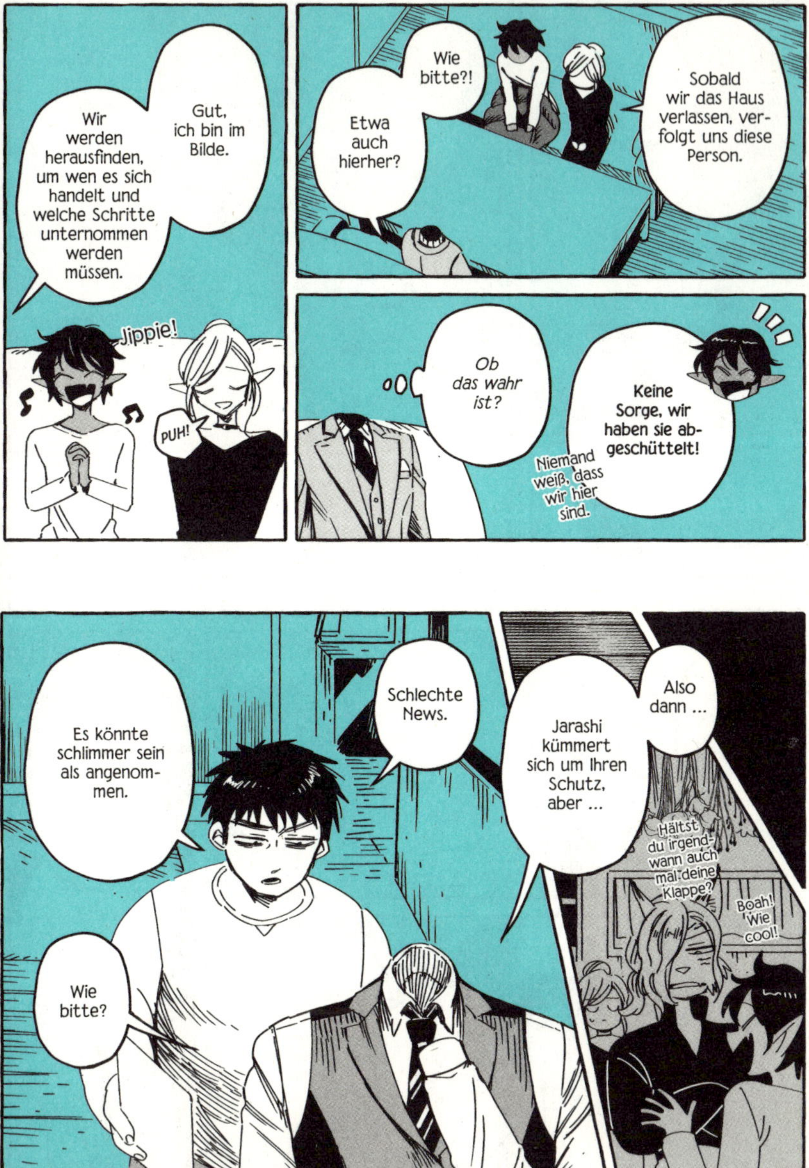
Sobald wir das Haus verlassen, verfolgt uns diese Person.
Wie bitte?!
Etwa auch hierher?
Keine Sorge, wir haben sie abgeschüttelt!
Niemand weiß, dass wir hier sind.
Ob das wahr ist?
Gut, ich bin im Bilde.
Wir werden herausfinden, um wen es sich handelt und welche Schritte unternommen werden müssen.
Jippie!
PUH!
Also dann ...
Jarashi kümmert sich um Ihren Schutz, aber ...
Hältst du irgendwann auch mal deine Klappe?
Boah! Wie cool!
Schlechte News.
Es könnte schlimmer sein als angenommen.
Wie bitte?

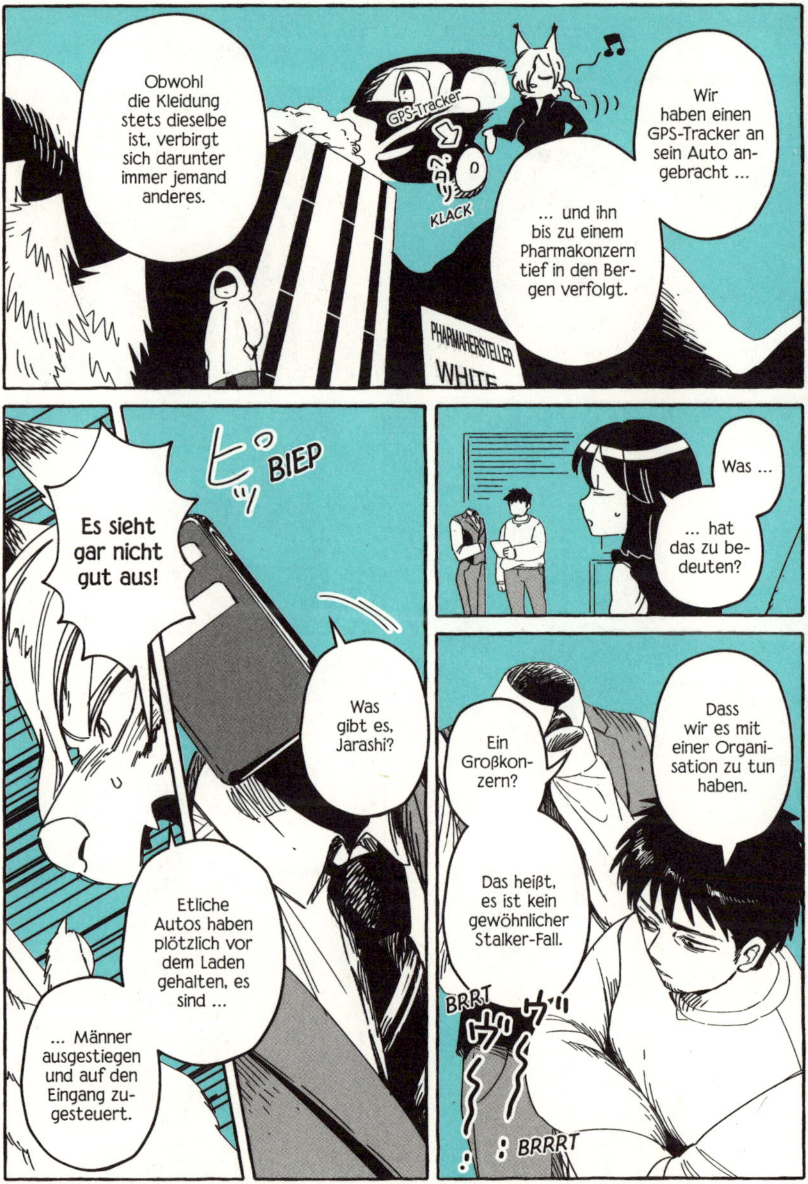
Wir haben einen GPS-Tracker an sein Auto angebracht ...
... und ihn bis zu einem Pharmakonzern tief in den Bergen verfolgt.
GPS-Tracker
KLACK
PHARMAHERSTELLER WHITE
Obwohl die Kleidung stets dieselbe ist, verbirgt sich darunter immer jemand anderes.
Was ...
... hat das zu bedeuten?
BIEP
Was gibt es, Jarashi?
Es sieht gar nicht gut aus!
Etliche Autos haben plötzlich vor dem Laden gehalten, es sind ...
... Männer ausgestiegen und auf den Eingang zugesteuert.
Dass wir es mit einer Organisation zu tun haben.
Ein Großkonzern?
Das heißt, es ist kein gewöhnlicher Stalker-Fall.
BRRT
BRRRT

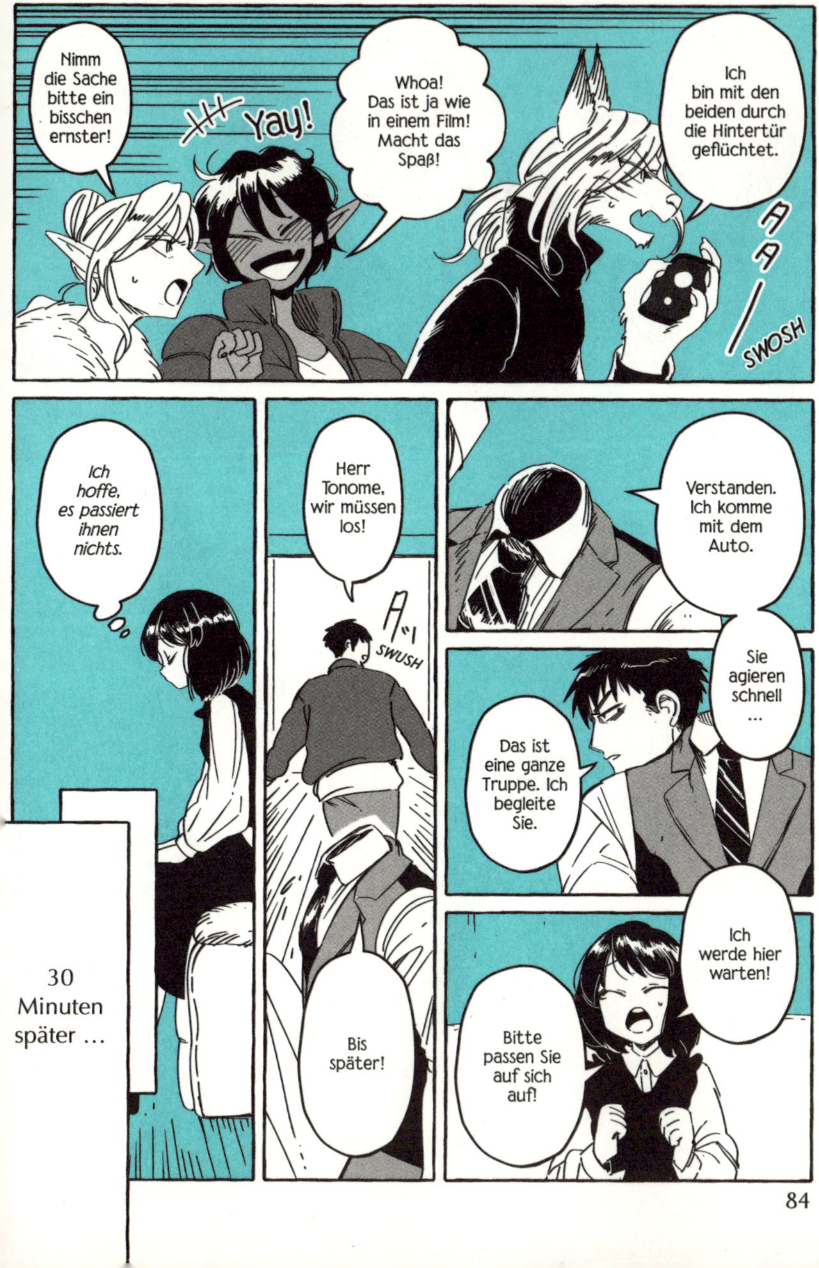
Ich bin mit den beiden durch die Hintertür geflüchtet.
SWOSH
Whoa! Das ist ja wie in einem Film! Macht das Spaß!
Yay!
Nimm die Sache bitte ein bisschen ernster!
Verstanden. Ich komme mit dem Auto.
Sie agieren schnell …
Das ist eine ganze Truppe. Ich begleite Sie.
Ich werde hier warten!
Bitte passen Sie auf sich auf!
Herr Tonome, wir müssen los!
SWUSH
Bis später!
Ich hoffe, es passiert ihnen nichts.
30 Minuten später …

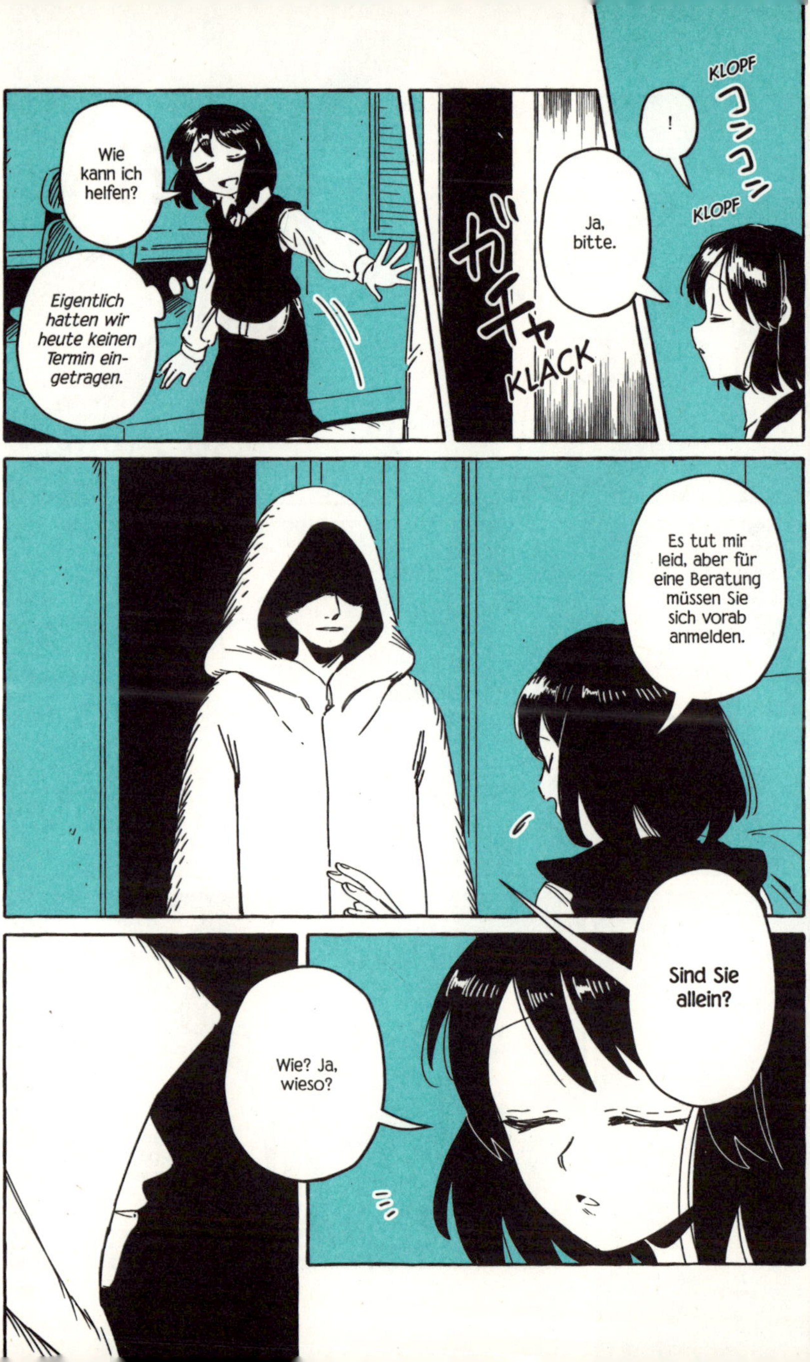
KLOPF
KLOPF
!
Ja, bitte.
KLACK
Wie kann ich helfen?
Eigentlich hatten wir heute keinen Termin ein- getragen.
Es tut mir leid, aber für eine Beratung müssen Sie sich vorab anmelden.
Sind Sie allein?
Wie? Ja, wieso?

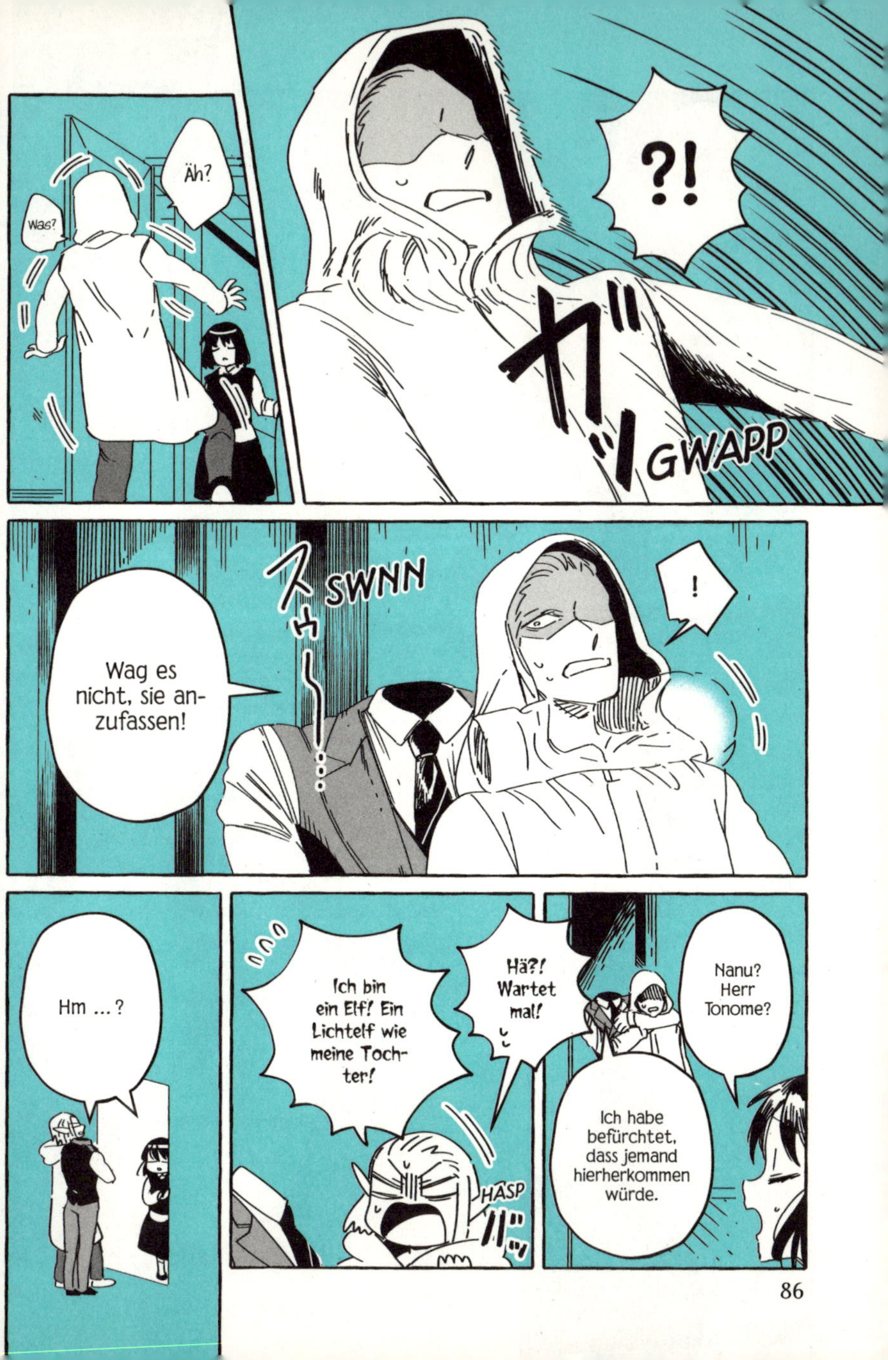
?!
GWAPP
Äh?
Was?
Wag es nicht, sie anzufassen!
SWNN
!
Nanu? Herr Tonome?
Ich habe befürchtet, dass jemand hierherkommen würde.
Hä?! Wartet mal!
Ich bin ein Elf! Ein Lichtelf wie meine Tochter!
HÄSP
Hm ...?

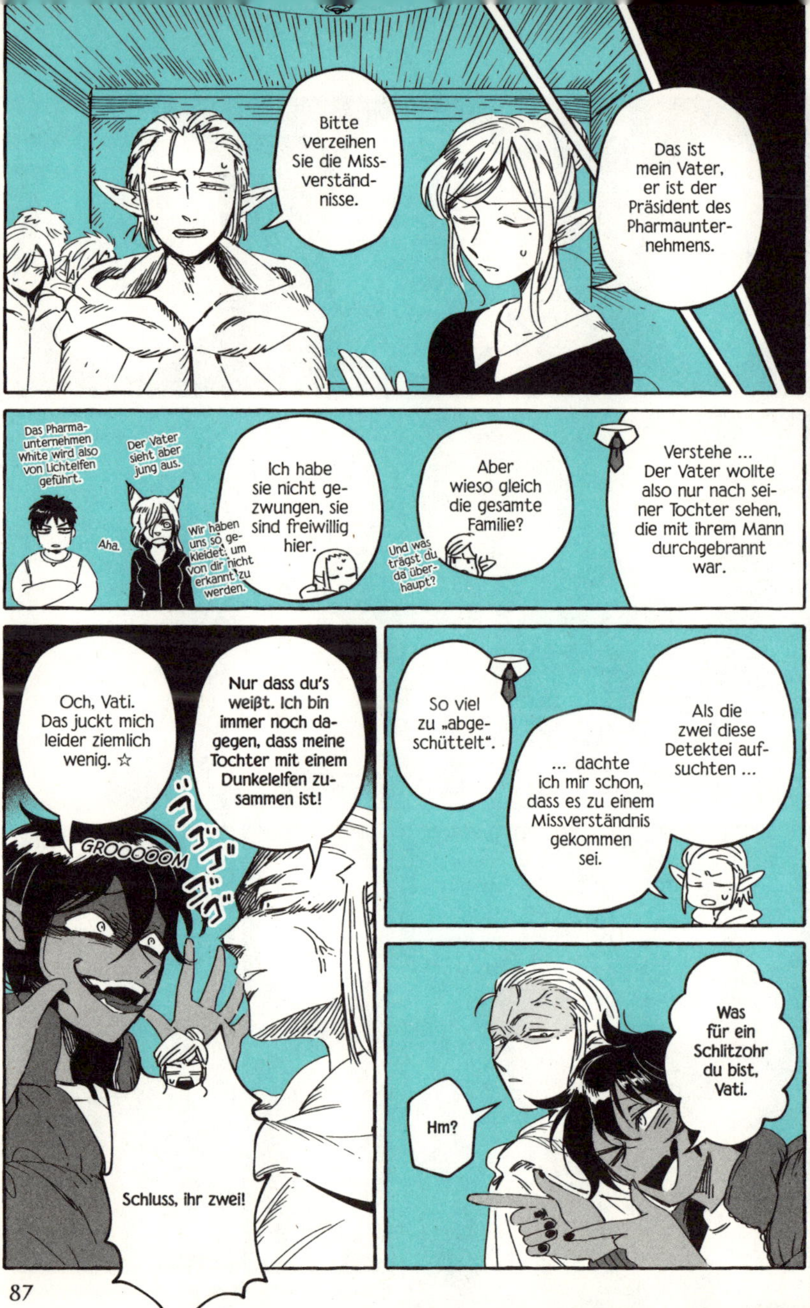
Das ist mein Vater, er ist der Präsident des Pharmaunternehmens.
Bitte verzeihen Sie die Missverständnisse.
Verstehe ... Der Vater wollte also nur nach seiner Tochter sehen, die mit ihrem Mann durchgebrannt war.
Aber wieso gleich die gesamte Familie?
Und was trägst du da überhaupt?
Ich habe sie nicht gezwungen, sie sind freiwillig hier.
Wir haben uns so gekleidet, um von dir nicht erkannt zu werden.
Der Vater sieht aber jung aus.
Das Pharmaunternehmen White wird also von Lichtelfen geführt.
Aha.
Als die zwei diese Detektei aufsuchten ...
... dachte ich mir schon, dass es zu einem Missverständnis gekommen sei.
So viel zu „abgeschüttelt“.
Nur dass du's weißt. Ich bin immer noch dagegen, dass meine Tochter mit einem Dunkelelfen zusammen ist!
Och, Vati. Das juckt mich leider ziemlich wenig. ☆
GROOOOOM
Schluss, ihr zwei!
Was für ein Schlitzohr du bist, Vati.
Hm?

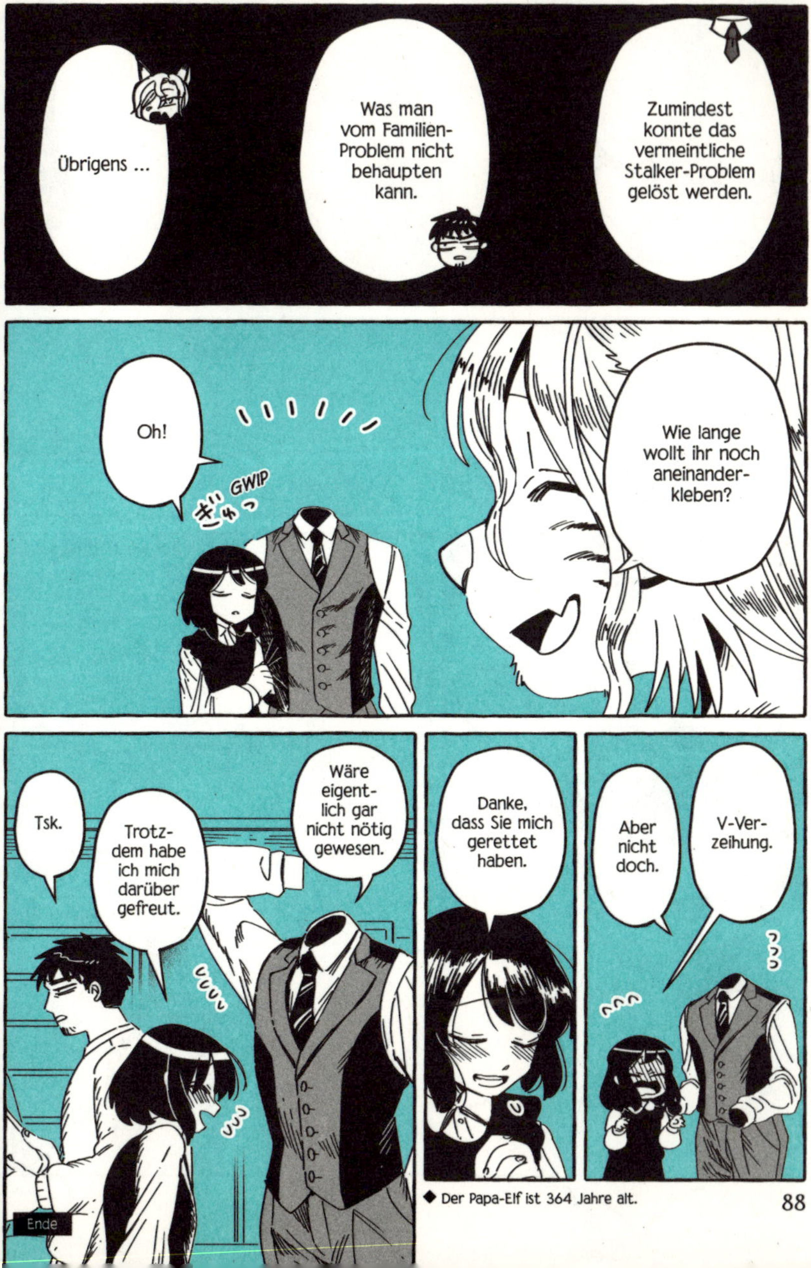
Zumindest konnte das vermeintliche Stalker-Problem gelöst werden.
Was man vom Familien-Problem nicht behaupten kann.
Übrigens ...
Wie lange wollt ihr noch aneinander-kleben?
Oh!
GWIP
V-Ver-zeihung.
Aber nicht doch.
Danke, dass Sie mich gerettet haben.
Wäre eigent-lich gar nicht nötig gewesen.
Trotz-dem habe ich mich darüber gefreut.
Tsk.
Ende

◆ Der Papa-Elf ist 364 Jahre alt.

Kapitel 8: Möchten Sie reinkommen?

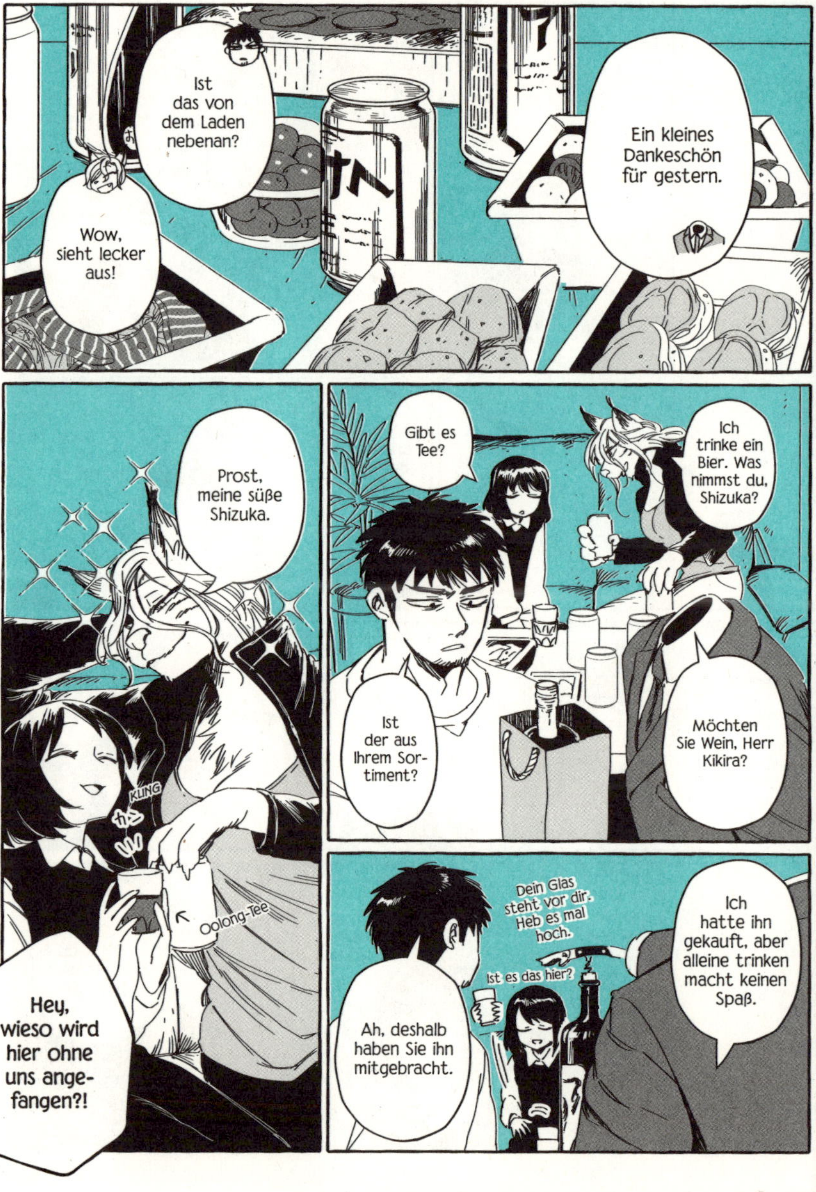
Ein kleines Dankeschön für gestern.
Ist das von dem Laden nebenan?
Wow, sieht lecker aus!
Ich trinke ein Bier. Was nimmst du, Shizuka?
Gibt es Tee?
Möchten Sie Wein, Herr Kikira?
Ist der aus Ihrem Sortiment?
Ich hatte ihn gekauft, aber alleine trinken macht keinen Spaß.
Dein Glas steht vor dir. Heb es mal hoch.
Ist es das hier?
Ah, deshalb haben Sie ihn mitgebracht.
Prost, meine süße Shizuka.
KLING
Oolong-Tee
Hey, wieso wird hier ohne uns angefangen?!

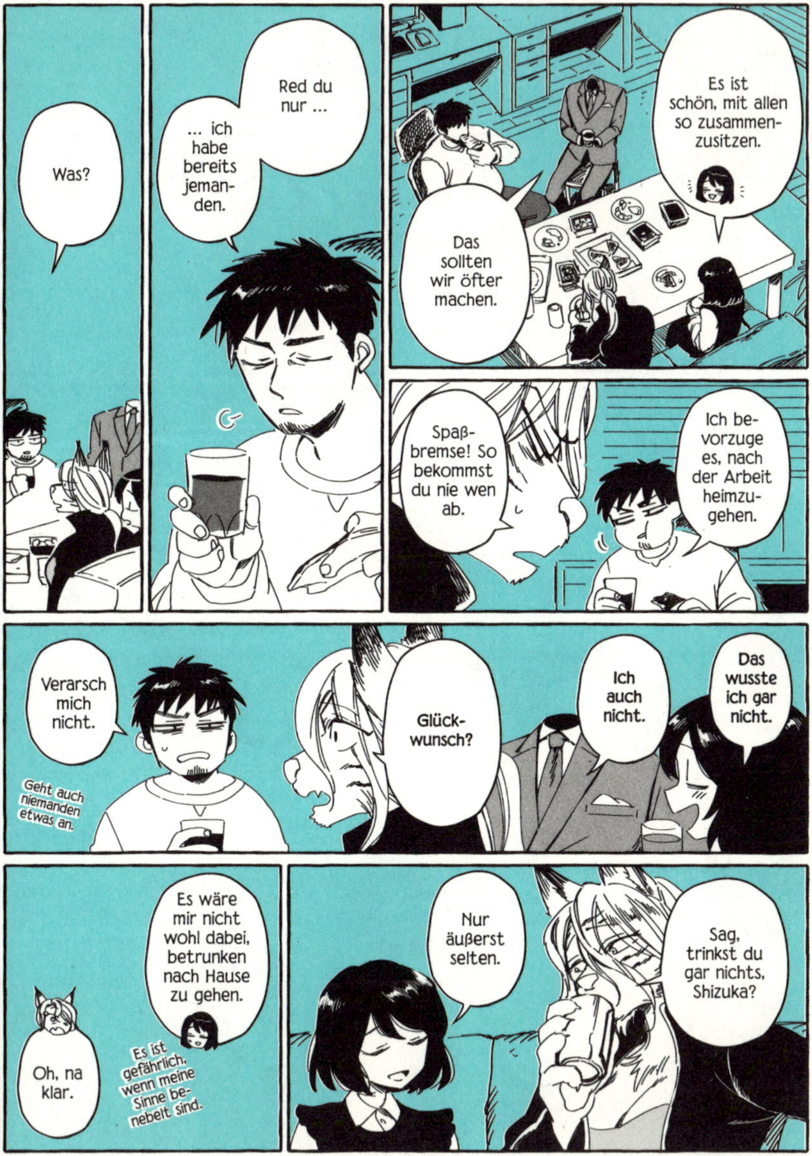
Es ist schön, mit allen so zusammenzusitzen.
Das sollten wir öfter machen.
Ich bevorzuge es, nach der Arbeit heimzugehen.
Spaßbremse! So bekommst du nie wen ab.
Red du nur ...
... ich habe bereits jemanden.
Was?
Das wusste ich gar nicht.
Ich auch nicht.
Glückwunsch?
Verarsch mich nicht.
Geht auch niemanden etwas an.
Sag, trinkst du gar nichts, Shizuka?
Nur äußerst selten.
Es wäre mir nicht wohl dabei, betrunken nach Hause zu gehen.
Es ist gefährlich, wenn meine Sinne benebelt sind.
Oh, na klar.

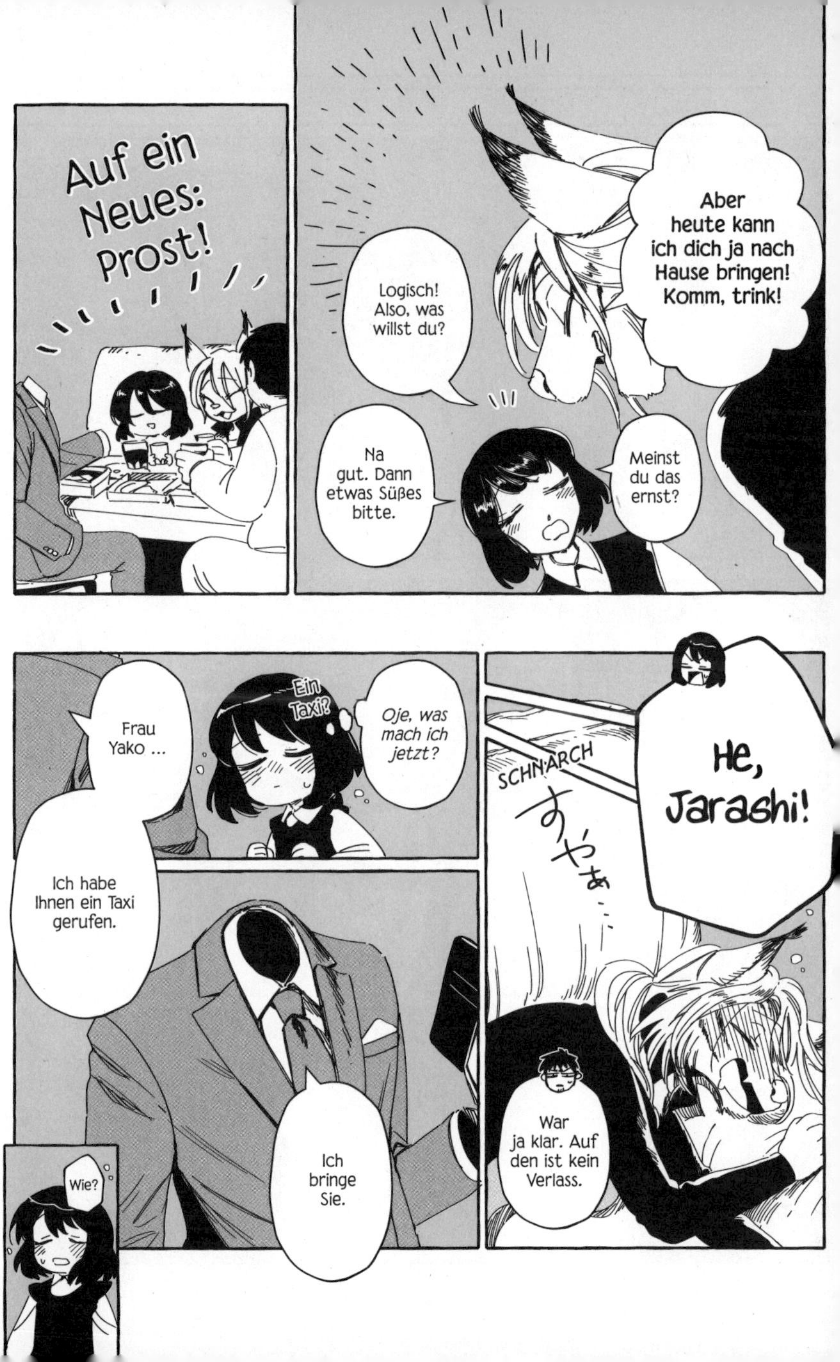
Aber heute kann ich dich ja nach Hause bringen! Komm, trink!
Logisch! Also, was willst du?
Meinst du das ernst?
Na gut. Dann etwas Süßes bitte.
Auf ein Neues: Prost!
He, Jarashi!
SCHNARCH
すやぁ…
War ja klar. Auf den ist kein Verlass.
Oje, was mach ich jetzt?
Ein Taxi?
Frau Yako …
Ich habe Ihnen ein Taxi gerufen.
Ich bringe Sie.
Wie?

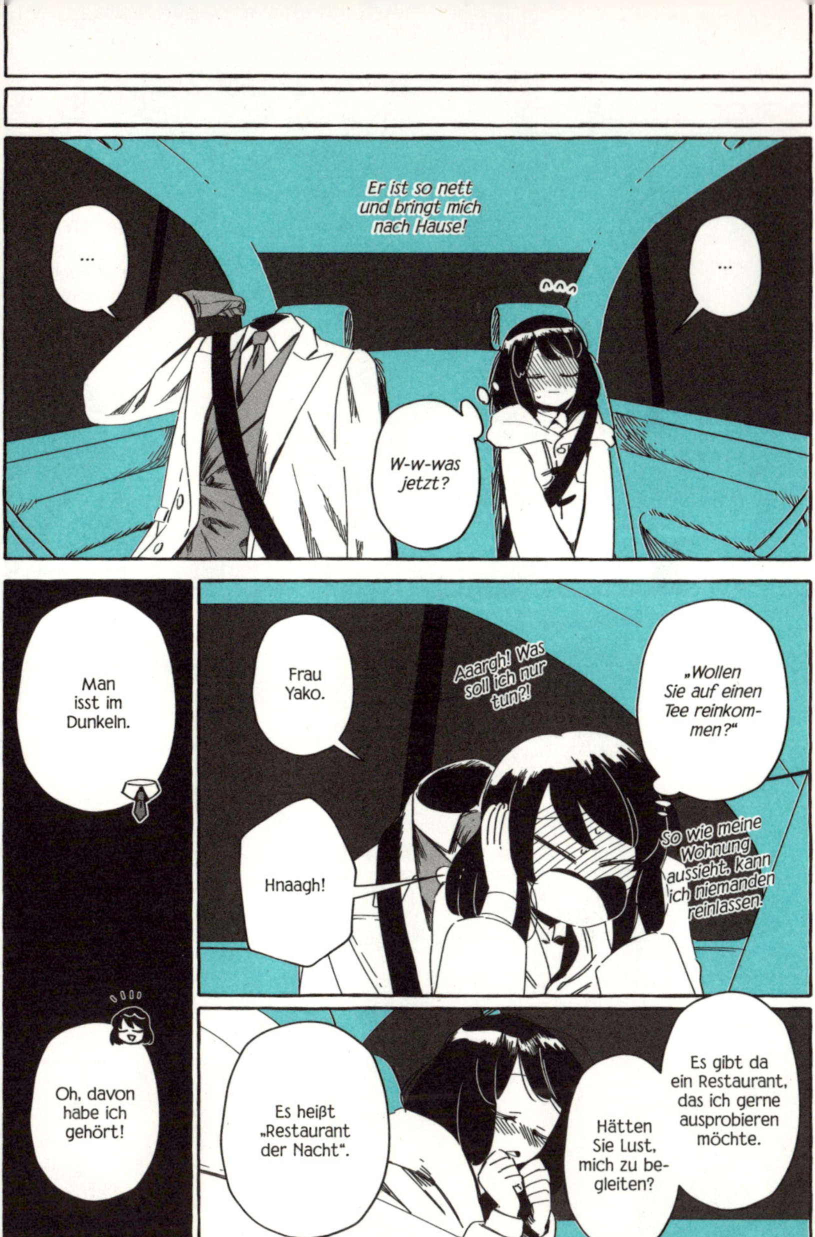

…
Er ist so nett und bringt mich nach Hause!
…
W-w-was jetzt?
„Wollen Sie auf einen Tee reinkommen?"
Aaargh! Was soll ich nur tun?!
Frau Yako.
So wie meine Wohnung aussieht, kann ich niemanden reinlassen.
Hnaagh!
Man isst im Dunkeln.
Es gibt da ein Restaurant, das ich gerne ausprobieren möchte.
Hätten Sie Lust, mich zu begleiten?
Es heißt „Restaurant der Nacht".
Oh, davon habe ich gehört!

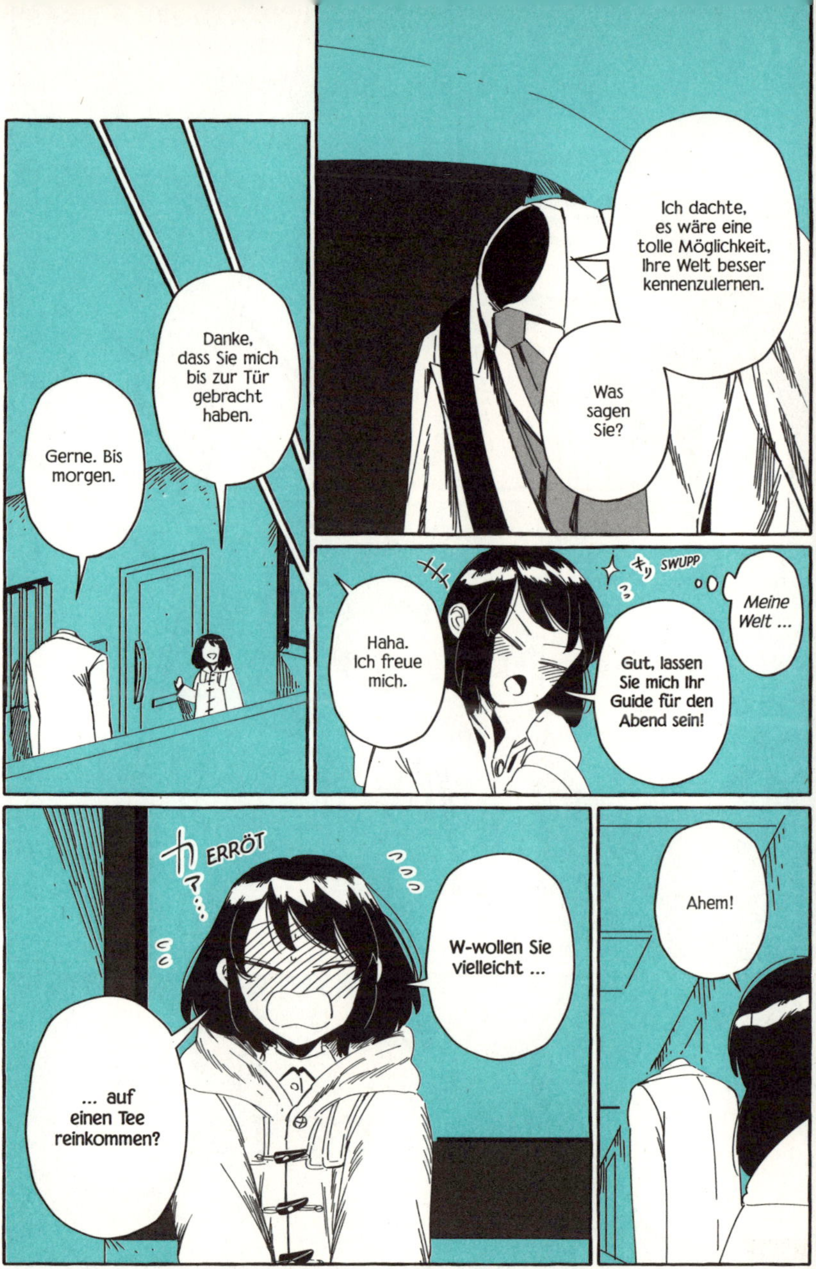
Ich dachte, es wäre eine tolle Möglichkeit, Ihre Welt besser kennenzulernen.
Was sagen Sie?
Danke, dass Sie mich bis zur Tür gebracht haben.
Gerne. Bis morgen.
Meine Welt ...
SWUPP
Gut, lassen Sie mich Ihr Guide für den Abend sein!
Haha. Ich freue mich.
Ahem!
W-wollen Sie vielleicht ...
ERRÖT
... auf einen Tee reinkommen?

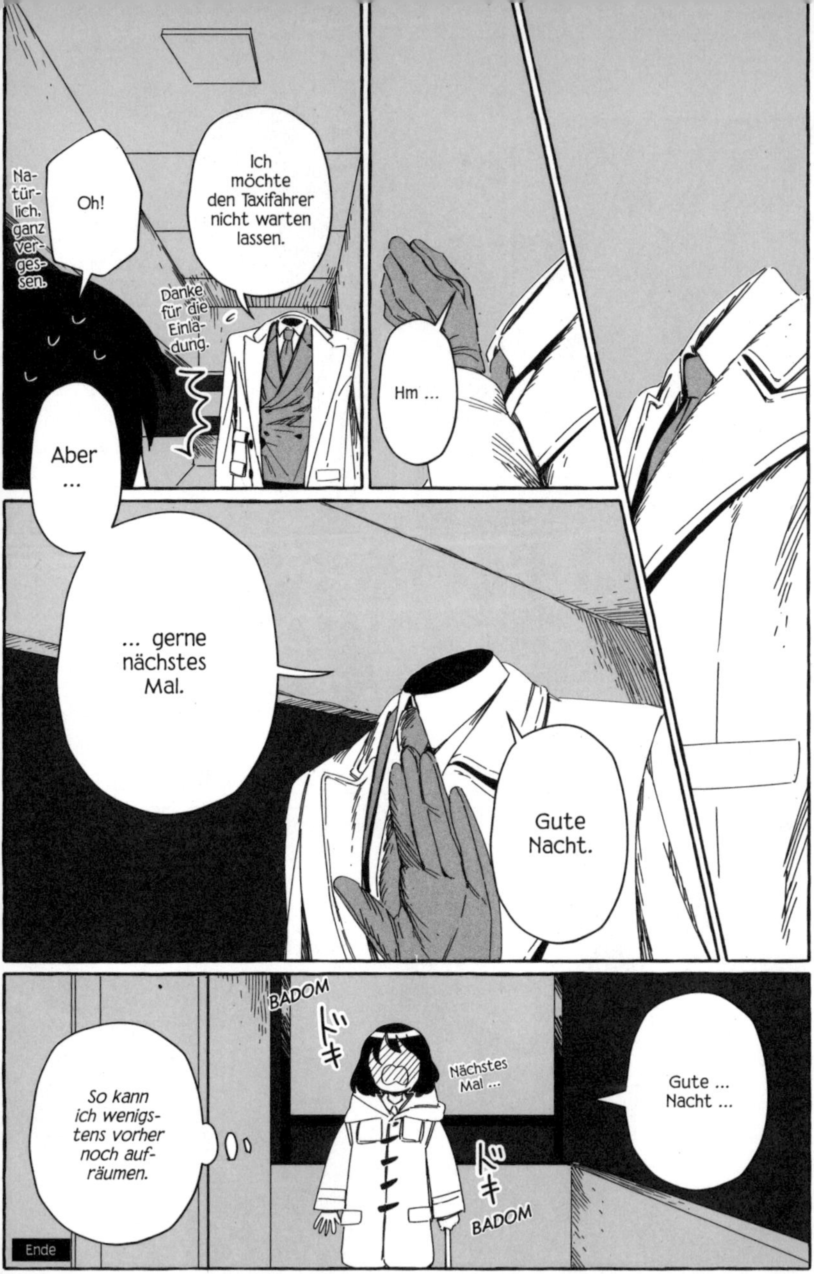
Hm ...
Ich möchte den Taxifahrer nicht warten lassen.
Danke für die Einladung.
Oh!
Natürlich, ganz vergessen.
Aber ...
... gerne nächstes Mal.
Gute Nacht.
Gute ... Nacht ...
BADOM
ドキ
Nächstes Mal ...
ドキ
BADOM
So kann ich wenigstens vorher noch aufräumen.
Ende

◆ Jarashi hat die Nacht auf dem Sofa in der Detektei verbracht.

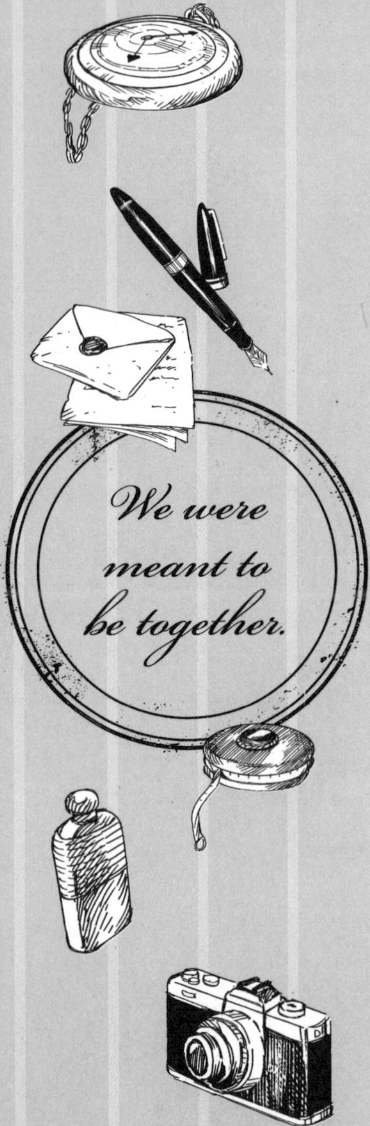
We were
meant to
be together.

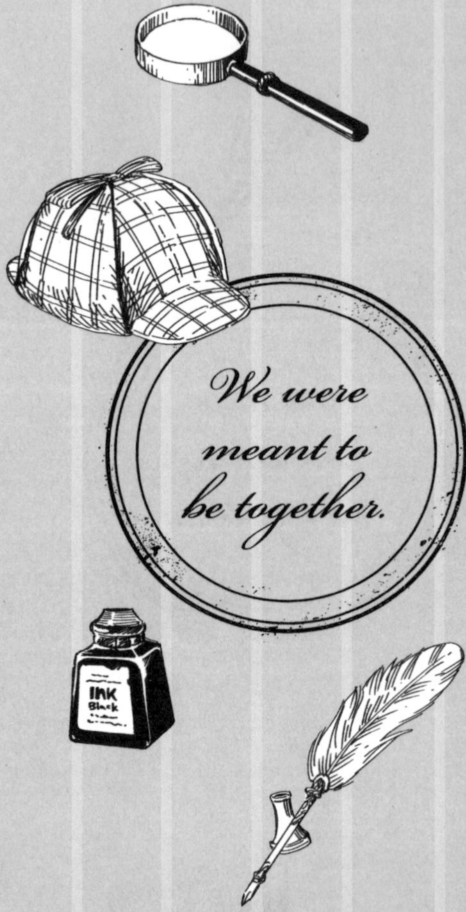
We were meant to be together.
INK
Black

Kapitel 9: Dunkelheit

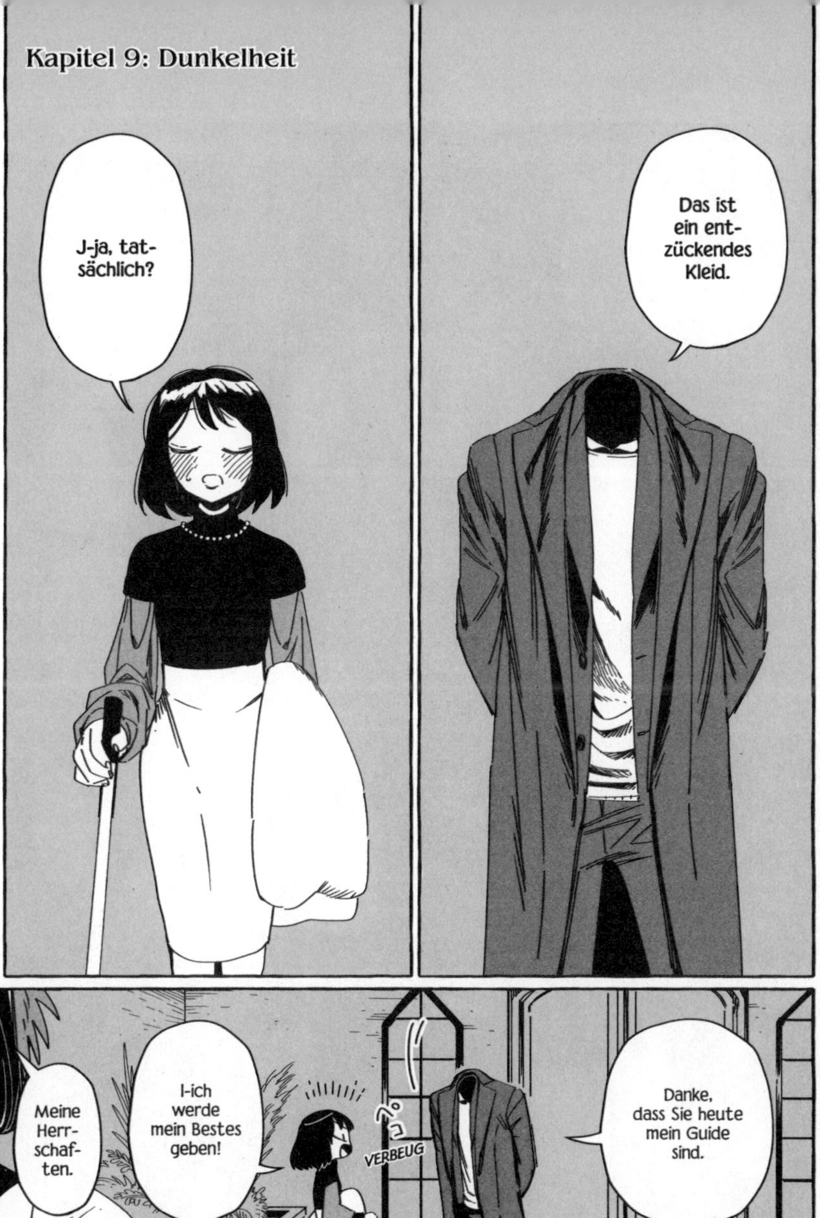

Das ist ein ent- zückendes Kleid.
J-ja, tat- sächlich?
Danke, dass Sie heute mein Guide sind.
VERBEUG
I-ich werde mein Bestes geben!
Meine Herr- schaf- ten.

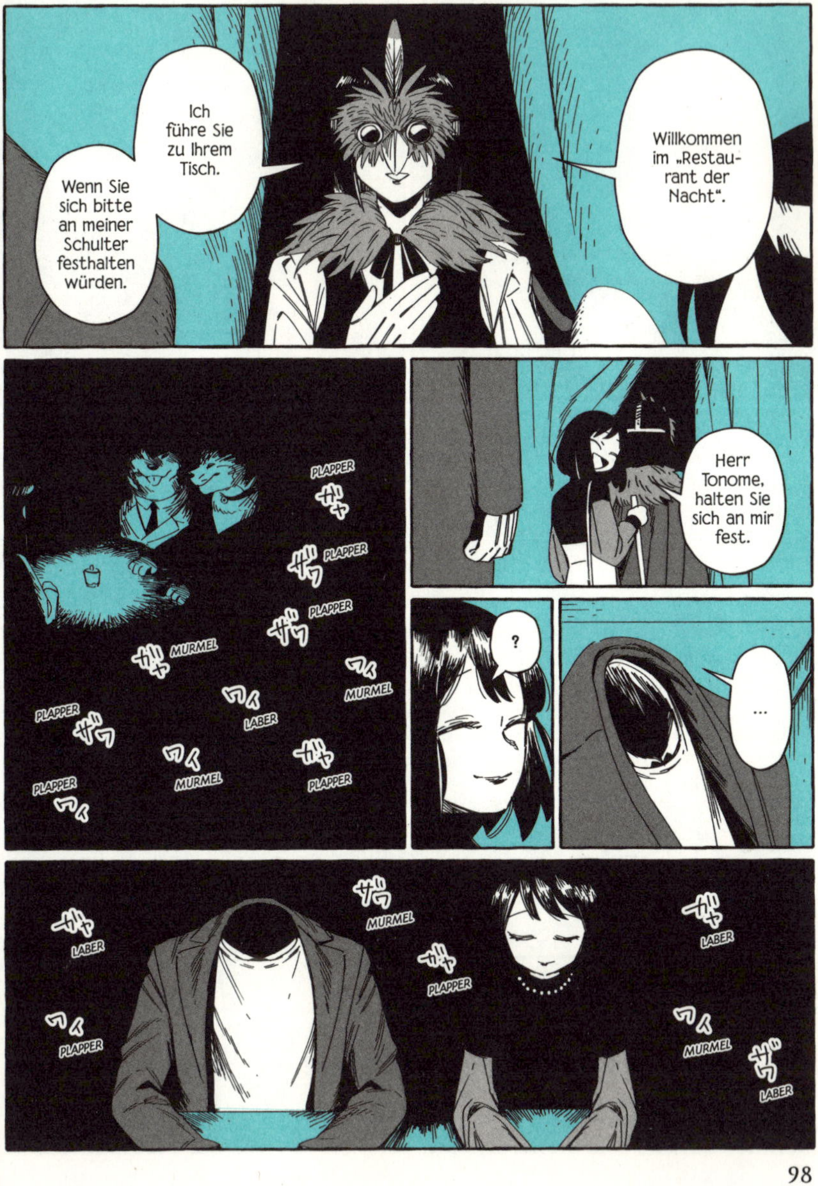
Willkommen im „Restaurant der Nacht“.
Ich führe Sie zu Ihrem Tisch.
Wenn Sie sich bitte an meiner Schulter festhalten würden.
Herr Tonome, halten Sie sich an mir fest.
PLAPPER
PLAPPER
PLAPPER
MURMEL
MURMEL
LABER
PLAPPER
MURMEL
PLAPPER
PLAPPER
...
?
LABER
MURMEL
PLAPPER
LABER
PLAPPER
MURMEL
LABER

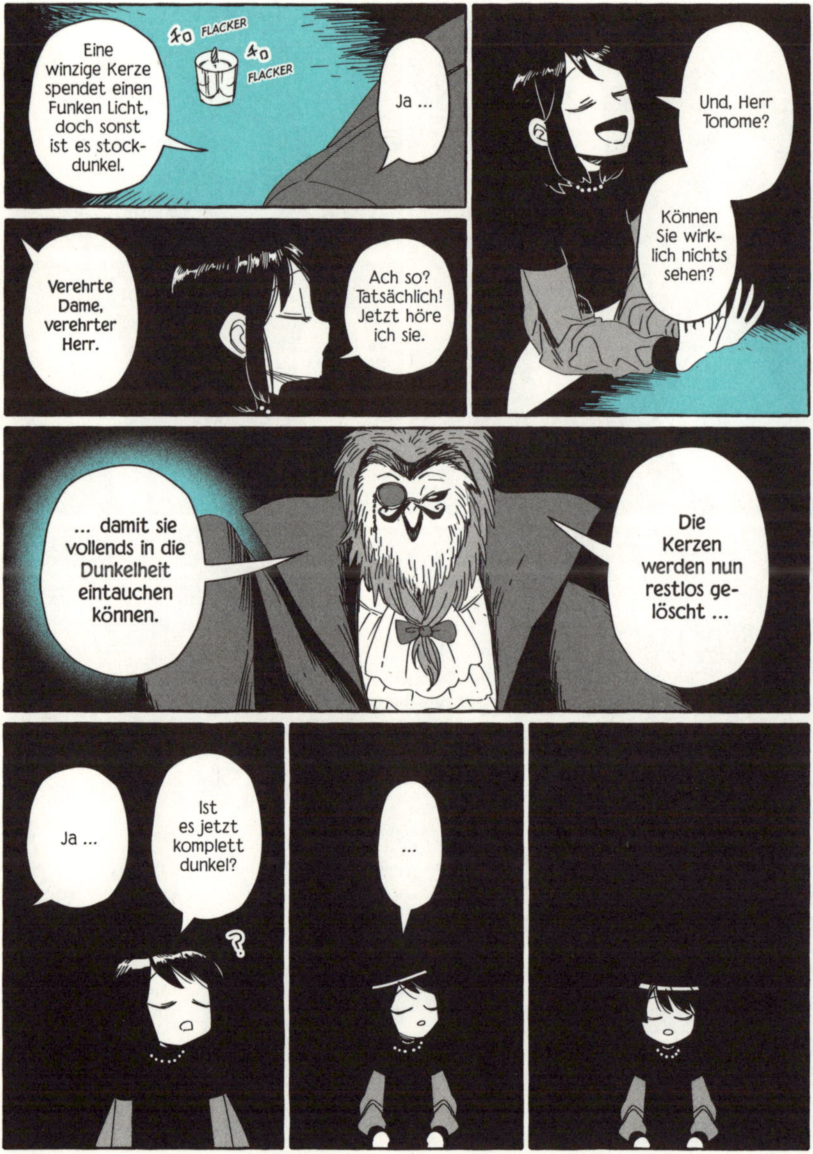
Und, Herr Tonome?
Können Sie wirklich nichts sehen?
Ja ...
FLACKER
FLACKER
Eine winzige Kerze spendet einen Funken Licht, doch sonst ist es stockdunkel.
Ach so? Tatsächlich! Jetzt höre ich sie.
Verehrte Dame, verehrter Herr.
Die Kerzen werden nun restlos gelöscht ...
... damit sie vollends in die Dunkelheit eintauchen können.
...
Ist es jetzt komplett dunkel?
Ja ...

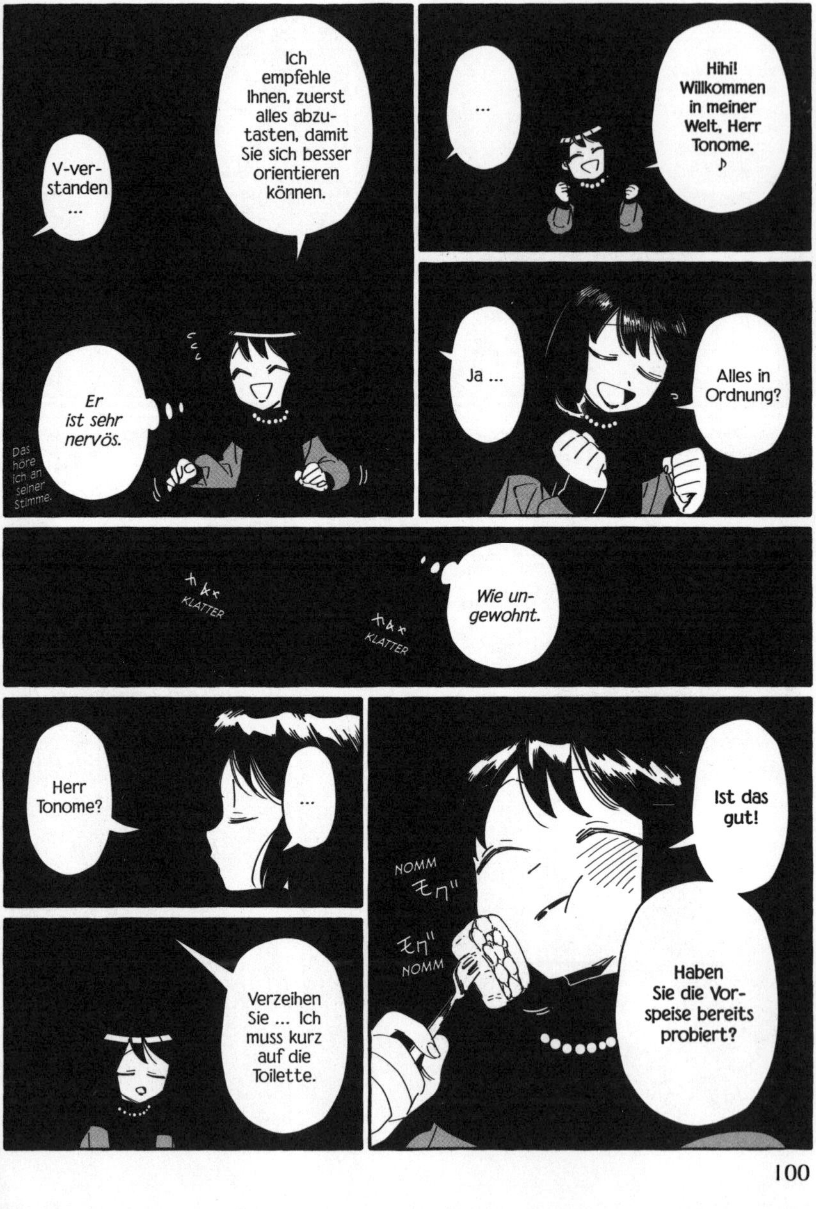
Hihi! Willkommen in meiner Welt, Herr Tonome. ♪
...
Alles in Ordnung?
Ja ...
Ich empfehle Ihnen, zuerst alles abzutasten, damit Sie sich besser orientieren können.
V-verstanden ...
Er ist sehr nervös.
Das höre ich an seiner Stimme.
Wie ungewohnt.
KLATTER
KLATTER
Ist das gut!
Haben Sie die Vorspeise bereits probiert?
NOMM
NOMM
Herr Tonome?
...
Verzeihen Sie ... Ich muss kurz auf die Toilette.

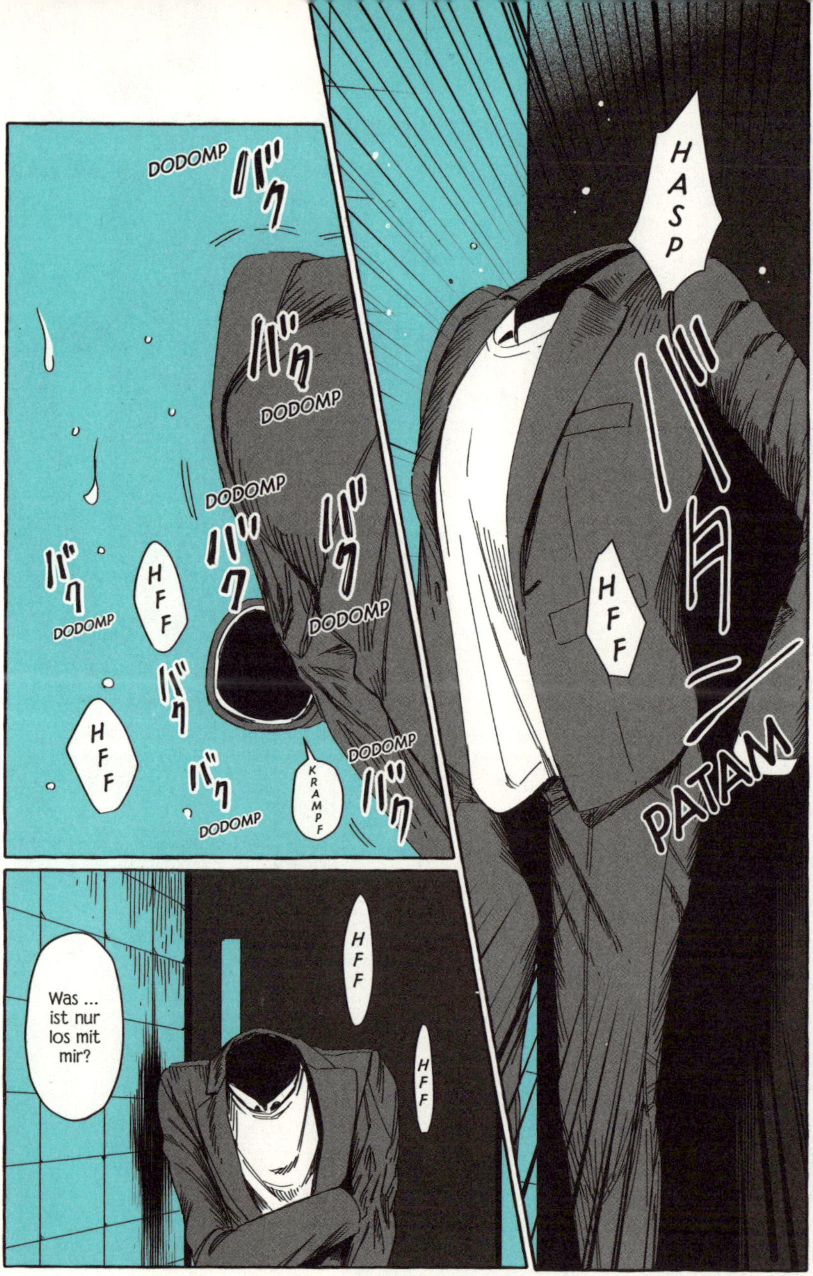
HASP
PATAM
HFF
DODOMP
DODOMP
DODOMP
DODOMP
KRAMPF
HFF
DODOMP
DODOMP
HFF
HFF
HFF
Was ... ist nur los mit mir?

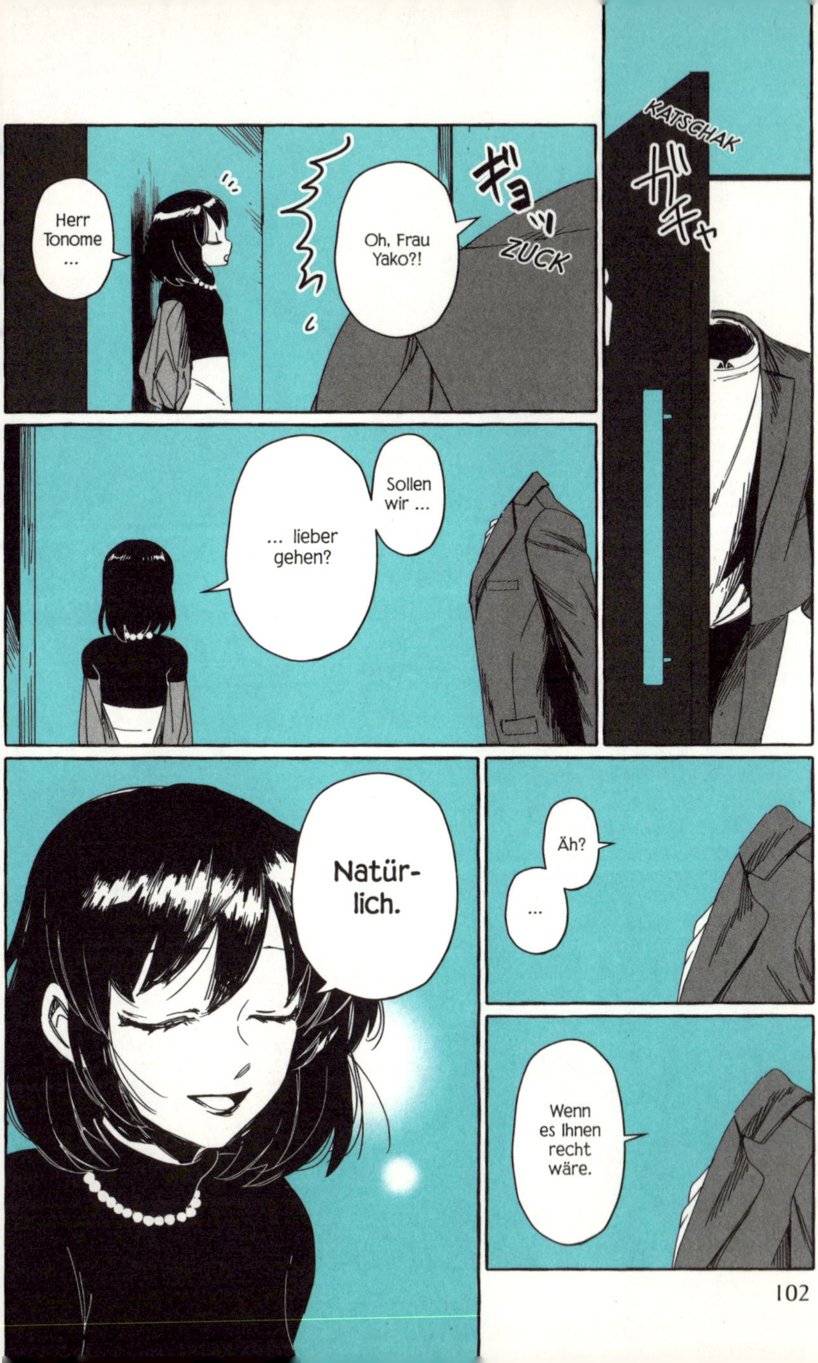
KATSCHAK
ガチャ
Oh, Frau Yako?!
ギョッ
ZUCK
Herr Tonome ...
Sollen wir ...
... lieber gehen?
Äh?
...
Wenn es Ihnen recht wäre.
Natür-lich.

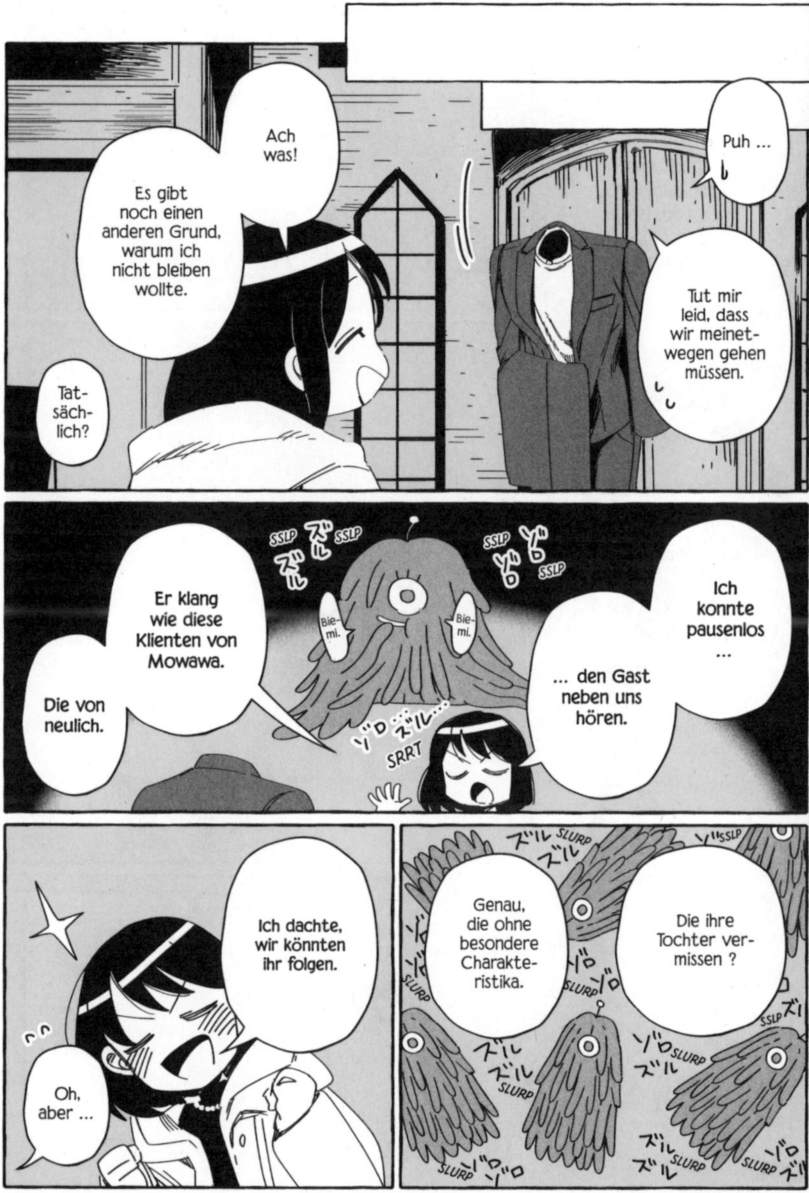
Puh ...
Tut mir leid, dass wir meinetwegen gehen müssen.
Ach was!
Es gibt noch einen anderen Grund, warum ich nicht bleiben wollte.
Tatsächlich?
Ich konnte pausenlos ...
... den Gast neben uns hören.
SSLP
SSLP
SSLP
SSLP
Bie-mi.
Bie-mi.
SRRT
Er klang wie diese Klienten von Mowawa.
Die von neulich.
Die ihre Tochter vermissen ?
Genau, die ohne besondere Charakteristika.
SLURP
SSLP
Ich dachte, wir könnten ihr folgen.
Oh, aber ...

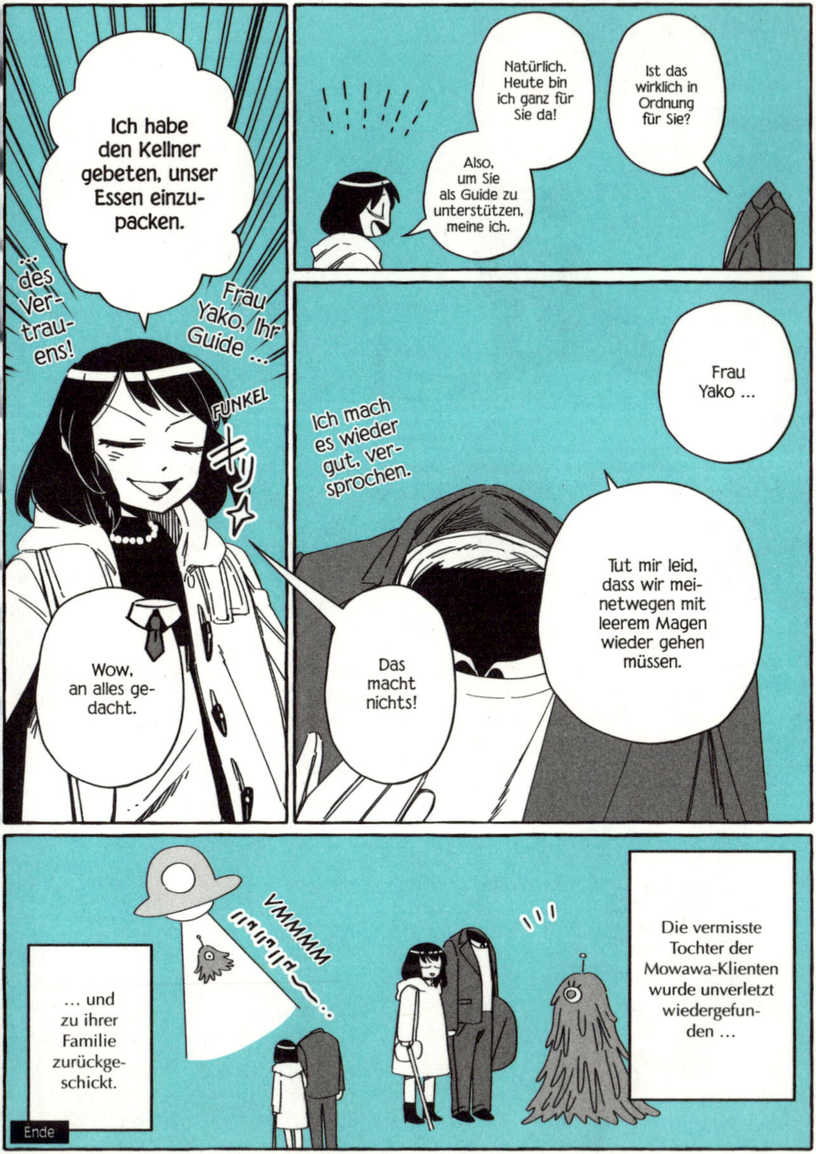
Ist das wirklich in Ordnung für Sie?
Natürlich. Heute bin ich ganz für Sie da!
Also, um Sie als Guide zu unterstützen, meine ich.
Frau Yako ...
Tut mir leid, dass wir meinetwegen mit leerem Magen wieder gehen müssen.
Das macht nichts!
Ich mach es wieder gut, versprochen.
Ich habe den Kellner gebeten, unser Essen einzupacken.
Frau Yako, Ihr Guide ...
... des Vertrauens!
FUNKEL
Wow, an alles gedacht.
Die vermisste Tochter der Mowawa-Klienten wurde unverletzt wiedergefunden ...
VMMMM
... und zu ihrer Familie zurückgeschickt.
Ende

◆ Sie wollte bloß auf eigene Faust den Planeten Erde erkunden.

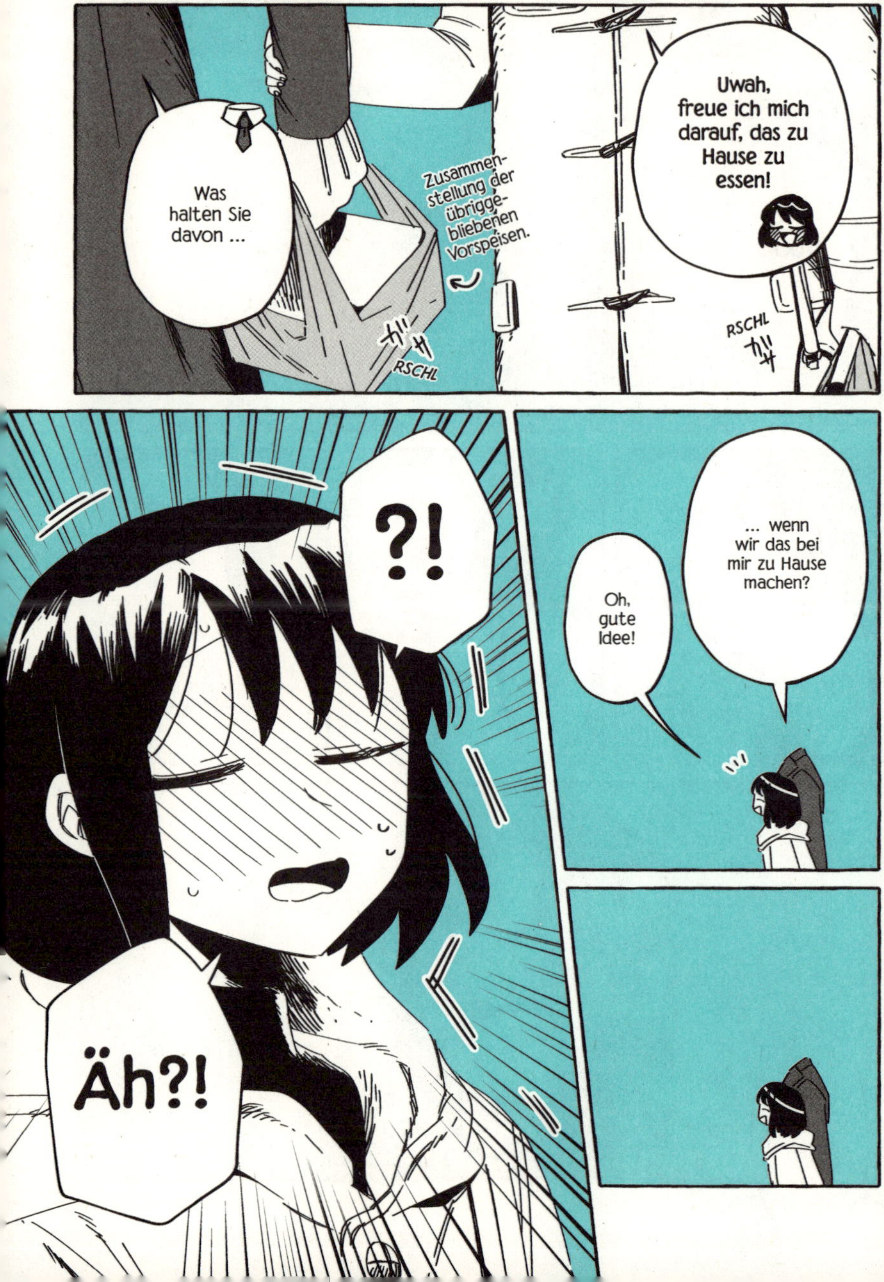
Uwah, freue ich mich darauf, das zu Hause zu essen!
RSCHL
Zusammenstellung der übriggebliebenen Vorspeisen.
RSCHL
Was halten Sie davon ...
... wenn wir das bei mir zu Hause machen?
Oh, gute Idee!
?!
Äh?!

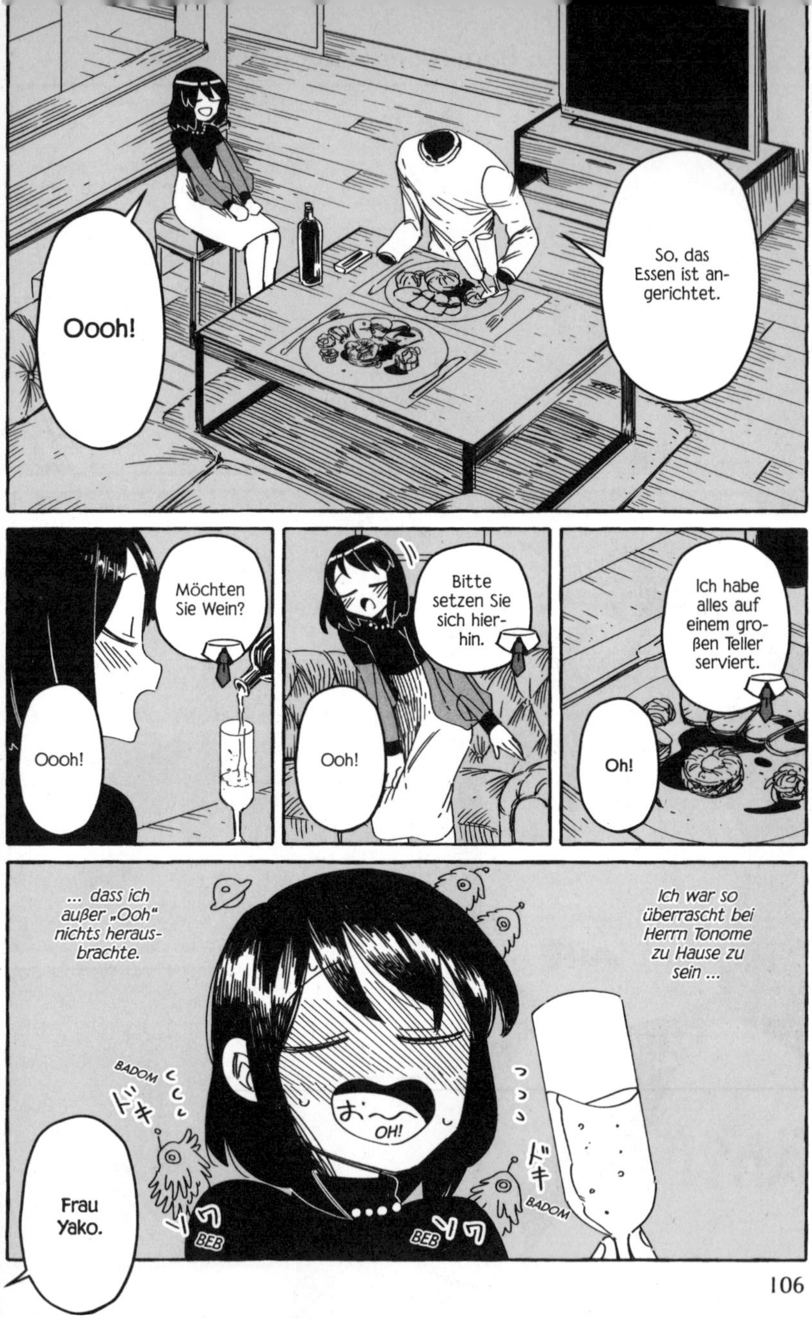

So, das Essen ist angerichtet.
Oooh!
Ich habe alles auf einem großen Teller serviert.
Oh!
Bitte setzen Sie sich hierhin.
Ooh!
Möchten Sie Wein?
Oooh!
Ich war so überrascht bei Herrn Tonome zu Hause zu sein ...
... dass ich außer „Ooh“ nichts herausbrachte.
ドキ
BADOM
ドキ
BADOM
お～
OH!
ドク
BEB
ドク
BEB
Frau Yako.

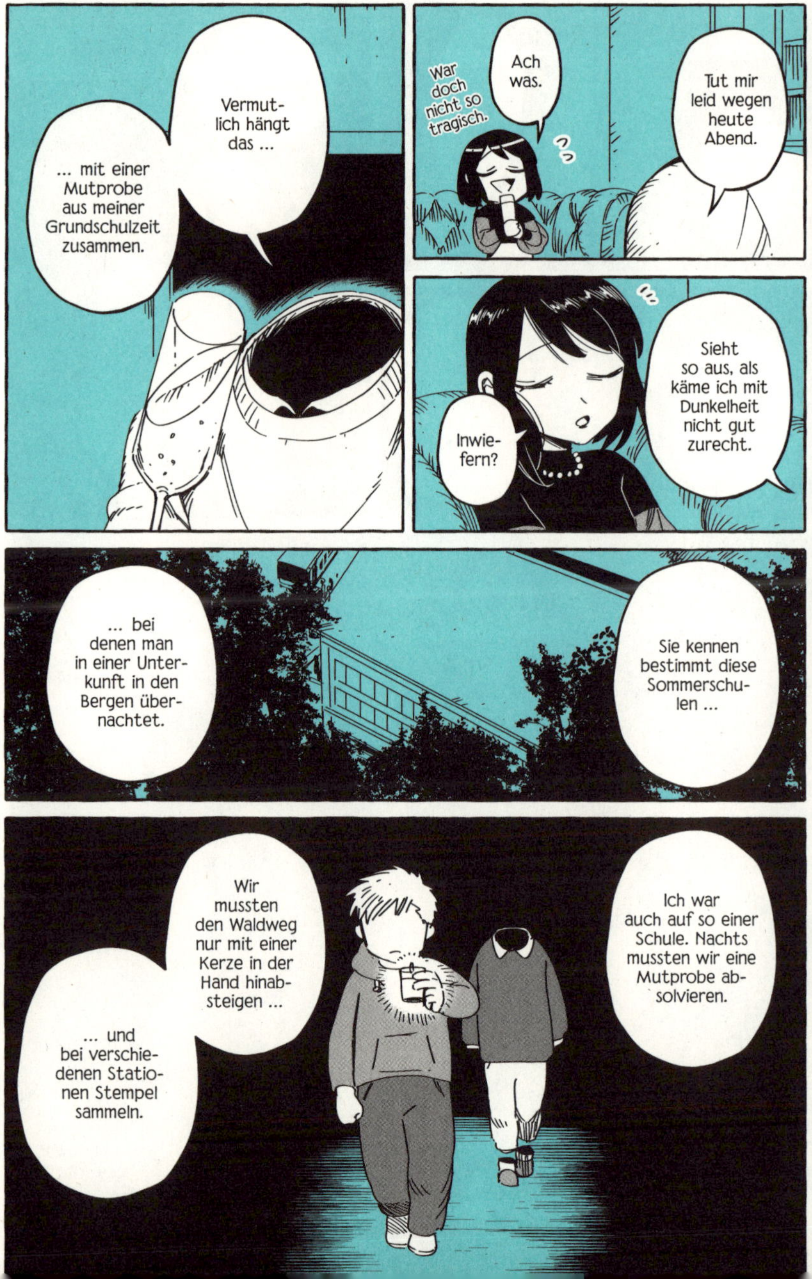

Tut mir leid wegen heute Abend.
Ach was.
War doch nicht so tragisch.
Vermutlich hängt das ...
... mit einer Mutprobe aus meiner Grundschulzeit zusammen.
Sieht so aus, als käme ich mit Dunkelheit nicht gut zurecht.
Inwiefern?
Sie kennen bestimmt diese Sommerschulen ...
... bei denen man in einer Unterkunft in den Bergen übernachtet.
Ich war auch auf so einer Schule. Nachts mussten wir eine Mutprobe absolvieren.
Wir mussten den Waldweg nur mit einer Kerze in der Hand hinabsteigen ...
... und bei verschiedenen Stationen Stempel sammeln.

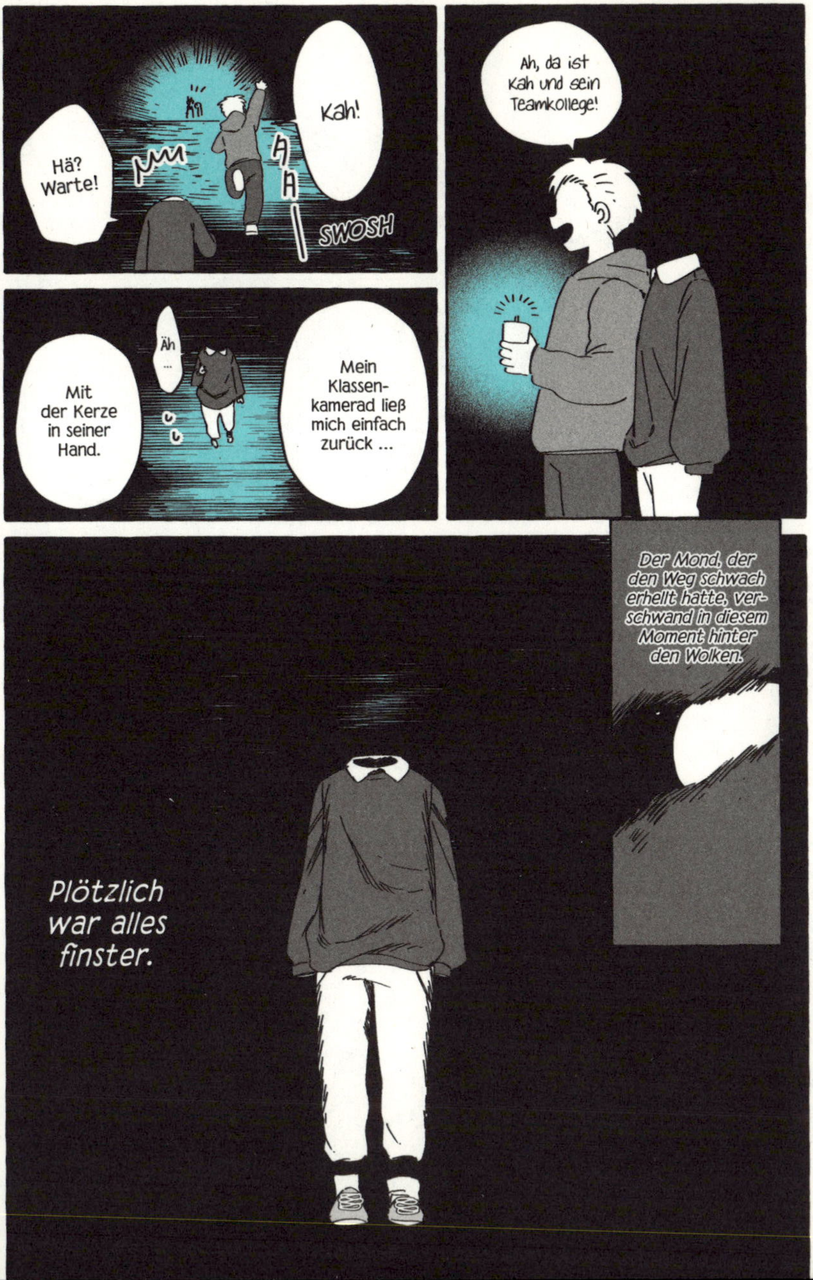
Ah, da ist Kah und sein Teamkollege!
Kah!
AH—
SWOSH
Hä? Warte!
Mein Klassenkamerad ließ mich einfach zurück ...
Äh ...
Mit der Kerze in seiner Hand.
Der Mond, der den Weg schwach erhellt hatte, verschwand in diesem Moment hinter den Wolken.
Plötzlich war alles finster.

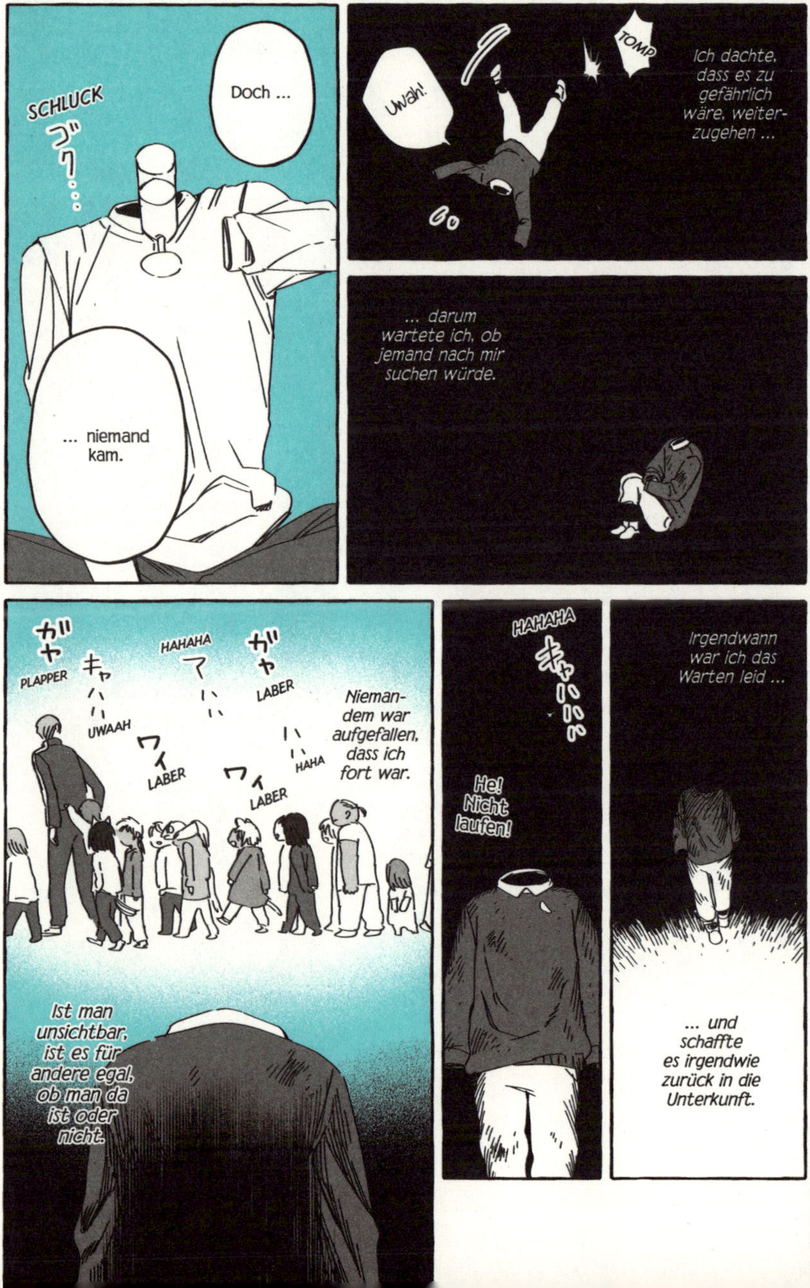
TOMP
Ich dachte, dass es zu gefährlich wäre, weiterzugehen ...
Uwah!
... darum wartete ich, ob jemand nach mir suchen würde.
SCHLUCK
ゴク…
Doch ...
... niemand kam.
Irgendwann war ich das Warten leid ...
... und schaffte es irgendwie zurück in die Unterkunft.
HAHAHA
He! Nicht laufen!
Nieman-dem war aufgefallen, dass ich fort war.
LABER
HAHAHA
PLAPPER
UWAAH
LABER
HAHA
LABER
Ist man unsichtbar, ist es für andere egal, ob man da ist oder nicht.

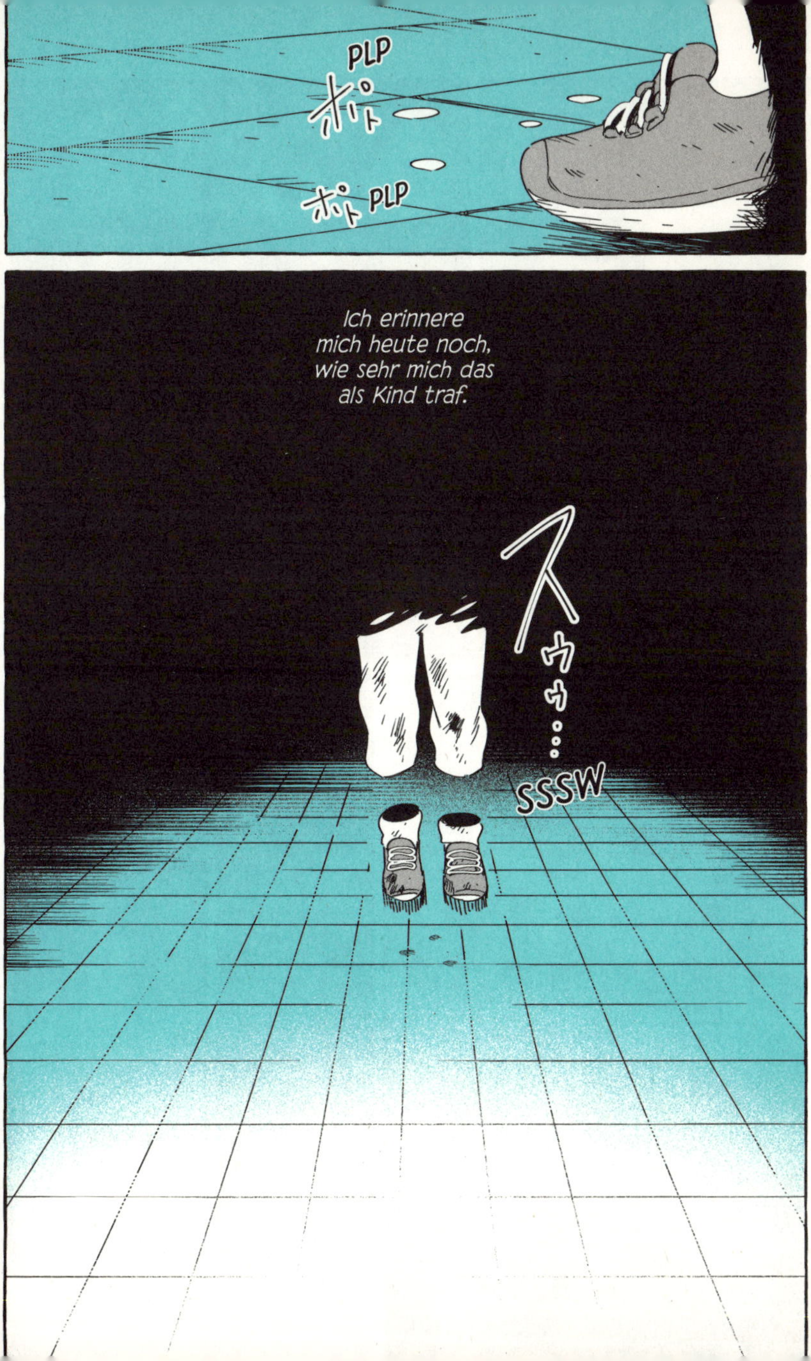
ポト PLP
ポト PLP
Ich erinnere mich heute noch, wie sehr mich das als Kind traf.
スゥゥ… SSSW

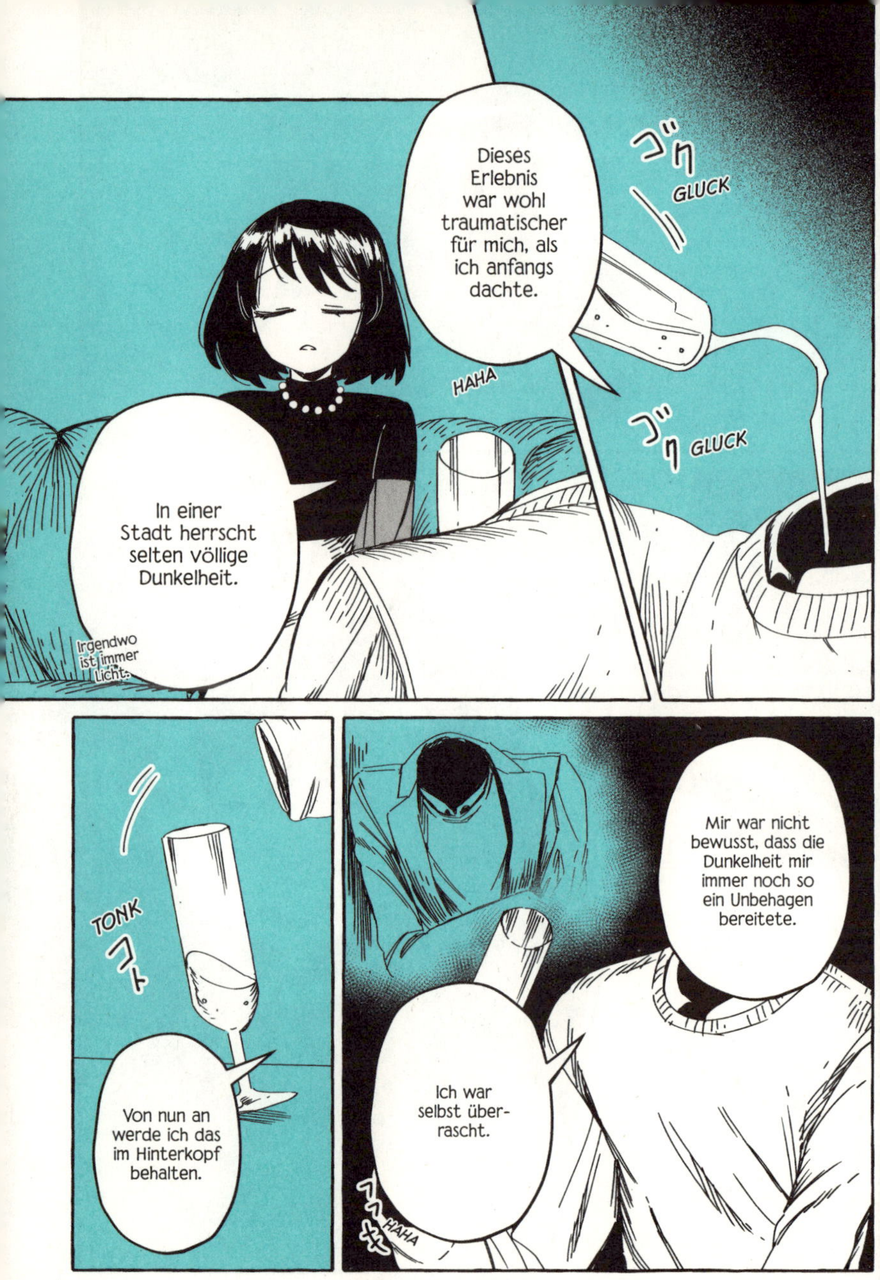
GLUCK
Dieses Erlebnis war wohl traumatischer für mich, als ich anfangs dachte.
GLUCK
HAHA
In einer Stadt herrscht selten völlige Dunkelheit.
Irgendwo ist immer Licht.
Mir war nicht bewusst, dass die Dunkelheit mir immer noch so ein Unbehagen bereitete.
Ich war selbst überrascht.
HAHA
TONK
Von nun an werde ich das im Hinterkopf behalten.

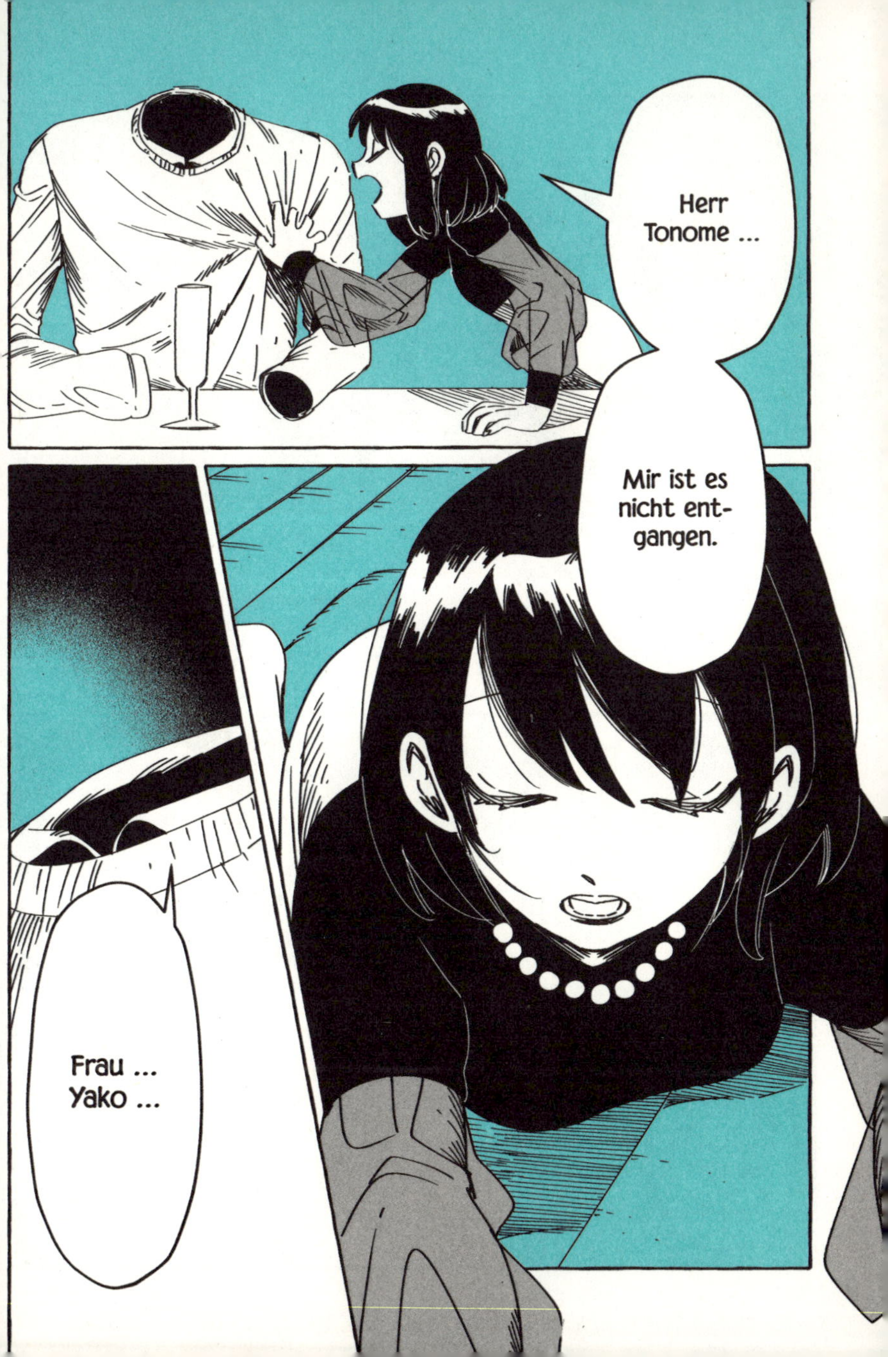
Herr Tonome ...
Mir ist es nicht ent-gangen.
Frau ... Yako ...

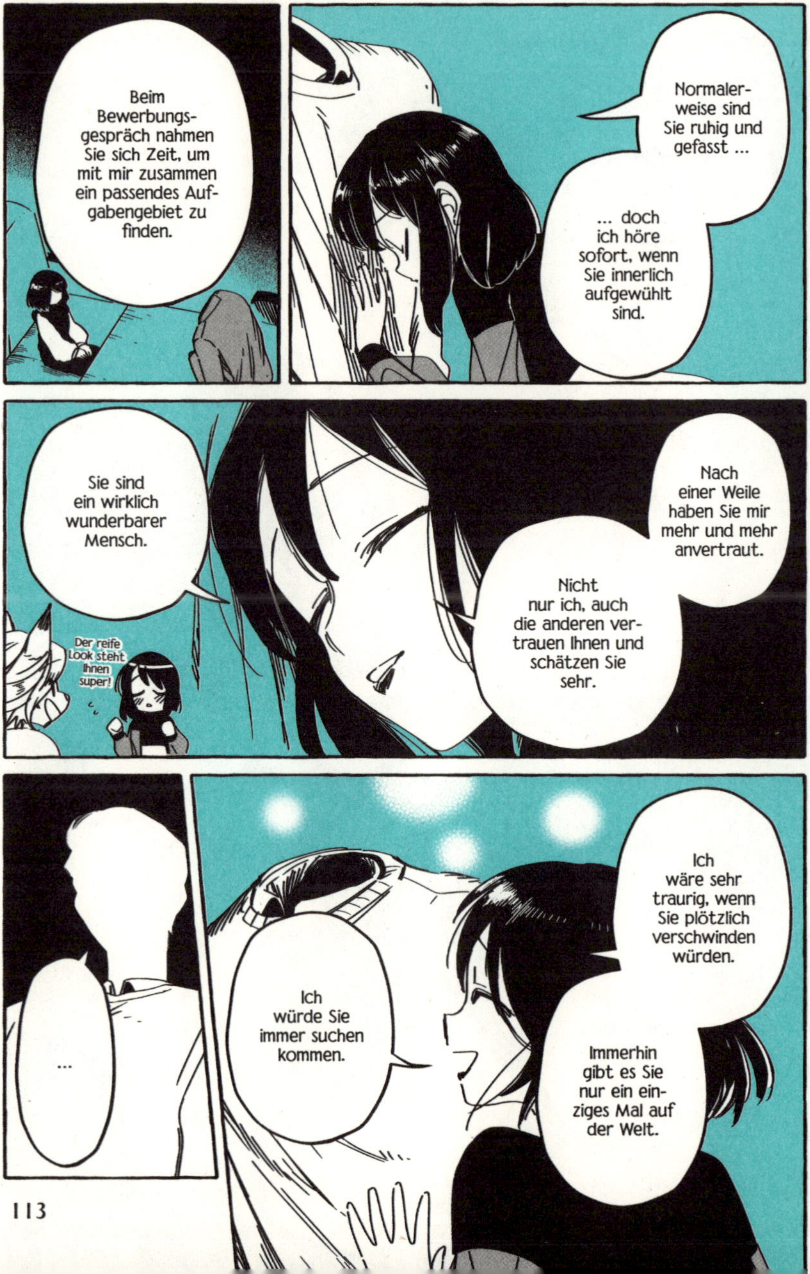
Normalerweise sind Sie ruhig und gefasst ...
... doch ich höre sofort, wenn Sie innerlich aufgewühlt sind.
Beim Bewerbungsgespräch nahmen Sie sich Zeit, um mit mir zusammen ein passendes Aufgabengebiet zu finden.
Nach einer Weile haben Sie mir mehr und mehr anvertraut.
Nicht nur ich, auch die anderen vertrauen Ihnen und schätzen Sie sehr.
Sie sind ein wirklich wunderbarer Mensch.
Der reife Look steht Ihnen super!
Ich wäre sehr traurig, wenn Sie plötzlich verschwinden würden.
Immerhin gibt es Sie nur ein einziges Mal auf der Welt.
Ich würde Sie immer suchen kommen.
...

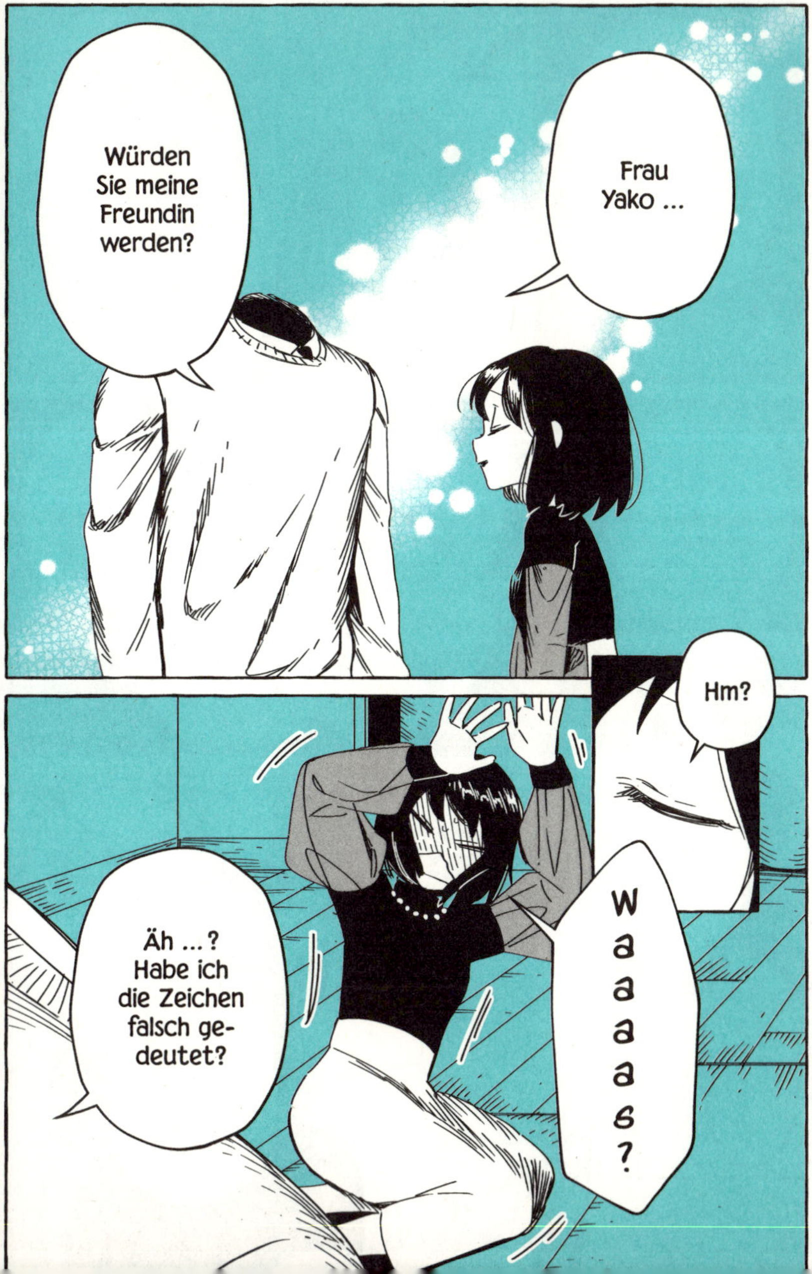
Frau Yako ...
Würden Sie meine Freundin werden?
Hm?
Waaaas?
Äh ...? Habe ich die Zeichen falsch gedeutet?

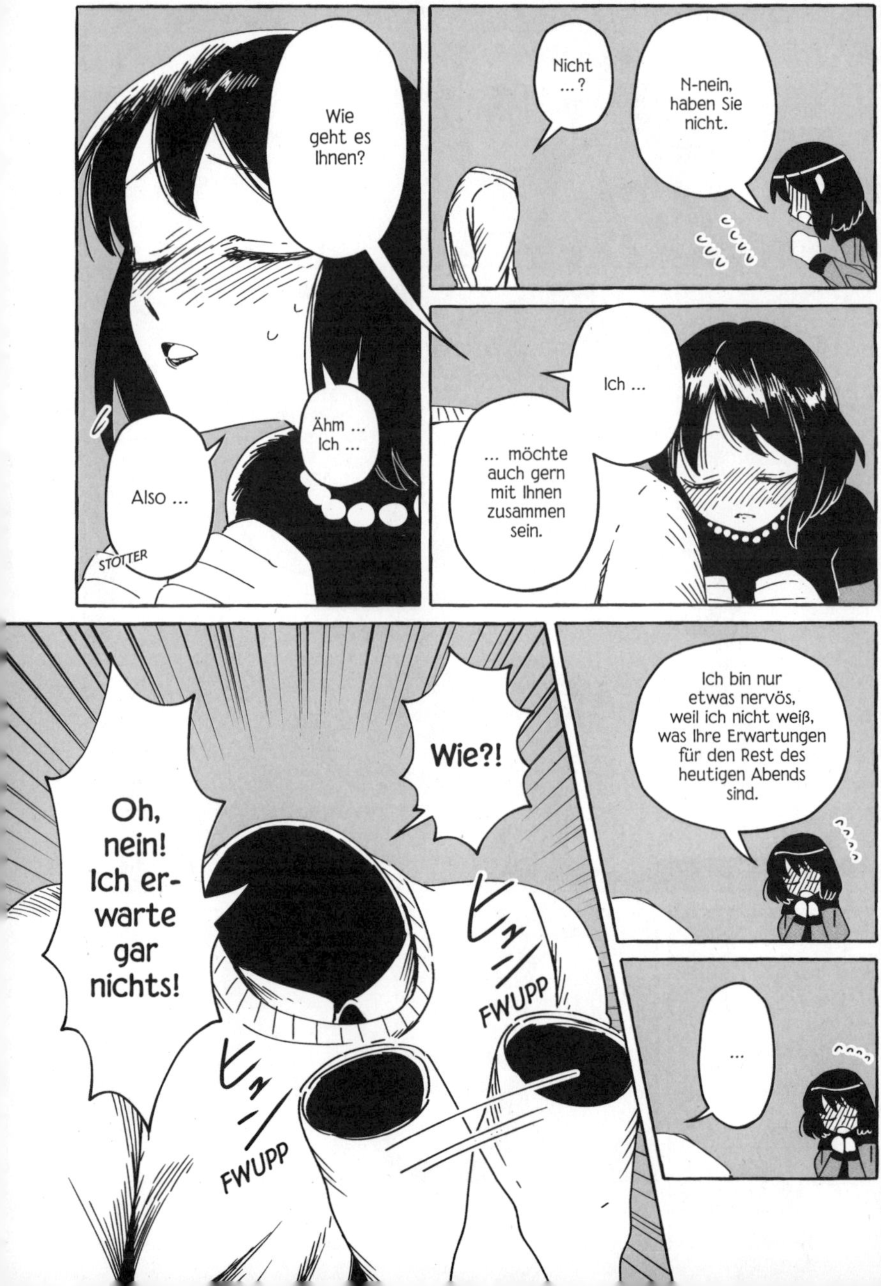
N-nein, haben Sie nicht.
Nicht ...?
Ich ...
... möchte auch gern mit Ihnen zusammen sein.
Wie geht es Ihnen?
Ähm ... Ich ...
Also ...
STOTTER
Ich bin nur etwas nervös, weil ich nicht weiß, was Ihre Erwartungen für den Rest des heutigen Abends sind.
...
Wie?!
Oh, nein! Ich er-warte gar nichts!
FWUPP
FWUPP

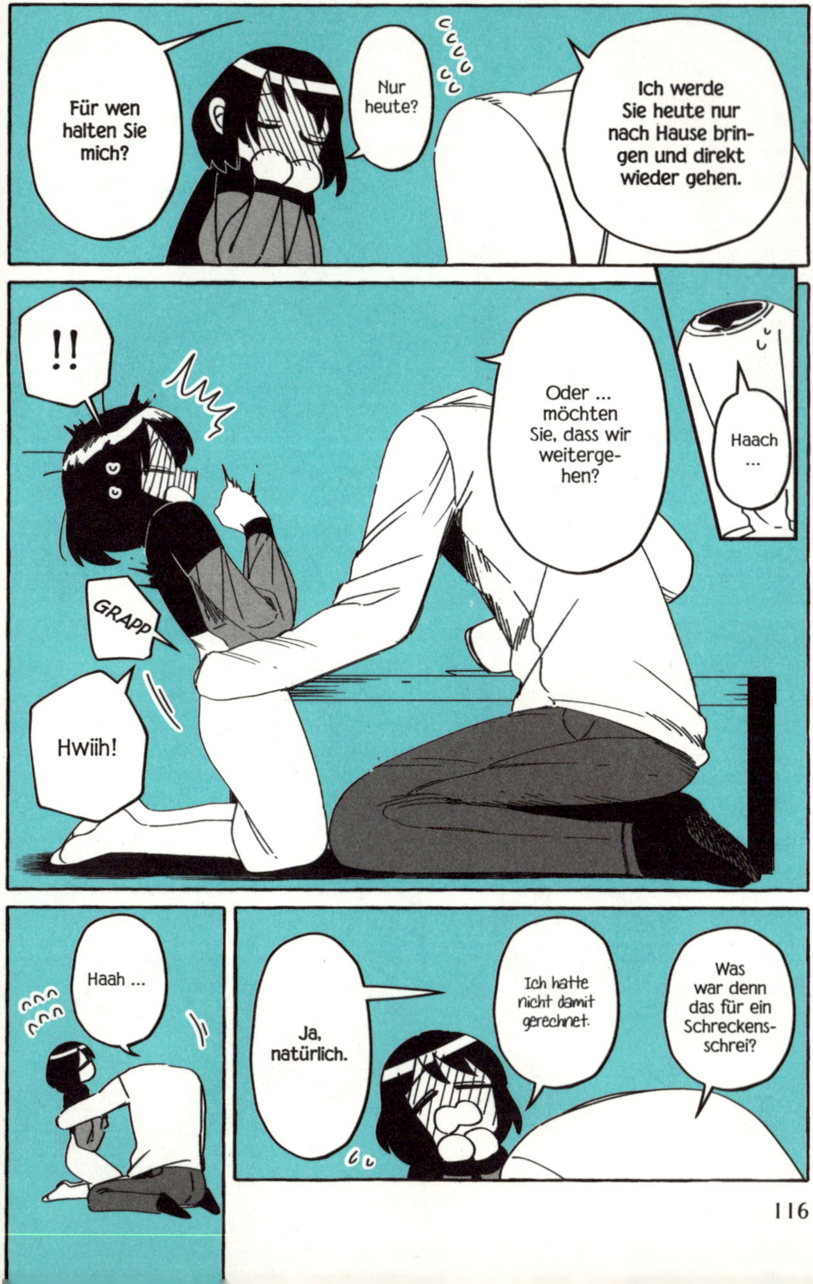
Ich werde Sie heute nur nach Hause bringen und direkt wieder gehen.
Nur heute?
Für wen halten Sie mich?
Haach ...
Oder ... möchten Sie, dass wir weitergehen?
!!
GRAPP
Hwiih!
Was war denn das für ein Schreckensschrei?
Ich hatte nicht damit gerechnet.
Ja, natürlich.
Haah ...

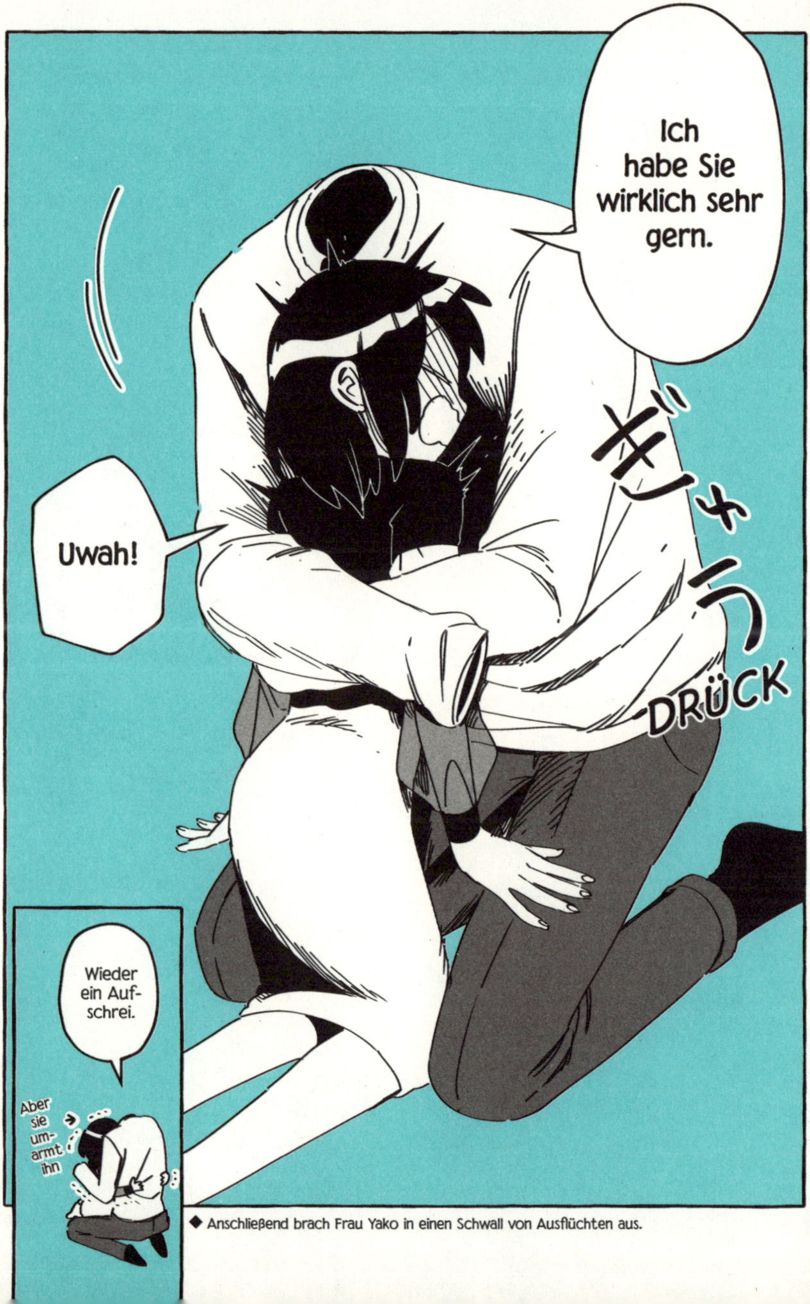
Ich habe Sie wirklich sehr gern.
Uwah!
DRÜCK
Wieder ein Aufschrei.
Aber sie umarmt ihn

◆ Anschließend brach Frau Yako in einen Schwall von Ausflüchten aus.

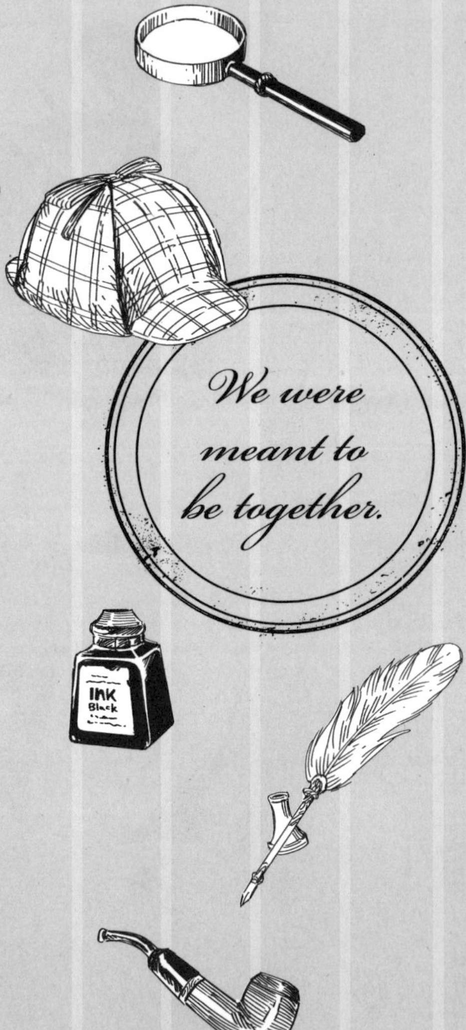
We were
meant to
be together.
INK
Black

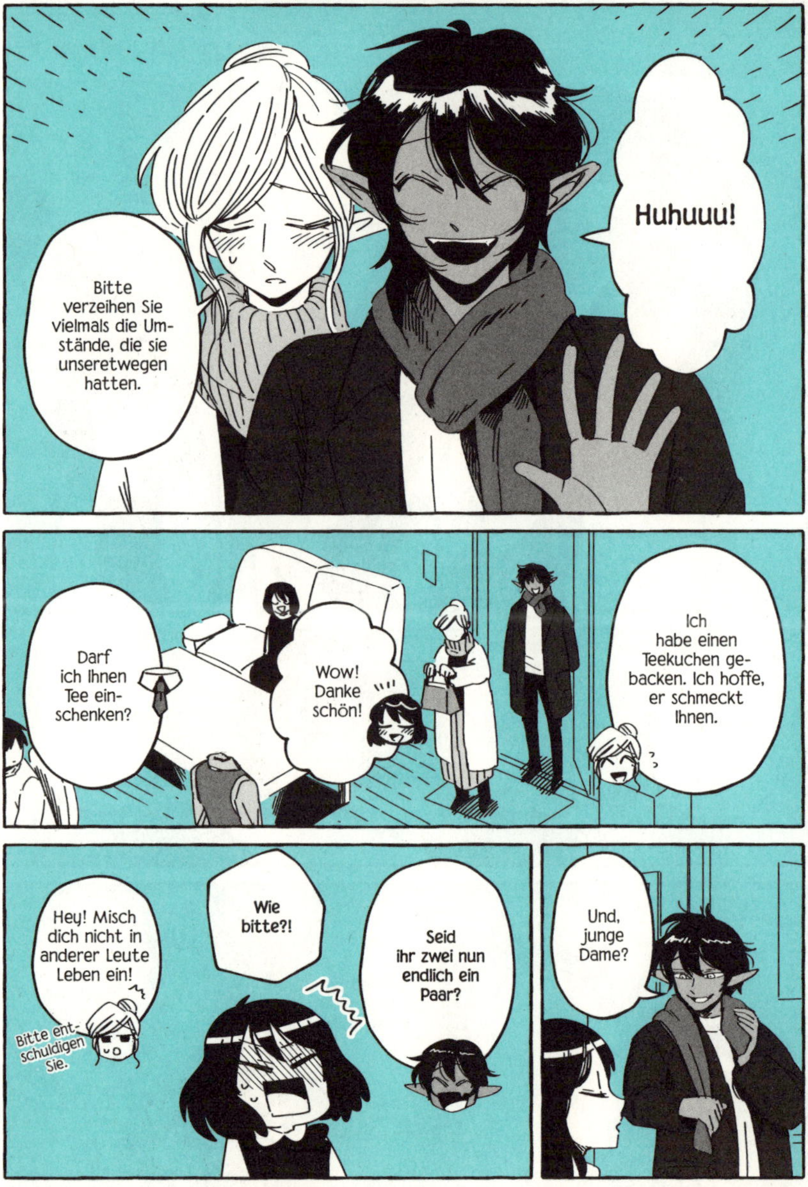
Huhuuu!
Bitte verzeihen Sie vielmals die Umstände, die sie unseretwegen hatten.
Ich habe einen Teekuchen gebacken. Ich hoffe, er schmeckt Ihnen.
Wow! Danke schön!
Darf ich Ihnen Tee einschenken?
Und, junge Dame?
Seid ihr zwei nun endlich ein Paar?
Wie bitte?!
Hey! Misch dich nicht in anderer Leute Leben ein!
Bitte entschuldigen Sie.

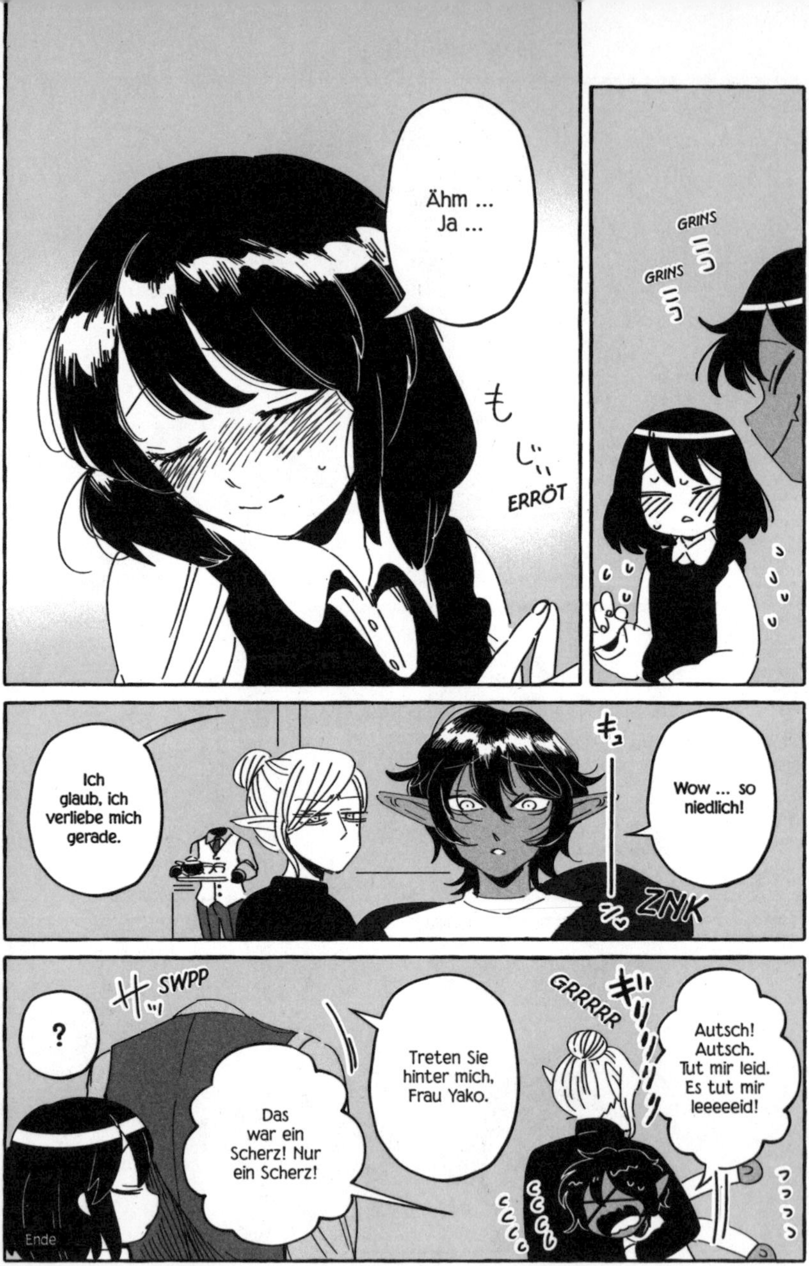
GRINS
GRINS
Ähm ...
Ja ...
ERRÖT
Wow ... so niedlich!
ZNK
Ich glaub, ich verliebe mich gerade.
Autsch! Autsch. Tut mir leid. Es tut mir leeeeeid!
GRRRRR
Treten Sie hinter mich, Frau Yako.
Das war ein Scherz! Nur ein Scherz!
SWPP
?
Ende

◆ Anschließend musste der Dunkelelf den Wrestling-Octopus-Hold über sich ergehen lassen.

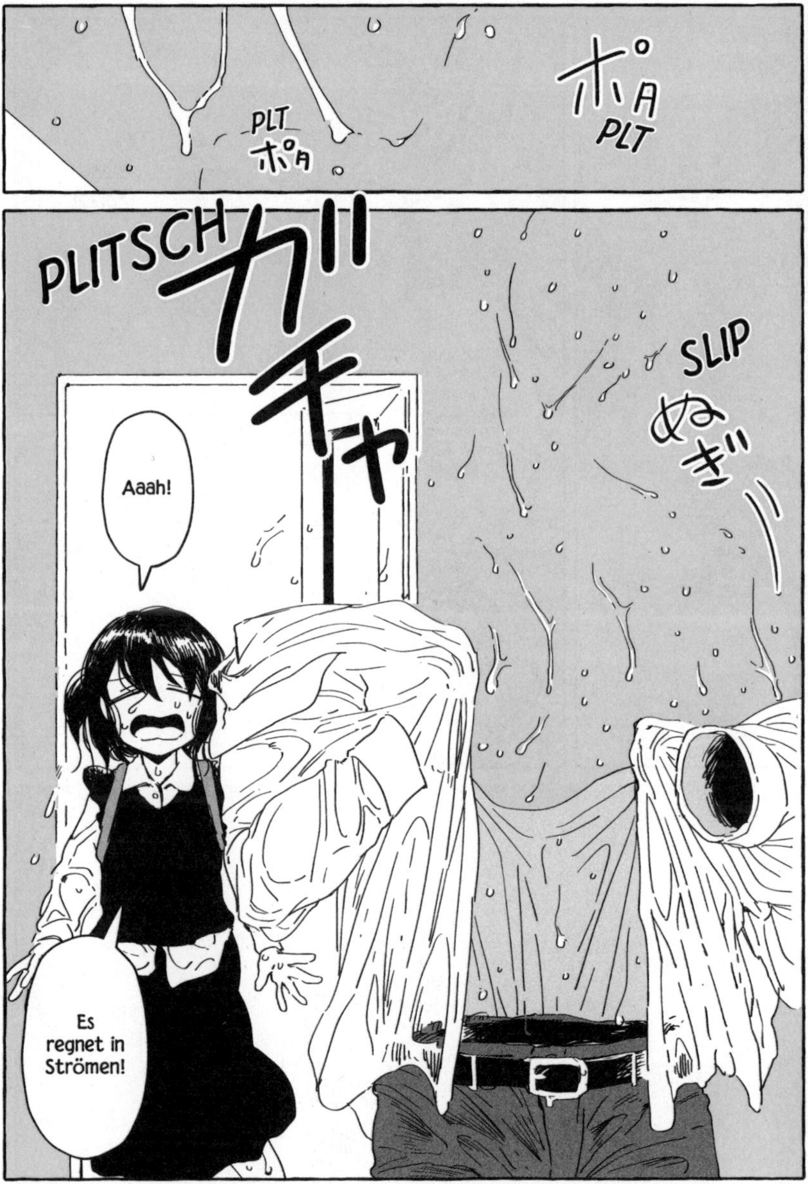
ポタ
PLT
PLT
ポタ
PLITSCH
ガチャ
SLIP
ぬぎ
Aaah!
Es regnet in Strömen!

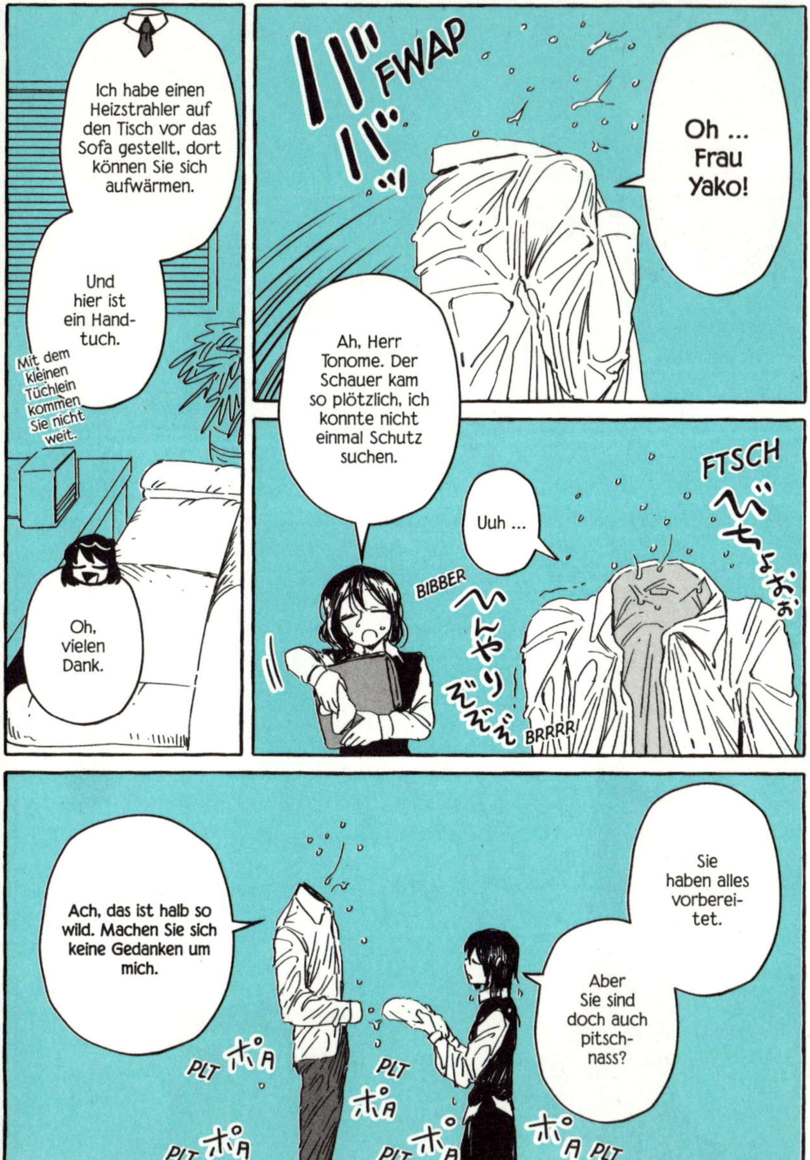
FWAP
Oh ... Frau Yako!
Ah, Herr Tonome. Der Schauer kam so plötzlich, ich konnte nicht einmal Schutz suchen.
FTSCH
Uuh ...
BIBBER
BRRRR
Ich habe einen Heizstrahler auf den Tisch vor das Sofa gestellt, dort können Sie sich aufwärmen.
Und hier ist ein Handtuch.
Mit dem kleinen Tüchlein kommen Sie nicht weit.
Oh, vielen Dank.
Sie haben alles vorbereitet.
Aber Sie sind doch auch pitschnass?
Ach, das ist halb so wild. Machen Sie sich keine Gedanken um mich.
PLT
PLT
PLT
PLT
PLT

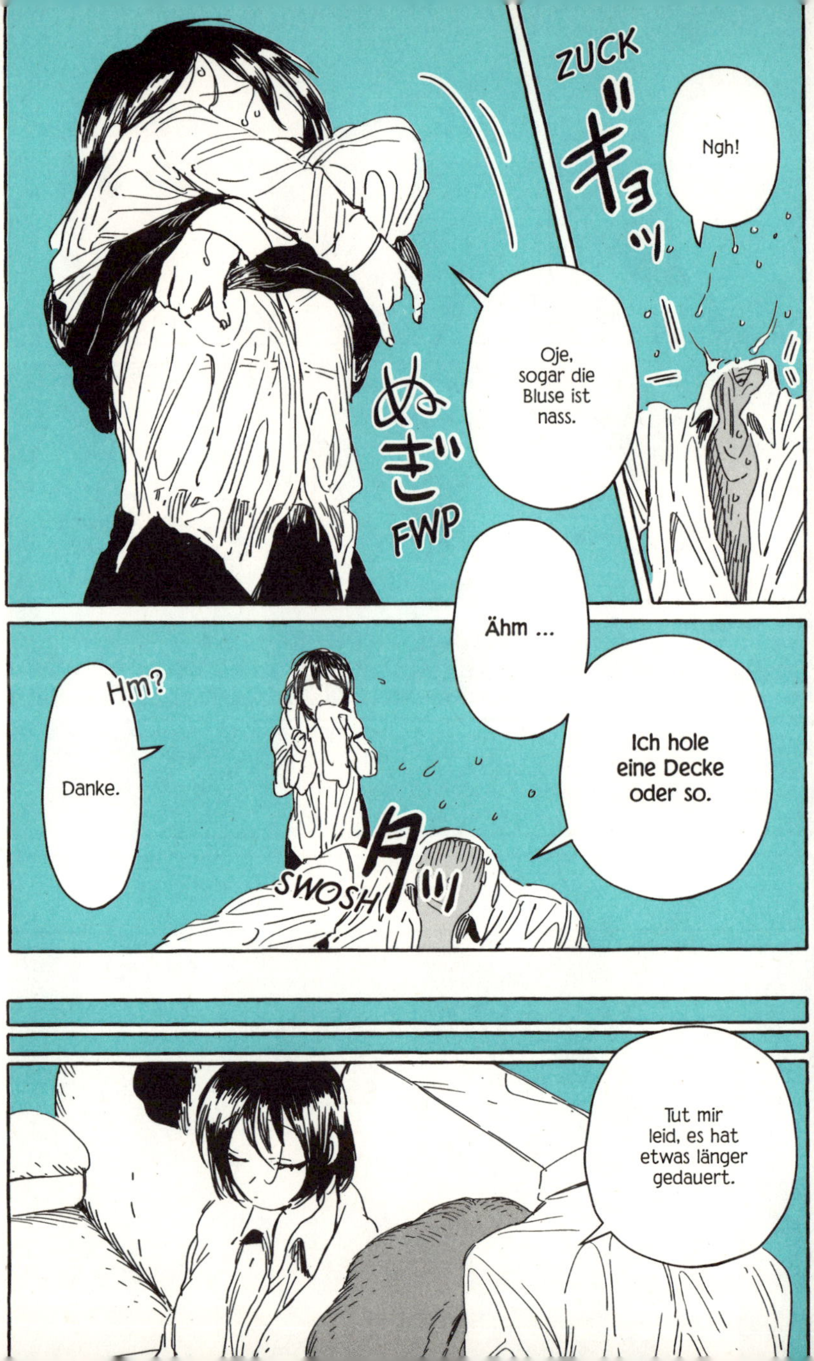
ZUCK
ギョッ
Ngh!
Oje, sogar die Bluse ist nass.
ぬぎ
FWP
Ähm ...
Ich hole eine Decke oder so.
バッ
SWOSH
Hm?
Danke.
Tut mir leid, es hat etwas länger gedauert.

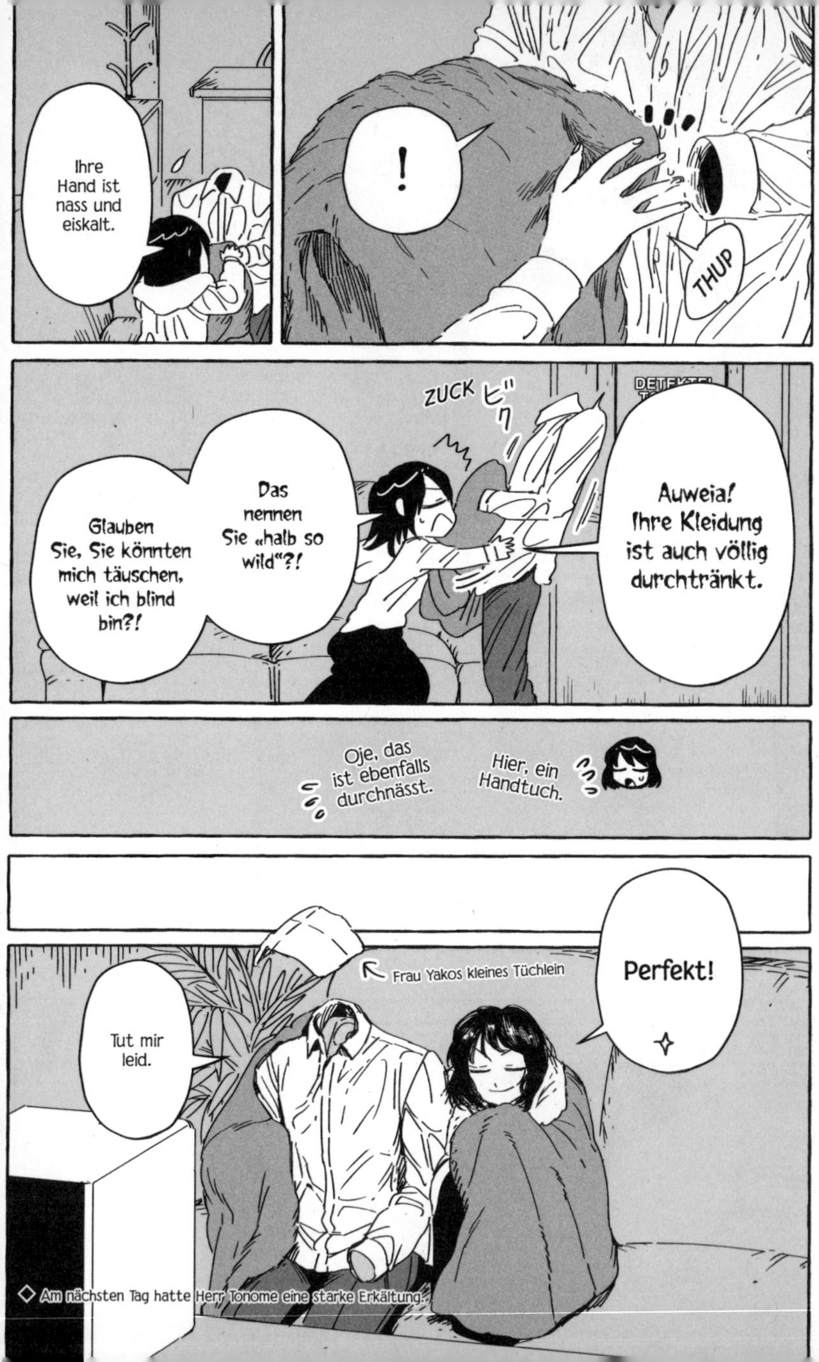
!
THUP
Ihre Hand ist nass und eiskalt.
ZUCK
Auweia! Ihre Kleidung ist auch völlig durchtränkt.
Das nennen Sie „halb so wild"?!
Glauben Sie, Sie könnten mich täuschen, weil ich blind bin?!
Hier, ein Handtuch.
Oje, das ist ebenfalls durchnässt.
Perfekt!
Frau Yakos kleines Tüchlein
Tut mir leid.
Am nächsten Tag hatte Herr Tonome eine starke Erkältung.

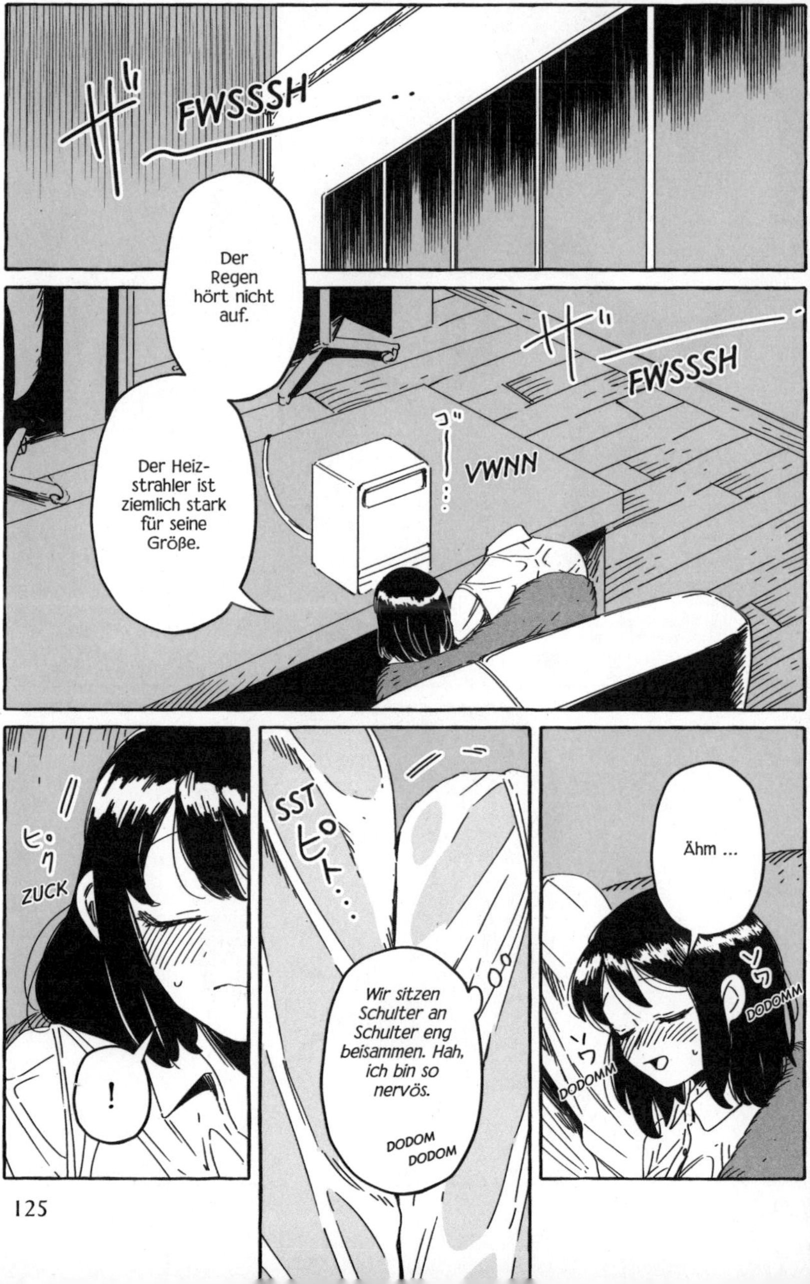
ザ
FWSSSH
Der Regen hört nicht auf.
ザ
FWSSSH
ゴー
VWNN
Der Heiz-strahler ist ziemlich stark für seine Größe.
ドク
DODOMM
ドク
DODOMM
Ähm ...
SST
ピト
Wir sitzen Schulter an Schulter eng beisammen. Hah, ich bin so nervös.
DODOM DODOM
ピク
ZUCK
!

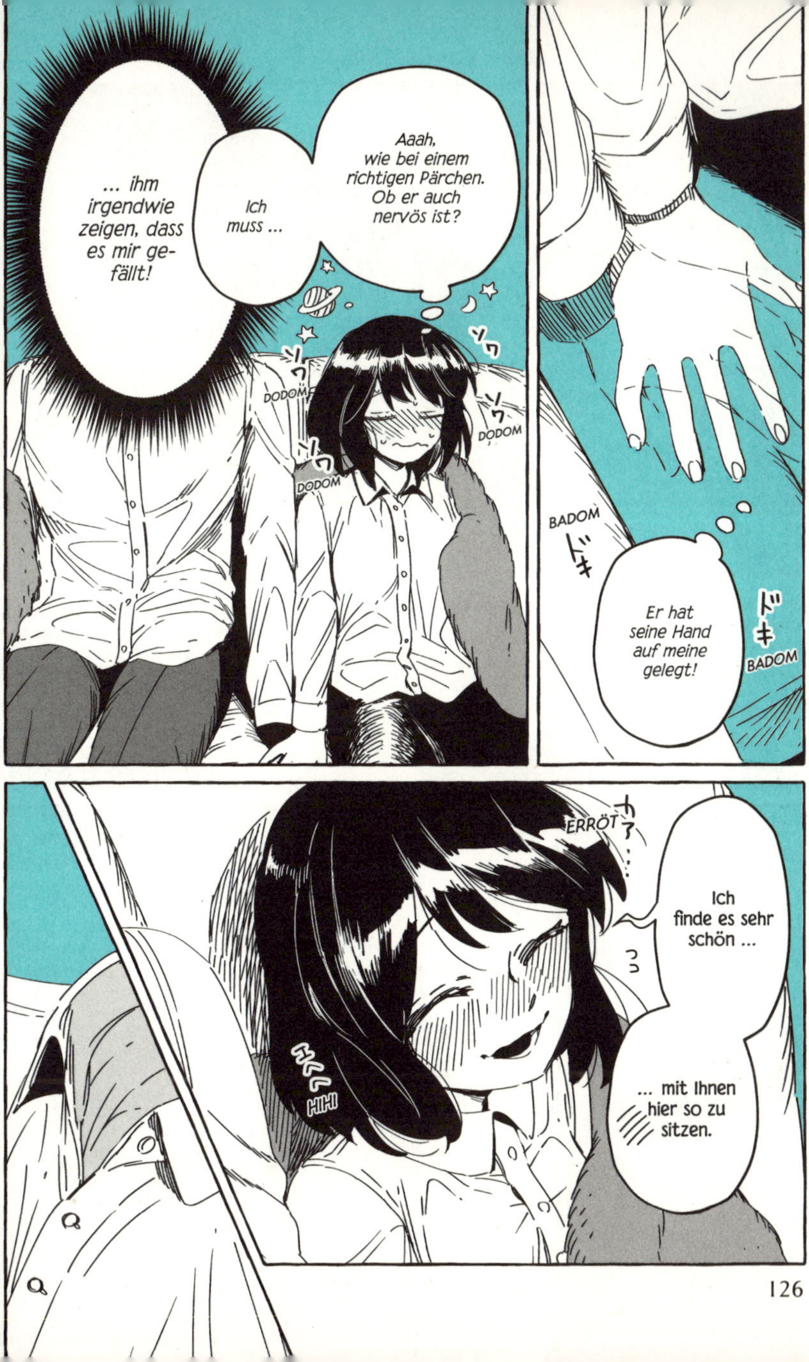
BADOM
Er hat seine Hand auf meine gelegt!
BADOM
Aaah, wie bei einem richtigen Pärchen. Ob er auch nervös ist?
Ich muss ...
... ihm irgendwie zeigen, dass es mir gefällt!
DODOM
DODOM
DODOM
ERRÖT
Ich finde es sehr schön ...
... mit Ihnen hier so zu sitzen.
HIHI

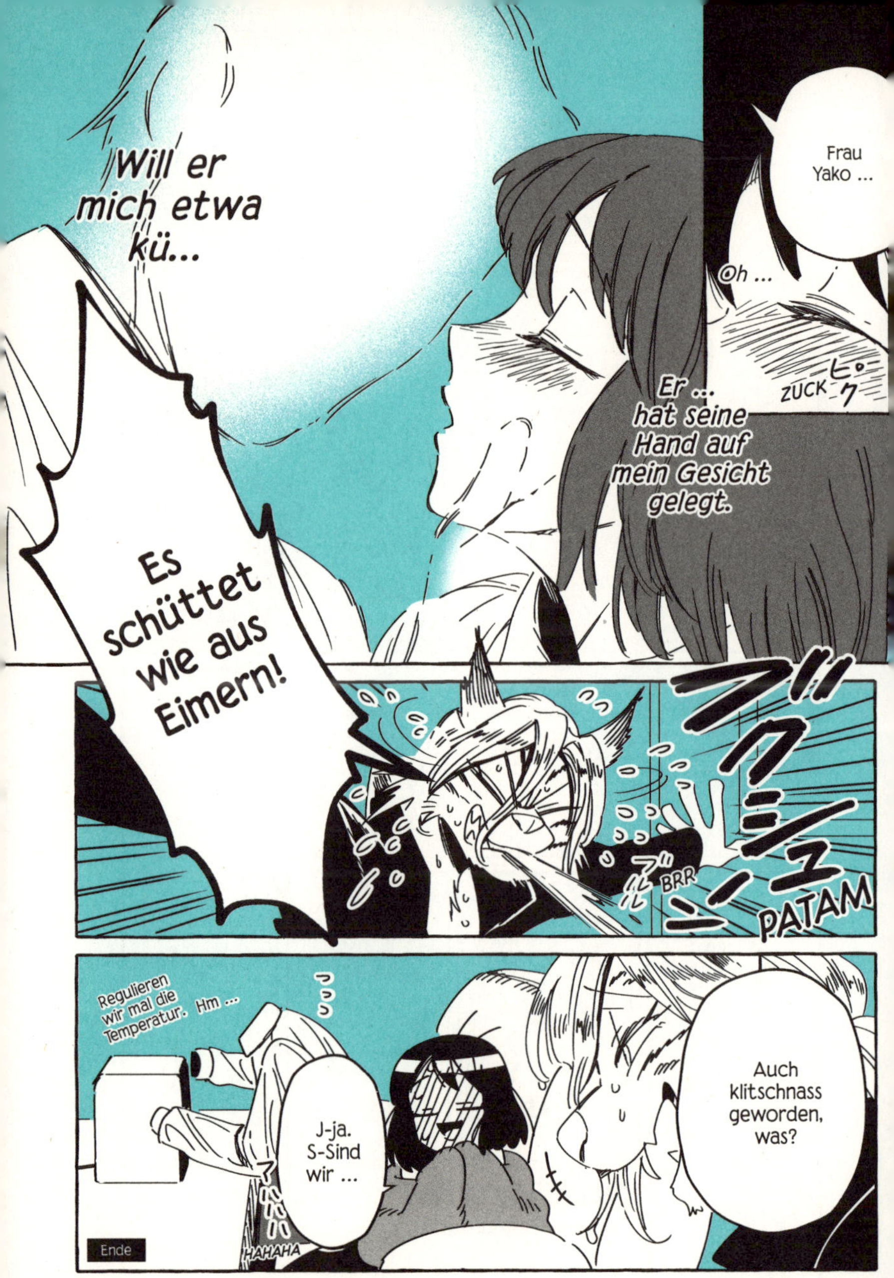
Frau Yako ...
Oh ...
ZUCK
Er ... hat seine Hand auf mein Gesicht gelegt.
Will er mich etwa kü...
Es schüttet wie aus Eimern!
PATAM
BRR
Auch klitschnass geworden, was?
J-ja. S-Sind wir ...
Regulieren wir mal die Temperatur. Hm ...
HAHAHA
Ende

◆ So geht es die Treppen hinauf zum Pärchen sein.

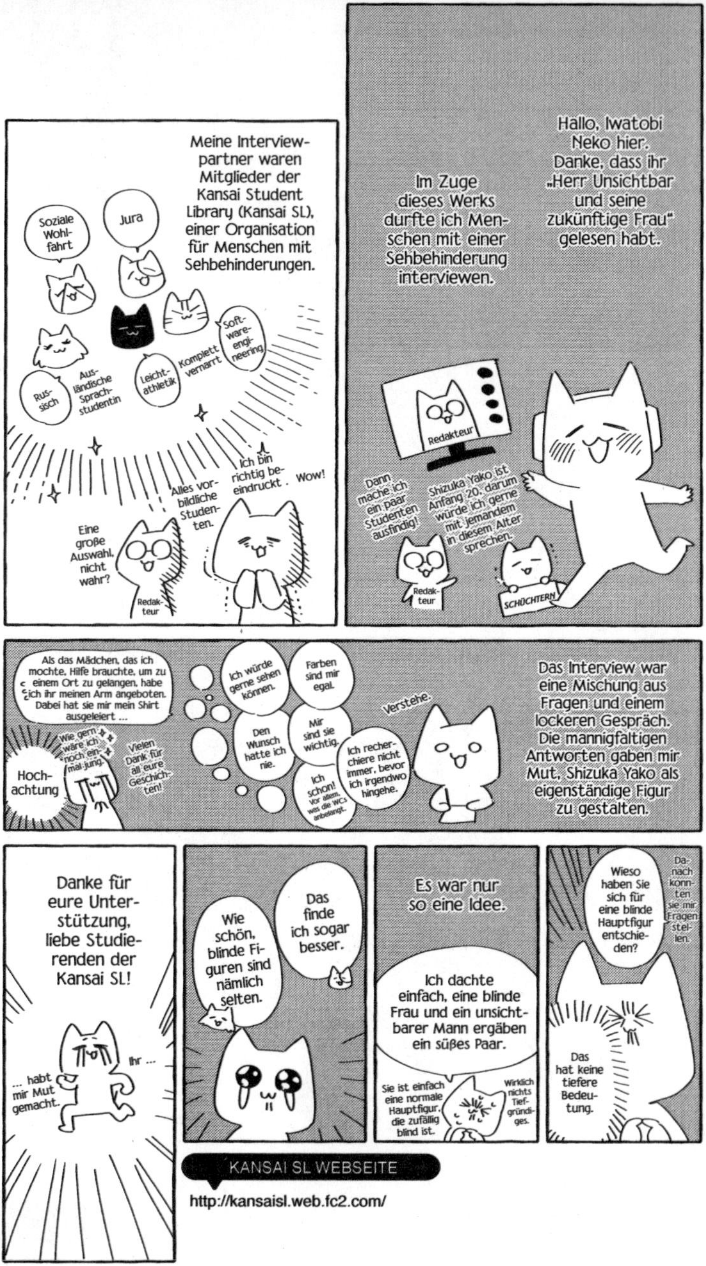
Hallo, Iwatobi Neko hier. Danke, dass ihr „Herr Unsichtbar und seine zukünftige Frau“ gelesen habt.
Im Zuge dieses Werks durfte ich Menschen mit einer Sehbehinderung interviewen.
Redakteur
Shizuka Yako ist Anfang 20, darum würde ich gerne mit jemandem in diesem Alter sprechen.
Dann mache ich ein paar Studenten ausfindig!
Redakteur
SCHÜCHTERN
Meine Interviewpartner waren Mitglieder der Kansai Student Library (Kansai SL), einer Organisation für Menschen mit Sehbehinderungen.
Soziale Wohlfahrt
Jura
Software-engineering
Komplett vernarrt
Leichtathletik
Ausländische Sprachstudentin
Russisch
Ich bin richtig beeindruckt. Wow!
Alles vorbildliche Studenten.
Eine große Auswahl, nicht wahr?
Redakteur
Das Interview war eine Mischung aus Fragen und einem lockeren Gespräch. Die mannigfaltigen Antworten gaben mir Mut, Shizuka Yako als eigenständige Figur zu gestalten.
Verstehe.
Farben sind mir egal.
Ich würde gerne sehen können.
Mir sind sie wichtig.
Den Wunsch hatte ich nie.
Ich recherchiere nicht immer, bevor ich irgendwo hingehe.
Ich schon! Vor allem, was die WCs anbelangt.
Als das Mädchen, das ich mochte, Hilfe brauchte, um zu einem Ort zu gelangen, habe ich ihr meinen Arm angeboten. Dabei hat sie mir mein Shirt ausgeleiert ...
Vielen Dank für all eure Geschichten!
Wie gern wäre ich noch einmal jung.
Hochachtung
Danach konnten sie mir Fragen stellen.
Wieso haben Sie sich für eine blinde Hauptfigur entschieden?
Das hat keine tiefere Bedeutung.
Es war nur so eine Idee.
Ich dachte einfach, eine blinde Frau und ein unsichtbarer Mann ergäben ein süßes Paar.
Wirklich nichts Tiefgründiges.
Sie ist einfach eine normale Hauptfigur, die zufällig blind ist.
Das finde ich sogar besser.
Wie schön, blinde Figuren sind nämlich selten.
Danke für eure Unterstützung, liebe Studierenden der Kansai SL!
Ihr ...
... habt mir Mut gemacht.
KANSAI SL WEBSEITE
http://kansaisl.web.fc2.com/

HERR UNSICHTBAR
UND SEINE ZUKÜNFTIGE FRAU

2

We were meant to be together.

Story &
Artwork von

Iwatobi
Neko

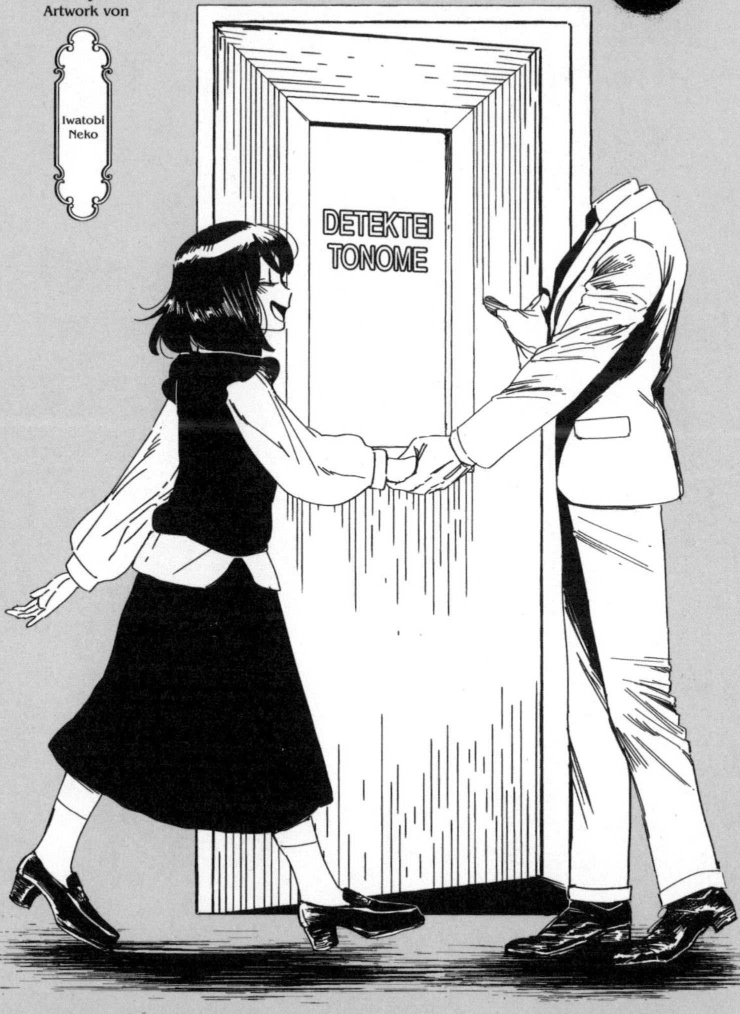

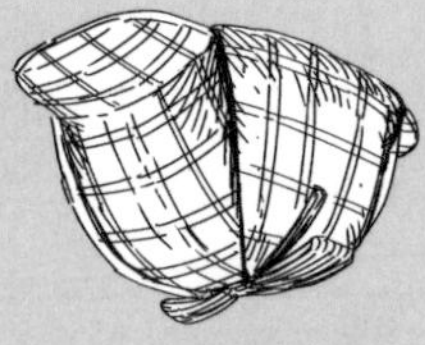

Kapitel 11: Die erste Woche als Paar

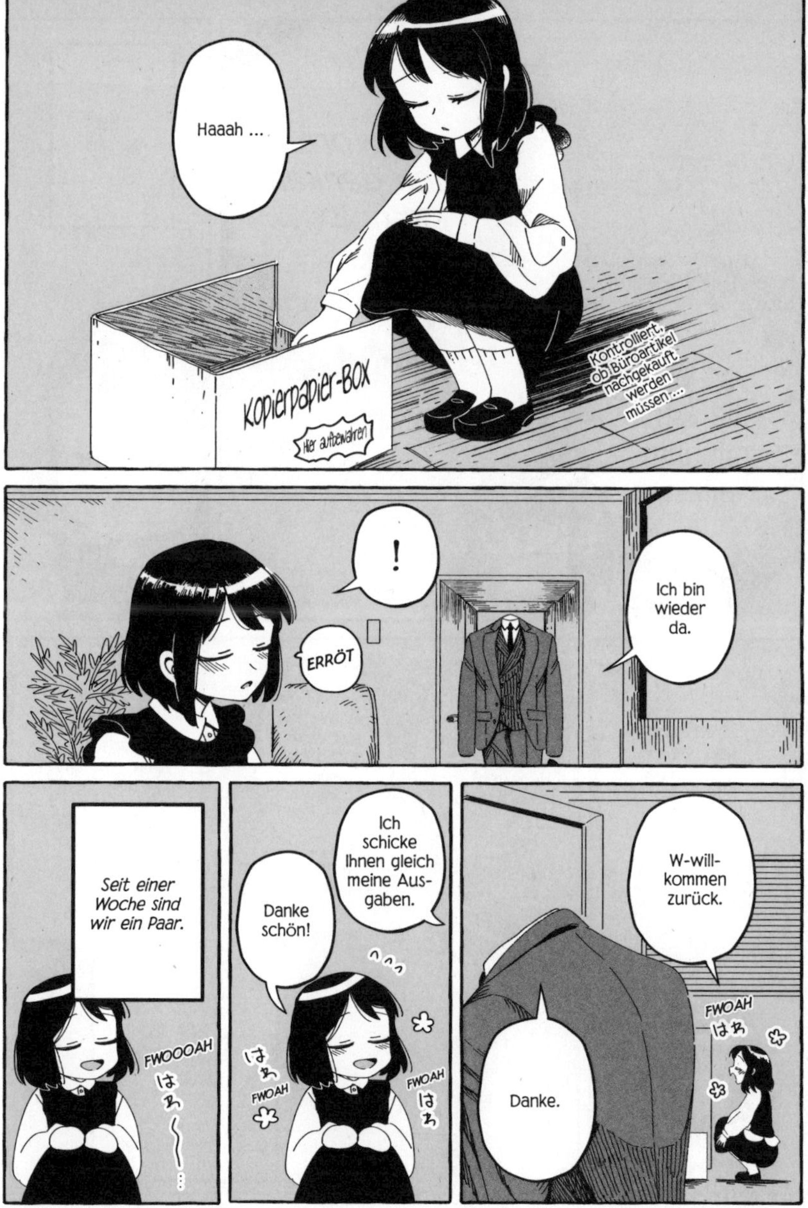

Haaah …
Kopierpapier-Box
Hier aufbewahren
Kontrolliert, ob Büroartikel nachgekauft werden müssen …
Ich bin wieder da.
!
ERRÖT
W-willkommen zurück.
Danke.
FWOAH
はわ
Ich schicke Ihnen gleich meine Ausgaben.
Danke schön!
FWOAH
はわ
FWOAH
はわ
Seit einer Woche sind wir ein Paar.
FWOOOAH
はわ〜〜…

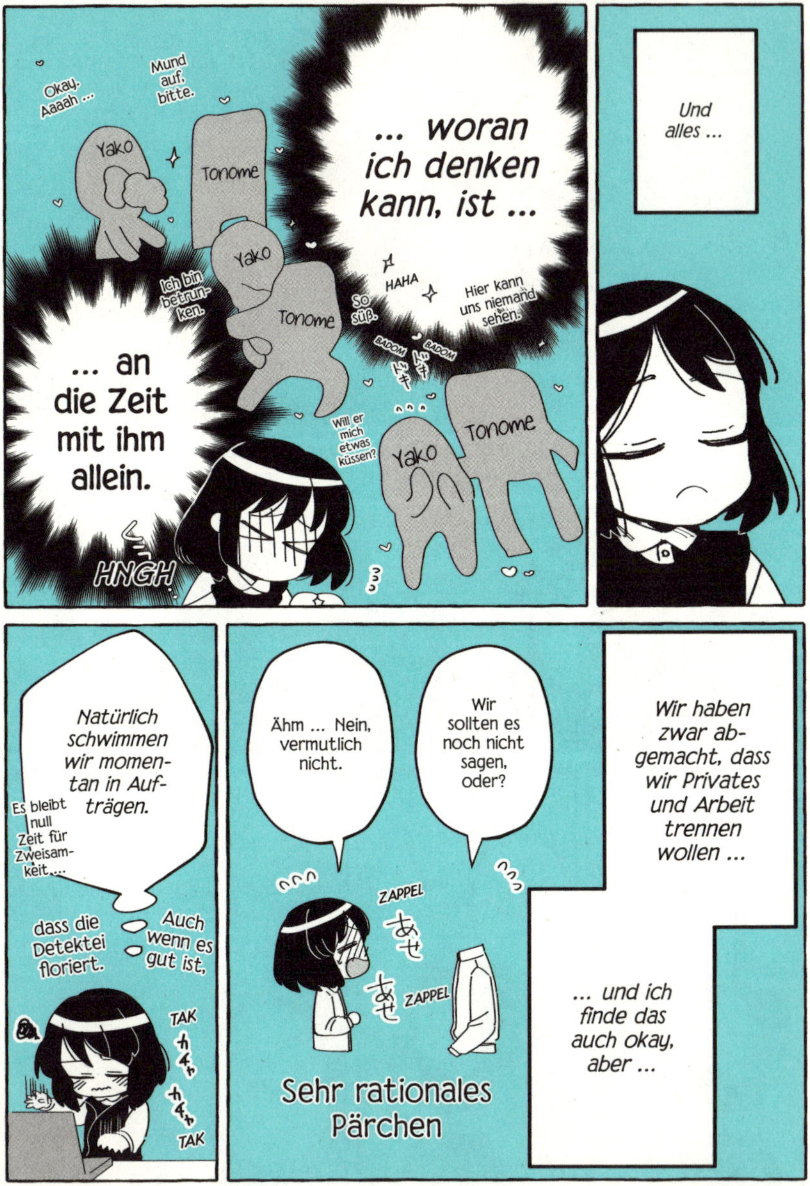
Und alles ...
... woran ich denken kann, ist ...
Mund auf, bitte.
Okay. Aaaah ...
Yako
Tonome
Hier kann uns niemand sehen.
HAHA
So süß.
Ich bin betrunken.
BADOM BADOM
ドキ ドキ
Will er mich etwas küssen?
... an die Zeit mit ihm allein.
HNGH
Wir haben zwar abgemacht, dass wir Privates und Arbeit trennen wollen ...
... und ich finde das auch okay, aber ...
Wir sollten es noch nicht sagen, oder?
Ähm ... Nein, vermutlich nicht.
ZAPPEL
あせ
ZAPPEL
あせ
Sehr rationales Pärchen
Natürlich schwimmen wir momentan in Aufträgen.
Es bleibt null Zeit für Zweisamkeit ...
Auch wenn es gut ist,
dass die Detektei floriert.
TAK
カチャ
カチャ
TAK

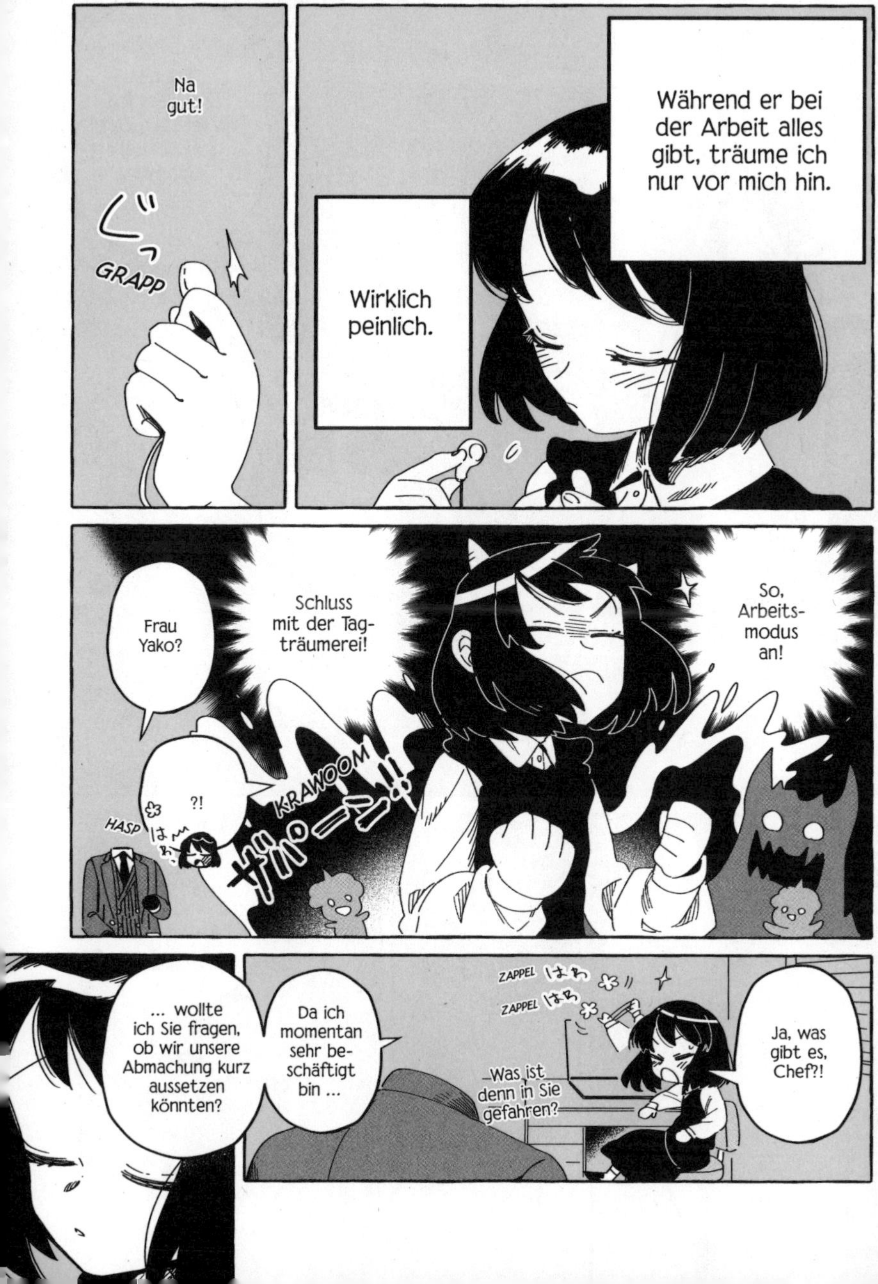
Während er bei der Arbeit alles gibt, träume ich nur vor mich hin.
Wirklich peinlich.
Na gut!
GRAPP
So, Arbeits-modus an!
Schluss mit der Tag-träumerei!
Frau Yako?
KRAWOOM
?!
HASP
Ja, was gibt es, Chef?!
ZAPPEL
ZAPPEL
Was ist denn in Sie gefahren?
Da ich momentan sehr be-schäftigt bin ...
... wollte ich Sie fragen, ob wir unsere Abmachung kurz aussetzen könnten?

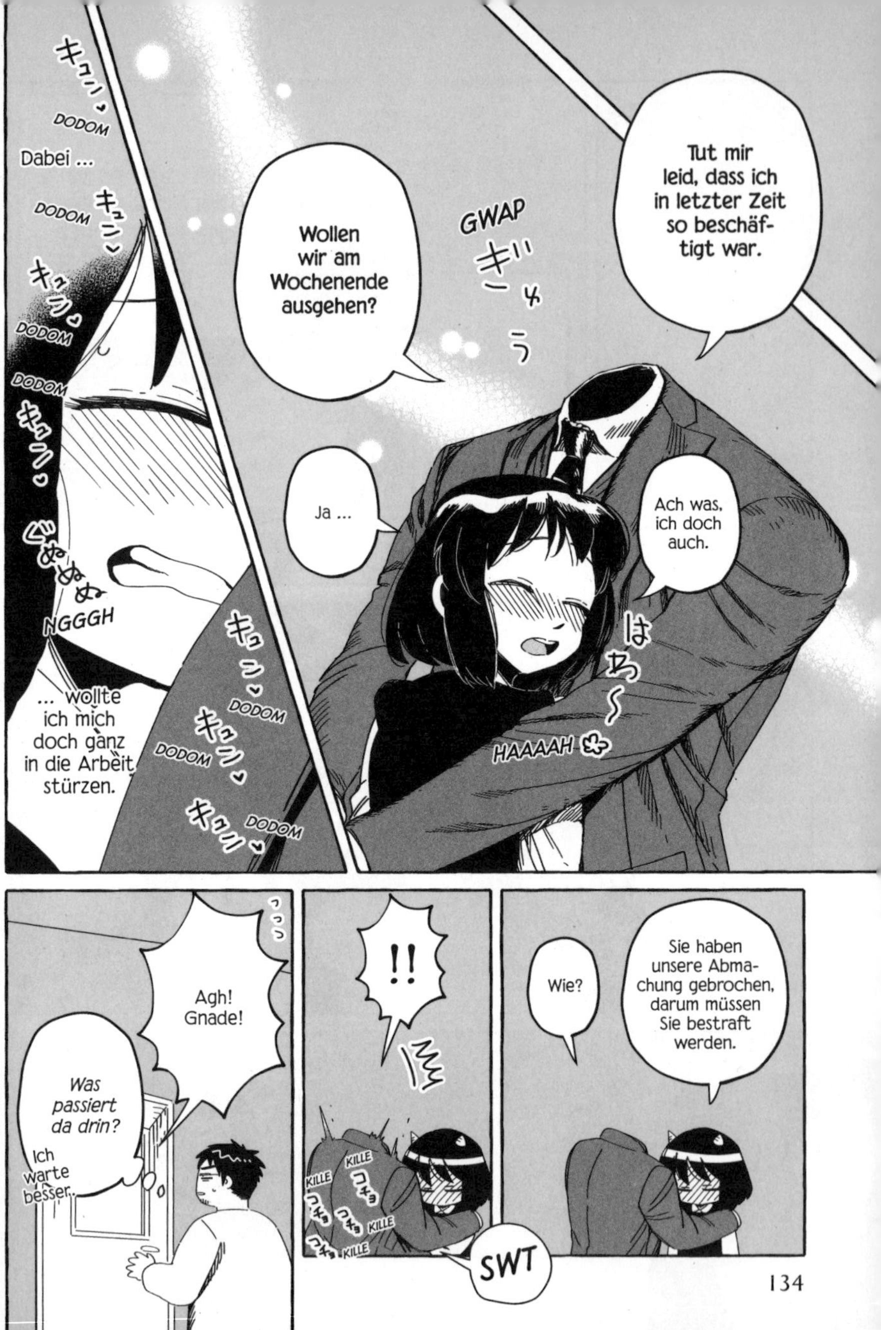
Tut mir leid, dass ich in letzter Zeit so beschäftigt war.
GWAP
Wollen wir am Wochenende ausgehen?
Ach was, ich doch auch.
Ja ...
HAAAAH
DODOM
Dabei ...
DODOM
DODOM
DODOM
NGGGH
DODOM
DODOM
... wollte ich mich doch ganz in die Arbeit stürzen.
DODOM
Sie haben unsere Abmachung gebrochen, darum müssen Sie bestraft werden.
Wie?
!!
KILLE
KILLE
KILLE
KILLE
SWT
Agh! Gnade!
Was passiert da drin?
Ich warte besser.

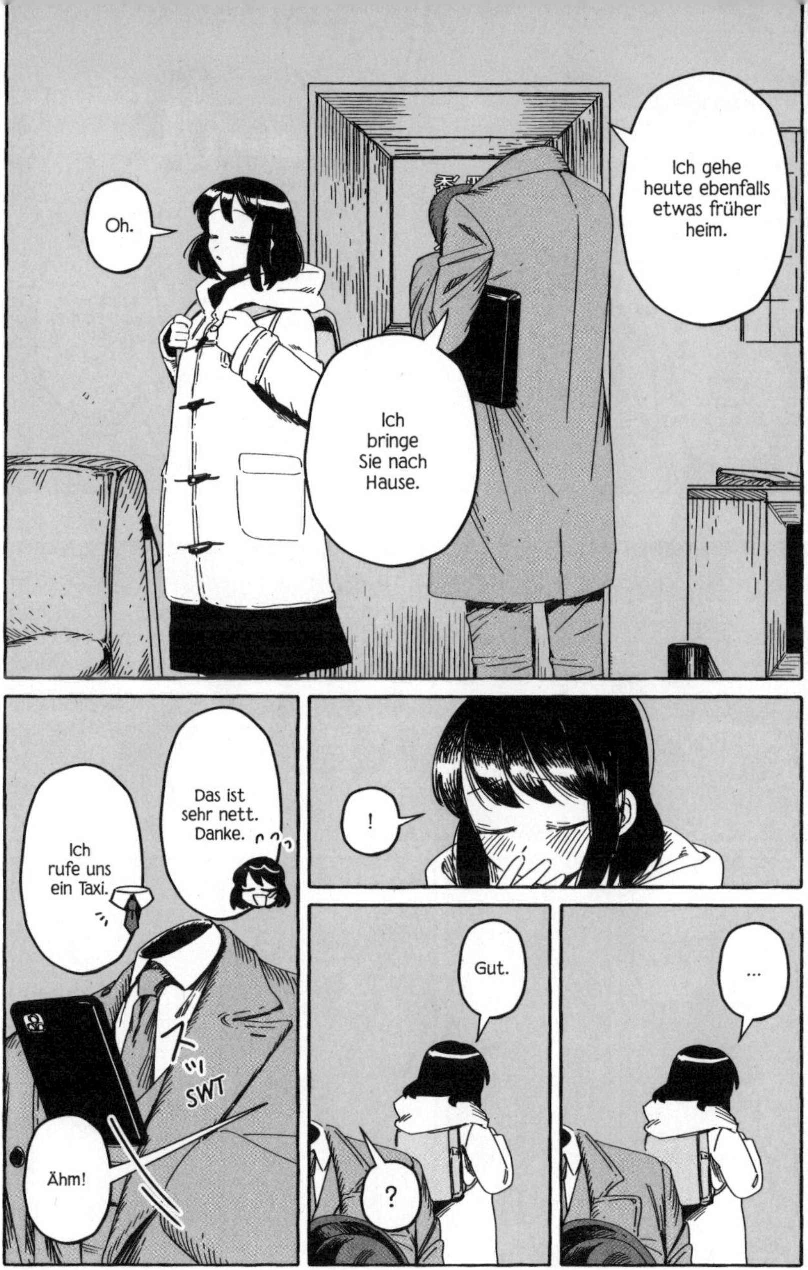
Ich gehe heute ebenfalls etwas früher heim.
Oh.
Ich bringe Sie nach Hause.
!
Das ist sehr nett. Danke.
Ich rufe uns ein Taxi.
SWT
Ähm!
...
Gut.
?

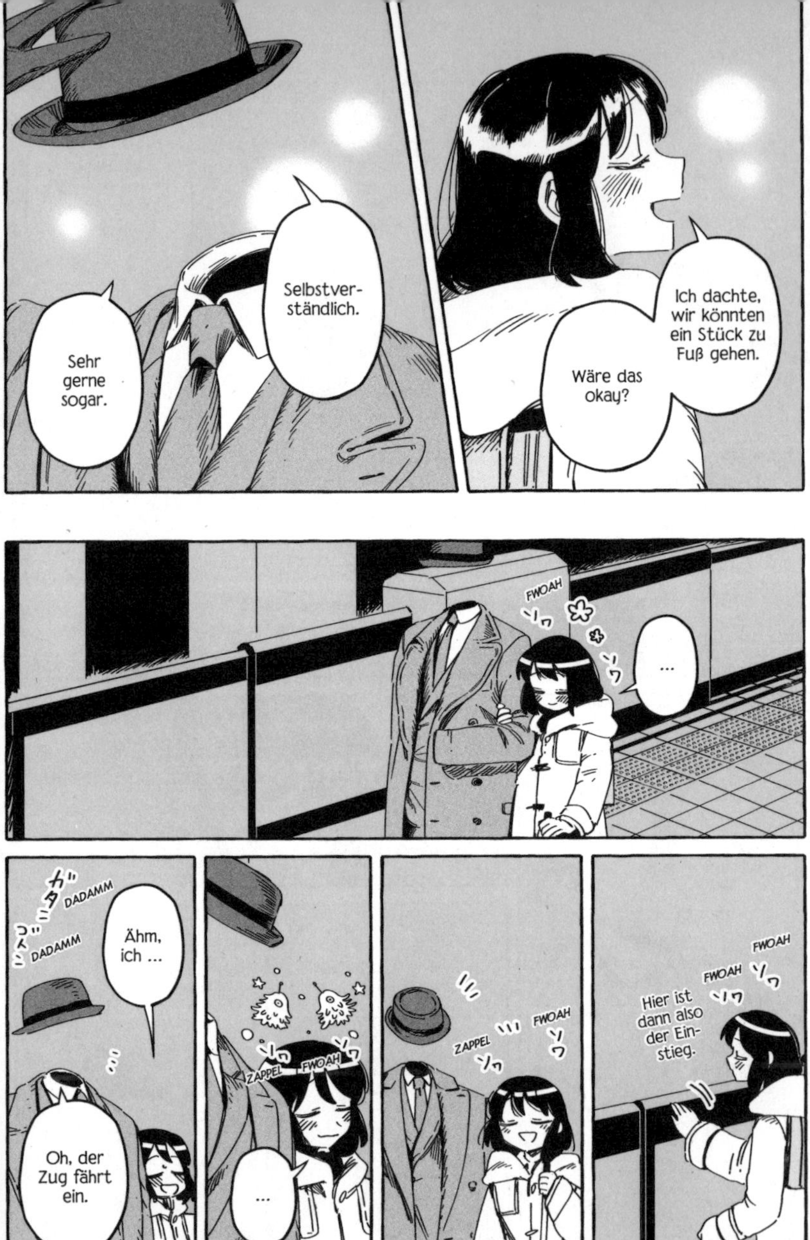
Ich dachte, wir könnten ein Stück zu Fuß gehen.
Wäre das okay?
Selbstverständlich.
Sehr gerne sogar.
FWOAH
...
Hier ist dann also der Einstieg.
FWOAH
FWOAH
FWOAH
ZAPPEL
ZAPPEL
FWOAH
...
Ähm, ich ...
DADAMM
DADAMM
...
Oh, der Zug fährt ein.

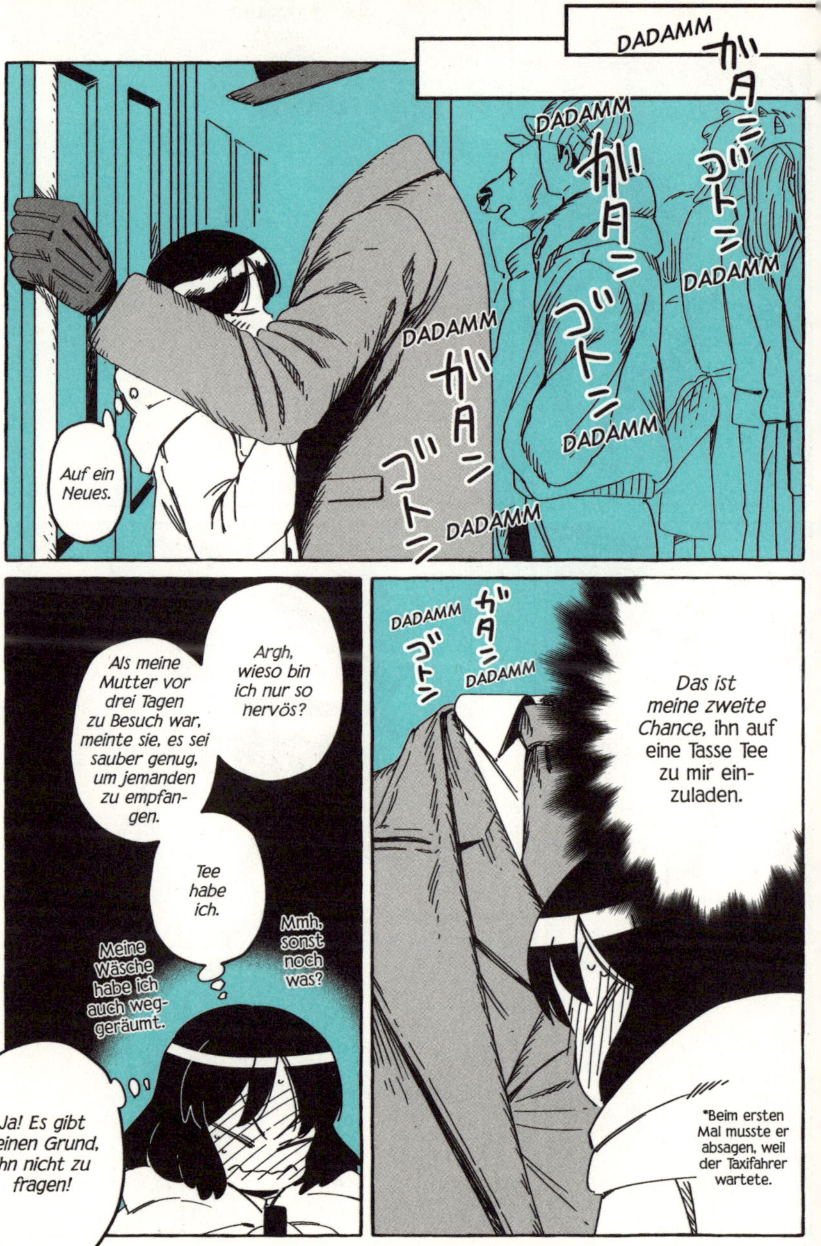
DADAMM
DADAMM
DADAMM
DADAMM
DADAMM
DADAMM
Auf ein Neues.
DADAMM
DADAMM
Das ist meine zweite Chance, ihn auf eine Tasse Tee zu mir einzuladen.
*Beim ersten Mal musste er absagen, weil der Taxifahrer wartete.
Argh, wieso bin ich nur so nervös?
Als meine Mutter vor drei Tagen zu Besuch war, meinte sie, es sei sauber genug, um jemanden zu empfangen.
Tee habe ich.
Mmh, sonst noch was?
Meine Wäsche habe ich auch weggeräumt.
Ja! Es gibt keinen Grund, ihn nicht zu fragen!

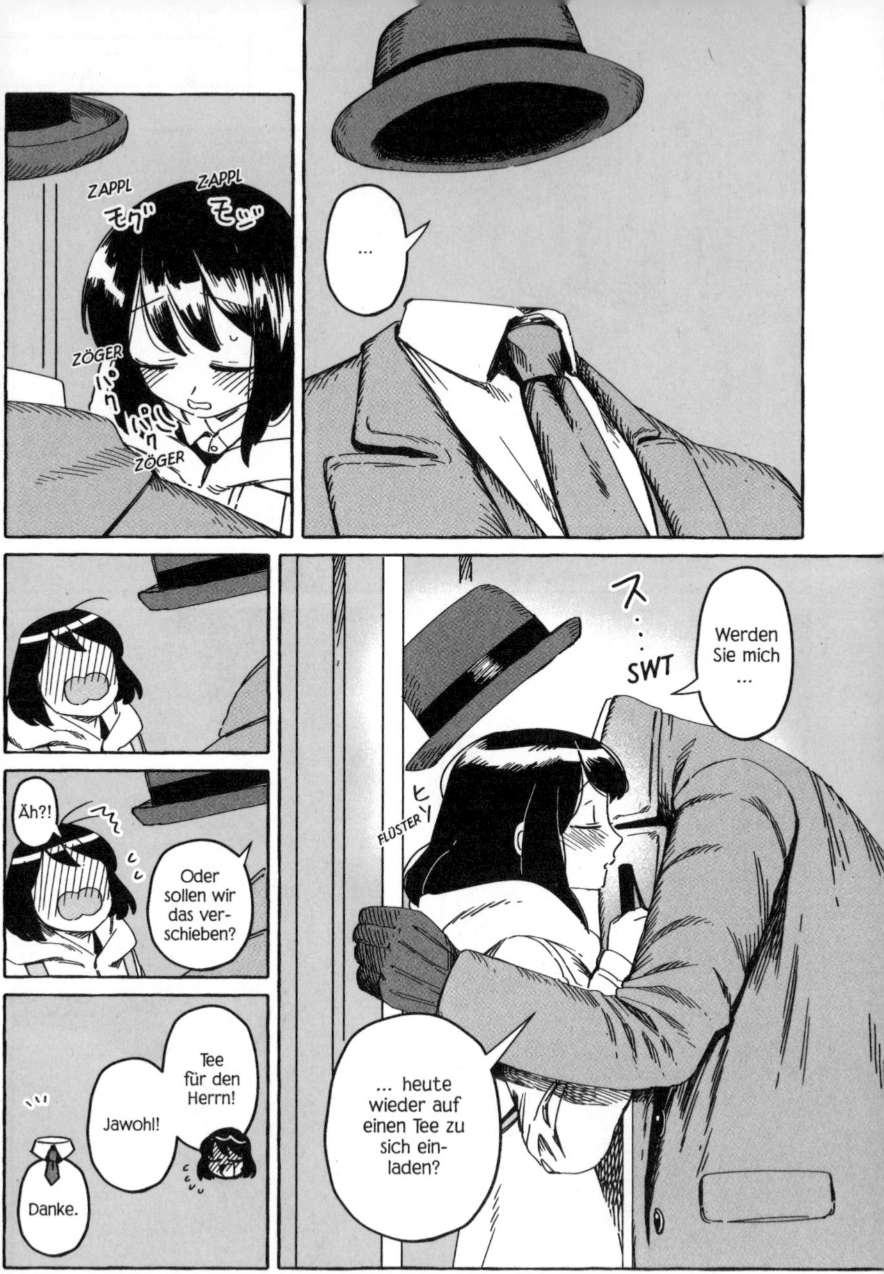
...
ZAPPL
ZAPPL
ZÖGER
ZÖGER
SWT
Werden Sie mich ...
FLÜSTER
... heute wieder auf einen Tee zu sich einladen?
Äh?!
Oder sollen wir das verschieben?
Tee für den Herrn!
Jawohl!
Danke.

◆ Die anderen Fahrgäste konnten sich ein Schmunzeln nicht verkneifen.

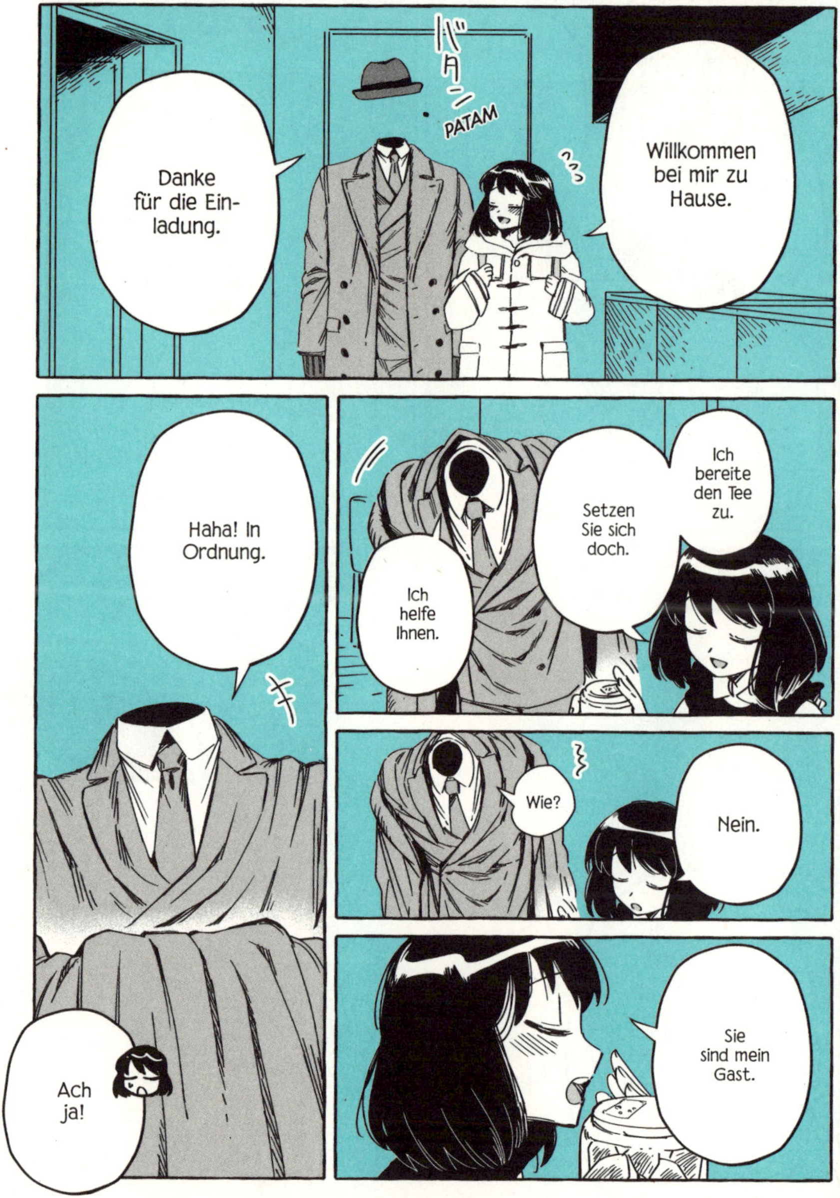
Willkommen bei mir zu Hause.
バタン PATAM
Danke für die Einladung.
Ich bereite den Tee zu.
Setzen Sie sich doch.
Ich helfe Ihnen.
Nein.
Wie?
Sie sind mein Gast.
Haha! In Ordnung.
Ach ja!

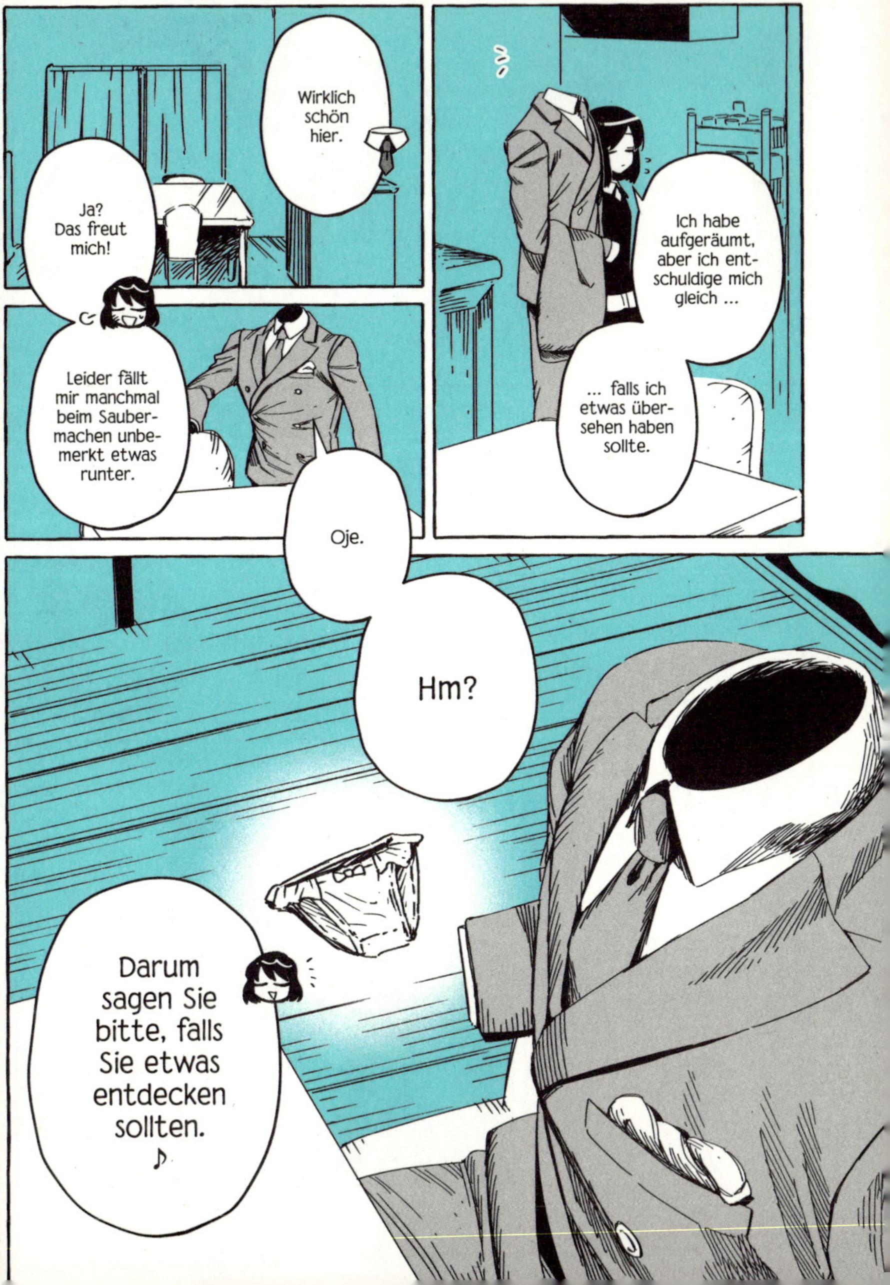
Ich habe aufgeräumt, aber ich entschuldige mich gleich ...
... falls ich etwas übersehen haben sollte.
Wirklich schön hier.
Ja? Das freut mich!
Leider fällt mir manchmal beim Saubermachen unbemerkt etwas runter.
Oje.
Hm?
Darum sagen Sie bitte, falls Sie etwas entdecken sollten. ♪

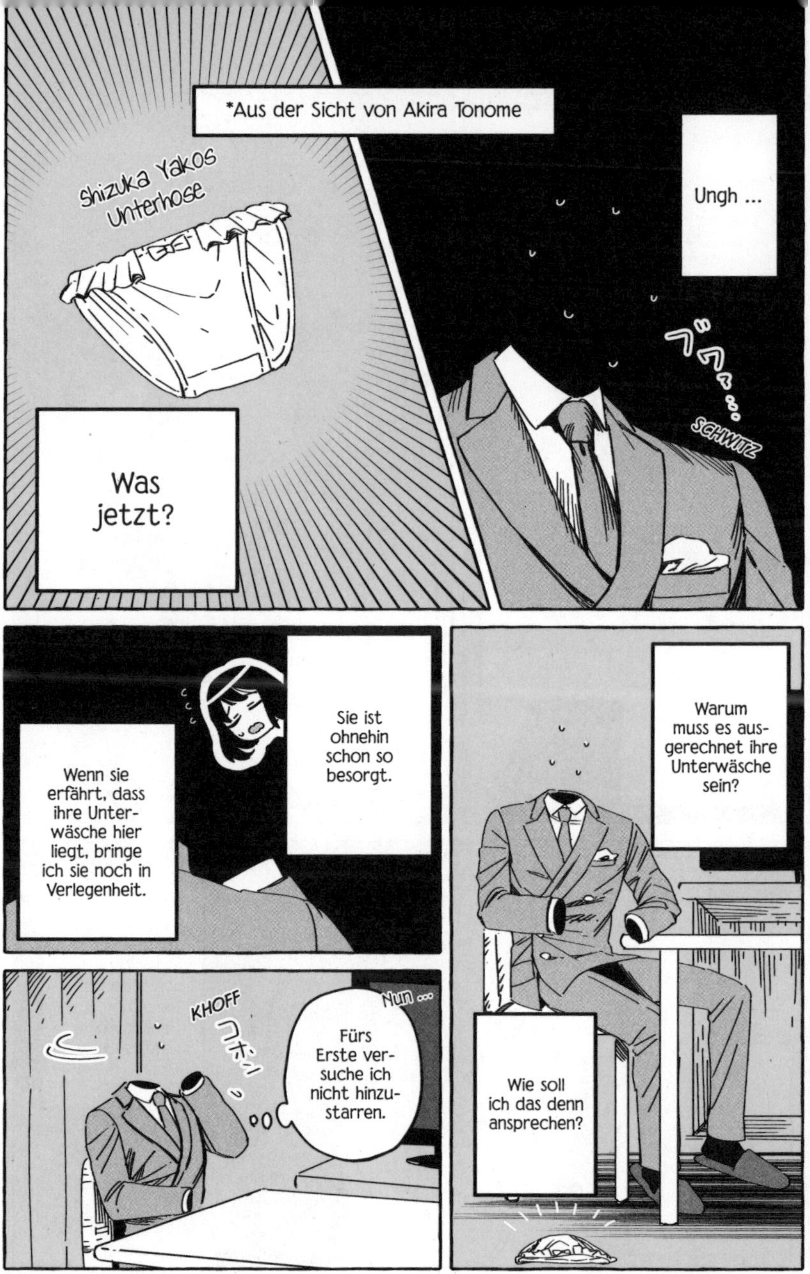
*Aus der Sicht von Akira Tonome
Ungh ...
SCHWITZ
Shizuka Yakos Unterhose
Was jetzt?
Warum muss es ausgerechnet ihre Unterwäsche sein?
Wie soll ich das denn ansprechen?
Sie ist ohnehin schon so besorgt.
Wenn sie erfährt, dass ihre Unterwäsche hier liegt, bringe ich sie noch in Verlegenheit.
Nun ...
KHOFF
Fürs Erste versuche ich nicht hinzustarren.

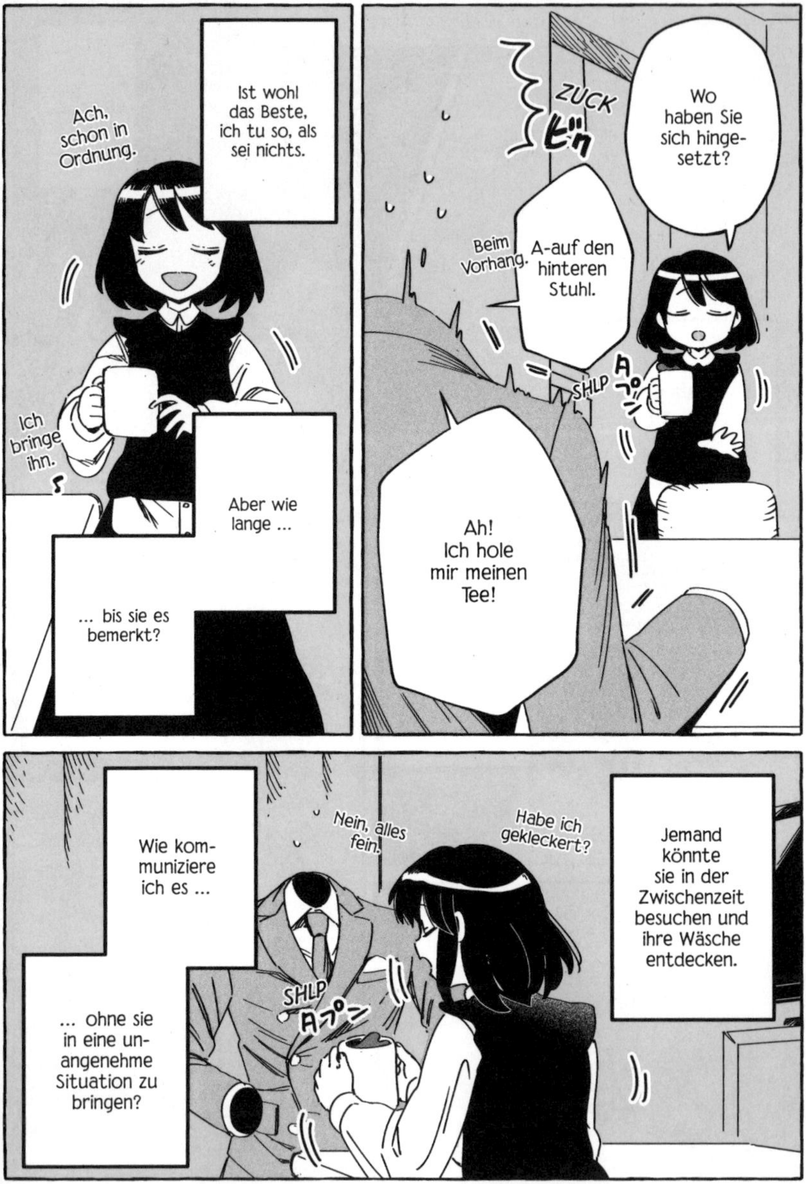
Wo haben Sie sich hinge-setzt?
ZUCK
A-auf den hinteren Stuhl.
Beim Vorhang.
SHLP
Ah! Ich hole mir meinen Tee!
Ist wohl das Beste, ich tu so, als sei nichts.
Ach, schon in Ordnung.
Ich bringe ihn.
Aber wie lange ...
... bis sie es bemerkt?
Jemand könnte sie in der Zwischenzeit besuchen und ihre Wäsche entdecken.
Habe ich gekleckert?
Nein, alles fein.
Wie kom-muniziere ich es ...
SHLP
... ohne sie in eine un-angenehme Situation zu bringen?

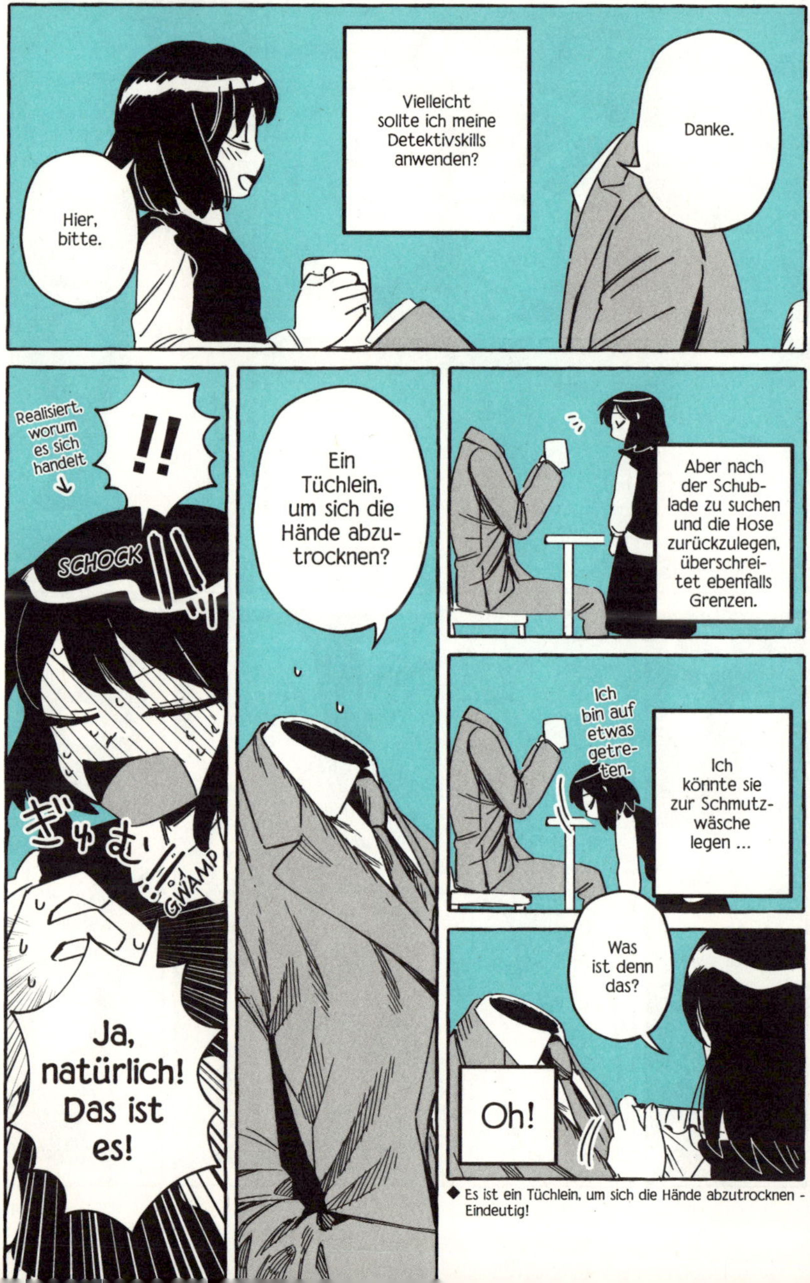
Danke.
Vielleicht sollte ich meine Detektivskills anwenden?
Hier, bitte.
Aber nach der Schublade zu suchen und die Hose zurückzulegen, überschreitet ebenfalls Grenzen.
Ich könnte sie zur Schmutzwäsche legen ...
Ich bin auf etwas getreten.
Was ist denn das?
Oh!
Ein Tüchlein, um sich die Hände abzutrocknen?
Realisiert, worum es sich handelt
!!
SCHOCK
GWAMP
Ja, natürlich! Das ist es!

◆ Es ist ein Tüchlein, um sich die Hände abzutrocknen - Eindeutig!

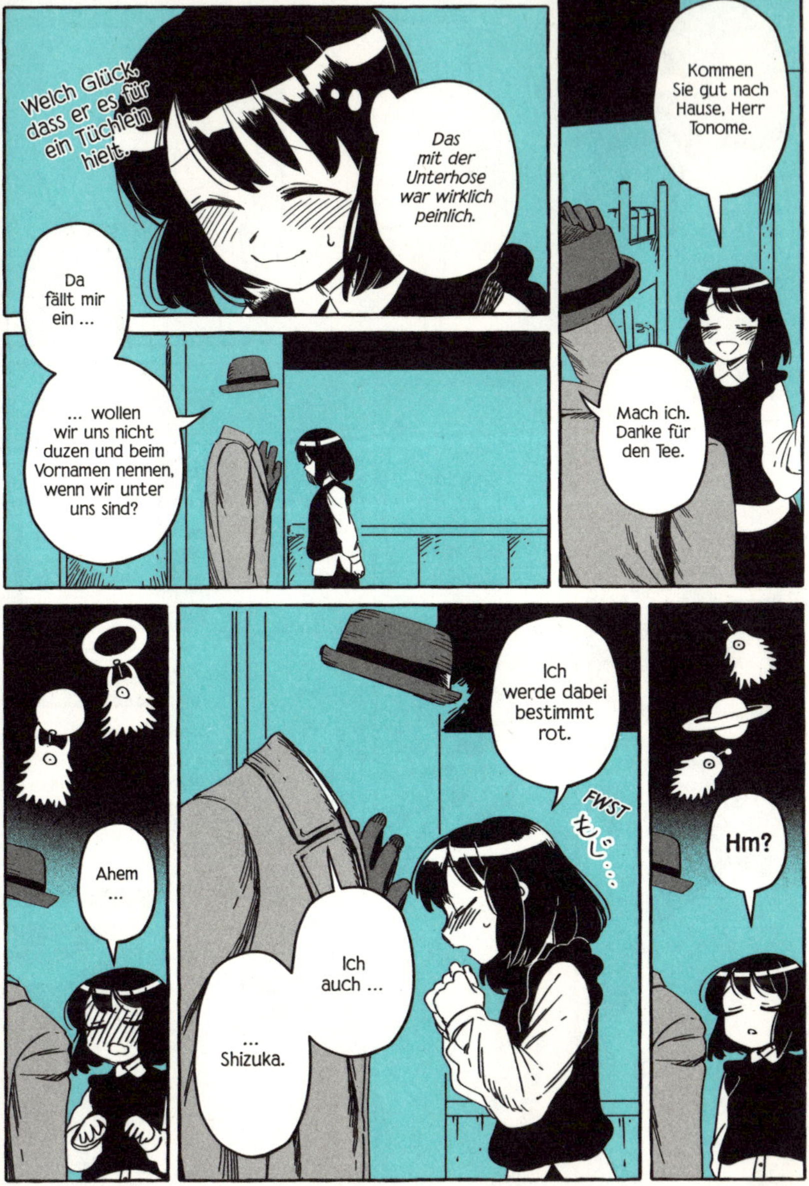

Kommen Sie gut nach Hause, Herr Tonome.
Mach ich. Danke für den Tee.
Das mit der Unterhose war wirklich peinlich.
Welch Glück, dass er es für ein Tüchlein hielt.
Da fällt mir ein ...
... wollen wir uns nicht duzen und beim Vornamen nennen, wenn wir unter uns sind?
Hm?
Ich werde dabei bestimmt rot.
FWST
もじ…
Ich auch ...
... Shizuka.
Ahem ...

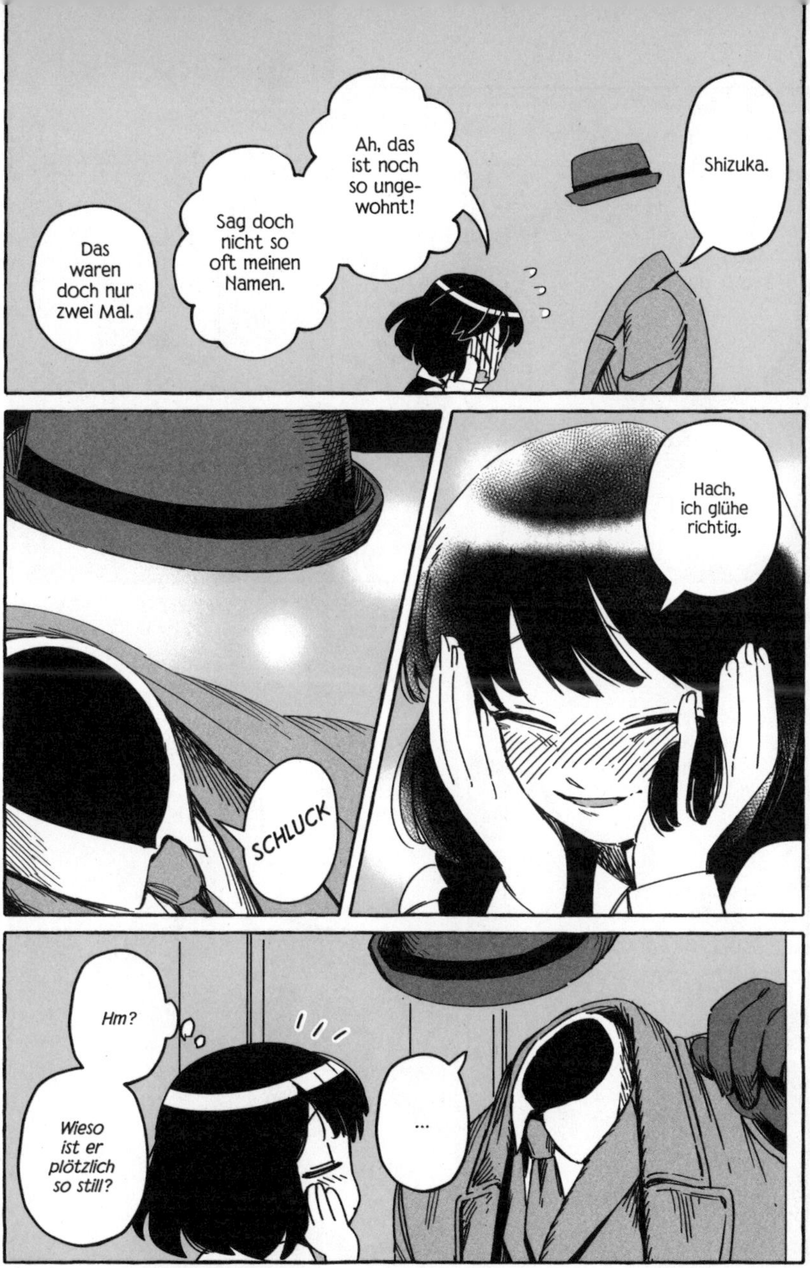
Shizuka.
Ah, das ist noch so ungewohnt!
Sag doch nicht so oft meinen Namen.
Das waren doch nur zwei Mal.
Hach, ich glühe richtig.
SCHLUCK
...
Hm?
Wieso ist er plötzlich so still?

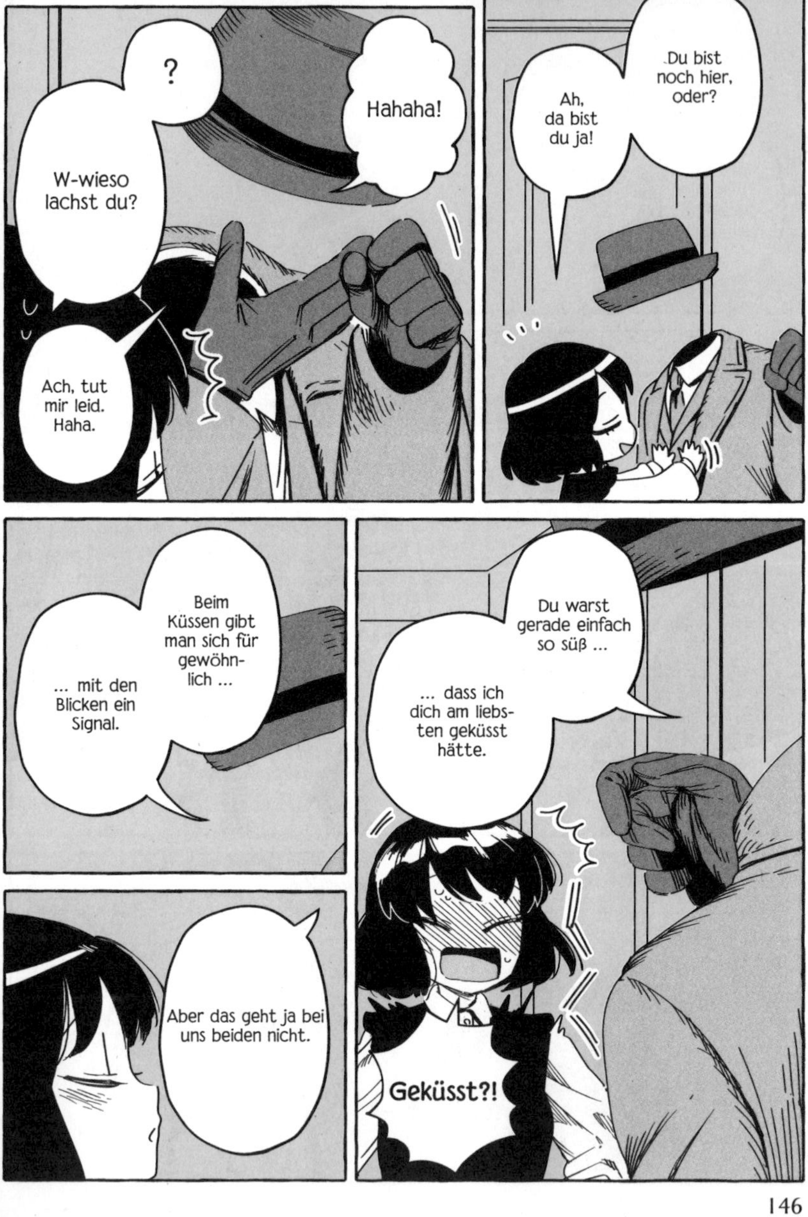
Du bist noch hier, oder?
Ah, da bist du ja!
Hahaha!
?
W-wieso lachst du?
Ach, tut mir leid. Haha.
Du warst gerade einfach so süß ...
... dass ich dich am liebsten geküsst hätte.
Beim Küssen gibt man sich für gewöhnlich ...
... mit den Blicken ein Signal.
Geküsst?!
Aber das geht ja bei uns beiden nicht.

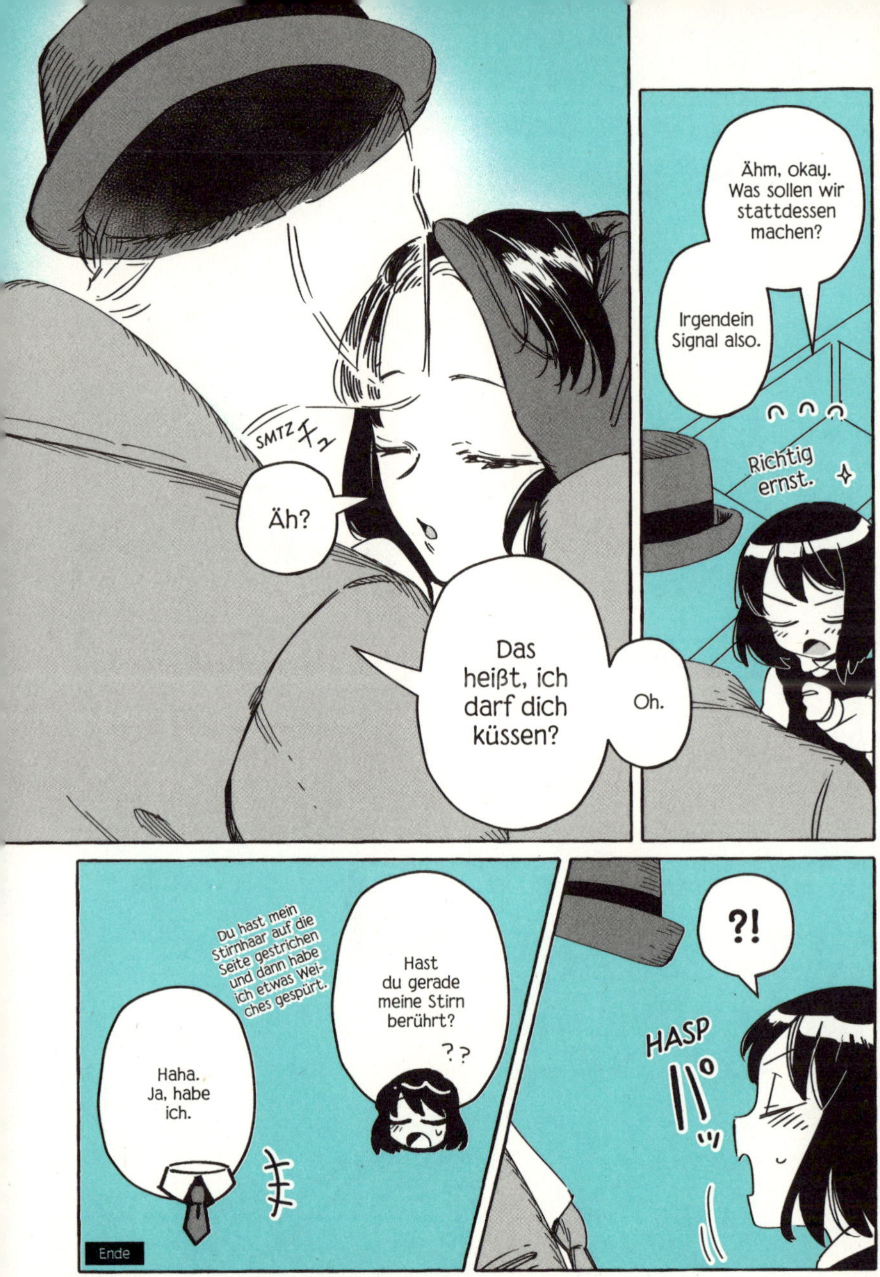
Ähm, okay. Was sollen wir stattdessen machen?
Irgendein Signal also.
Richtig ernst.
Äh?
SMTZ
Das heißt, ich darf dich küssen?
Oh.
?!
HASP
Hast du gerade meine Stirn berührt?
??
Du hast mein Stirnhaar auf die Seite gestrichen und dann habe ich etwas Weiches gespürt.
Haha. Ja, habe ich.
Ende

◆ Unter uns: Akira wird in der Gegenwart von Shizuka immer ganz heiß und kalt.

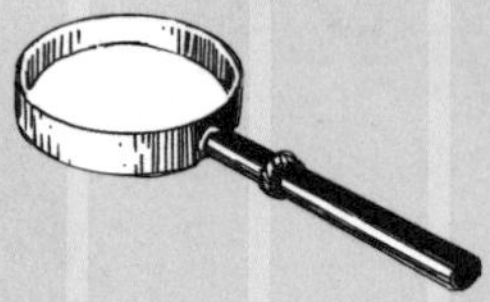

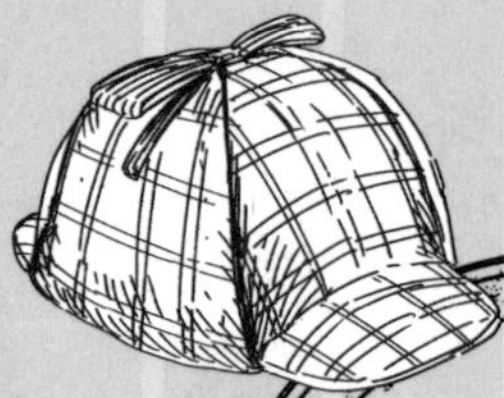

We were meant to be together.

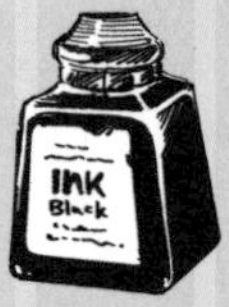

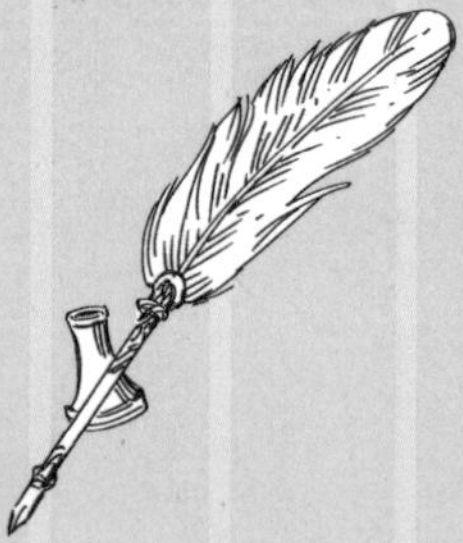

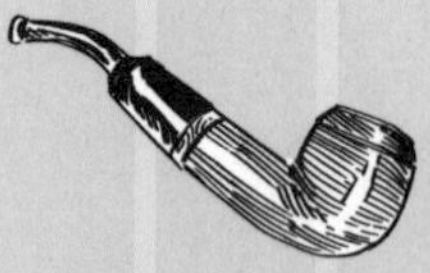

Kapitel 12: Aufgeflogen

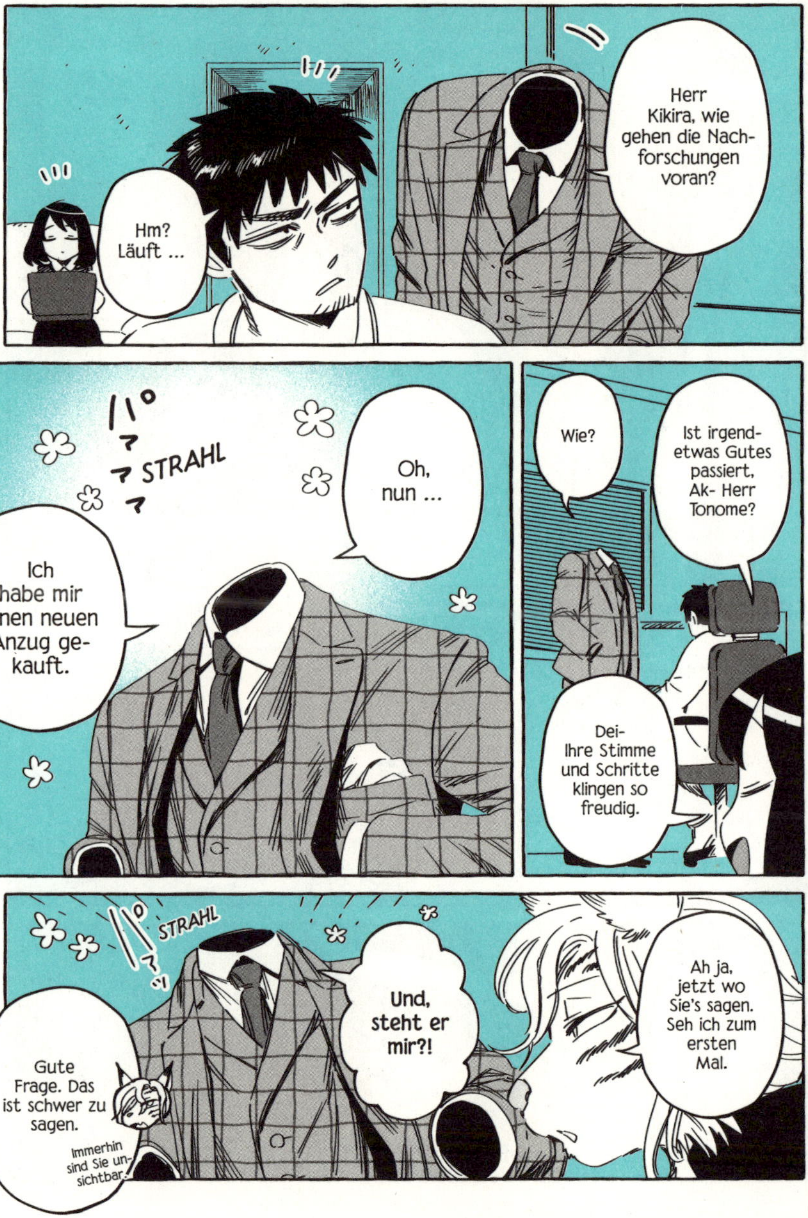
Herr Kikira, wie gehen die Nachforschungen voran?
Hm? Läuft ...
Ist irgendetwas Gutes passiert, Ak- Herr Tonome?
Wie?
Dei- Ihre Stimme und Schritte klingen so freudig.
Oh, nun ...
STRAHL
Ich habe mir einen neuen Anzug gekauft.
Ah ja, jetzt wo Sie's sagen. Seh ich zum ersten Mal.
STRAHL
Und, steht er mir?!
Gute Frage. Das ist schwer zu sagen.
Immerhin sind Sie unsichtbar.

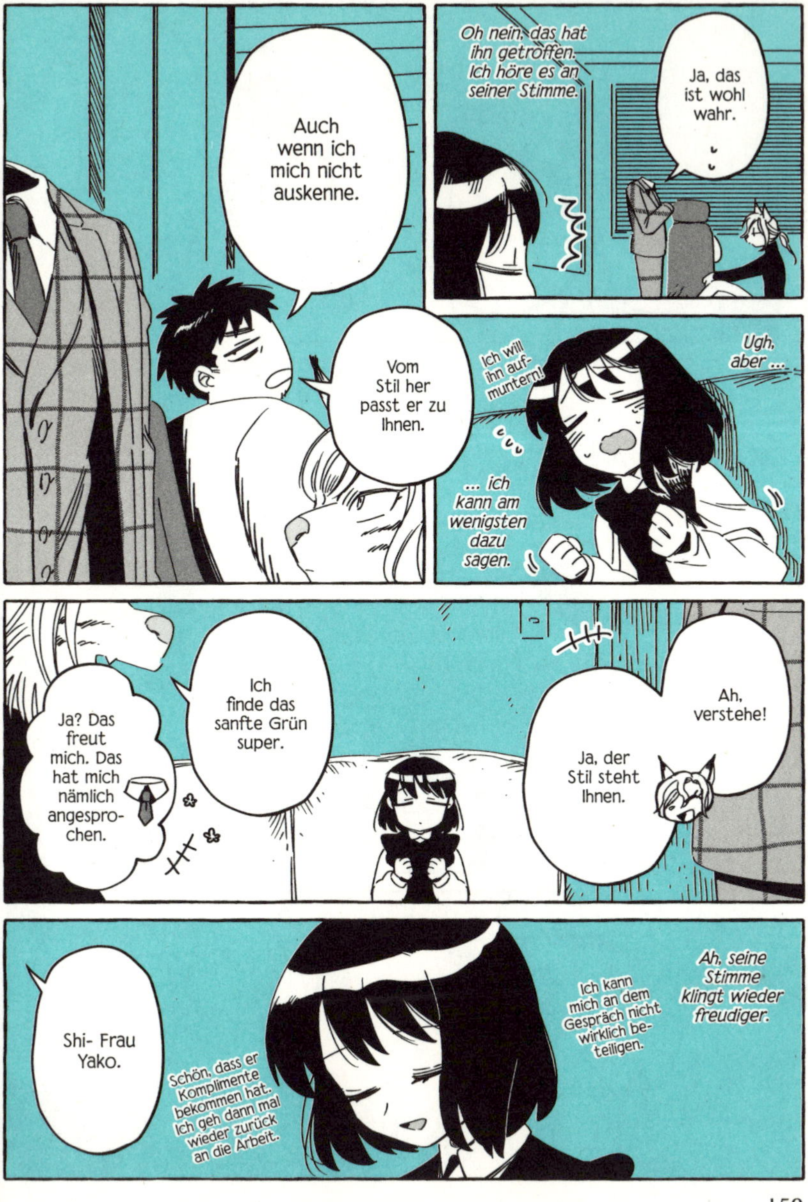

Ja, das ist wohl wahr.
Oh nein, das hat ihn getroffen. Ich höre es an seiner Stimme.
Auch wenn ich mich nicht auskenne.
Ugh, aber ...
Ich will ihn aufmuntern!
... ich kann am wenigsten dazu sagen.
Vom Stil her passt er zu Ihnen.
Ah, verstehe!
Ja, der Stil steht Ihnen.
Ich finde das sanfte Grün super.
Ja? Das freut mich. Das hat mich nämlich angesprochen.
Ah, seine Stimme klingt wieder freudiger.
Ich kann mich an dem Gespräch nicht wirklich beteiligen.
Schön, dass er Komplimente bekommen hat. Ich geh dann mal wieder zurück an die Arbeit.
Shi- Frau Yako.

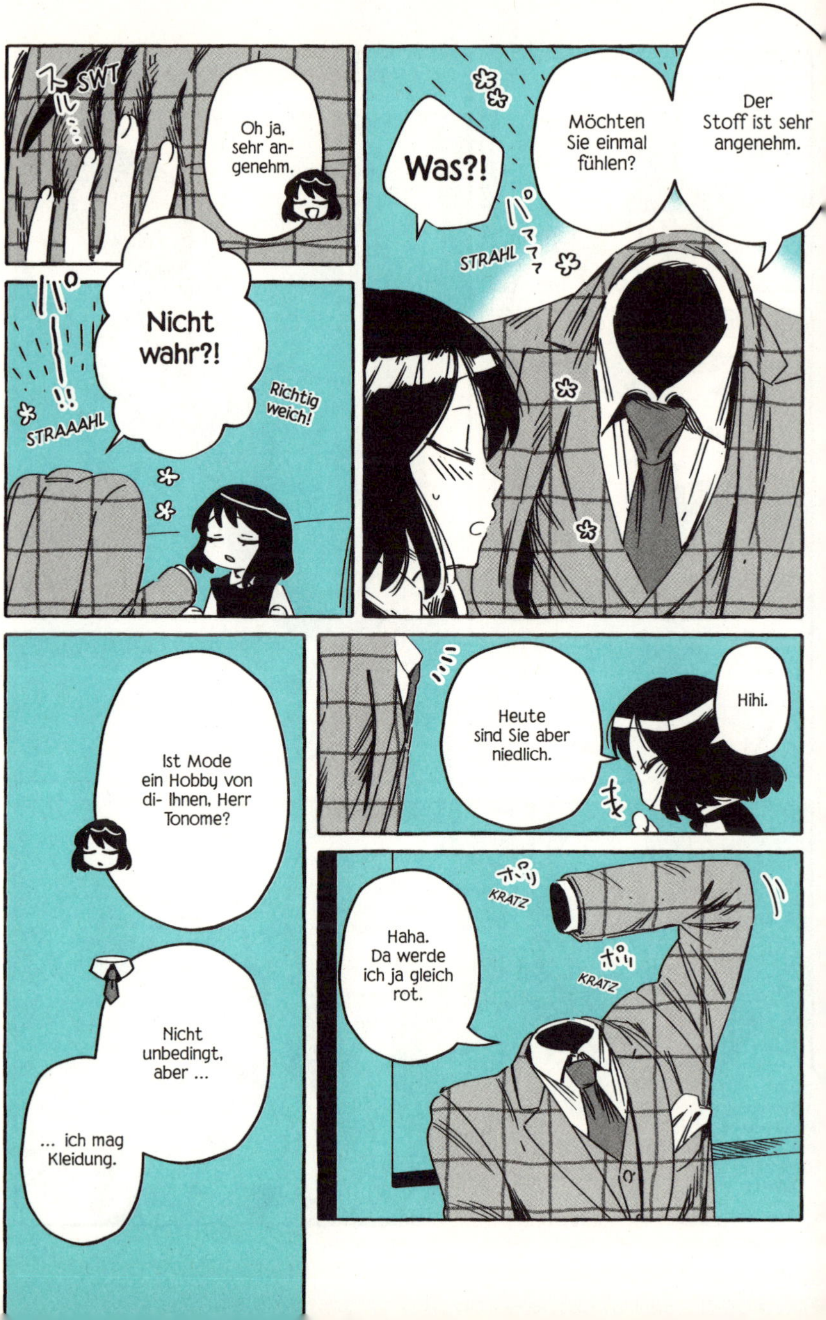
Der Stoff ist sehr angenehm.
Möchten Sie einmal fühlen?
Was?!
STRAHL
SWT
Oh ja, sehr angenehm.
Nicht wahr?!
STRAAAHL
Richtig weich!
Hihi.
Heute sind Sie aber niedlich.
Ist Mode ein Hobby von di- Ihnen, Herr Tonome?
KRATZ
KRATZ
Haha. Da werde ich ja gleich rot.
Nicht unbedingt, aber …
… ich mag Kleidung.

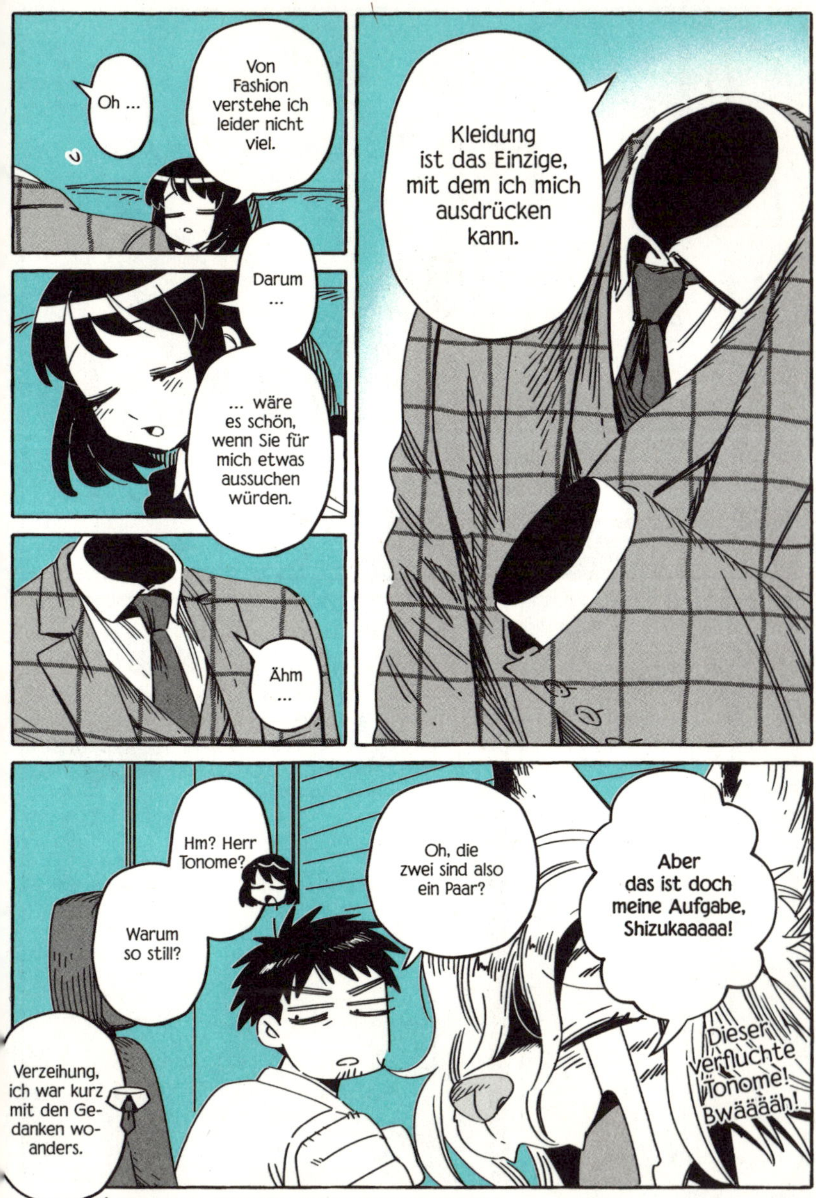
Kleidung ist das Einzige, mit dem ich mich ausdrücken kann.
Von Fashion verstehe ich leider nicht viel.
Oh ...
Darum ...
... wäre es schön, wenn Sie für mich etwas aussuchen würden.
Ähm ...
Aber das ist doch meine Aufgabe, Shizukaaaaa!
Dieser verfluchte Tonome! Bwääääh!
Oh, die zwei sind also ein Paar?
Hm? Herr Tonome?
Warum so still?
Verzeihung, ich war kurz mit den Gedanken woanders.

◆ Akira Tonome, der sich für seine eigenen Gedanken schämte.

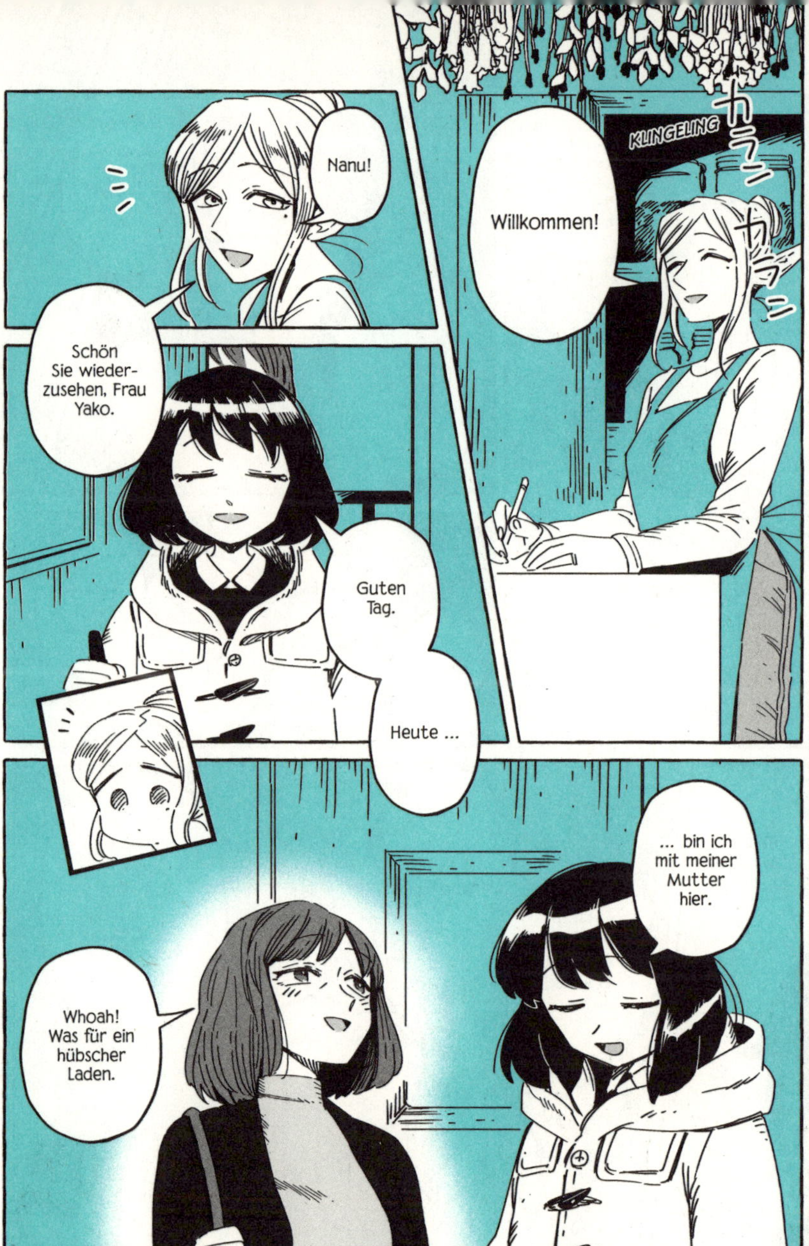
KLINGELING
Willkommen!
Nanu!
Schön Sie wieder-zusehen, Frau Yako.
Guten Tag.
Heute ...
... bin ich mit meiner Mutter hier.
Whoah! Was für ein hübscher Laden.

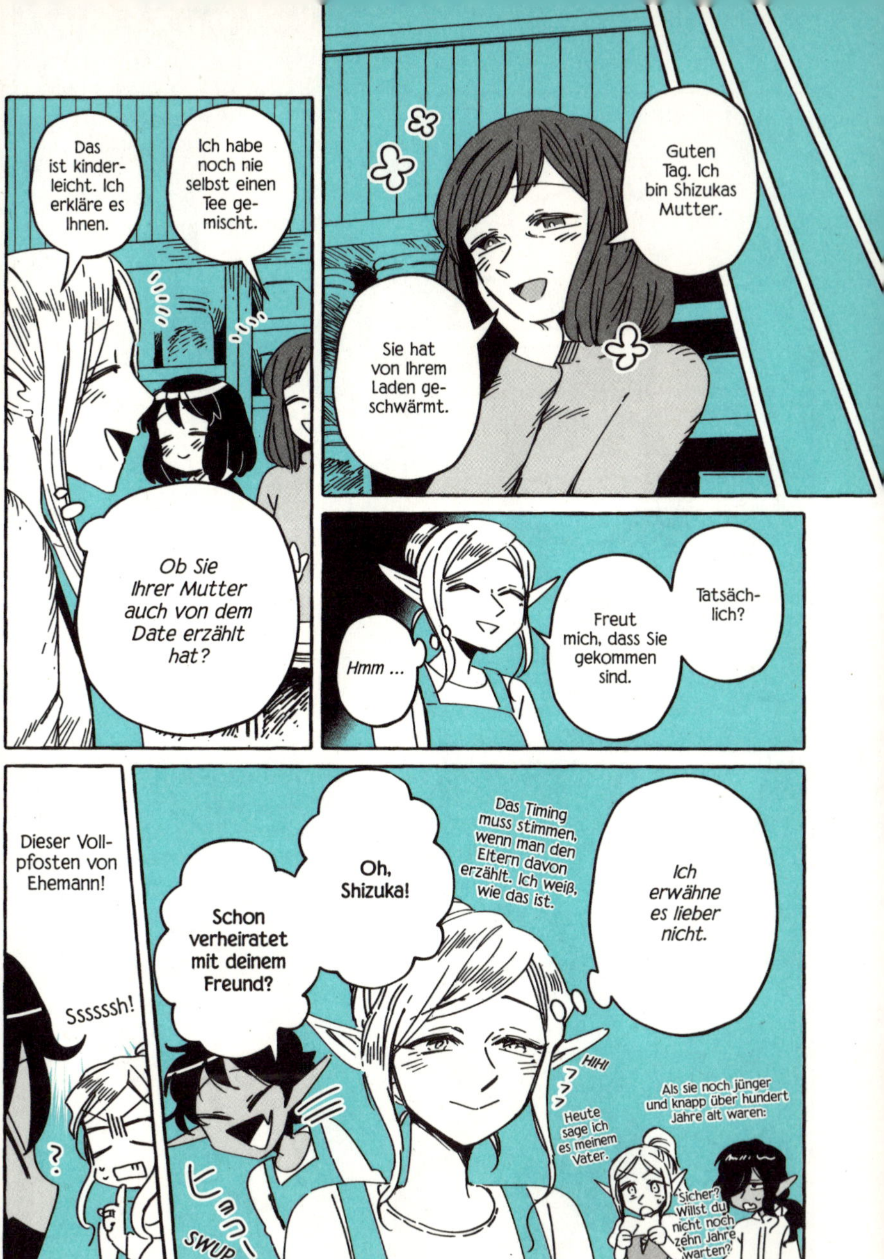
Guten Tag. Ich bin Shizukas Mutter.
Sie hat von Ihrem Laden geschwärmt.
Ich habe noch nie selbst einen Tee gemischt.
Das ist kinderleicht. Ich erkläre es Ihnen.
Ob Sie Ihrer Mutter auch von dem Date erzählt hat?
Tatsächlich?
Freut mich, dass Sie gekommen sind.
Hmm …
Ich erwähne es lieber nicht.
Das Timing muss stimmen, wenn man den Eltern davon erzählt. Ich weiß, wie das ist.
Oh, Shizuka!
Schon verheiratet mit deinem Freund?
Dieser Vollpfosten von Ehemann!
Ssssssh!
SWUP
HIHI
Heute sage ich es meinem Vater.
Als sie noch jünger und knapp über hundert Jahre alt waren:
Sicher? Willst du nicht noch zehn Jahre warten?

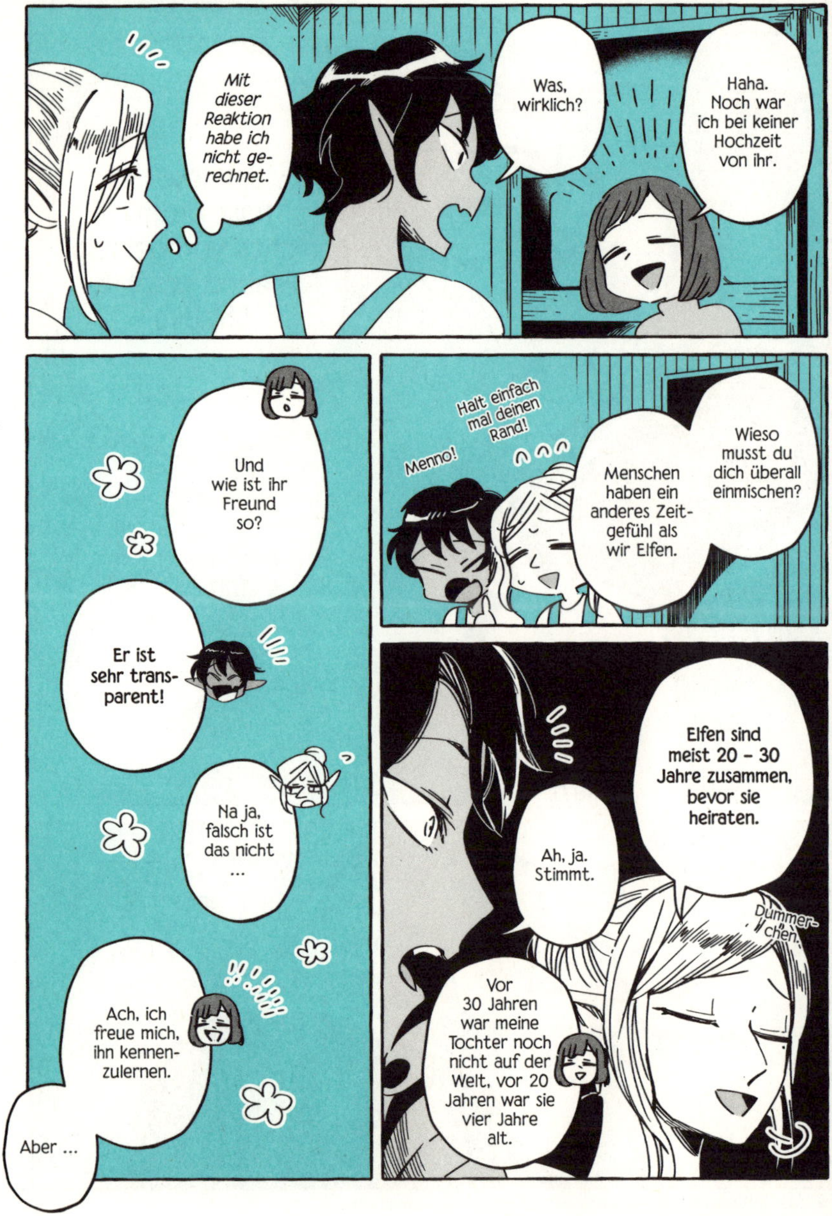
Haha. Noch war ich bei keiner Hochzeit von ihr.
Was, wirklich?
Mit dieser Reaktion habe ich nicht gerechnet.
Wieso musst du dich überall einmischen?
Menschen haben ein anderes Zeitgefühl als wir Elfen.
Halt einfach mal deinen Rand!
Menno!
Elfen sind meist 20 – 30 Jahre zusammen, bevor sie heiraten.
Ah, ja. Stimmt.
Dummerchen.
Vor 30 Jahren war meine Tochter noch nicht auf der Welt, vor 20 Jahren war sie vier Jahre alt.
Und wie ist ihr Freund so?
Er ist sehr transparent!
Na ja, falsch ist das nicht …
Ach, ich freue mich, ihn kennenzulernen.
Aber …

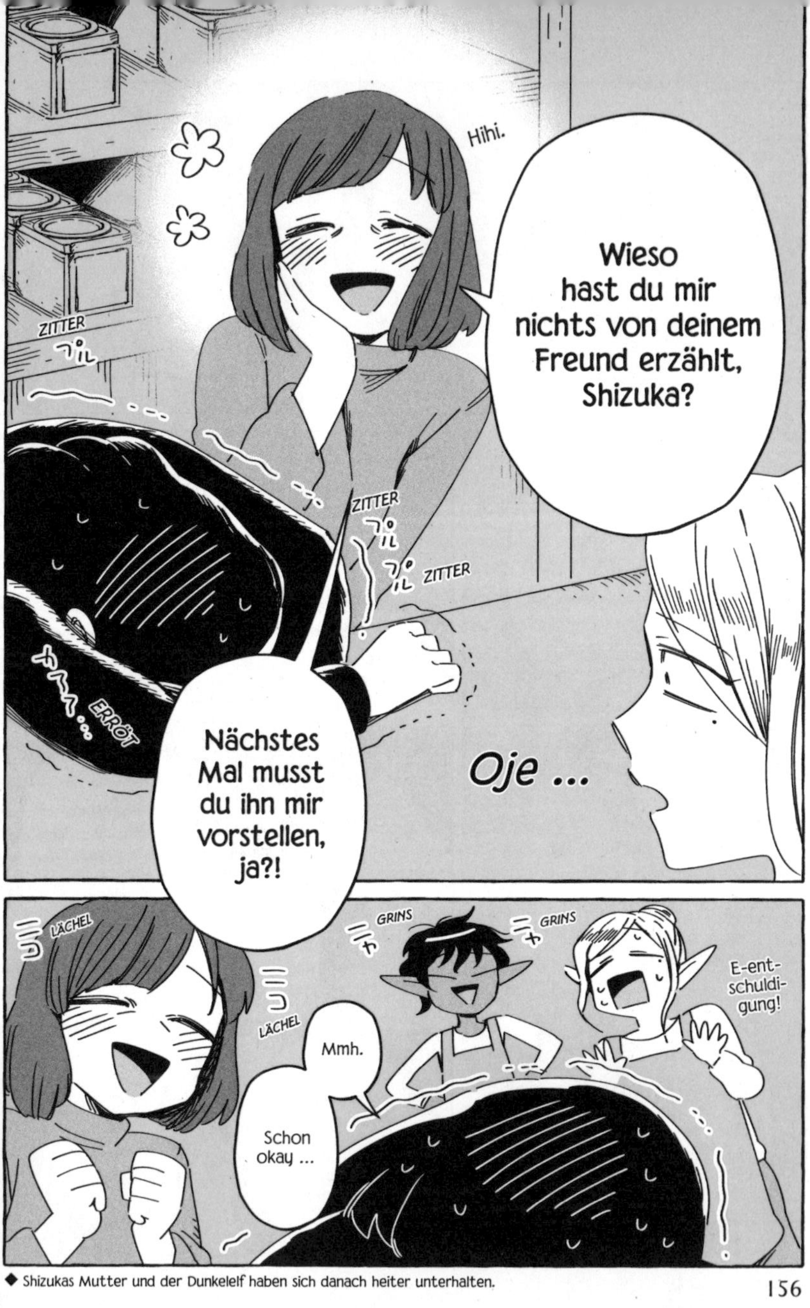
Hihi.
Wieso hast du mir nichts von deinem Freund erzählt, Shizuka?
ZITTER
プル
ZITTER
プル
プル ZITTER
カ~ヘ…
ERRÖT
Nächstes Mal musst du ihn mir vorstellen, ja?!
Oje …
ニコ LÄCHEL
ニャ GRINS
ニャ GRINS
E-ent-schuldi-gung!
ニコ LÄCHEL
Mmh.
Schon okay …

◆ Shizukas Mutter und der Dunkelelf haben sich danach heiter unterhalten.

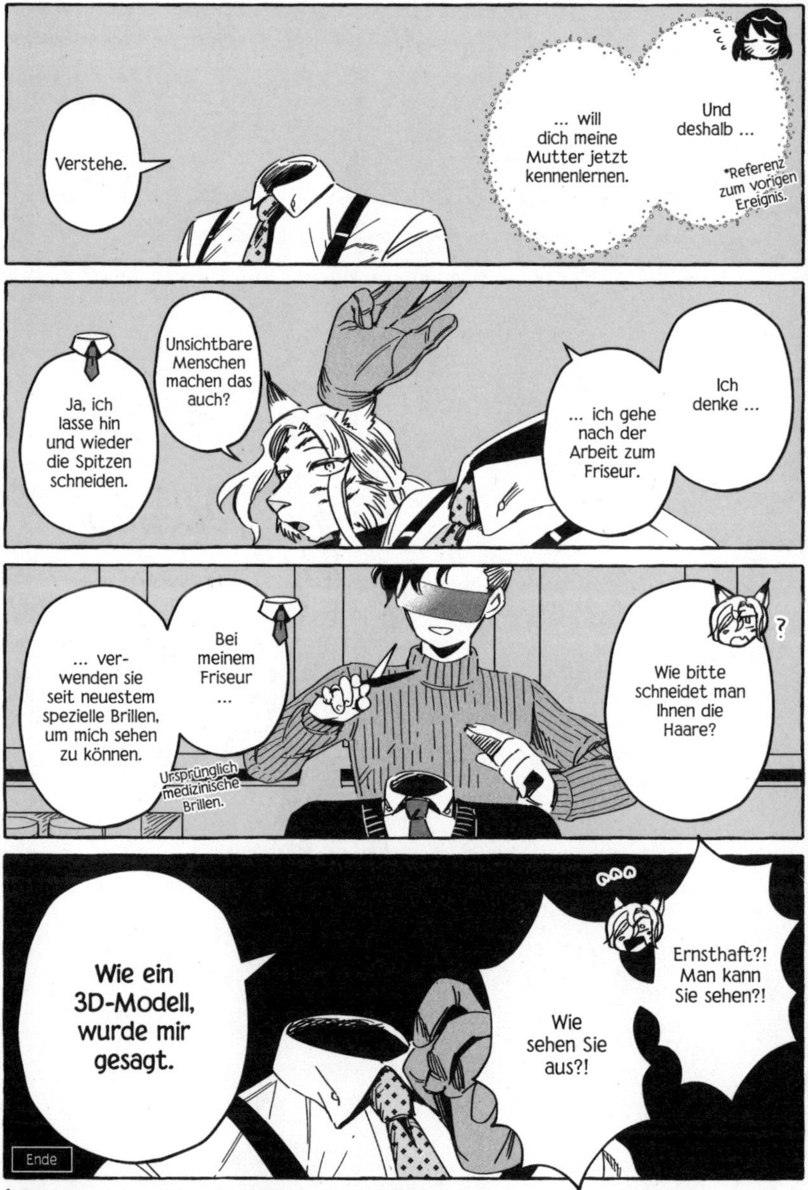
Und deshalb ...
... will dich meine Mutter jetzt kennenlernen.
*Referenz zum vorigen Ereignis.
Verstehe.
Ich denke ...
... ich gehe nach der Arbeit zum Friseur.
Unsichtbare Menschen machen das auch?
Ja, ich lasse hin und wieder die Spitzen schneiden.
Wie bitte schneidet man Ihnen die Haare?
Bei meinem Friseur ...
... verwenden sie seit neuestem spezielle Brillen, um mich sehen zu können.
Ursprünglich medizinische Brillen.
Ernsthaft?! Man kann Sie sehen?!
Wie sehen Sie aus?!
Wie ein 3D-Modell, wurde mir gesagt.
Ende

◆ Übrigens bekommen Mischwesen wie Jarashi einen Ganzkörperhaarschnitt, aber dieses Thema fällt unter die Kategorie „sexuelle Belästigung“.

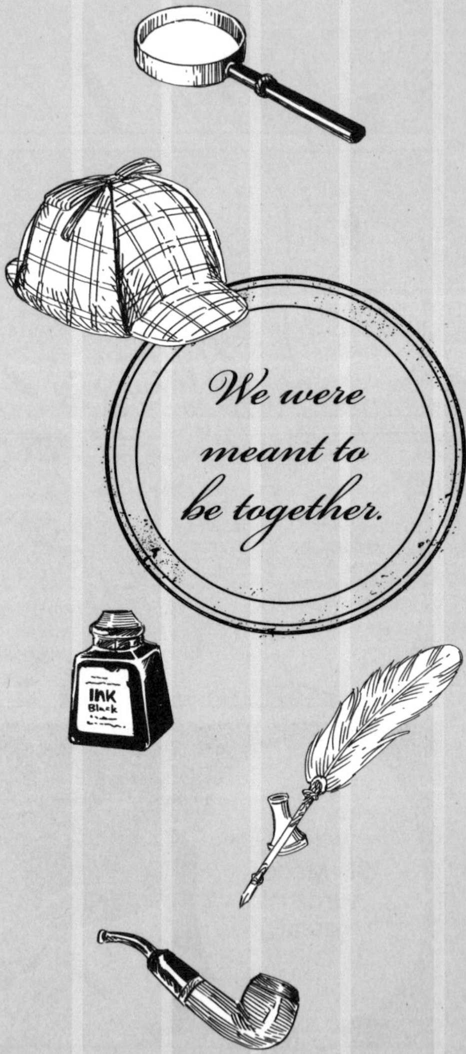
We were
meant to
be together.
INK
Black

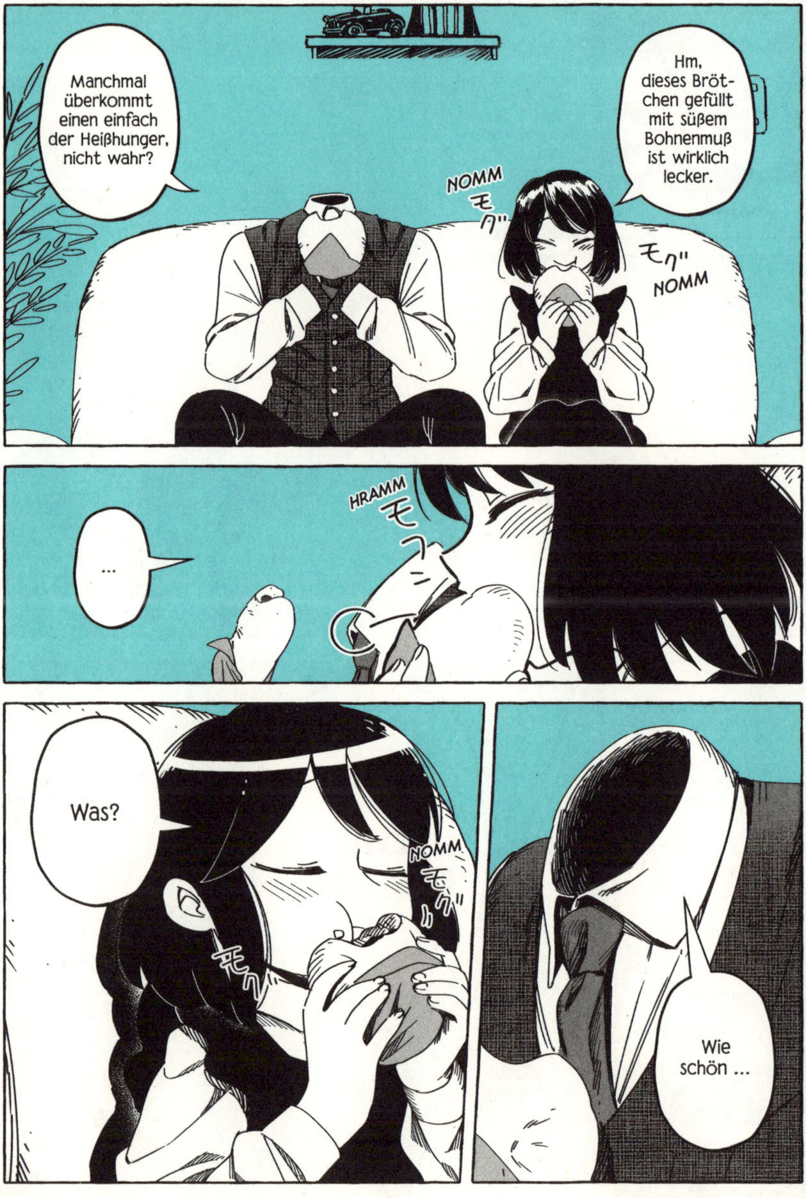
Hm, dieses Brötchen gefüllt mit süßem Bohnenmuß ist wirklich lecker.
NOMM
NOMM
Manchmal überkommt einen einfach der Heißhunger, nicht wahr?
HRAMM
...
NOMM
Wie schön ...
Was?

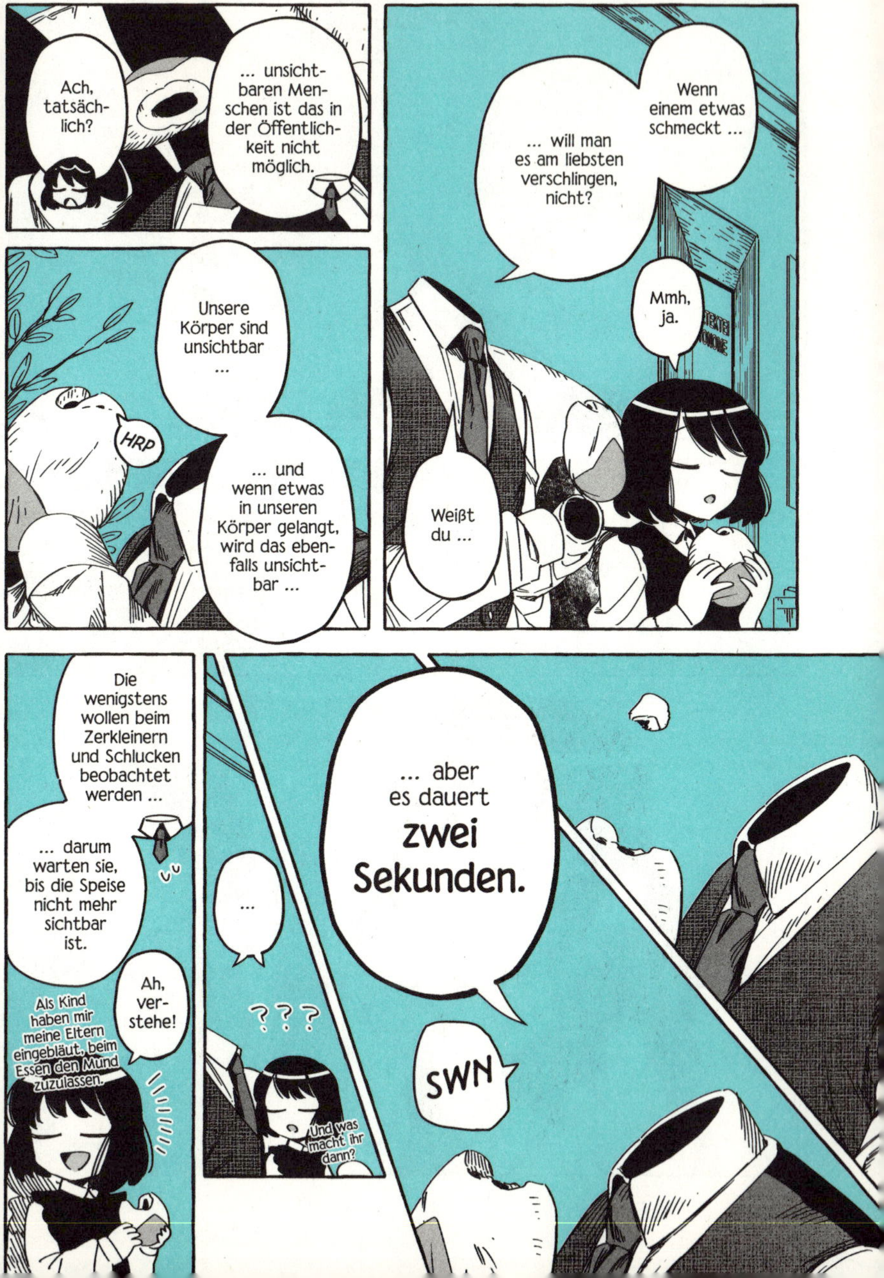
Wenn einem etwas schmeckt ...
... will man es am liebsten verschlingen, nicht?
Mmh, ja.
Weißt du ...
... unsichtbaren Menschen ist das in der Öffentlichkeit nicht möglich.
Ach, tatsächlich?
Unsere Körper sind unsichtbar ...
... und wenn etwas in unseren Körper gelangt, wird das ebenfalls unsichtbar ...
HRP
Als Kind haben mir meine Eltern eingebläut, beim Essen den Mund zuzulassen.
Und was macht ihr dann?
Die wenigstens wollen beim Zerkleinern und Schlucken beobachtet werden ...
... darum warten sie, bis die Speise nicht mehr sichtbar ist.
Ah, verstehe!
???
...
... aber es dauert zwei Sekunden.
SWN

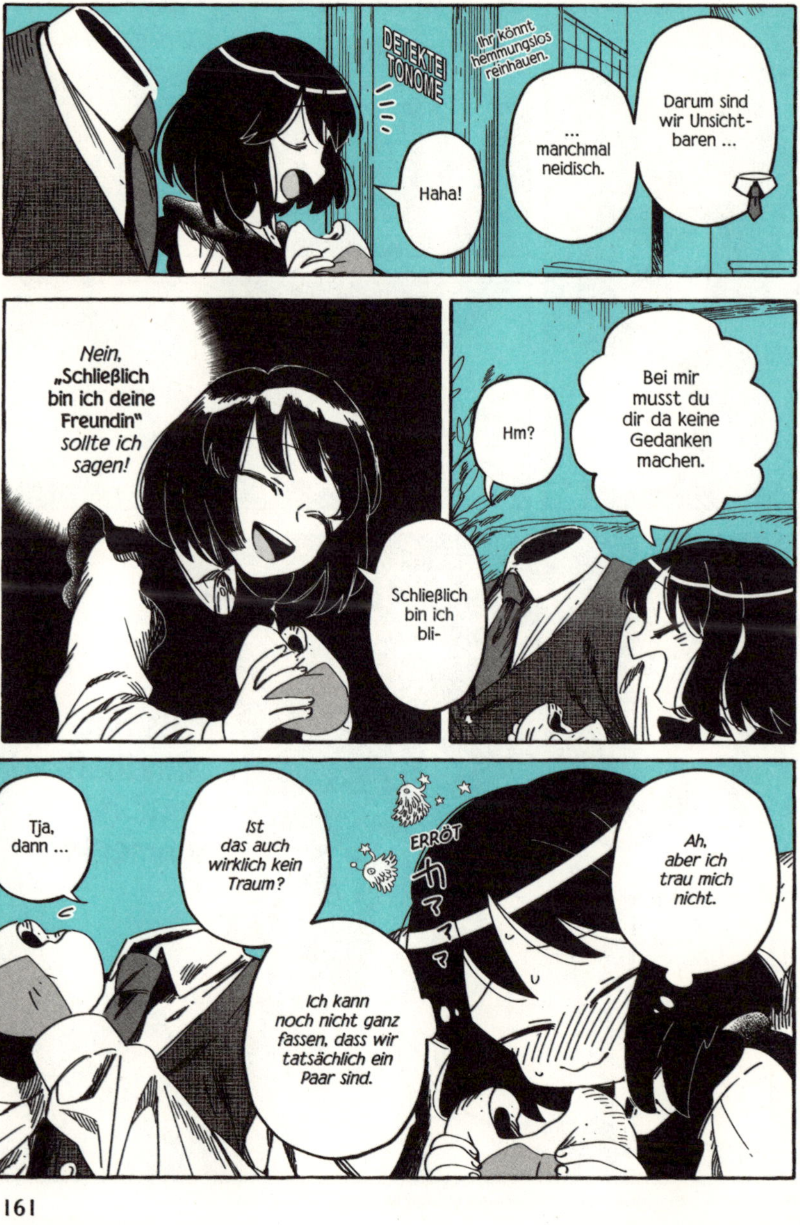
Darum sind wir Unsichtbaren ...
... manchmal neidisch.
Ihr könnt hemmungslos reinhauen.
DETEKTEI TONOME
Haha!
Bei mir musst du dir da keine Gedanken machen.
Hm?
Schließlich bin ich bli-
Nein, „Schließlich bin ich deine Freundin" sollte ich sagen!
Ah, aber ich trau mich nicht.
ERRÖT
Ist das auch wirklich kein Traum?
Ich kann noch nicht ganz fassen, dass wir tatsächlich ein Paar sind.
Tja, dann ...

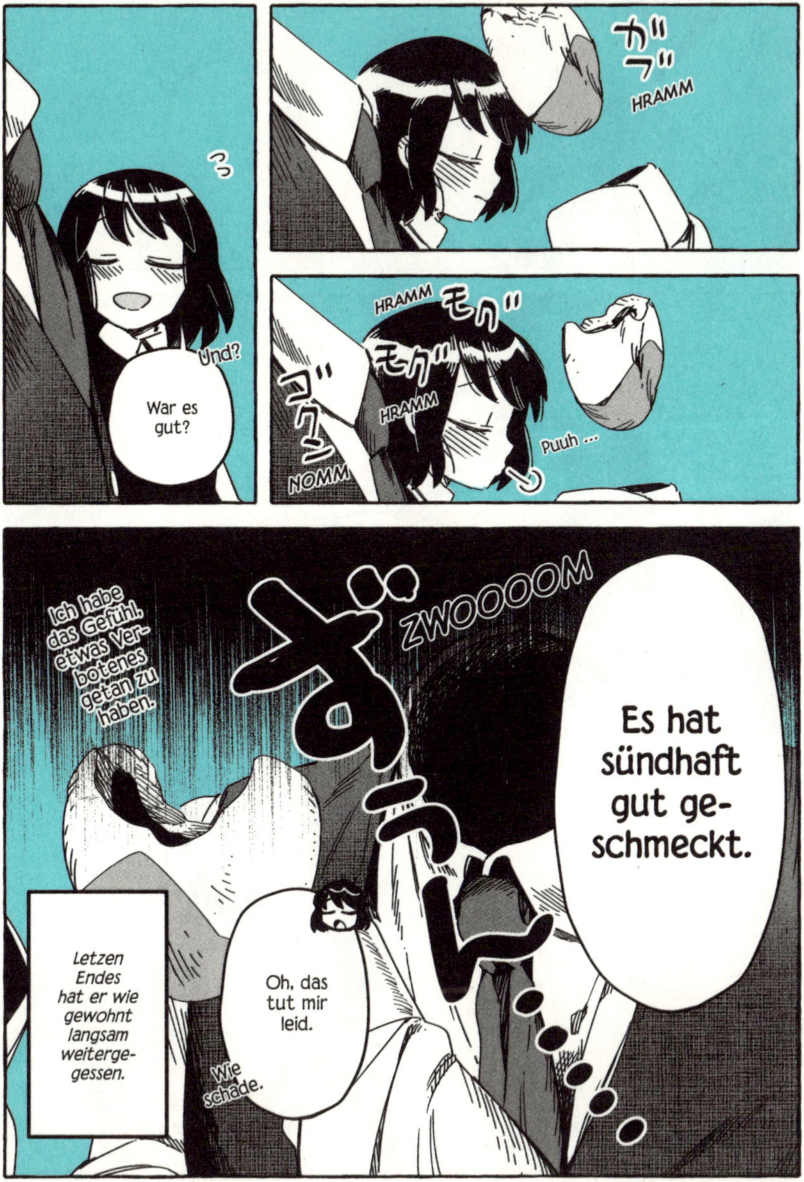
ガブ
HRAMM
モグ
HRAMM
モグ
HRAMM
ゴクン
NOMM
Puuh …
Und?
War es gut?
ずーん……
ZWOOOOOM
Es hat sündhaft gut geschmeckt.
Ich habe das Gefühl, etwas Verbotenes getan zu haben.
Oh, das tut mir leid.
Wie schade.
Letzten Endes hat er wie gewohnt langsam weitergegessen.

◆ Der Typ, der selbst unter einer Maske keine Grimassen ziehen würde.

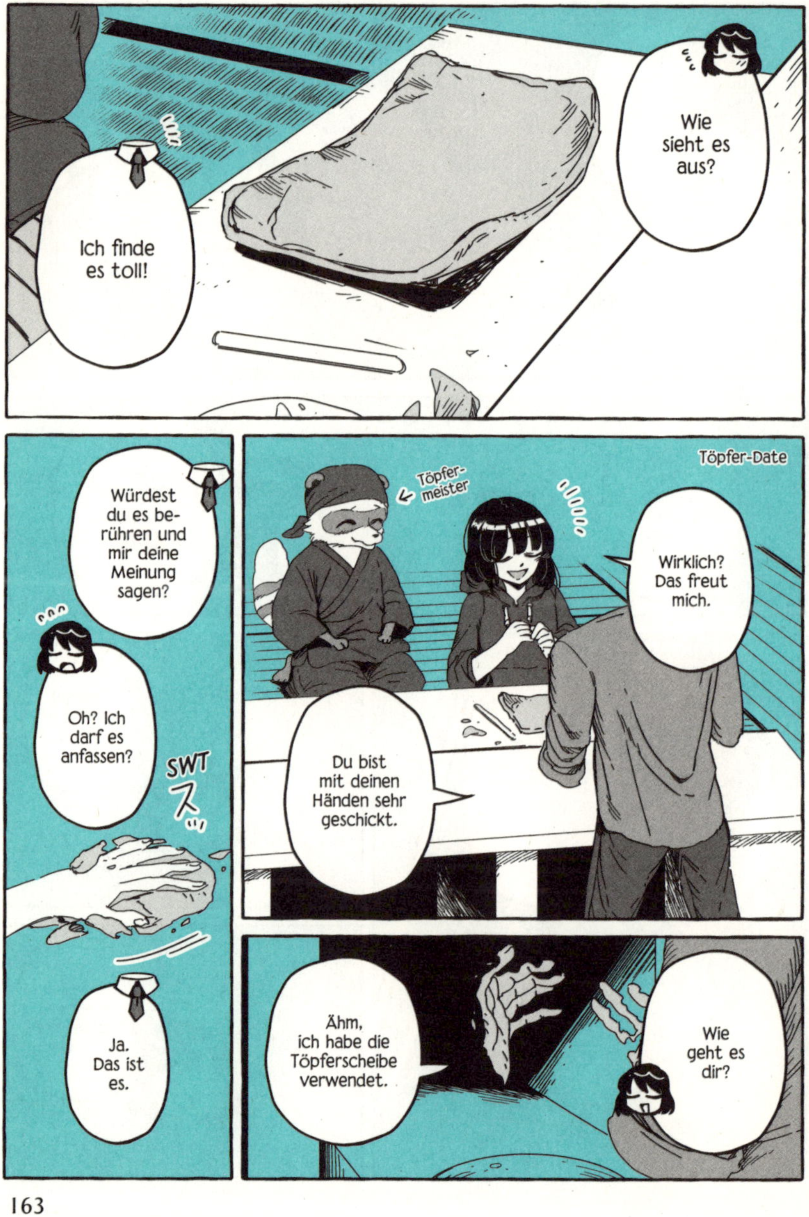
Wie sieht es aus?
Ich finde es toll!
Töpfer-Date
Töpfer-meister
Wirklich? Das freut mich.
Du bist mit deinen Händen sehr geschickt.
Wie geht es dir?
Ähm, ich habe die Töpferscheibe verwendet.
Würdest du es be-rühren und mir deine Meinung sagen?
Oh? Ich darf es anfassen?
SWT
Ja. Das ist es.

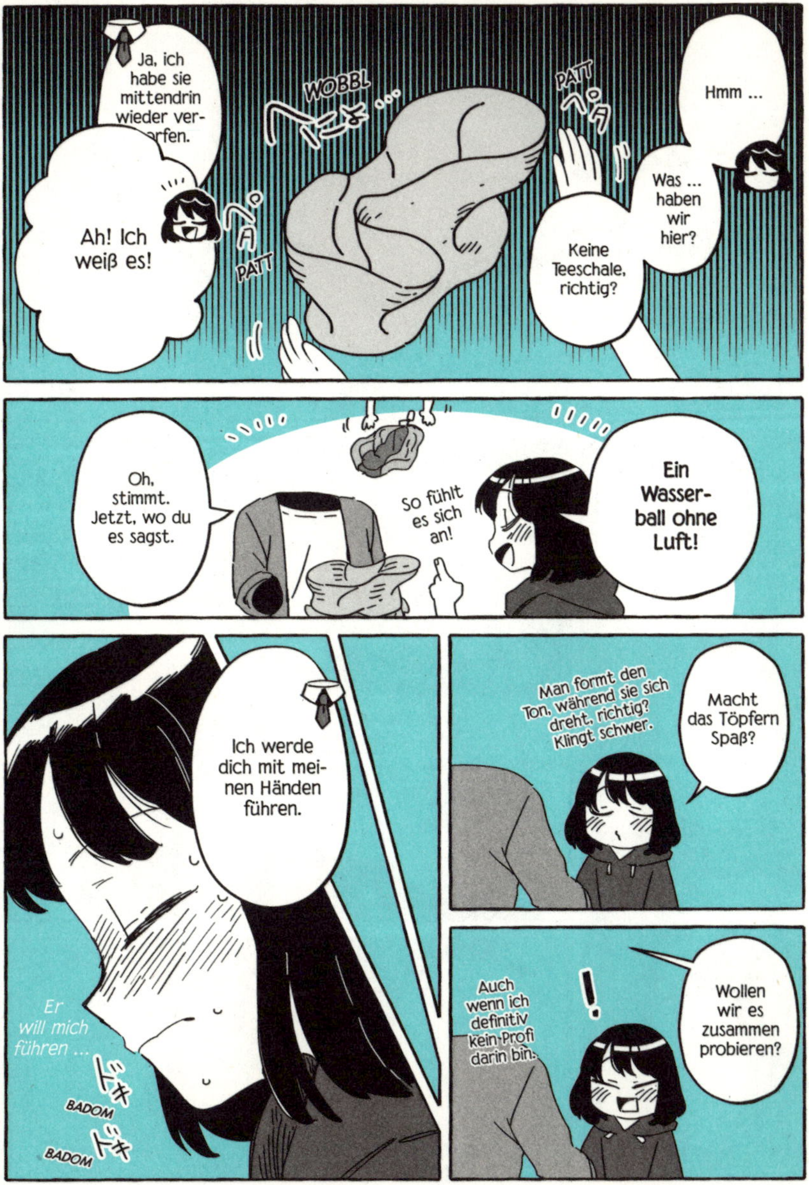
Hmm ...
Was ... haben wir hier?
Keine Teeschale, richtig?
PATT
WOBBL
PATT
Ah! Ich weiß es!
Ja, ich habe sie mittendrin wieder ver- orfen.
Ein Wasserball ohne Luft!
So fühlt es sich an!
Oh, stimmt. Jetzt, wo du es sagst.
Macht das Töpfern Spaß?
Man formt den Ton, während sie sich dreht, richtig? Klingt schwer.
Wollen wir es zusammen probieren?
!
Auch wenn ich definitiv kein Profi darin bin.
Ich werde dich mit meinen Händen führen.
Er will mich führen ...
BADOM
BADOM

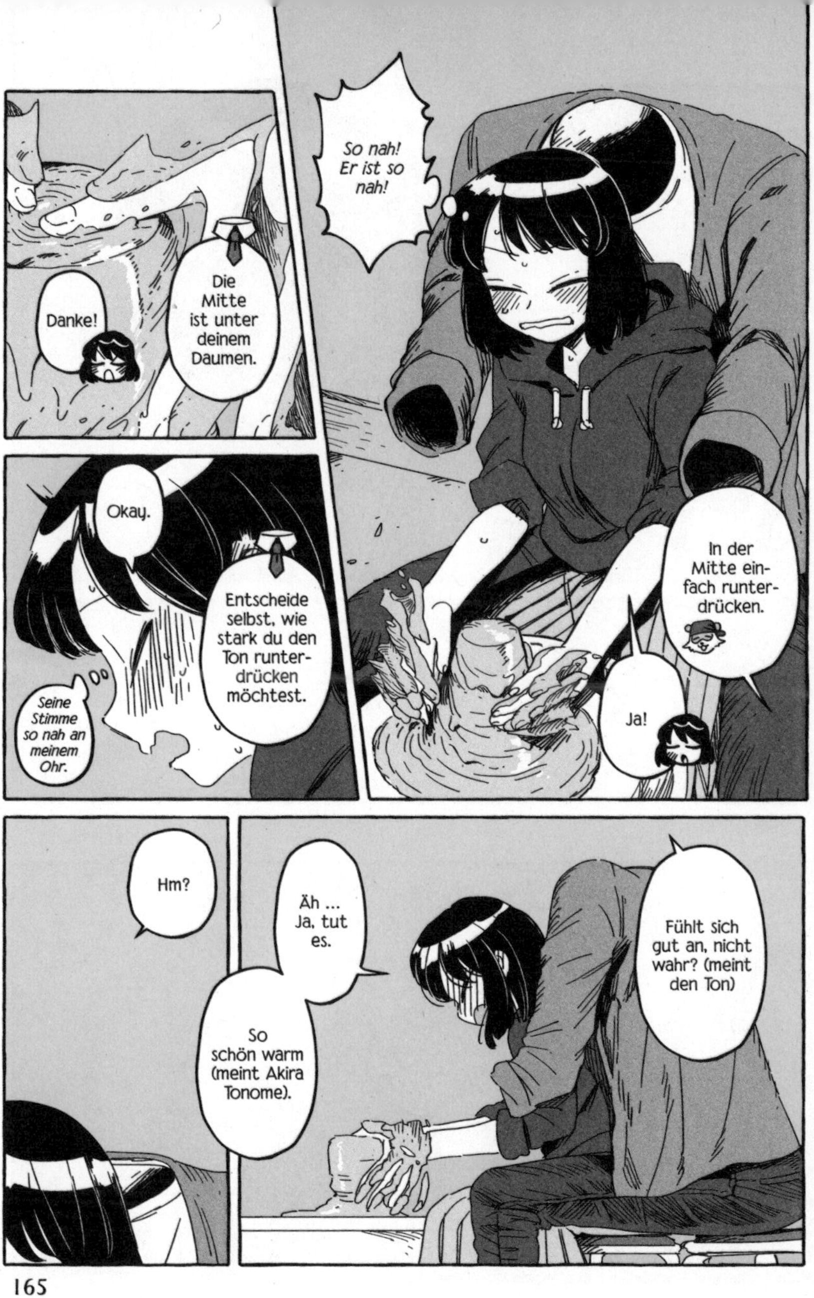

So nah! Er ist so nah!
In der Mitte einfach runterdrücken.
Ja!
Die Mitte ist unter deinem Daumen.
Danke!
Entscheide selbst, wie stark du den Ton runterdrücken möchtest.
Okay.
Seine Stimme so nah an meinem Ohr.
Fühlt sich gut an, nicht wahr? (meint den Ton)
Äh … Ja, tut es.
So schön warm (meint Akira Tonome).
Hm?

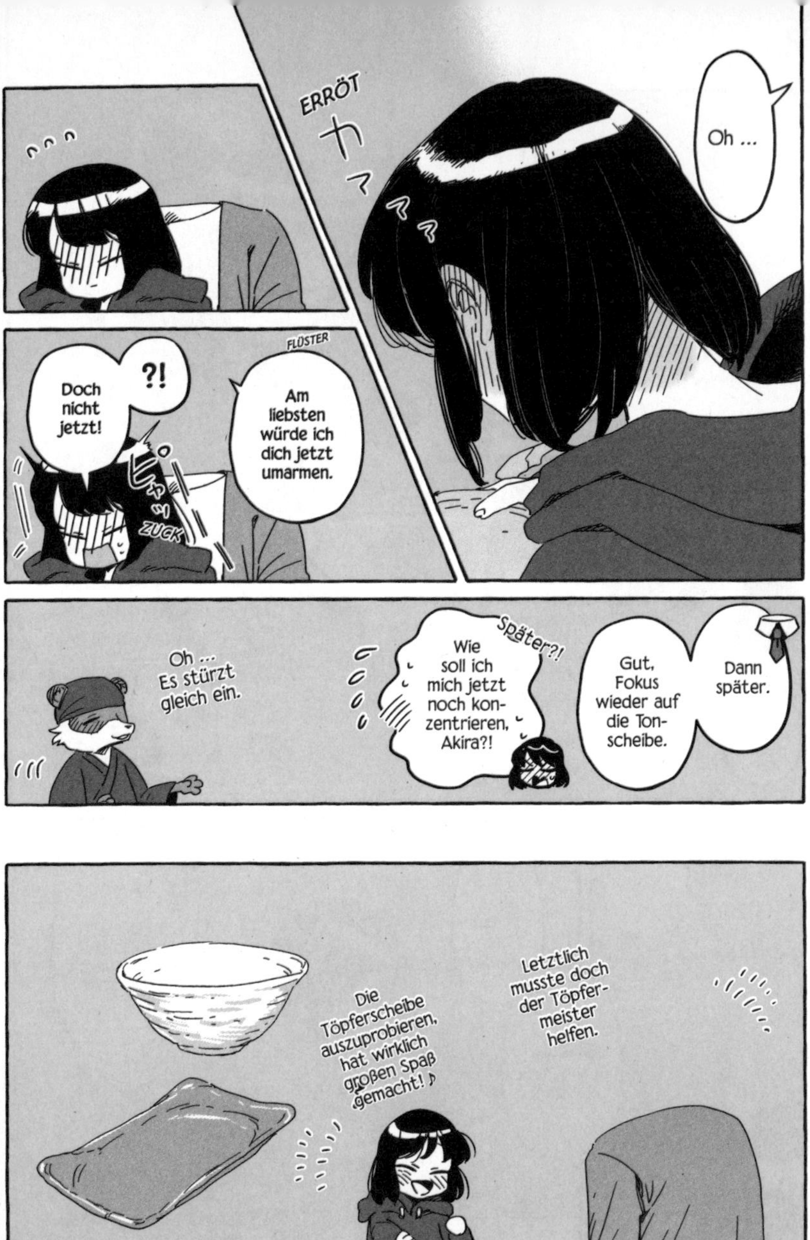
Oh …
ERRÖT
Am liebsten würde ich dich jetzt umarmen.
FLÜSTER
?!
Doch nicht jetzt!
ZUCK
Dann später.
Gut, Fokus wieder auf die Tonscheibe.
Später?!
Wie soll ich mich jetzt noch konzentrieren, Akira?!
Oh … Es stürzt gleich ein.
Letztlich musste doch der Töpfermeister helfen.
Die Töpferscheibe auszuprobieren, hat wirklich großen Spaß gemacht! ♪

◆ Die Töpfereien kamen später in ihrer Wohnung zum Einsatz.

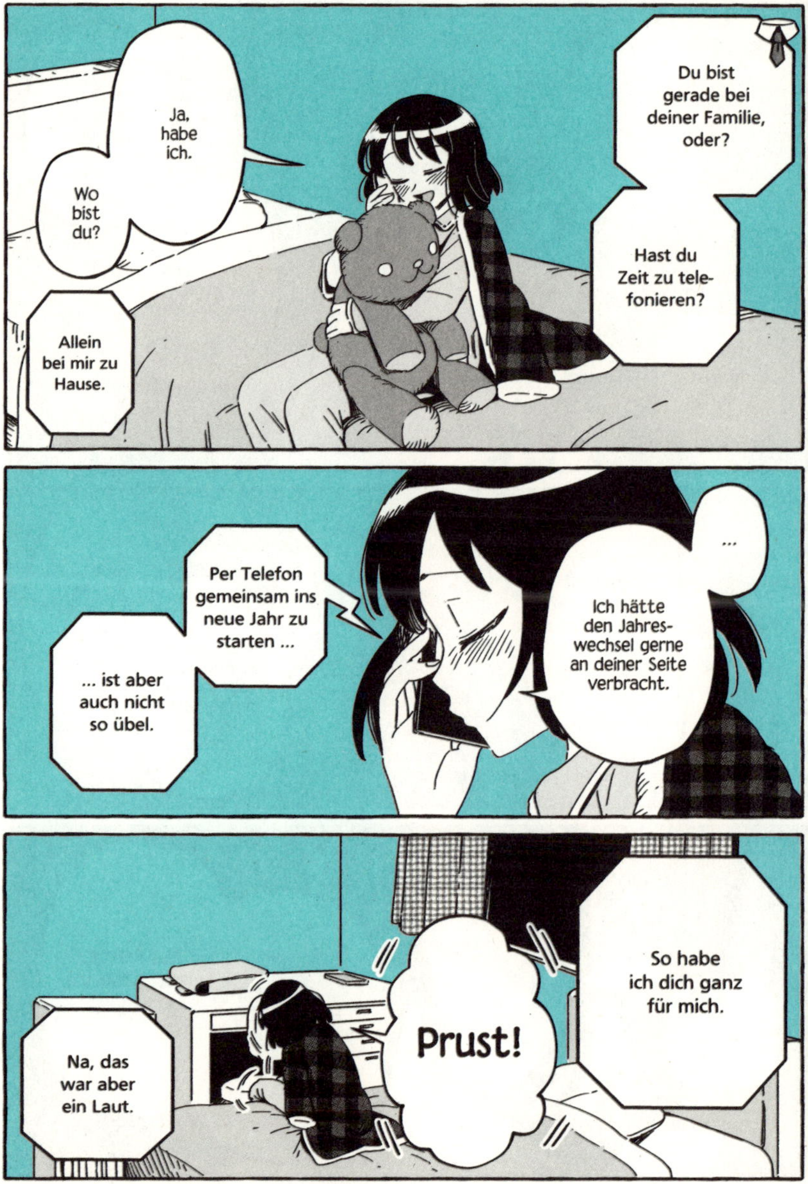
Du bist gerade bei deiner Familie, oder?
Hast du Zeit zu telefonieren?
Ja, habe ich.
Wo bist du?
Allein bei mir zu Hause.
...
Ich hätte den Jahreswechsel gerne an deiner Seite verbracht.
Per Telefon gemeinsam ins neue Jahr zu starten ...
... ist aber auch nicht so übel.
So habe ich dich ganz für mich.
Prust!
Na, das war aber ein Laut.

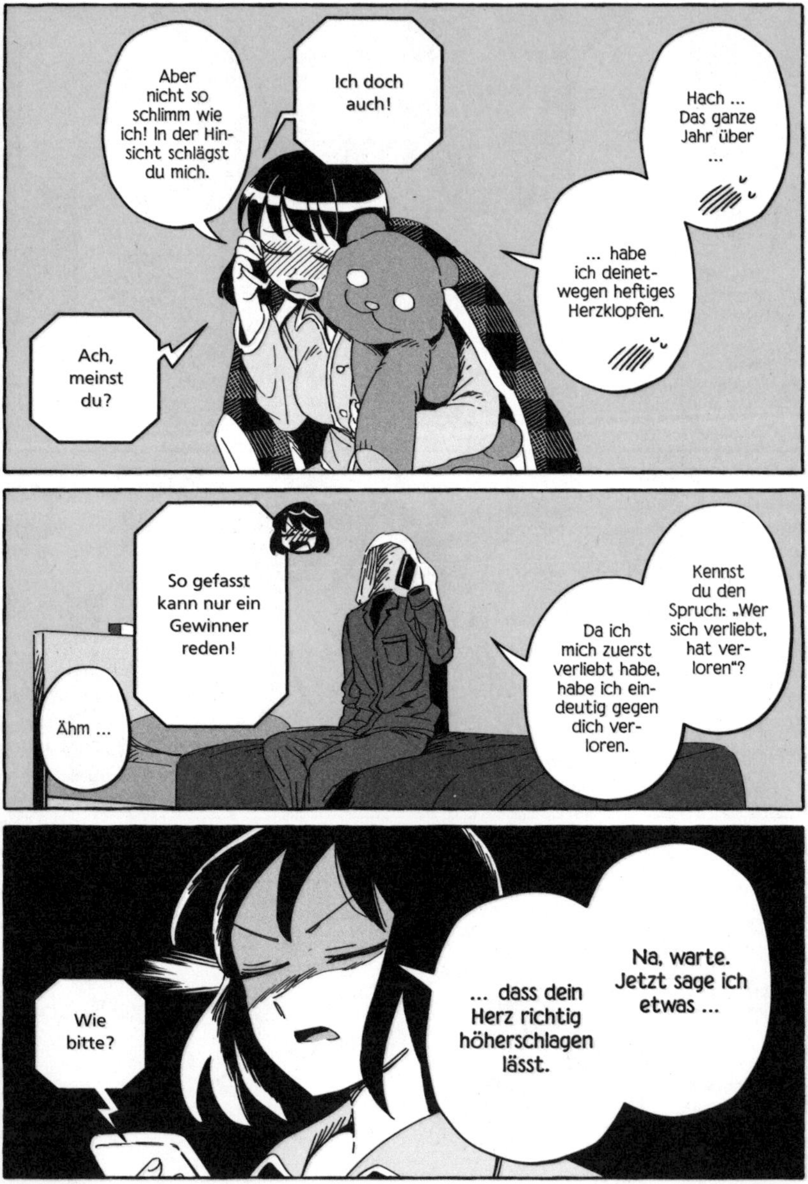
Hach ... Das ganze Jahr über ...
... habe ich deinetwegen heftiges Herzklopfen.
Ich doch auch!
Aber nicht so schlimm wie ich! In der Hinsicht schlägst du mich.
Ach, meinst du?
Kennst du den Spruch: „Wer sich verliebt, hat verloren“?
Da ich mich zuerst verliebt habe, habe ich eindeutig gegen dich verloren.
So gefasst kann nur ein Gewinner reden!
Ähm ...
Na, warte. Jetzt sage ich etwas ...
... dass dein Herz richtig höherschlagen lässt.
Wie bitte?

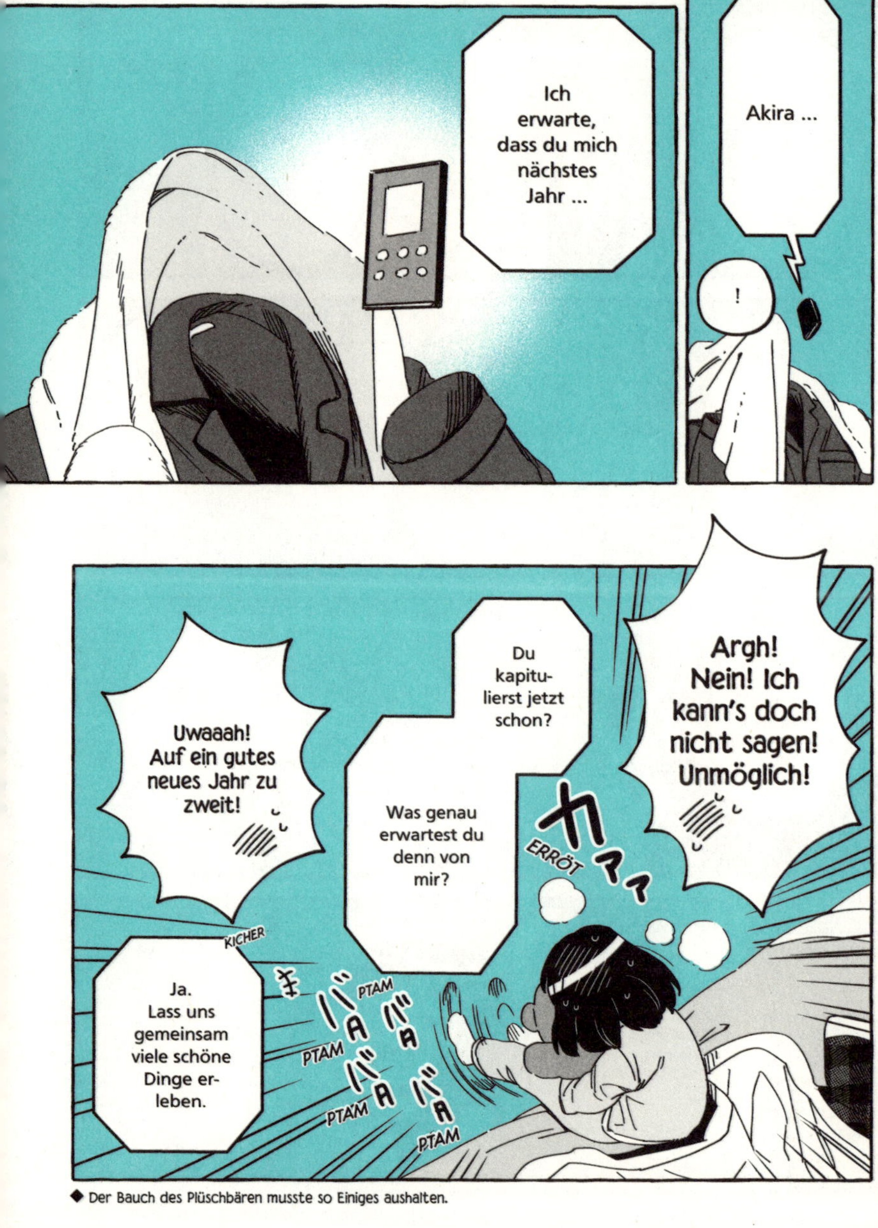
Akira ...
Ich erwarte, dass du mich nächstes Jahr ...
!
Argh! Nein! Ich kann's doch nicht sagen! Unmöglich!
ERRÖT
Du kapitu-liert jetzt schon?
Was genau erwartest du denn von mir?
Uwaaah! Auf ein gutes neues Jahr zu zweit!
KICHER
Ja. Lass uns gemeinsam viele schöne Dinge er-leben.
PTAM
PTAM
PTAM
PTAM

◆ Der Bauch des Plüschbären musste so Einiges aushalten.

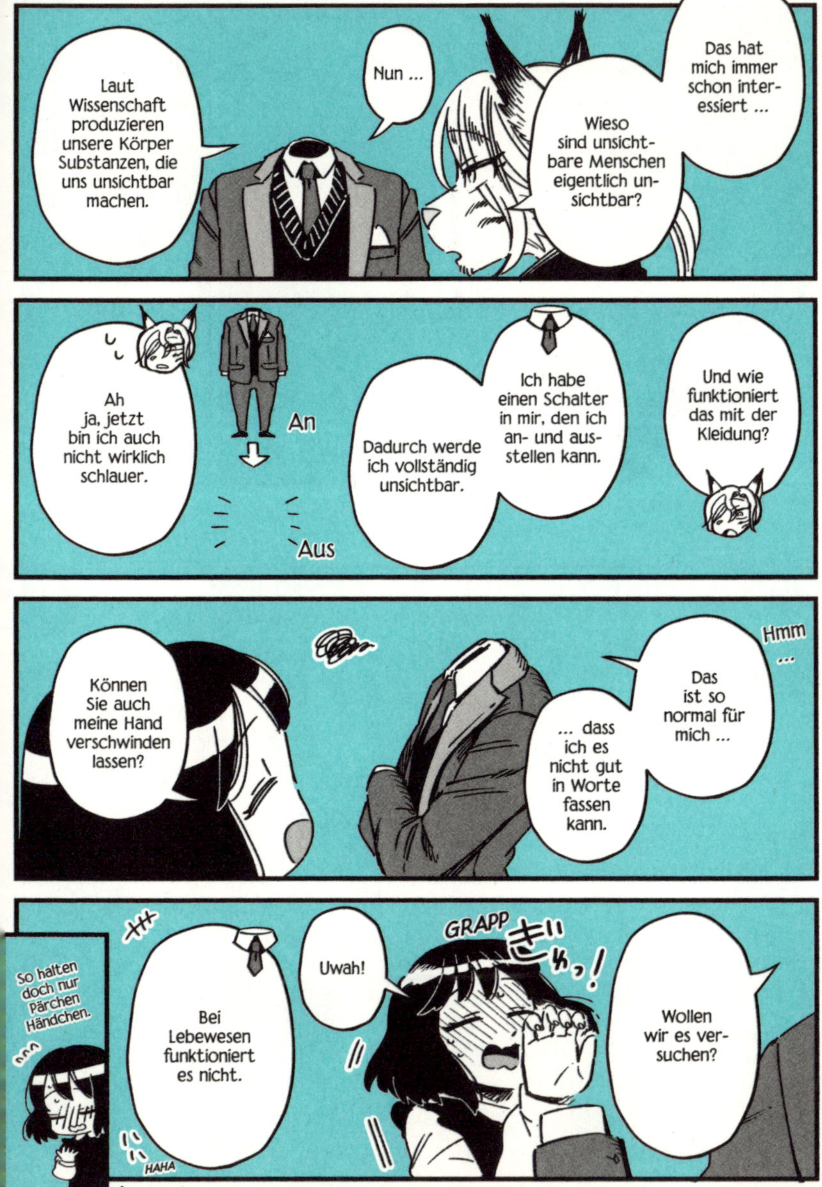
Das hat mich immer schon interessiert ...
Wieso sind unsichtbare Menschen eigentlich unsichtbar?
Nun ...
Laut Wissenschaft produzieren unsere Körper Substanzen, die uns unsichtbar machen.
Und wie funktioniert das mit der Kleidung?
Ich habe einen Schalter in mir, den ich an- und ausstellen kann.
Dadurch werde ich vollständig unsichtbar.
An
Aus
Ah ja, jetzt bin ich auch nicht wirklich schlauer.
Hmm ...
Das ist so normal für mich ...
... dass ich es nicht gut in Worte fassen kann.
Können Sie auch meine Hand verschwinden lassen?
Wollen wir es versuchen?
GRAPP
Uwah!
Bei Lebewesen funktioniert es nicht.
So halten doch nur Pärchen Händchen.
HAHA

◆ Schlussfolgerung: Niemand weiß so recht, warum, aber unsichtbare Menschen sind nun mal unsichtbar.

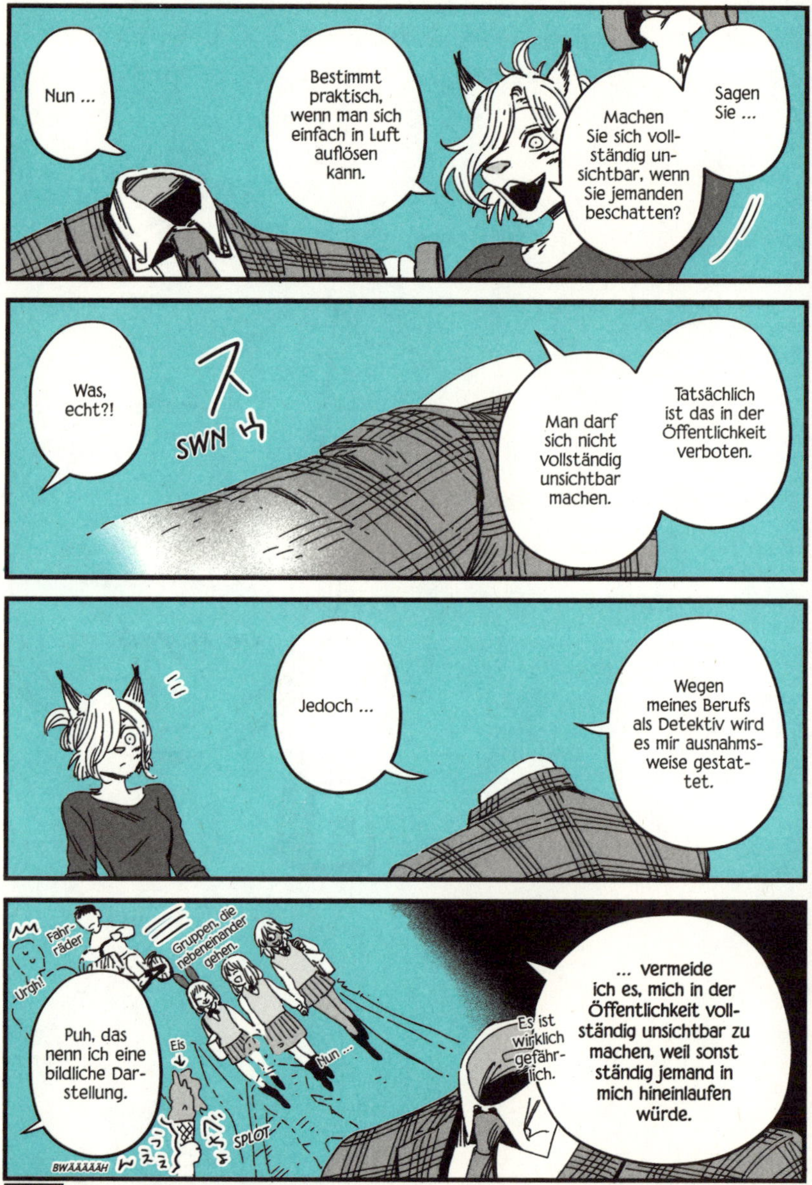
Sagen Sie ...
Machen Sie sich vollständig unsichtbar, wenn Sie jemanden beschatten?
Bestimmt praktisch, wenn man sich einfach in Luft auflösen kann.
Nun ...
Tatsächlich ist das in der Öffentlichkeit verboten.
Man darf sich nicht vollständig unsichtbar machen.
SWN
Was, echt?!
Wegen meines Berufs als Detektiv wird es mir ausnahmsweise gestattet.
Jedoch ...
... vermeide ich es, mich in der Öffentlichkeit vollständig unsichtbar zu machen, weil sonst ständig jemand in mich hineinlaufen würde.
Es ist wirklich gefährlich.
Gruppen, die nebeneinander gehen.
Fahrräder
Urgh!
Nun ...
Eis
SPLOT
BWÄÄÄÄH
Puh, das nenn ich eine bildliche Darstellung.

Ende ◆ Statt der Arbeit nachgehen zu können, muss man schauen, wie man den Hindernisparcours überwindet.

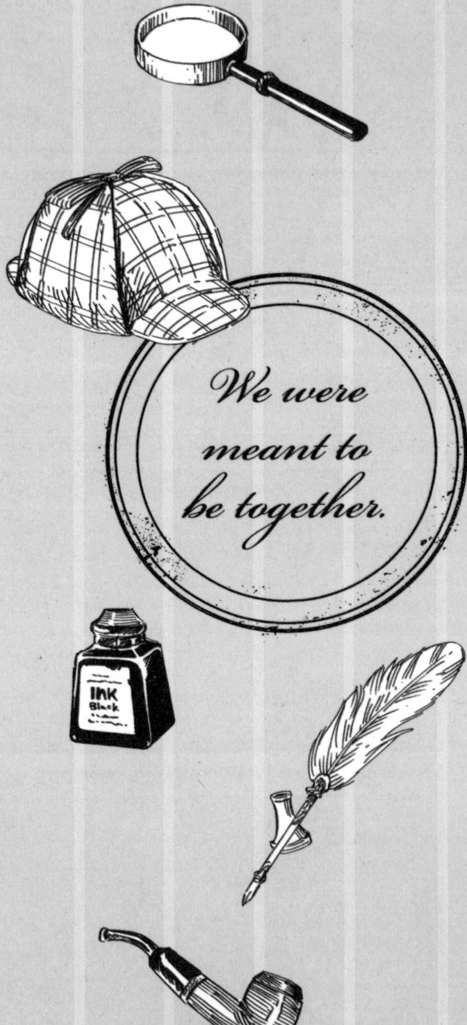
We were meant to be together.
INK Black

Kapitel 14: Nennt euch doch endlich beim Vornamen

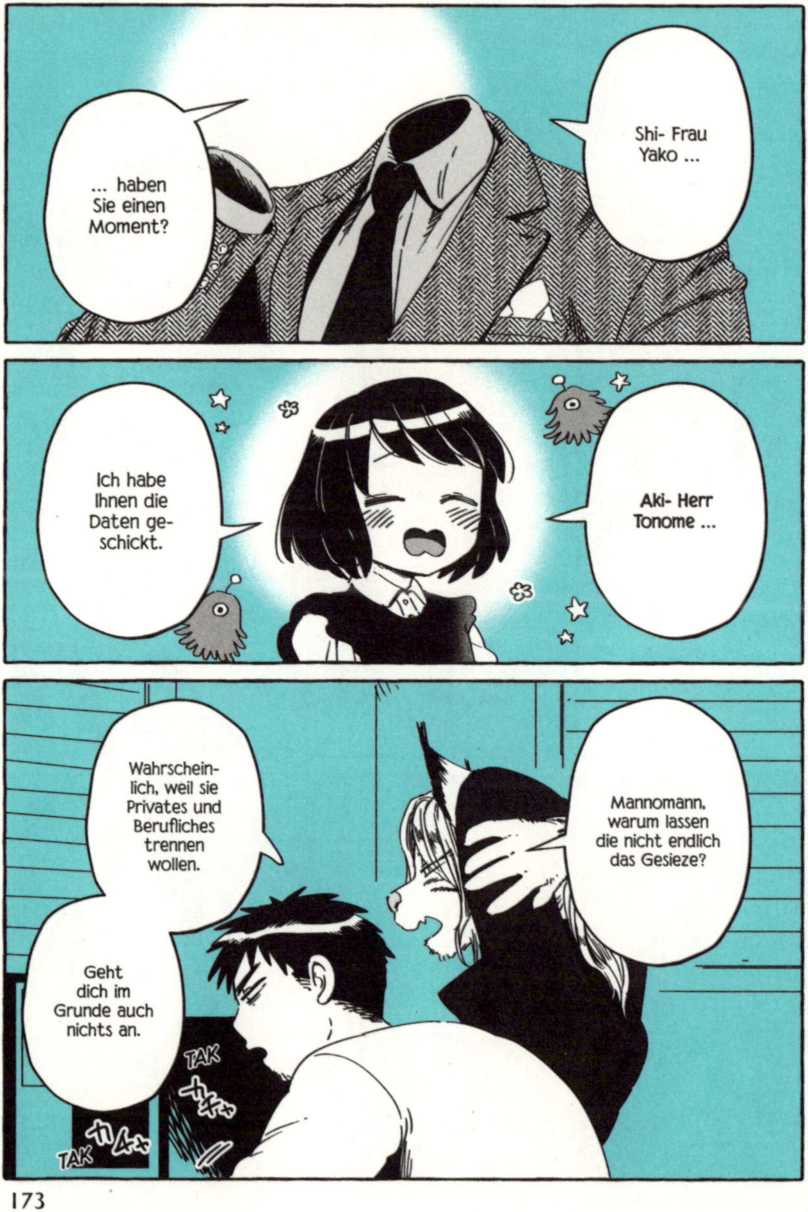
Shi- Frau Yako ...
... haben Sie einen Moment?
Aki- Herr Tonome ...
Ich habe Ihnen die Daten geschickt.
Mannomann, warum lassen die nicht endlich das Gesieze?
Wahrscheinlich, weil sie Privates und Berufliches trennen wollen.
Geht dich im Grunde auch nichts an.
TAK
TAK

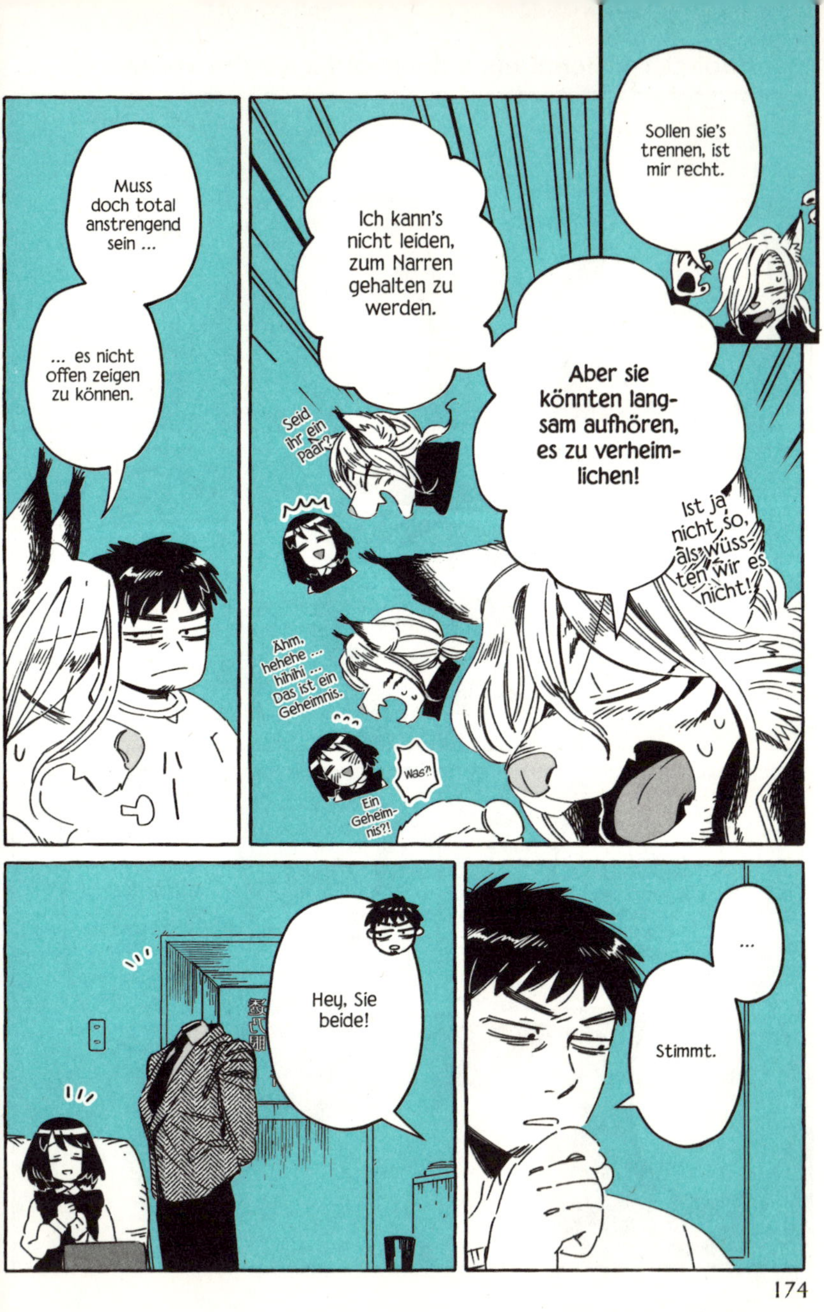
Sollen sie's trennen, ist mir recht.
Aber sie könnten langsam aufhören, es zu verheimlichen!
Ist ja nicht so, als wüssten wir es nicht!
Ich kann's nicht leiden, zum Narren gehalten zu werden.
Seid ihr ein Paar?
Ähm, hehehe … hihihi … Das ist ein Geheimnis.
Was?!
Ein Geheimnis?!
Muss doch total anstrengend sein …
… es nicht offen zeigen zu können.
…
Stimmt.
Hey, Sie beide!

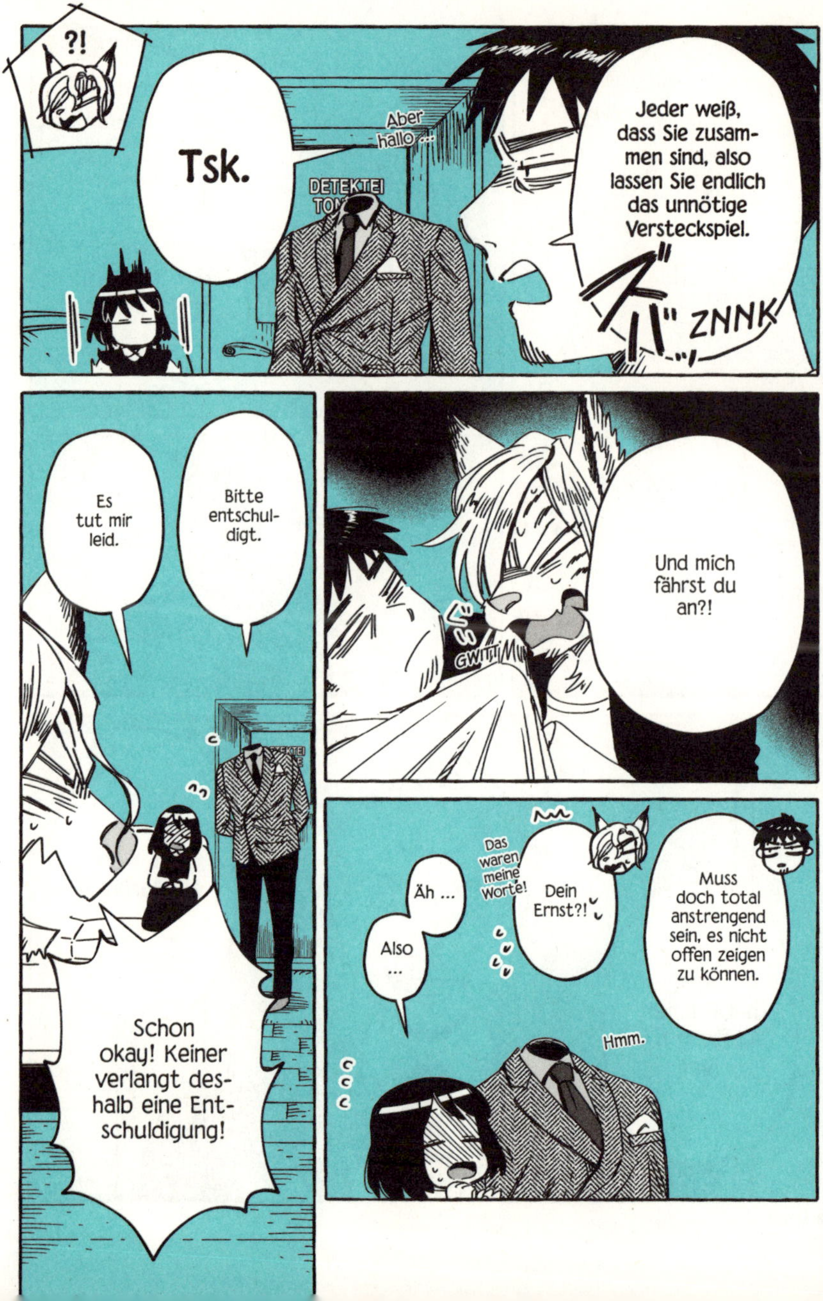
Jeder weiß, dass Sie zusammen sind, also lassen Sie endlich das unnötige Versteckspiel.
ZNNK
Aber hallo ...
DETEKTEI TON
Tsk.
?!
Und mich fährst du an?!
GWITT
Bitte entschuldigt.
Es tut mir leid.
Schon okay! Keiner verlangt deshalb eine Entschuldigung!
Muss doch total anstrengend sein, es nicht offen zeigen zu können.
Dein Ernst?!
Das waren meine Worte!
Äh ...
Also ...
Hmm.

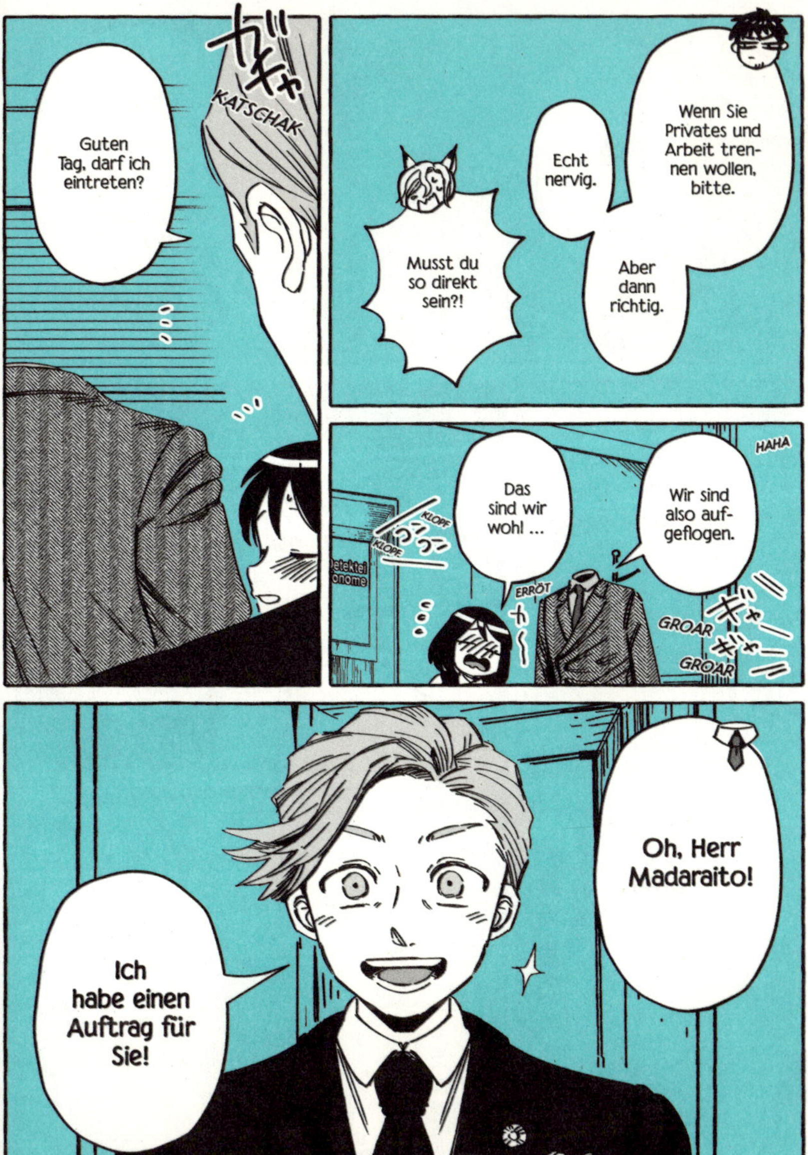
Wenn Sie Privates und Arbeit trennen wollen, bitte.
Aber dann richtig.
Echt nervig.
Musst du so direkt sein?!
KATSCHAK
Guten Tag, darf ich eintreten?
HAHA
Wir sind also aufgeflogen.
GROAR
GROAR
Das sind wir wohl ...
ERRÖT
KLOPF
KLOPF
Oh, Herr Madaraito!
Ich habe einen Auftrag für Sie!

◆ Auftritt einer neuen Figur.

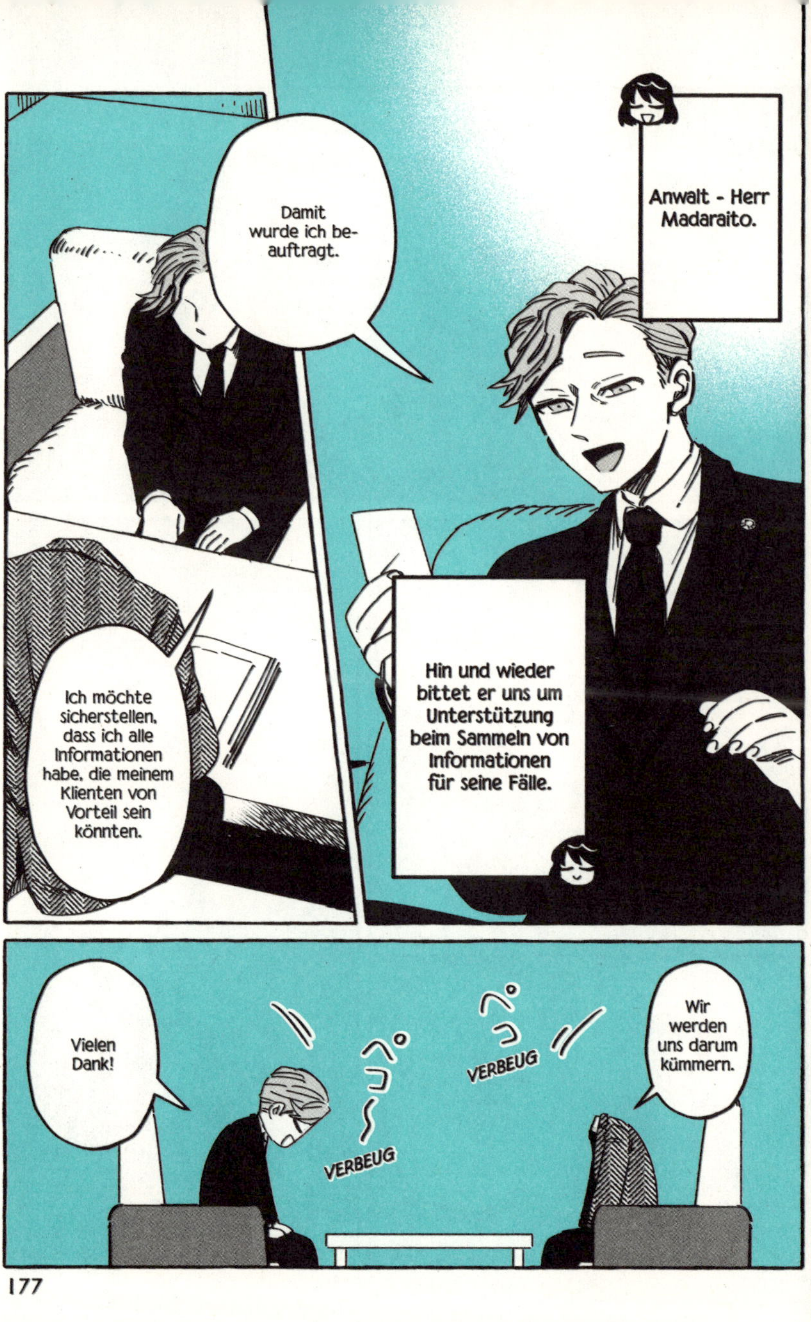
Anwalt - Herr Madaraito.
Damit wurde ich beauftragt.
Hin und wieder bittet er uns um Unterstützung beim Sammeln von Informationen für seine Fälle.
Ich möchte sicherstellen, dass ich alle Informationen habe, die meinem Klienten von Vorteil sein könnten.
Wir werden uns darum kümmern.
ペコ
VERBEUG
Vielen Dank!
ペコ
VERBEUG

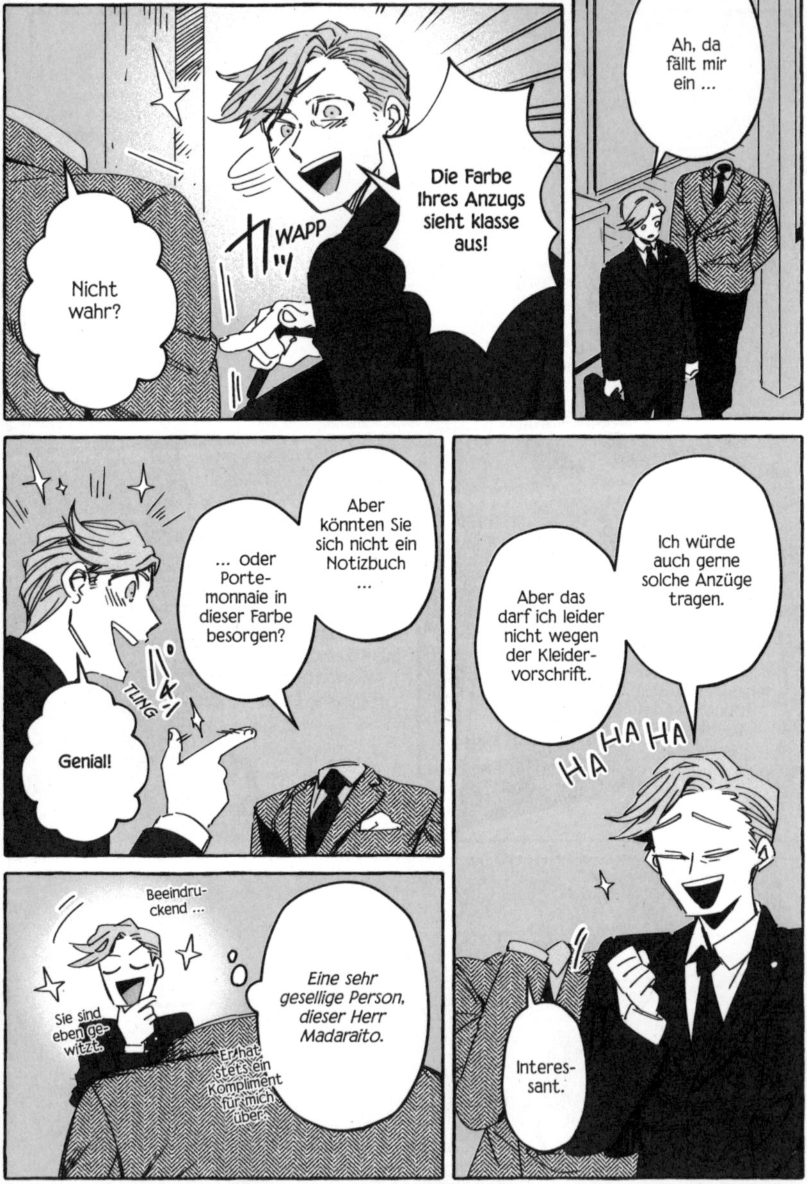
Ah, da fällt mir ein …
Die Farbe Ihres Anzugs sieht klasse aus!
WAPP
Nicht wahr?
Ich würde auch gerne solche Anzüge tragen.
Aber das darf ich leider nicht wegen der Kleidervorschrift.
HAHAHAHA
Aber könnten Sie sich nicht ein Notizbuch …
… oder Portemonnaie in dieser Farbe besorgen?
TLING
Genial!
Eine sehr gesellige Person, dieser Herr Madaraito.
Beeindruckend …
Sie sind eben gewitzt.
Er hat stets ein Kompliment für mich über.
Interessant.

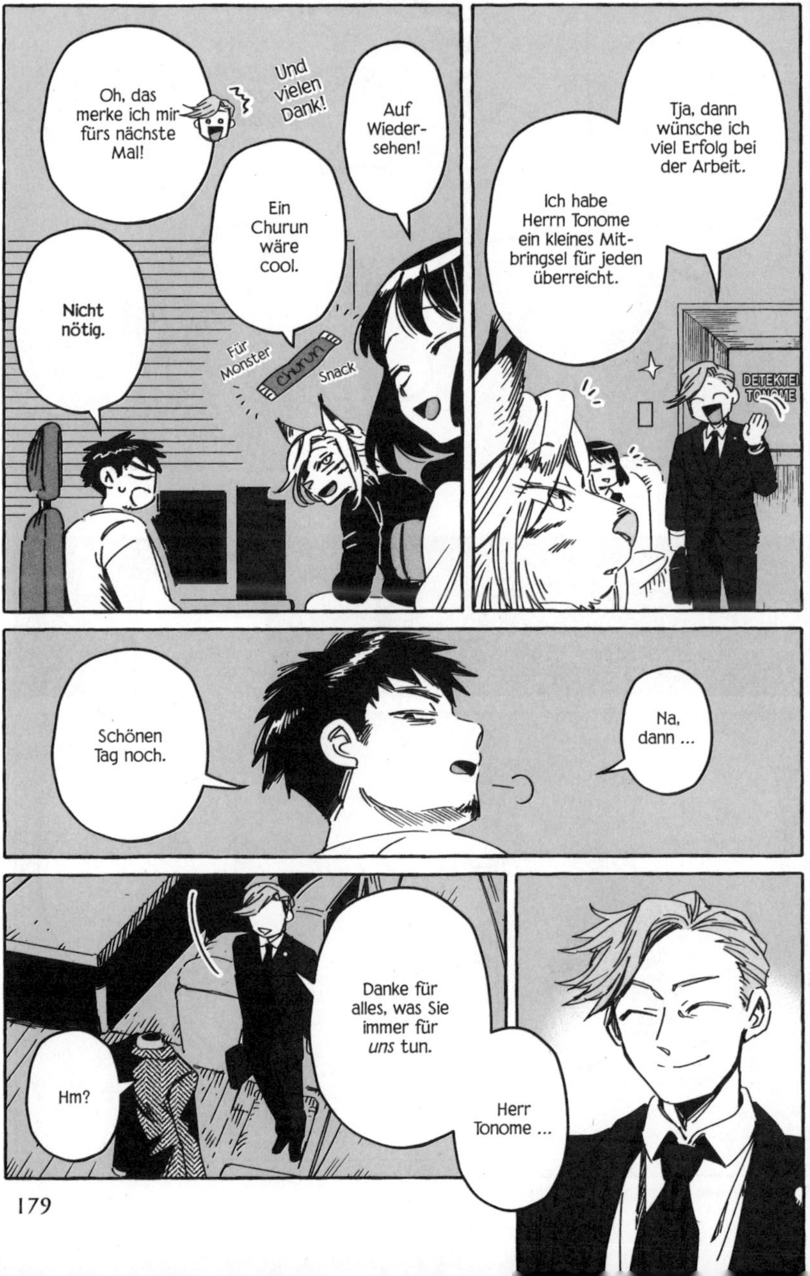
Tja, dann wünsche ich viel Erfolg bei der Arbeit.
Ich habe Herrn Tonome ein kleines Mitbringsel für jeden überreicht.
DETEKTEI TONOME
Auf Wiedersehen!
Und vielen Dank!
Oh, das merke ich mir fürs nächste Mal!
Ein Churun wäre cool.
Für Monster
Churun
Snack
Nicht nötig.
Na, dann ...
Schönen Tag noch.
Herr Tonome ...
Danke für alles, was Sie immer für *uns* tun.
Hm?

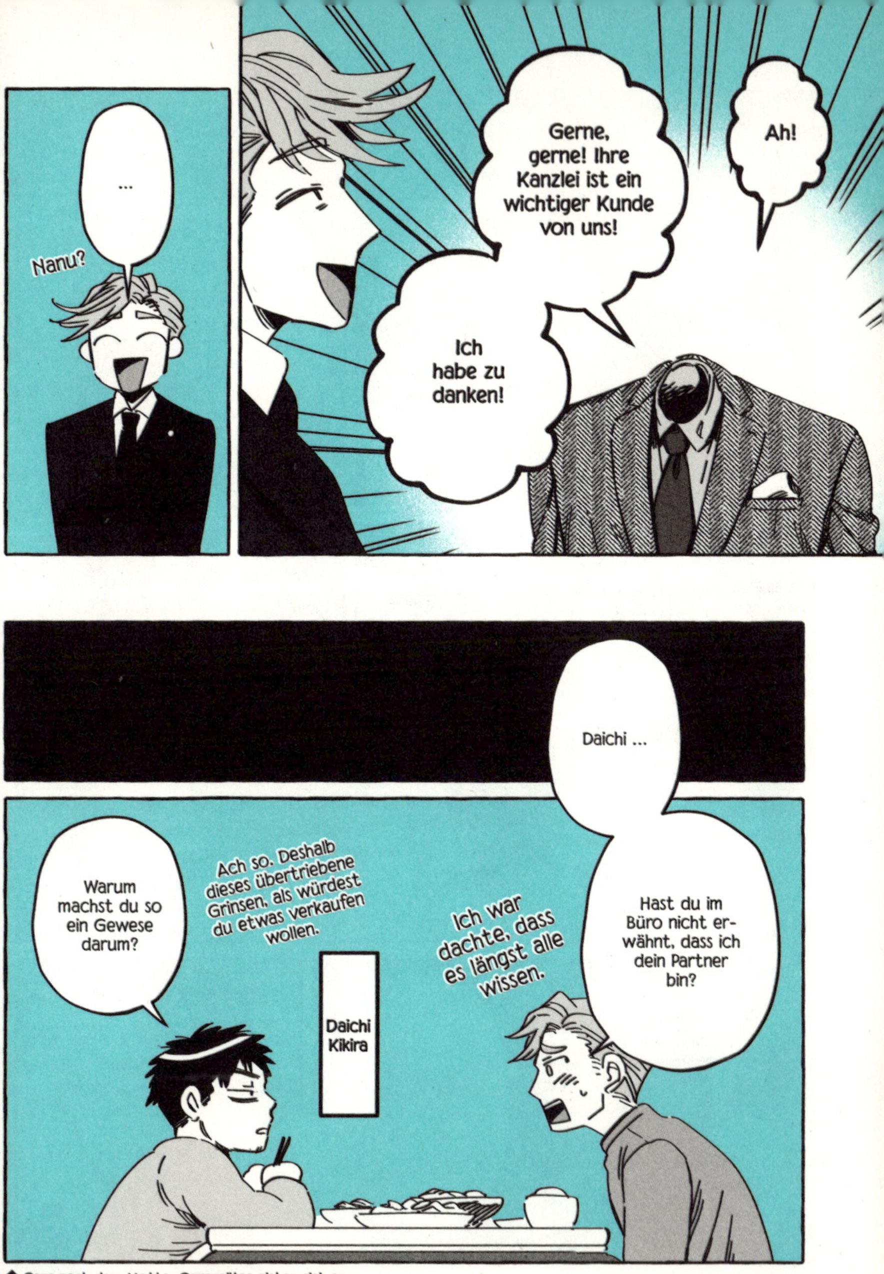
Ah!
Gerne, gerne! Ihre Kanzlei ist ein wichtiger Kunde von uns!
Ich habe zu danken!
...
Nanu?
Daichi ...
Hast du im Büro nicht erwähnt, dass ich dein Partner bin?
Ich war dachte, dass es längst alle wissen.
Daichi Kikira
Ach so. Deshalb dieses übertriebene Grinsen, als würdest du etwas verkaufen wollen.
Warum machst du so ein Gewese darum?

◆ Ganz nach dem Motto: Gegensätze ziehen sich an.

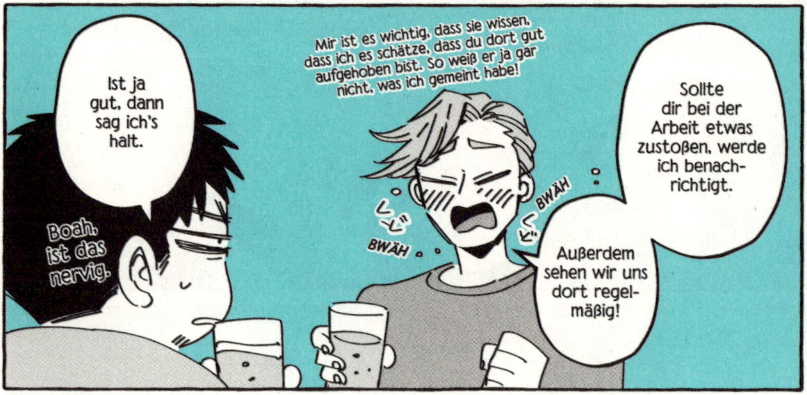
Sollte dir bei der Arbeit etwas zustoßen, werde ich benachrichtigt.
Außerdem sehen wir uns dort regelmäßig!
BWÄH
BWÄH
Mir ist es wichtig, dass sie wissen, dass ich es schätze, dass du dort gut aufgehoben bist. So weiß er ja gar nicht, was ich gemeint habe!
Ist ja gut, dann sag ich's halt.
Boah, ist das nervig.

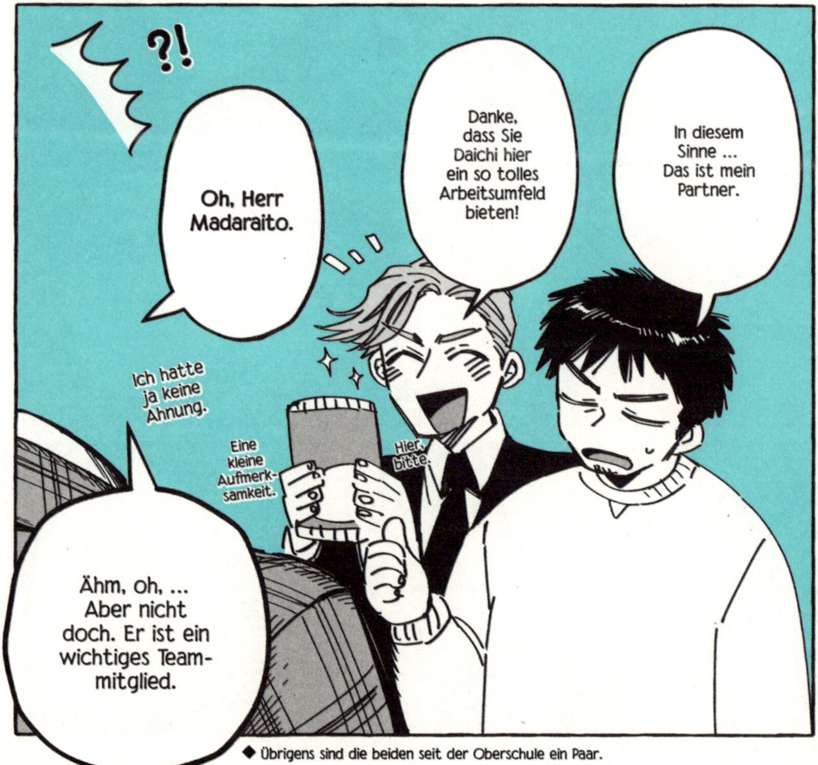
In diesem Sinne … Das ist mein Partner.
Danke, dass Sie Daichi hier ein so tolles Arbeitsumfeld bieten!
Hier, bitte.
Eine kleine Aufmerksamkeit.
Oh, Herr Madaraito.
?!
Ich hatte ja keine Ahnung.
Ähm, oh, … Aber nicht doch. Er ist ein wichtiges Teammitglied.

◆ Übrigens sind die beiden seit der Oberschule ein Paar.

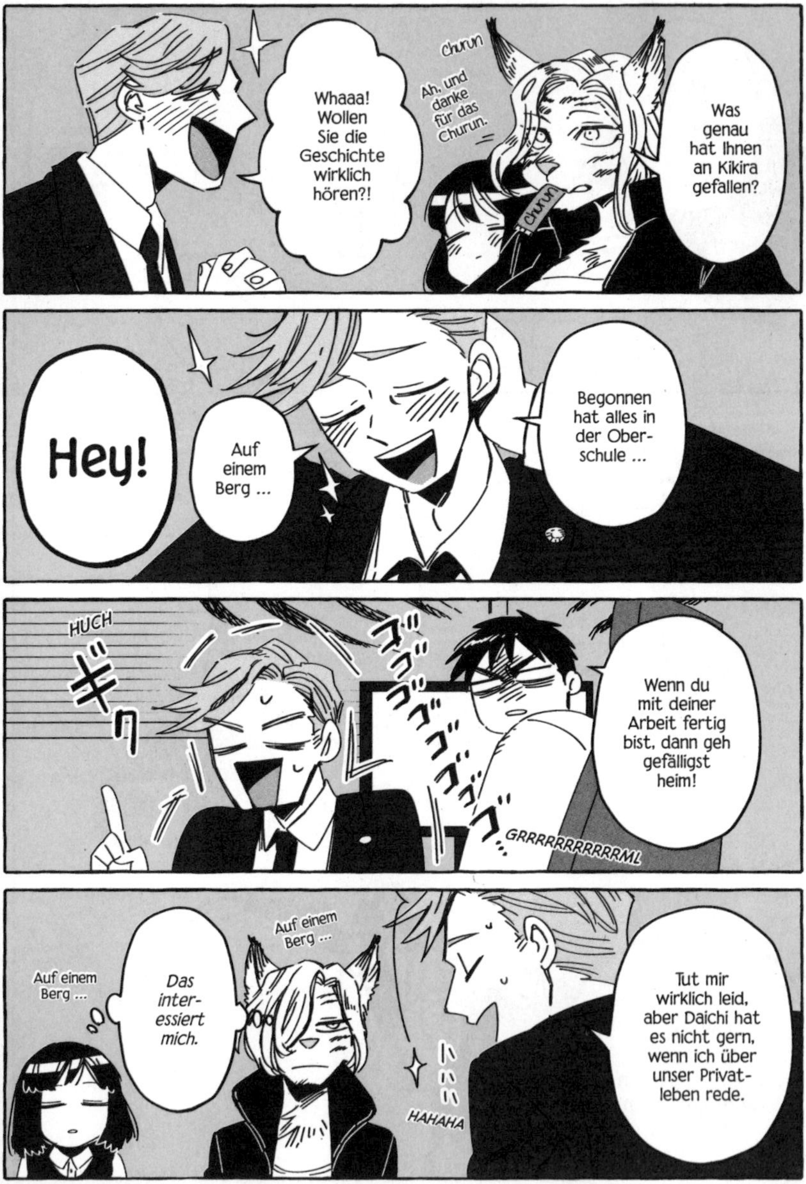
Was genau hat Ihnen an Kikira gefallen?
Churun
Ah, und danke für das Churun.
Whaaa! Wollen Sie die Geschichte wirklich hören?!
Begonnen hat alles in der Oberschule …
Auf einem Berg …
Hey!
Wenn du mit deiner Arbeit fertig bist, dann geh gefälligst heim!
GRRRRRRRRRRRML
HUCH
Tut mir wirklich leid, aber Daichi hat es nicht gern, wenn ich über unser Privatleben rede.
HAHAHA
Auf einem Berg …
Das interessiert mich.
Auf einem Berg …

◆ Auf einem Berg …

Kapitel 15: Plötzlich erkältet

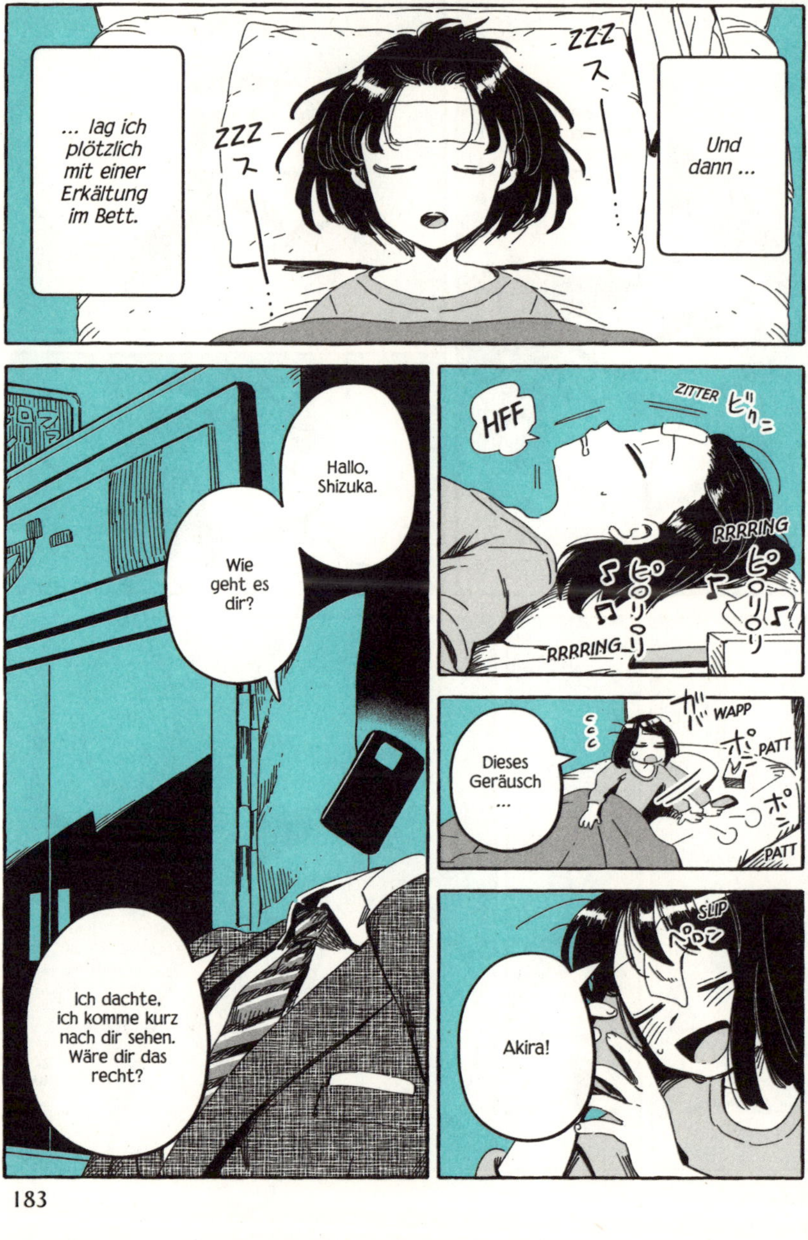

Und dann ...
ZZZ
... lag ich plötzlich mit einer Erkältung im Bett.
ZZZ
HFF
ZITTER
RRRRING
RRRRING
WAPP
PATT
PATT
Dieses Geräusch ...
SLIP
Akira!
Hallo, Shizuka.
Wie geht es dir?
Ich dachte, ich komme kurz nach dir sehen. Wäre dir das recht?

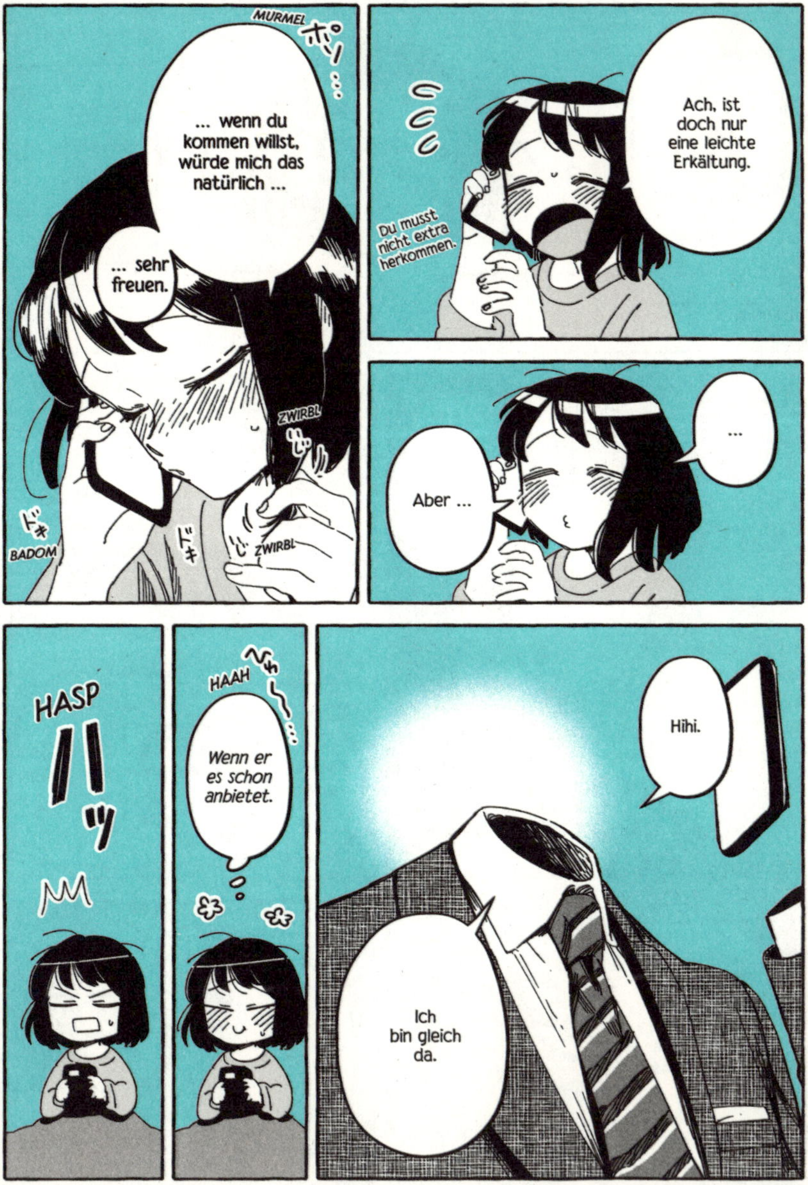
Ach, ist doch nur eine leichte Erkältung.
Du musst nicht extra herkommen.
...
Aber ...
MURMEL
ポソ…
... wenn du kommen willst, würde mich das natürlich ...
... sehr freuen.
ZWIRBL
ZWIRBL
ドキ
BADOM
Hihi.
Ich bin gleich da.
HAAH
へぇ〜…
Wenn er es schon anbietet.
HASP
ハッ

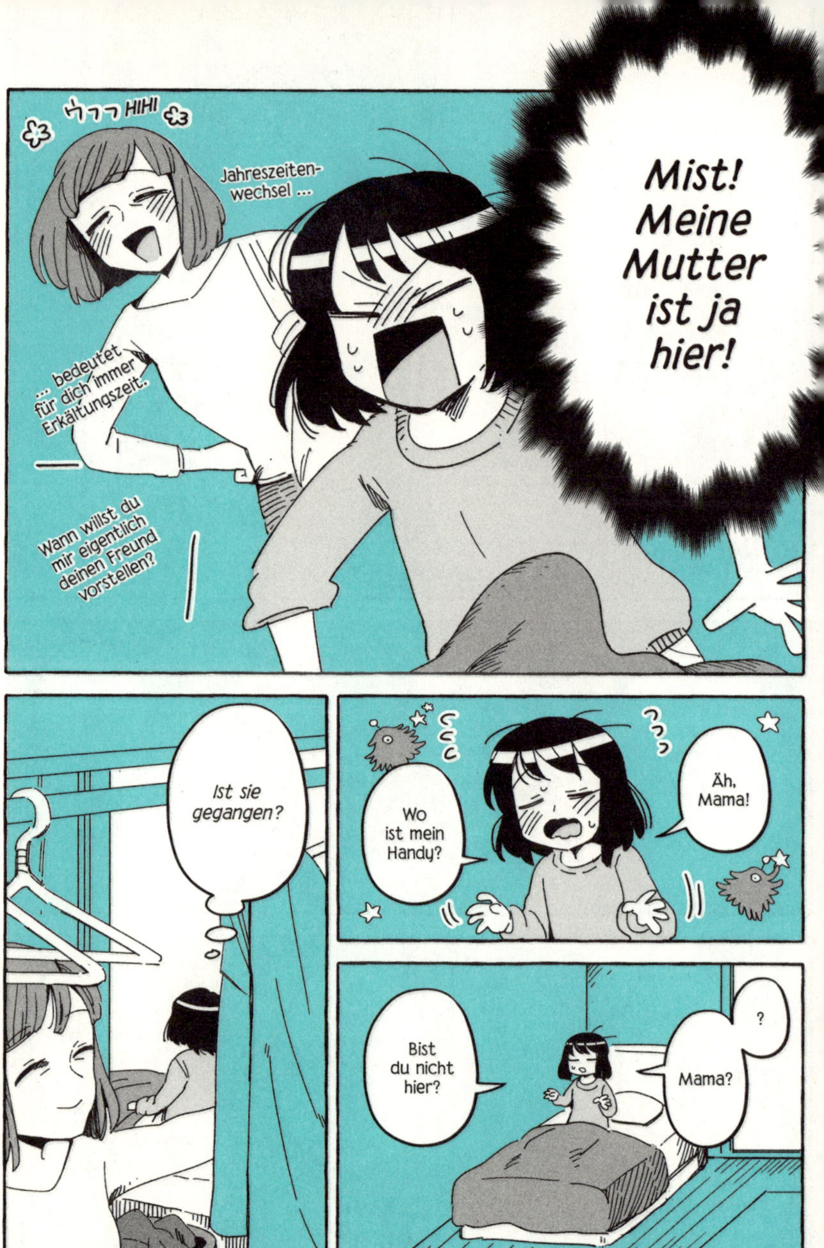
ウフフ HIHI
Jahreszeiten-wechsel ...
... bedeutet für dich immer Erkältungszeit.
Wann willst du mir eigentlich deinen Freund vorstellen?
Mist! Meine Mutter ist ja hier!
Äh, Mama!
Wo ist mein Handy?
?
Mama?
Bist du nicht hier?
Ist sie gegangen?

◆ Es war perfektes Wetter, um die Wäsche draußen aufzuhängen.

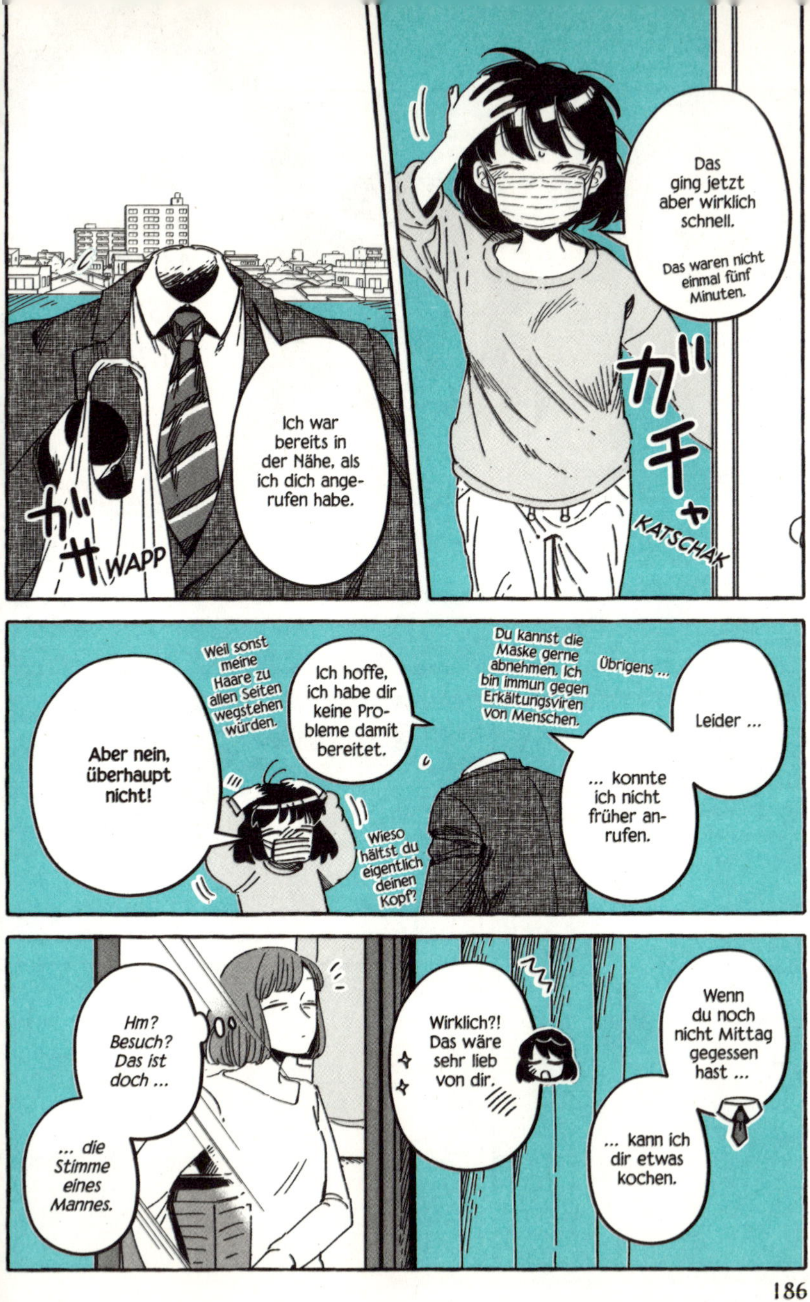
Das ging jetzt aber wirklich schnell.
Das waren nicht einmal fünf Minuten.
KATSCHAK
Ich war bereits in der Nähe, als ich dich ange-rufen habe.
WAPP
Leider ...
... konnte ich nicht früher an-rufen.
Übrigens ...
Du kannst die Maske gerne abnehmen. Ich bin immun gegen Erkältungsviren von Menschen.
Ich hoffe, ich habe dir keine Probleme damit bereitet.
Wieso hältst du eigentlich deinen Kopf?
Aber nein, überhaupt nicht!
Weil sonst meine Haare zu allen Seiten wegstehen würden.
Wenn du noch nicht Mittag gegessen hast ...
... kann ich dir etwas kochen.
Wirklich?! Das wäre sehr lieb von dir.
Hm? Besuch? Das ist doch ...
... die Stimme eines Mannes.

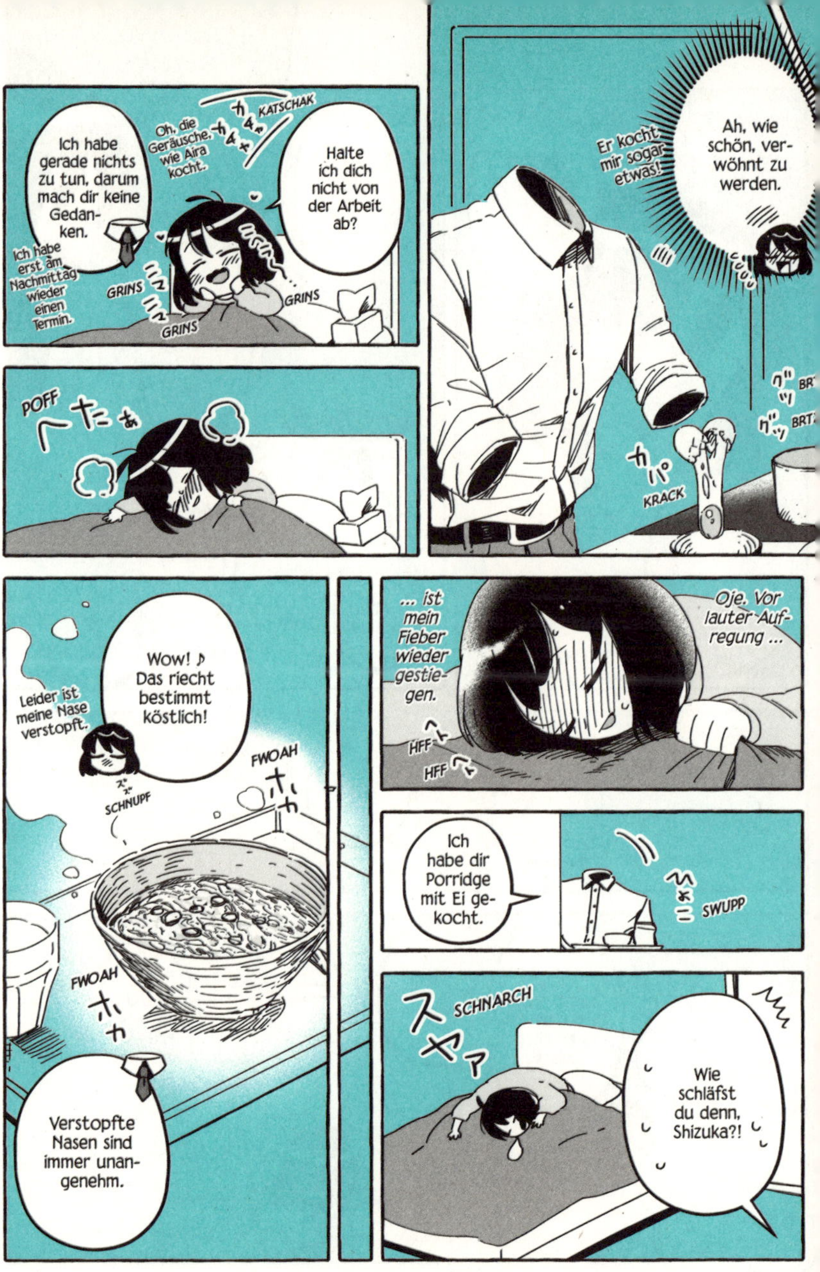
Ah, wie schön, verwöhnt zu werden.
Er kocht mir sogar etwas!
BRT
BRT
KRACK
Halte ich dich nicht von der Arbeit ab?
KATSCHAK
Oh, die Geräusche, wie Aira kocht.
Ich habe gerade nichts zu tun, darum mach dir keine Gedanken.
Ich habe erst am Nachmittag wieder einen Termin.
GRINS
GRINS
GRINS
POFF
Oje. Vor lauter Aufregung ...
... ist mein Fieber wieder gestiegen.
HFF
HFF
SWUPP
Ich habe dir Porridge mit Ei gekocht.
Wow! ♪ Das riecht bestimmt köstlich!
Leider ist meine Nase verstopft.
SCHNUPF
FWOAH
FWOAH
Verstopfte Nasen sind immer unangenehm.
SCHNARCH
Wie schläfst du denn, Shizuka?!

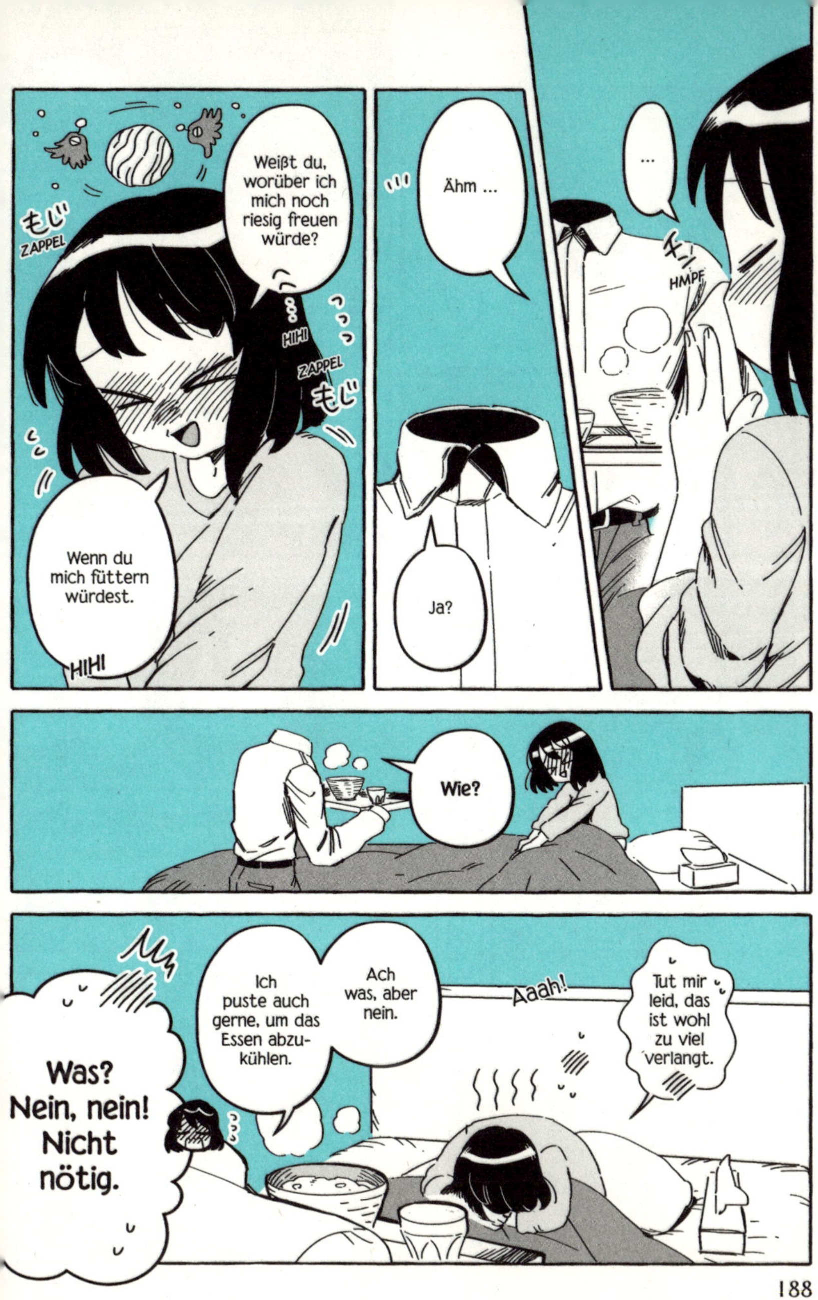
...
HMPF
Ähm ...
Ja?
Weißt du, worüber ich mich noch riesig freuen würde?
ZAPPEL
HIHI
ZAPPEL
Wenn du mich füttern würdest.
HIHI
Wie?
Tut mir leid, das ist wohl zu viel verlangt.
Aaah!
Ach was, aber nein.
Ich puste auch gerne, um das Essen abzukühlen.
Was? Nein, nein! Nicht nötig.

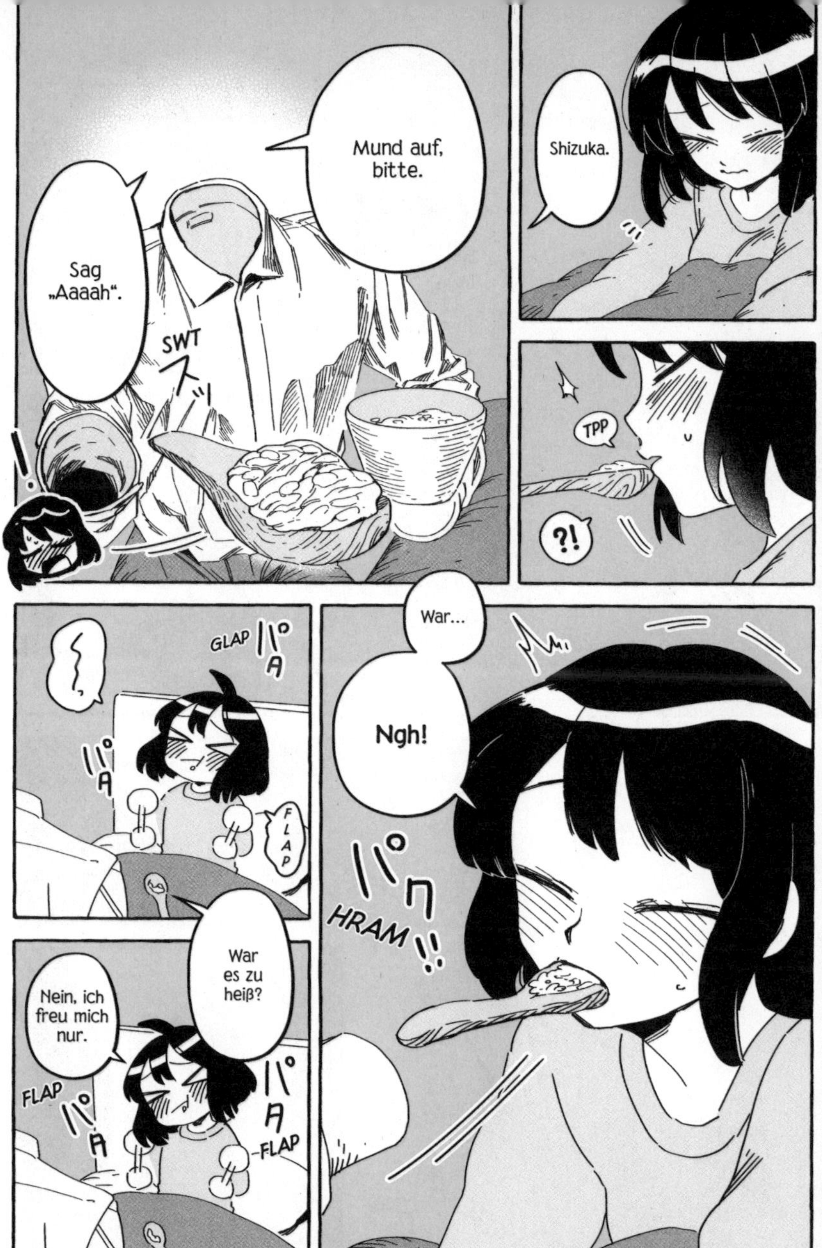
Shizuka.
Mund auf, bitte.
Sag „Aaaah“.
SWT
TPP
?!
War...
Ngh!
HRAM!!
GLAP
FLAP
War es zu heiß?
Nein, ich freu mich nur.
FLAP
FLAP

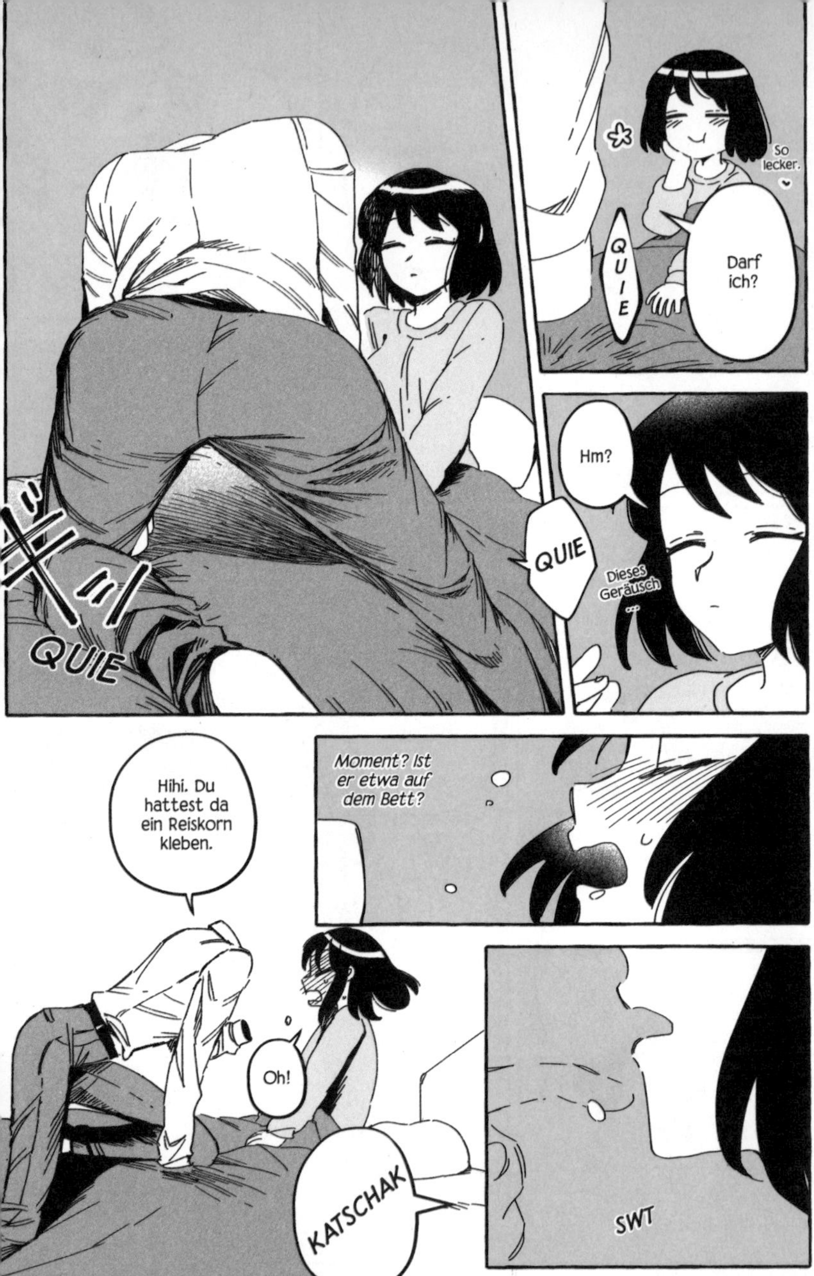
So lecker.
Darf ich?
QUIE
Hm?
Dieses Geräusch …
QUIE
QUIE
Moment? Ist er etwa auf dem Bett?
Hihi. Du hattest da ein Reiskorn kleben.
Oh!
SWT
KATSCHAK

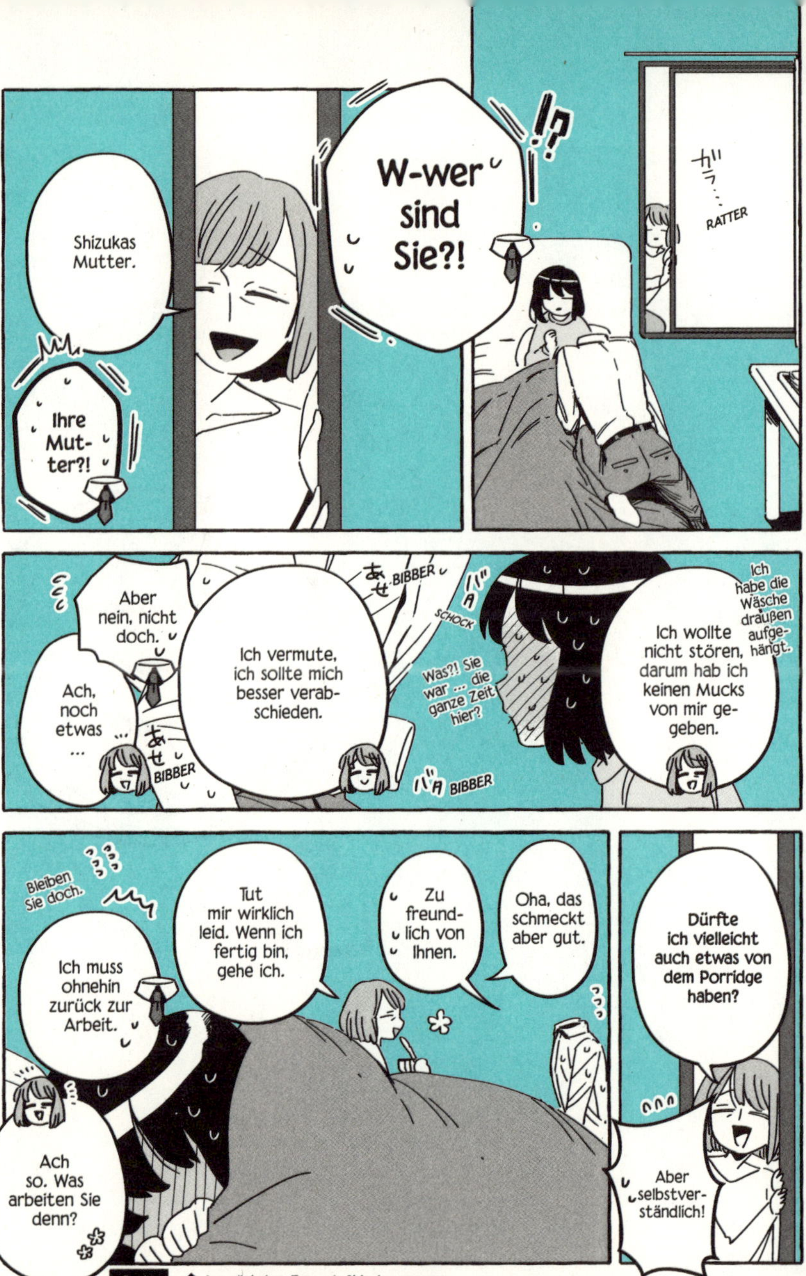
ガラ…
RATTER
W-wer sind Sie?!
Shizukas Mutter.
Ihre Mut-ter?!
Ich habe die Wäsche draußen aufgehängt.
Ich wollte nicht stören, darum hab ich keinen Mucks von mir gegeben.
Was?! Sie war ... die ganze Zeit hier?
SCHOCK
BIBBER
Ich vermute, ich sollte mich besser verabschieden.
BIBBER
Aber nein, nicht doch.
Ach, noch etwas ...
BIBBER
Dürfte ich vielleicht auch etwas von dem Porridge haben?
Aber selbstverständlich!
Oha, das schmeckt aber gut.
Zu freundlich von Ihnen.
Tut mir wirklich leid. Wenn ich fertig bin, gehe ich.
Ich muss ohnehin zurück zur Arbeit.
Bleiben Sie doch.
Ach so. Was arbeiten Sie denn?

Ende ◆ Am nächsten Tag war Shizuka genesen.

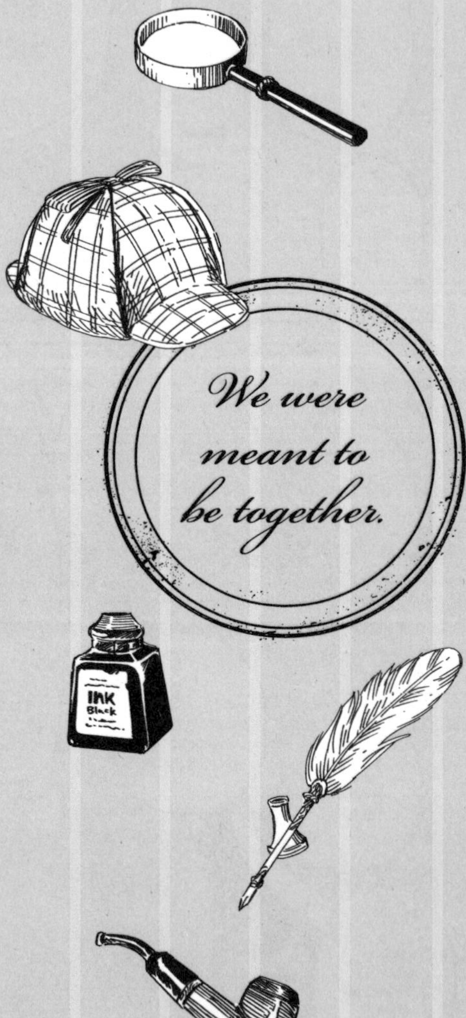
We were
meant to
be together.

Kapitel 16: Eine unsichtbare Klientin

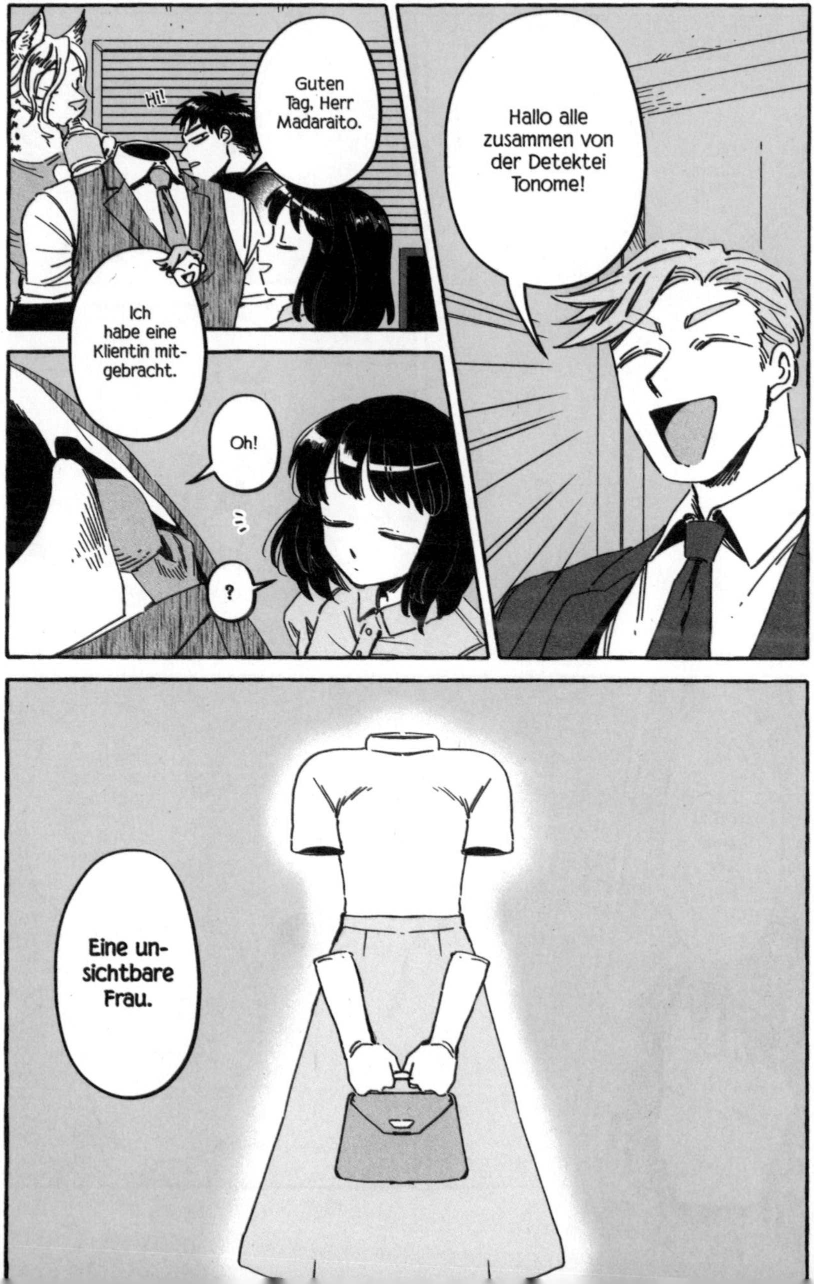
Hallo alle zusammen von der Detektei Tonome!
Guten Tag, Herr Madaraito.
Hi!
Ich habe eine Klientin mitgebracht.
Oh!
?
Eine unsichtbare Frau.

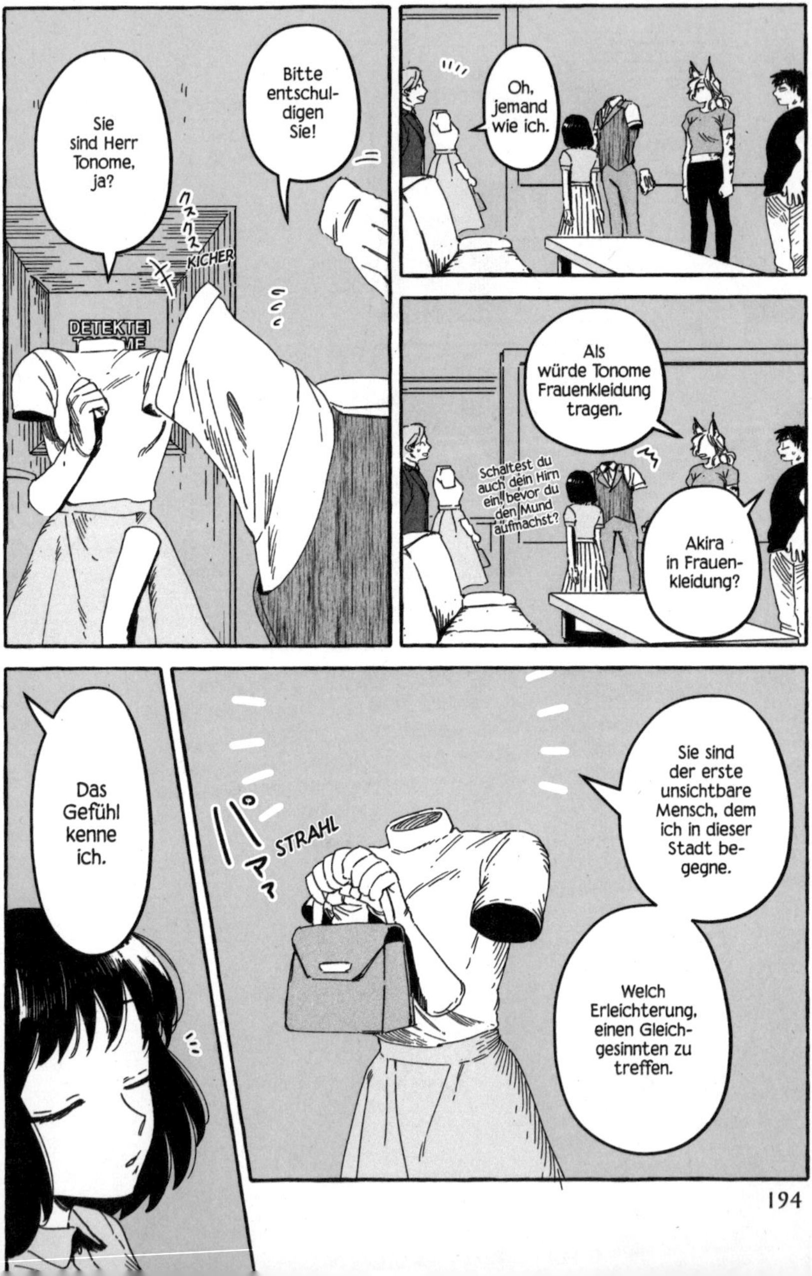
Oh, jemand wie ich.
Als würde Tonome Frauenkleidung tragen.
Schaltest du auch dein Hirn ein, bevor du den Mund aufmachst?
Akira in Frauenkleidung?
Bitte entschuldigen Sie!
Sie sind Herr Tonome, ja?
KICHER
DETEKTEI
Sie sind der erste unsichtbare Mensch, dem ich in dieser Stadt begegne.
Welch Erleichterung, einen Gleichgesinnten zu treffen.
STRAHL
Das Gefühl kenne ich.

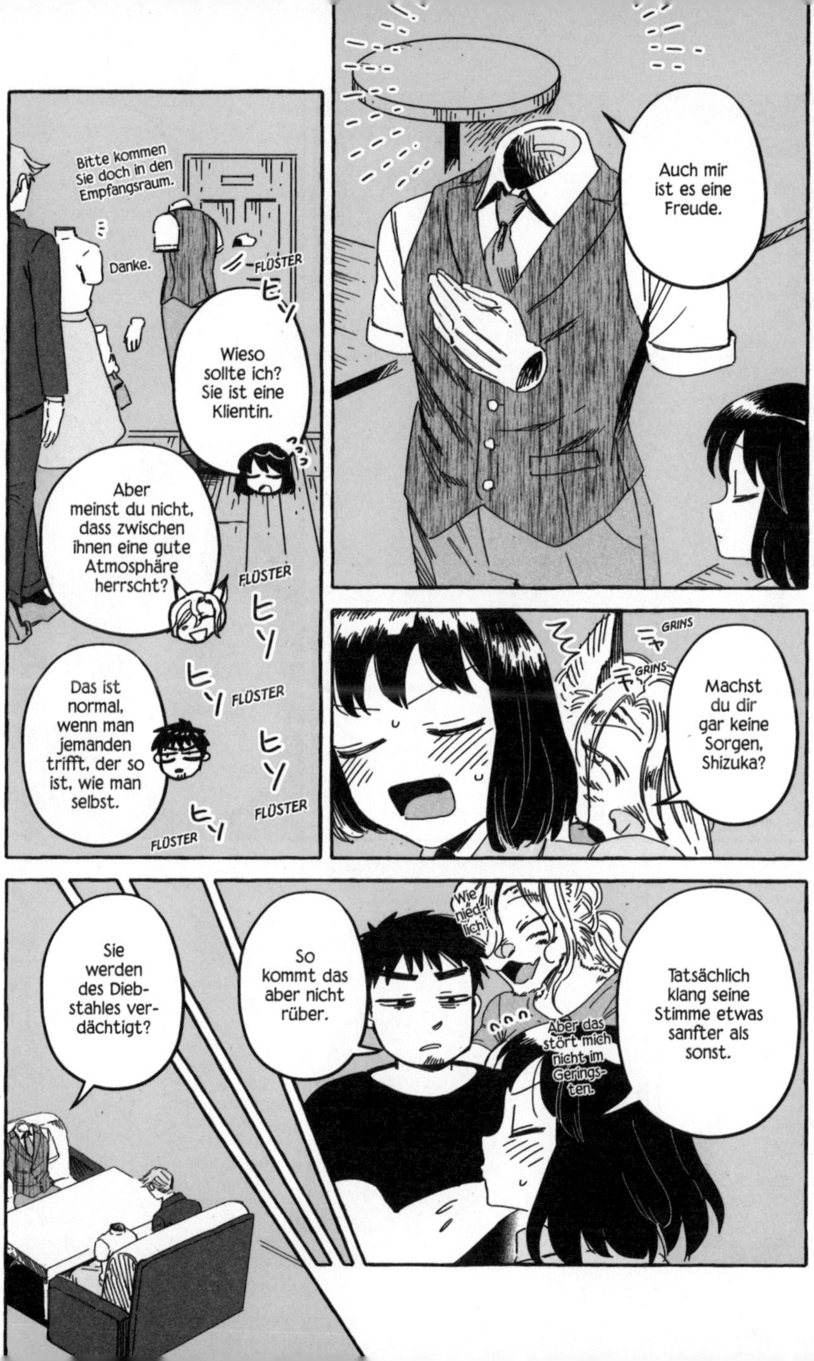
Auch mir ist es eine Freude.
Bitte kommen Sie doch in den Empfangsraum.
Danke.
FLÜSTER
Wieso sollte ich? Sie ist eine Klientin.
Aber meinst du nicht, dass zwischen ihnen eine gute Atmosphäre herrscht?
FLÜSTER
FLÜSTER
Das ist normal, wenn man jemanden trifft, der so ist, wie man selbst.
FLÜSTER
FLÜSTER
GRINS
GRINS
Machst du dir gar keine Sorgen, Shizuka?
Tatsächlich klang seine Stimme etwas sanfter als sonst.
Wie niedlich!
Aber das stört mich nicht im Geringsten.
So kommt das aber nicht rüber.
Sie werden des Diebstahles verdächtigt?

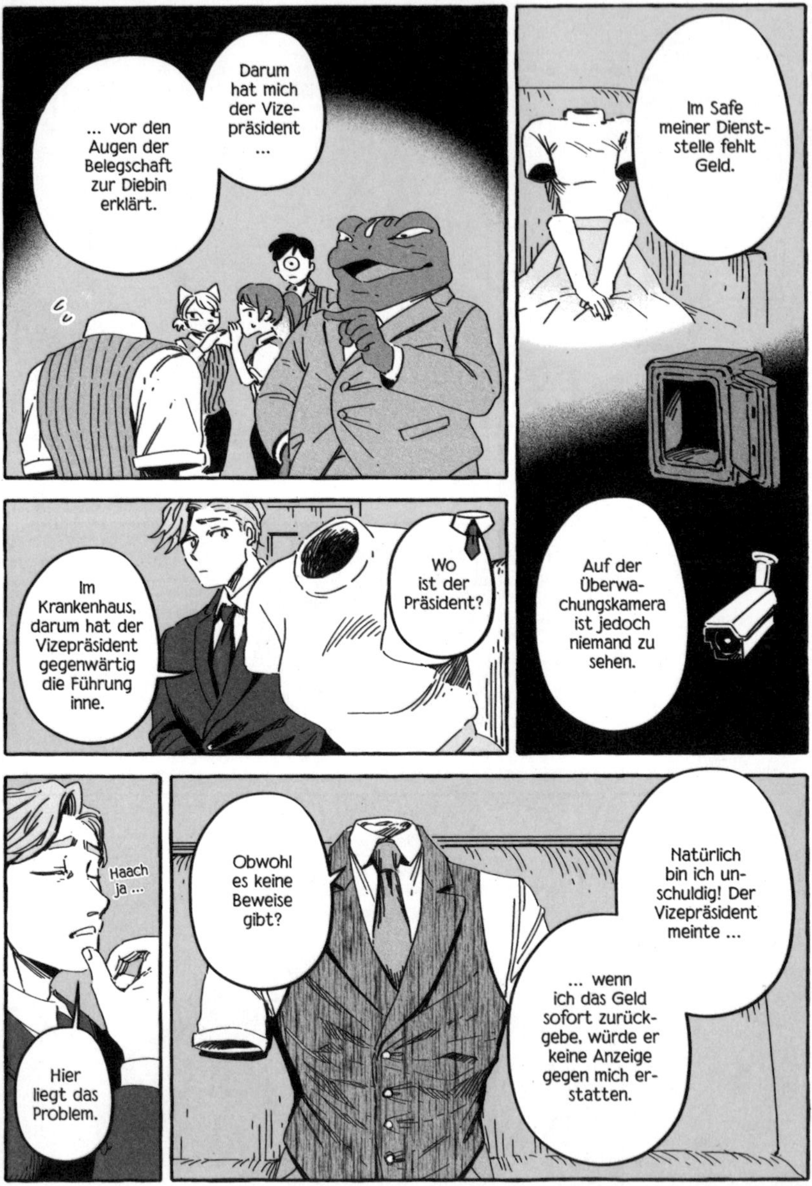
Im Safe meiner Dienststelle fehlt Geld.
Auf der Überwachungskamera ist jedoch niemand zu sehen.
Darum hat mich der Vizepräsident ...
... vor den Augen der Belegschaft zur Diebin erklärt.
Wo ist der Präsident?
Im Krankenhaus, darum hat der Vizepräsident gegenwärtig die Führung inne.
Natürlich bin ich unschuldig! Der Vizepräsident meinte ...
... wenn ich das Geld sofort zurückgebe, würde er keine Anzeige gegen mich erstatten.
Obwohl es keine Beweise gibt?
Haach ja ...
Hier liegt das Problem.

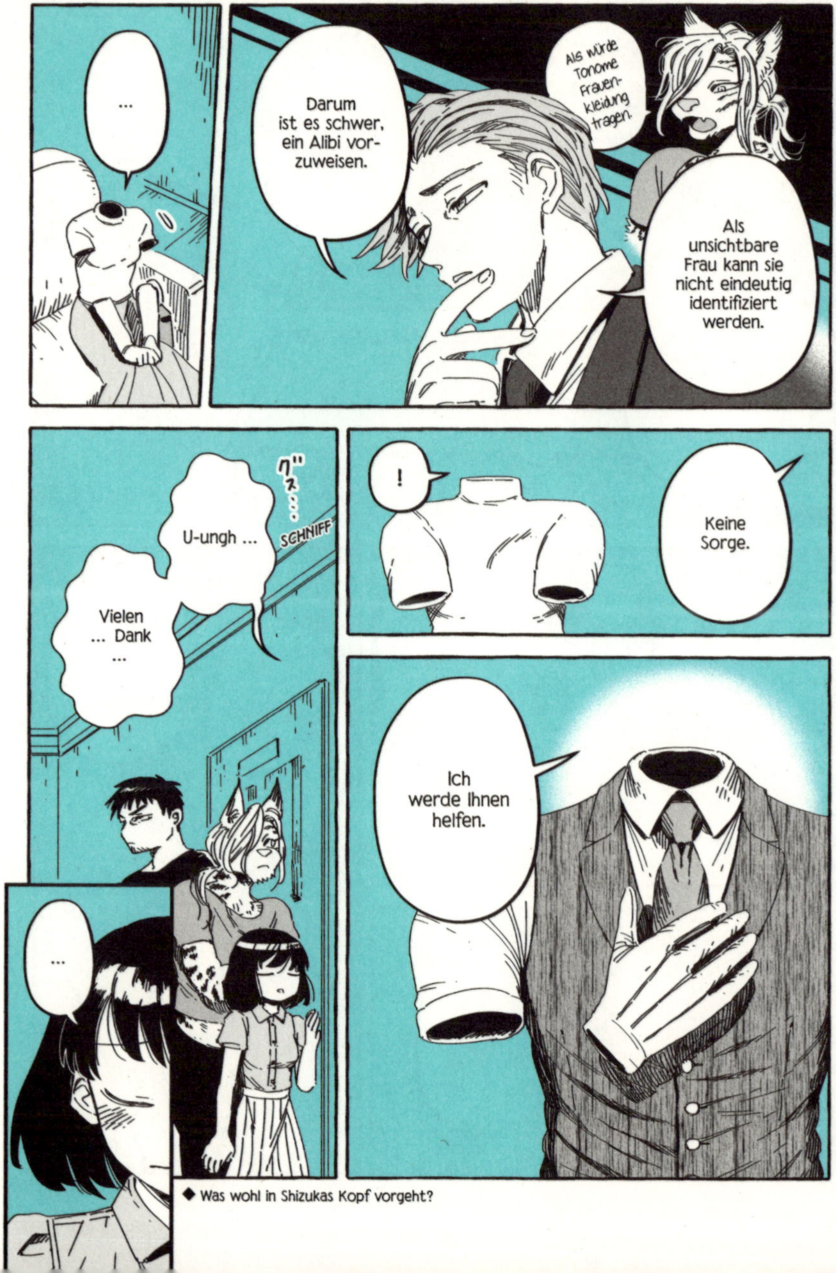
Als unsichtbare Frau kann sie nicht eindeutig identifiziert werden.
Als würde Tonome Frauenkleidung tragen.
Darum ist es schwer, ein Alibi vorzuweisen.
...
Keine Sorge.
!
Ich werde Ihnen helfen.
U-ungh ...
グス… SCHNIFF
Vielen ... Dank ...
...

◆ Was wohl in Shizukas Kopf vorgeht?

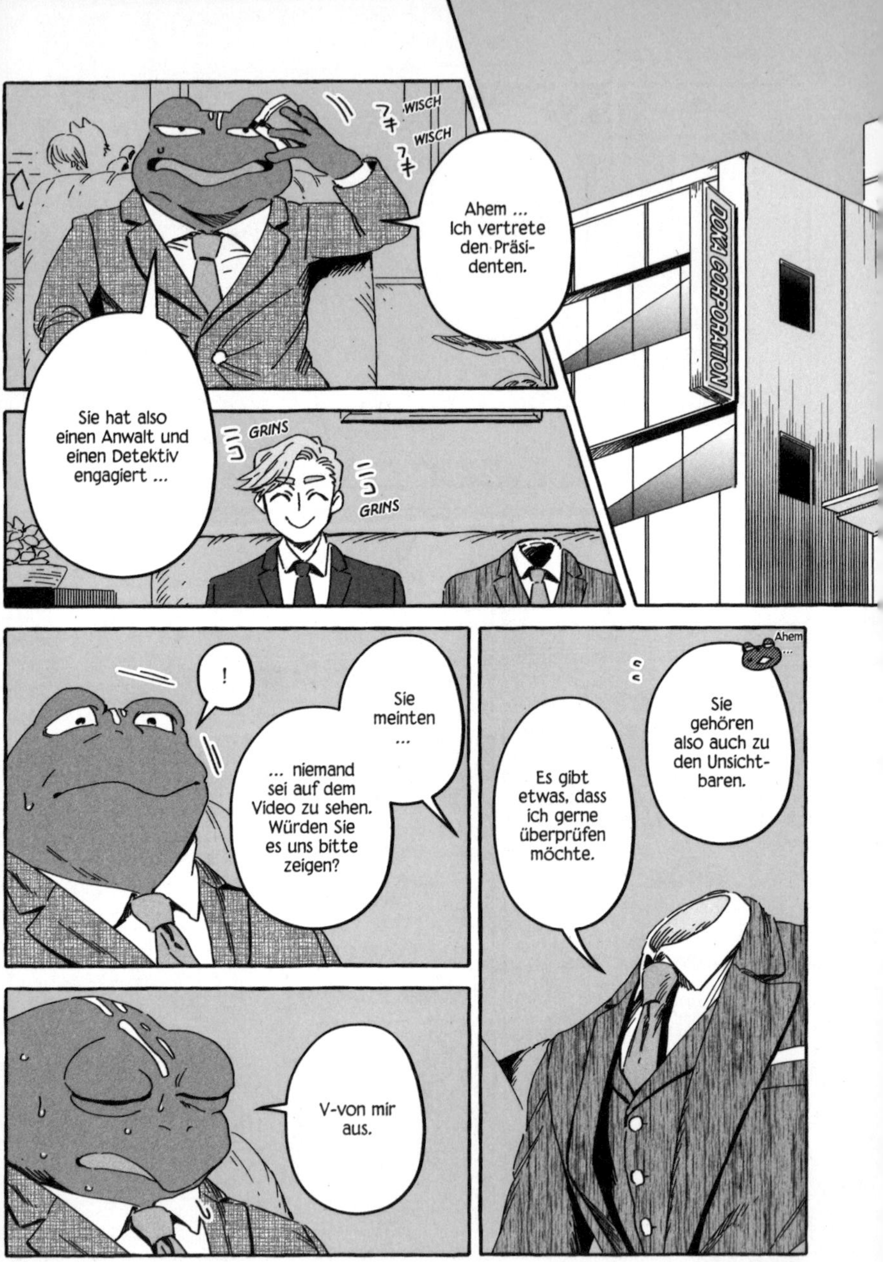
DOKA CORPORATION
WISCH
WISCH
Ahem … Ich vertrete den Präsidenten.
GRINS
GRINS
Sie hat also einen Anwalt und einen Detektiv engagiert …
Ahem …
Sie gehören also auch zu den Unsichtbaren.
Es gibt etwas, dass ich gerne überprüfen möchte.
!
Sie meinten …
… niemand sei auf dem Video zu sehen. Würden Sie es uns bitte zeigen?
V-von mir aus.

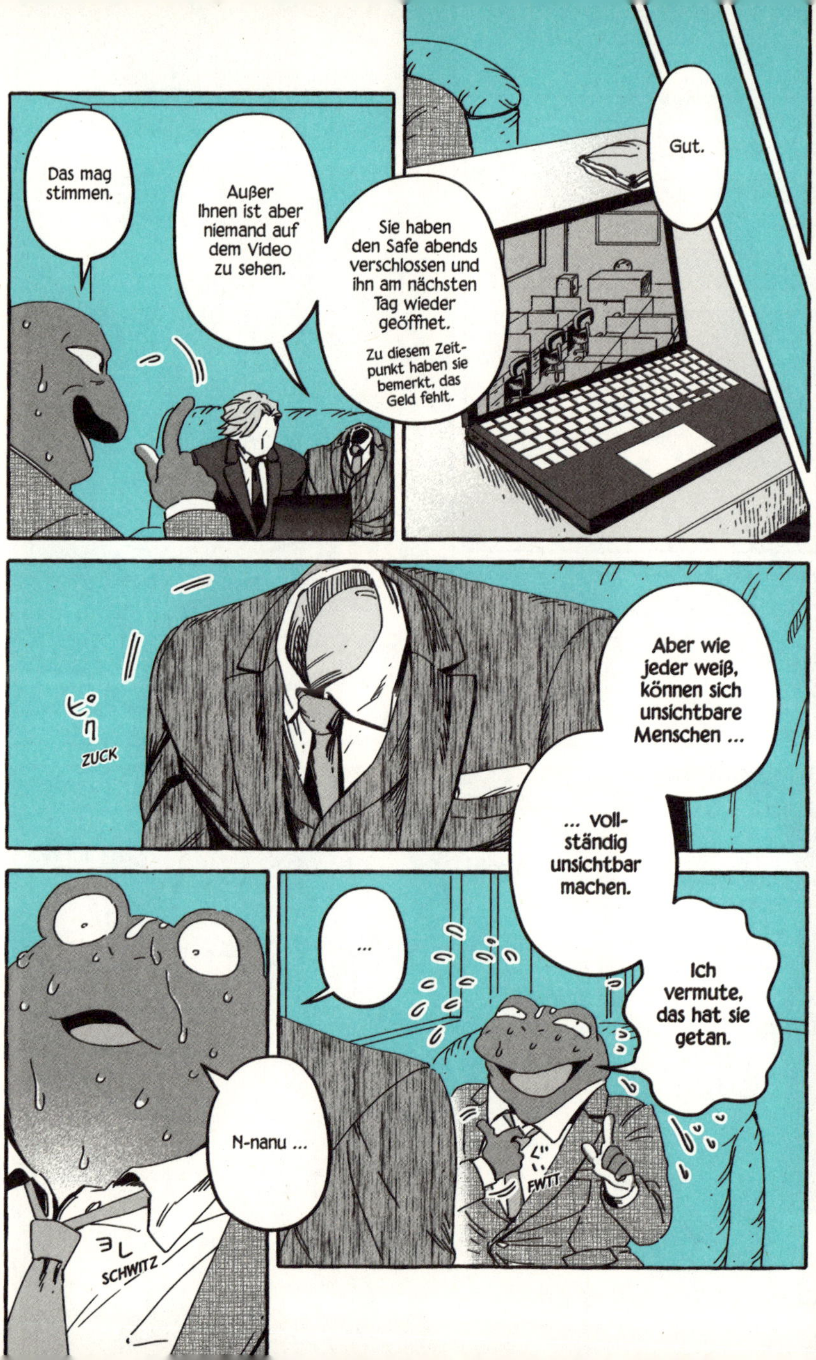
Gut.
Sie haben den Safe abends verschlossen und ihn am nächsten Tag wieder geöffnet.
Zu diesem Zeitpunkt haben sie bemerkt, das Geld fehlt.
Außer Ihnen ist aber niemand auf dem Video zu sehen.
Das mag stimmen.
Aber wie jeder weiß, können sich unsichtbare Menschen ...
... vollständig unsichtbar machen.
ZUCK
Ich vermute, das hat sie getan.
FWTT
...
N-nanu ...
SCHWITZ

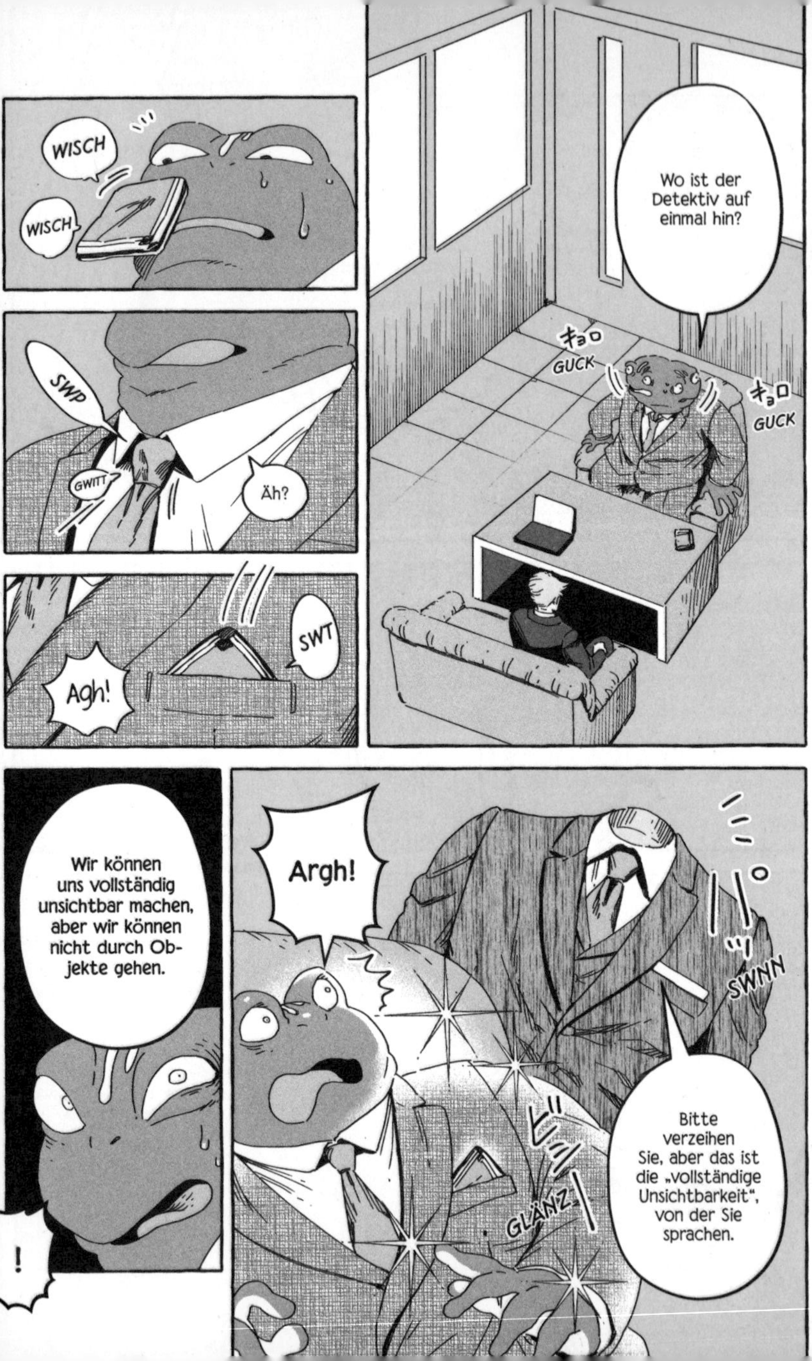
Wo ist der Detektiv auf einmal hin?
キョロ GUCK
キョロ GUCK
WISCH
WISCH
SWP
GWITT
Äh?
SWT
Agh!
SWNN
Bitte verzeihen Sie, aber das ist die „vollständige Unsichtbarkeit“, von der Sie sprachen.
GLÄNZ
Argh!
Wir können uns vollständig unsichtbar machen, aber wir können nicht durch Objekte gehen.
!

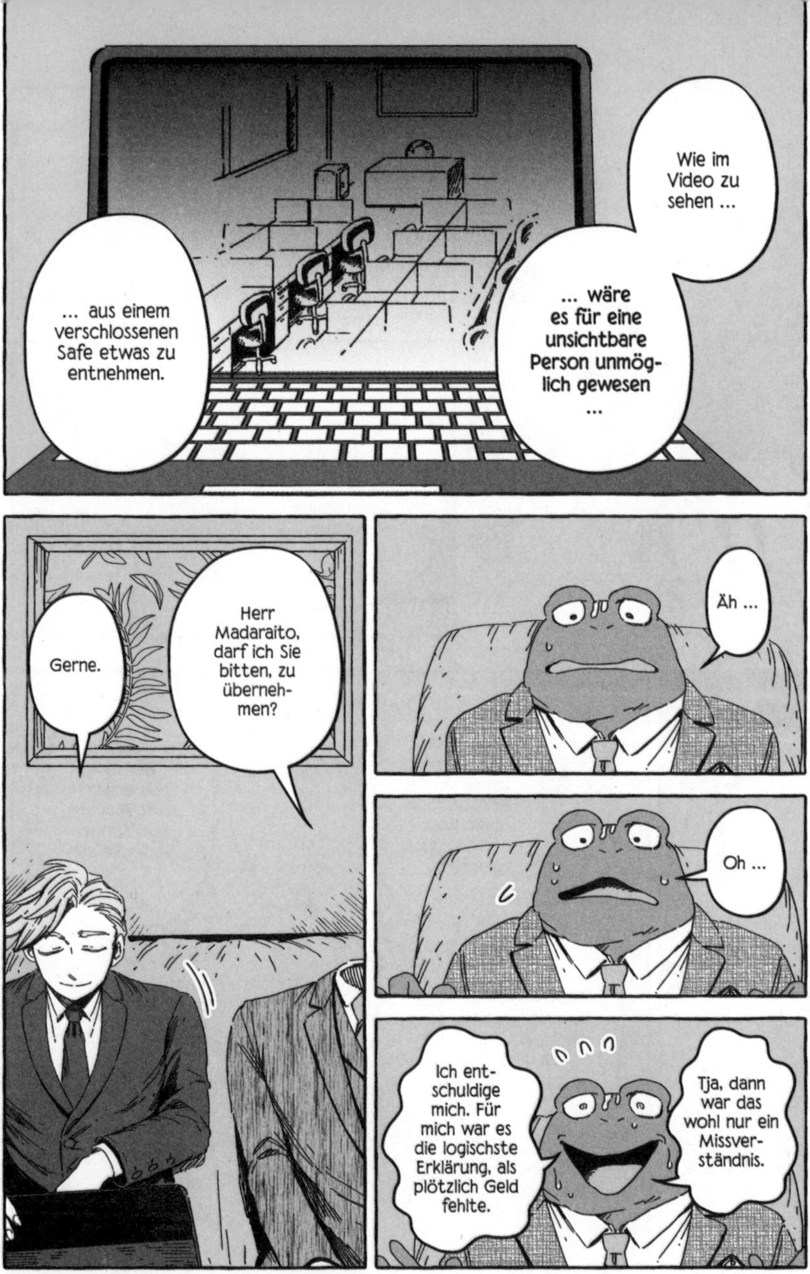
Wie im Video zu sehen ...
... wäre es für eine unsichtbare Person unmöglich gewesen ...
... aus einem verschlossenen Safe etwas zu entnehmen.
Äh ...
Herr Madaraito, darf ich Sie bitten, zu übernehmen?
Gerne.
Oh ...
Tja, dann war das wohl nur ein Missverständnis.
Ich entschuldige mich. Für mich war es die logischste Erklärung, als plötzlich Geld fehlte.

◆ Frösche sollen angeblich wie Hühnchen schmecken.

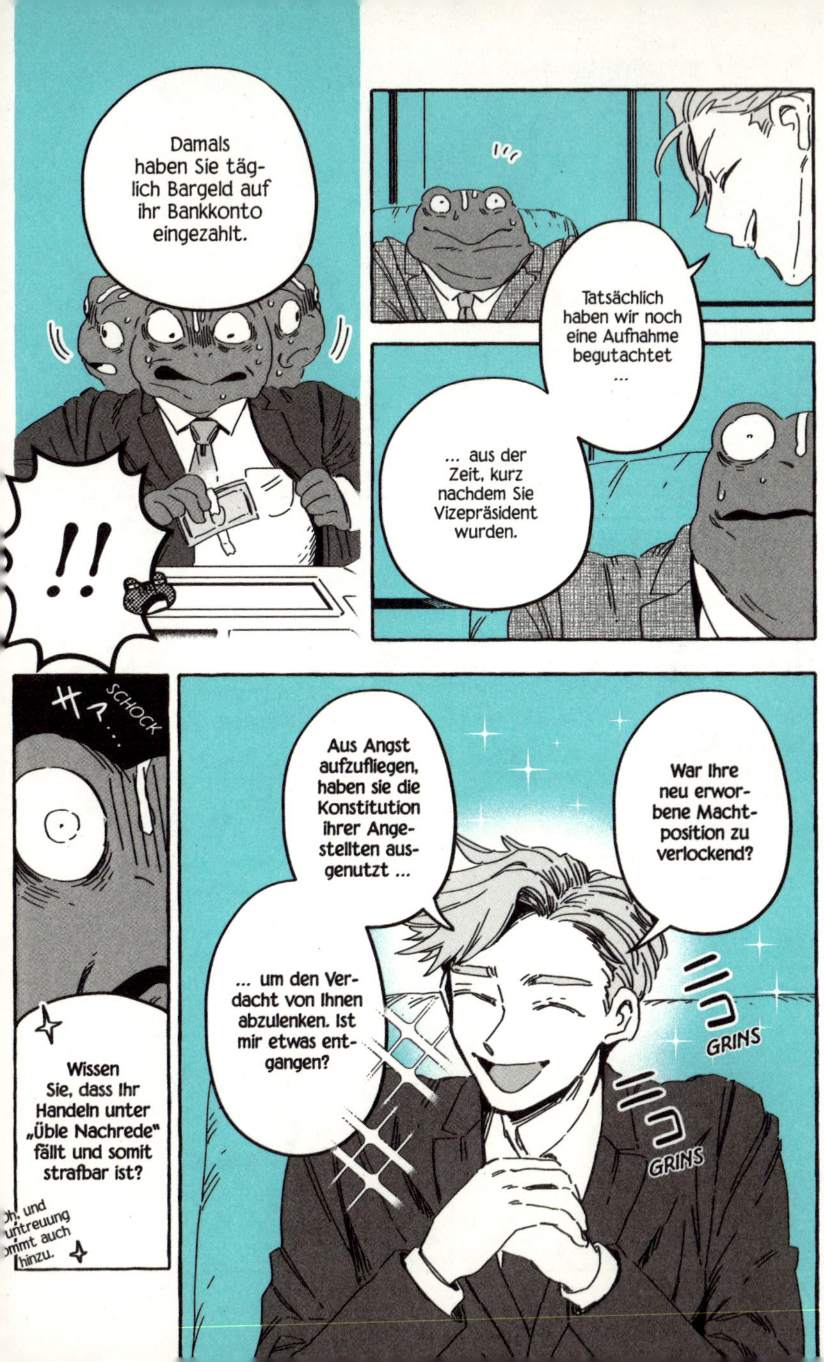
Tatsächlich haben wir noch eine Aufnahme begutachtet …
… aus der Zeit, kurz nachdem Sie Vizepräsident wurden.
Damals haben Sie täglich Bargeld auf ihr Bankkonto eingezahlt.
!!
War Ihre neu erworbene Machtposition zu verlockend?
Aus Angst aufzufliegen, haben sie die Konstitution ihrer Angestellten ausgenutzt …
… um den Verdacht von Ihnen abzulenken. Ist mir etwas entgangen?
GRINS
GRINS
SCHOCK
Wissen Sie, dass Ihr Handeln unter „Üble Nachrede" fällt und somit strafbar ist?
Oh, und Untreuung kommt auch hinzu.

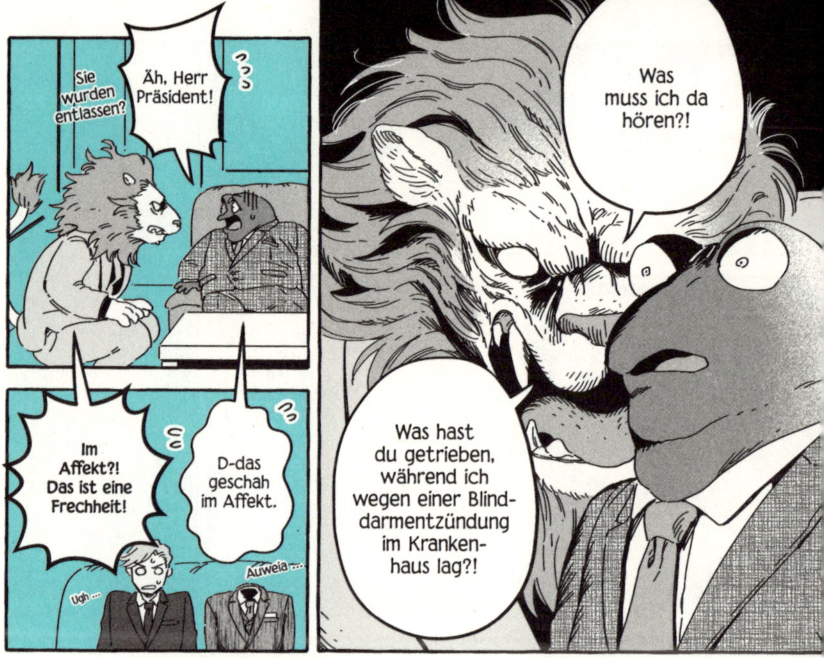
Sie wurden entlassen?
Äh, Herr Präsident!
Im Affekt?! Das ist eine Frechheit!
D-das geschah im Affekt.
Ugh ...
Auweia ...
Was muss ich da hören?!
Was hast du getrieben, während ich wegen einer Blinddarmentzündung im Krankenhaus lag?!

Einige Tage später ...

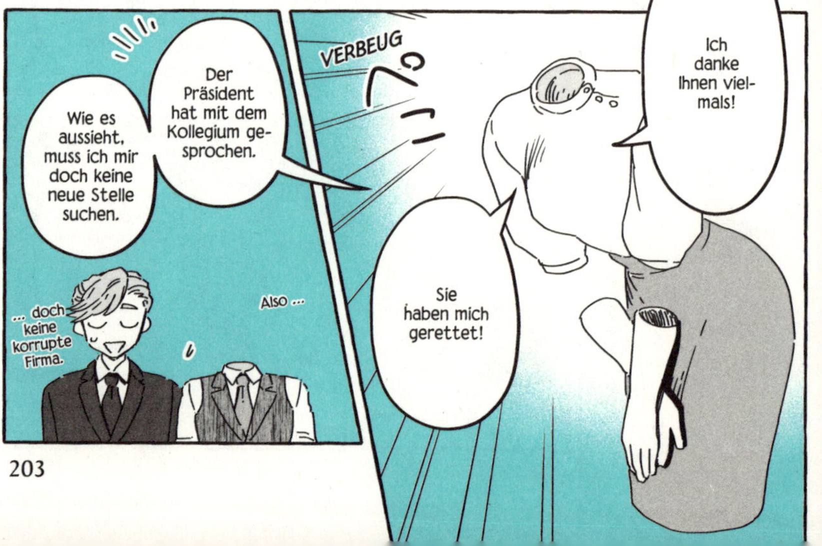
VERBEUG
Ich danke Ihnen vielmals!
Sie haben mich gerettet!
Der Präsident hat mit dem Kollegium gesprochen.
Wie es aussieht, muss ich mir doch keine neue Stelle suchen.
... doch keine korrupte Firma.
Also ...

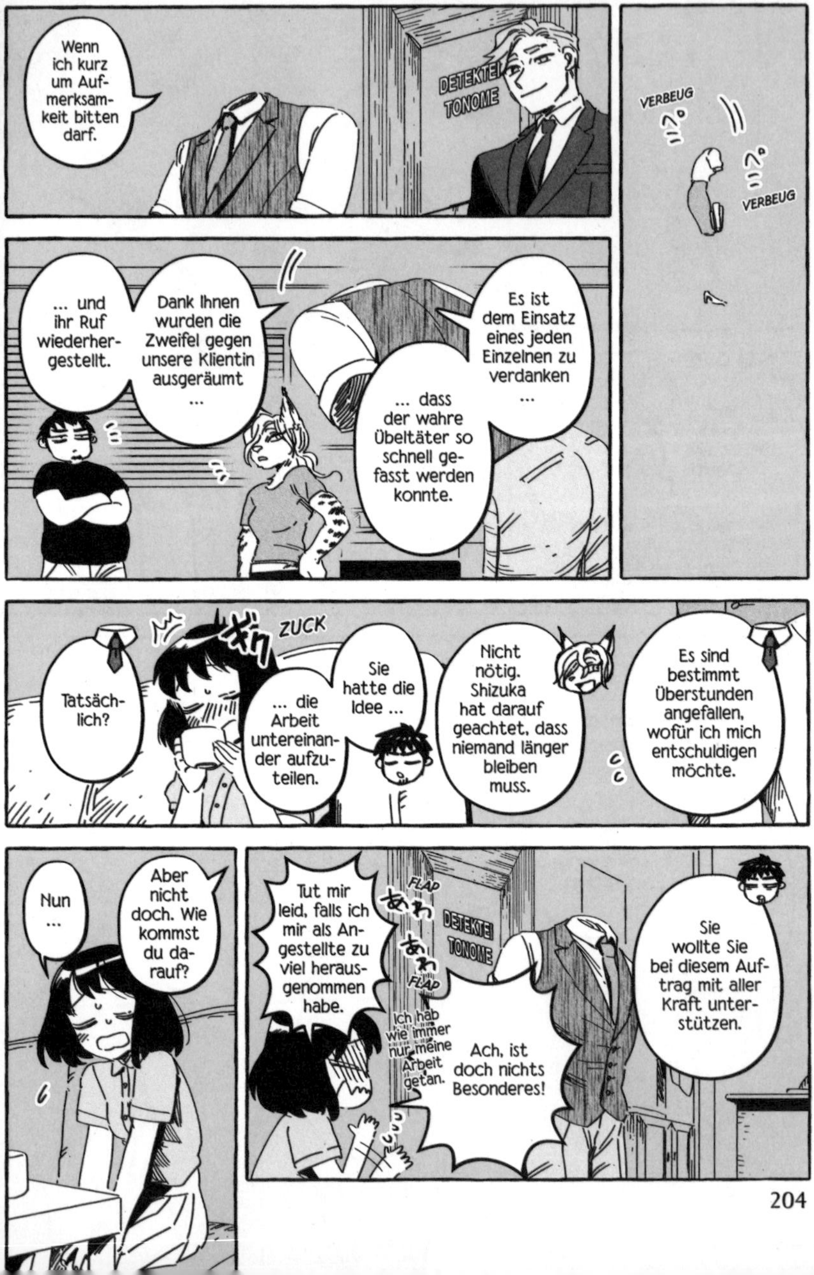
VERBEUG
VERBEUG
Wenn ich kurz um Aufmerksamkeit bitten darf.
Es ist dem Einsatz eines jeden Einzelnen zu verdanken ...
... dass der wahre Übeltäter so schnell gefasst werden konnte.
Dank Ihnen wurden die Zweifel gegen unsere Klientin ausgeräumt ...
... und ihr Ruf wiederhergestellt.
Es sind bestimmt Überstunden angefallen, wofür ich mich entschuldigen möchte.
Nicht nötig. Shizuka hat darauf geachtet, dass niemand länger bleiben muss.
Sie hatte die Idee ...
... die Arbeit untereinander aufzuteilen.
ZUCK
Tatsächlich?
Sie wollte Sie bei diesem Auftrag mit aller Kraft unterstützen.
Ach, ist doch nichts Besonderes!
Ich hab wie immer nur meine Arbeit getan.
FLAP
FLAP
Tut mir leid, falls ich mir als Angestellte zu viel herausgenommen habe.
Aber nicht doch. Wie kommst du darauf?
Nun ...

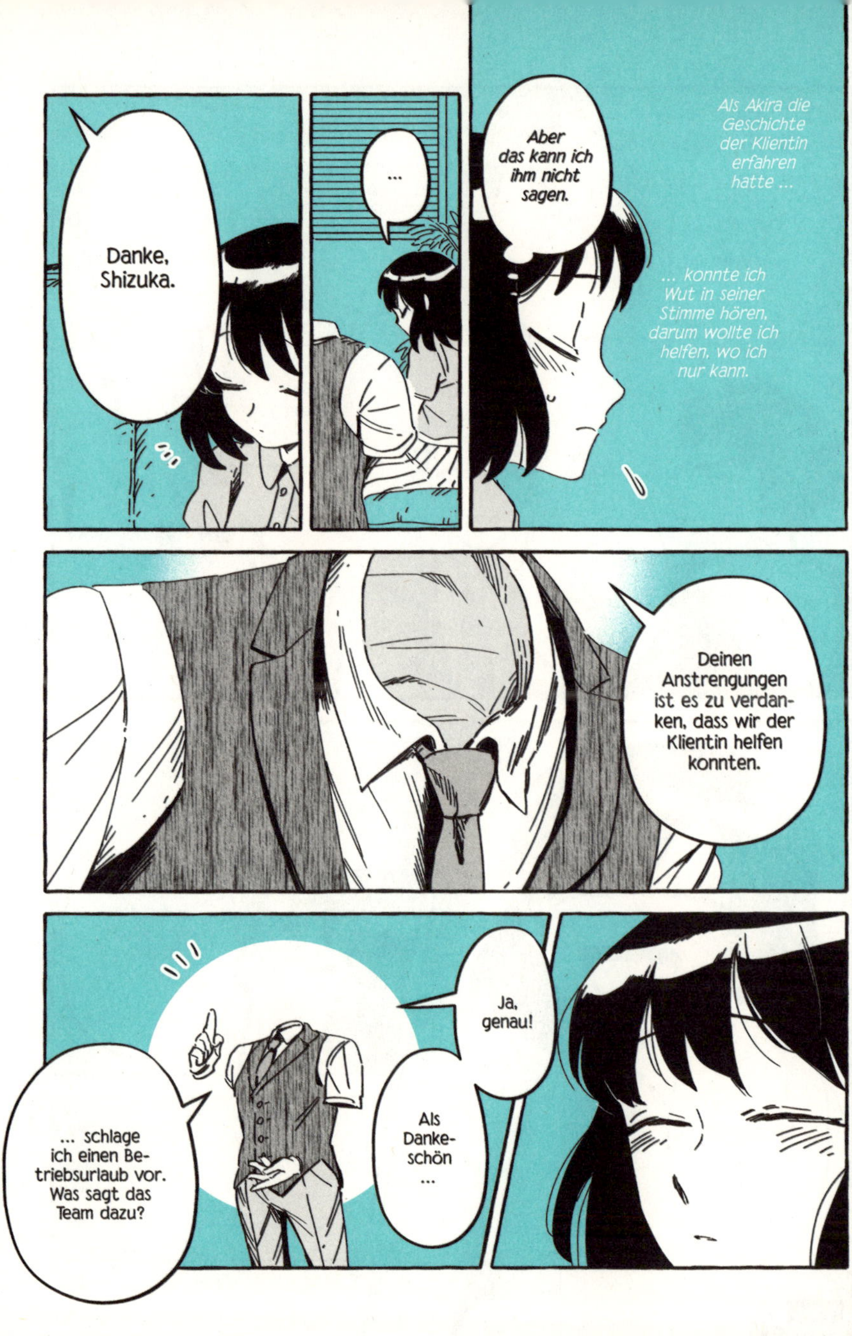
Als Akira die Geschichte der Klientin erfahren hatte ...
... konnte ich Wut in seiner Stimme hören, darum wollte ich helfen, wo ich nur kann.
Aber das kann ich ihm nicht sagen.
...
Danke, Shizuka.
Deinen Anstrengungen ist es zu verdanken, dass wir der Klientin helfen konnten.
Ja, genau!
Als Dankeschön ...
... schlage ich einen Betriebsurlaub vor. Was sagt das Team dazu?

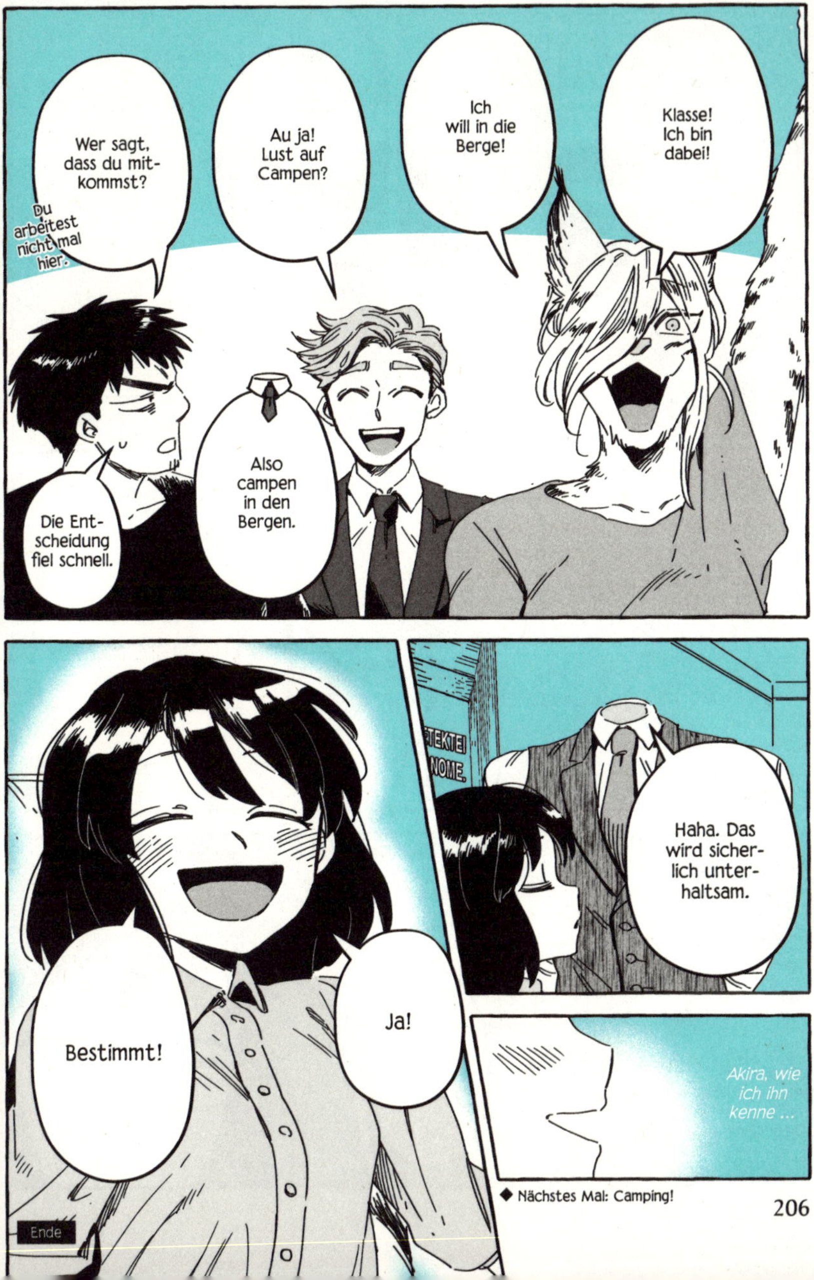
Klasse! Ich bin dabei!
Ich will in die Berge!
Au ja! Lust auf Campen?
Wer sagt, dass du mitkommst?
Du arbeitest nicht mal hier.
Also campen in den Bergen.
Die Entscheidung fiel schnell.
Haha. Das wird sicherlich unterhaltsam.
Ja!
Bestimmt!
Akira, wie ich ihn kenne …
Ende

◆ Nächstes Mal: Camping!

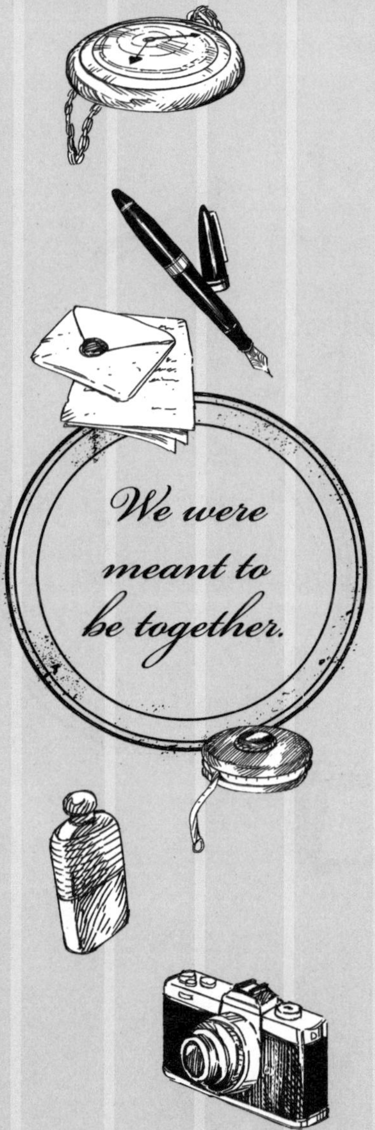
We were
meant to
be together.

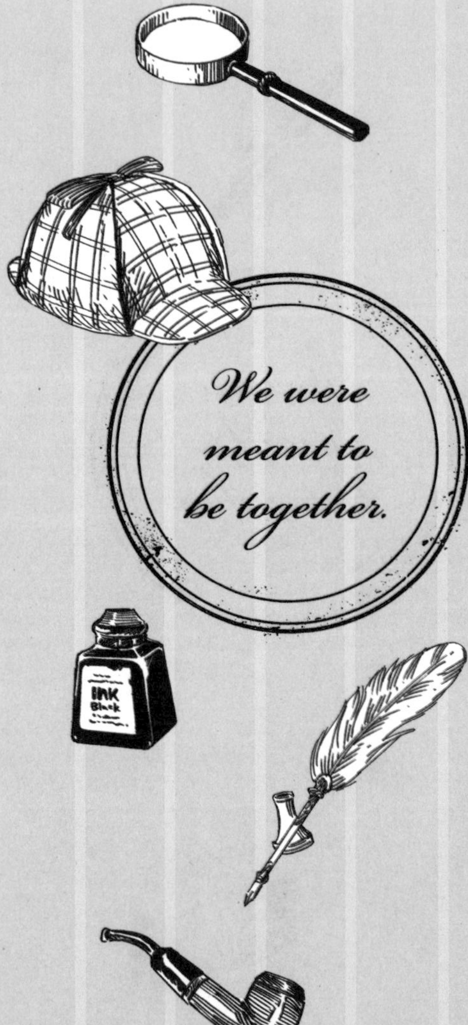
We were
meant to
be together.

Kapitel 17: Betriebsurlaub

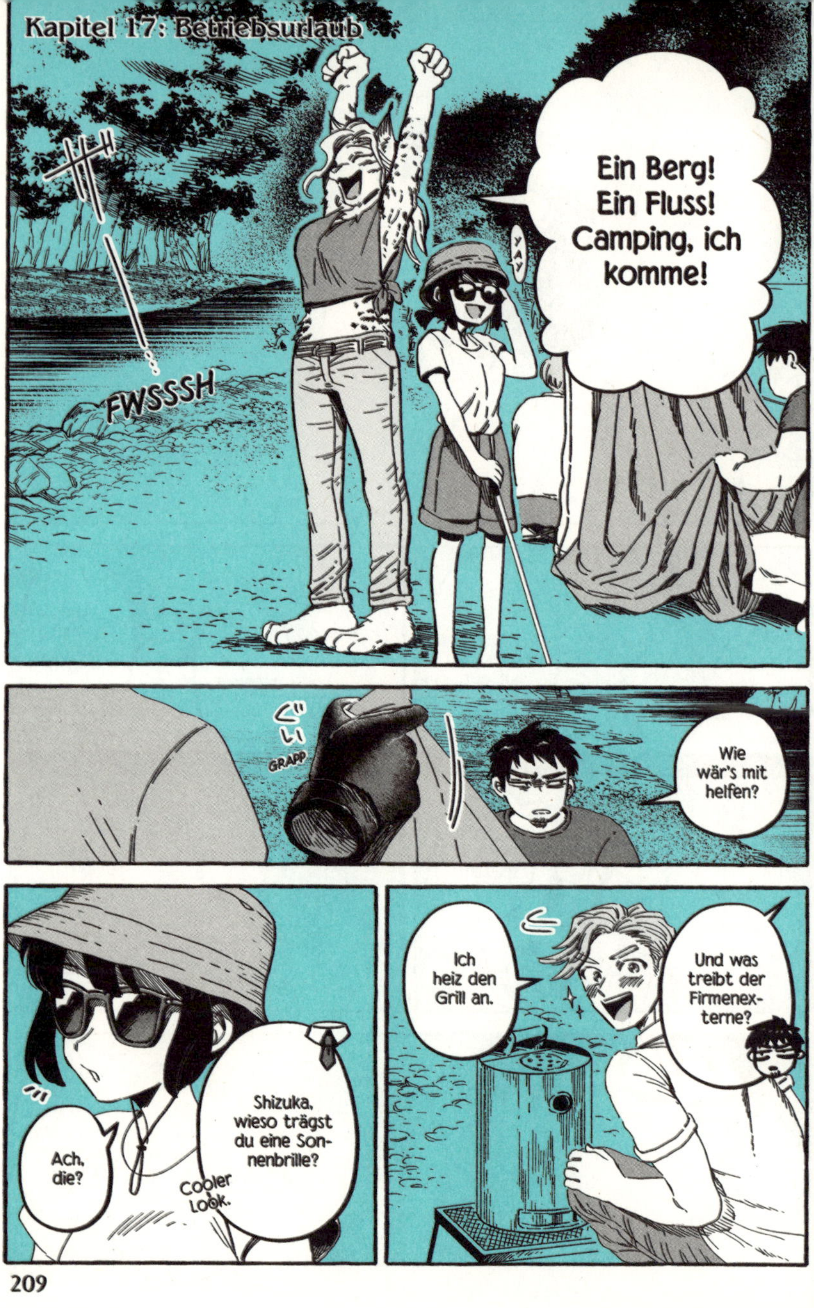
Ein Berg! Ein Fluss! Camping, ich komme!
FWSSSH
Wie wär's mit helfen?
GRAPP
Und was treibt der Firmenexterne?
Ich heiz den Grill an.
Shizuka, wieso trägst du eine Sonnenbrille?
Ach, die?
Cooler Look.

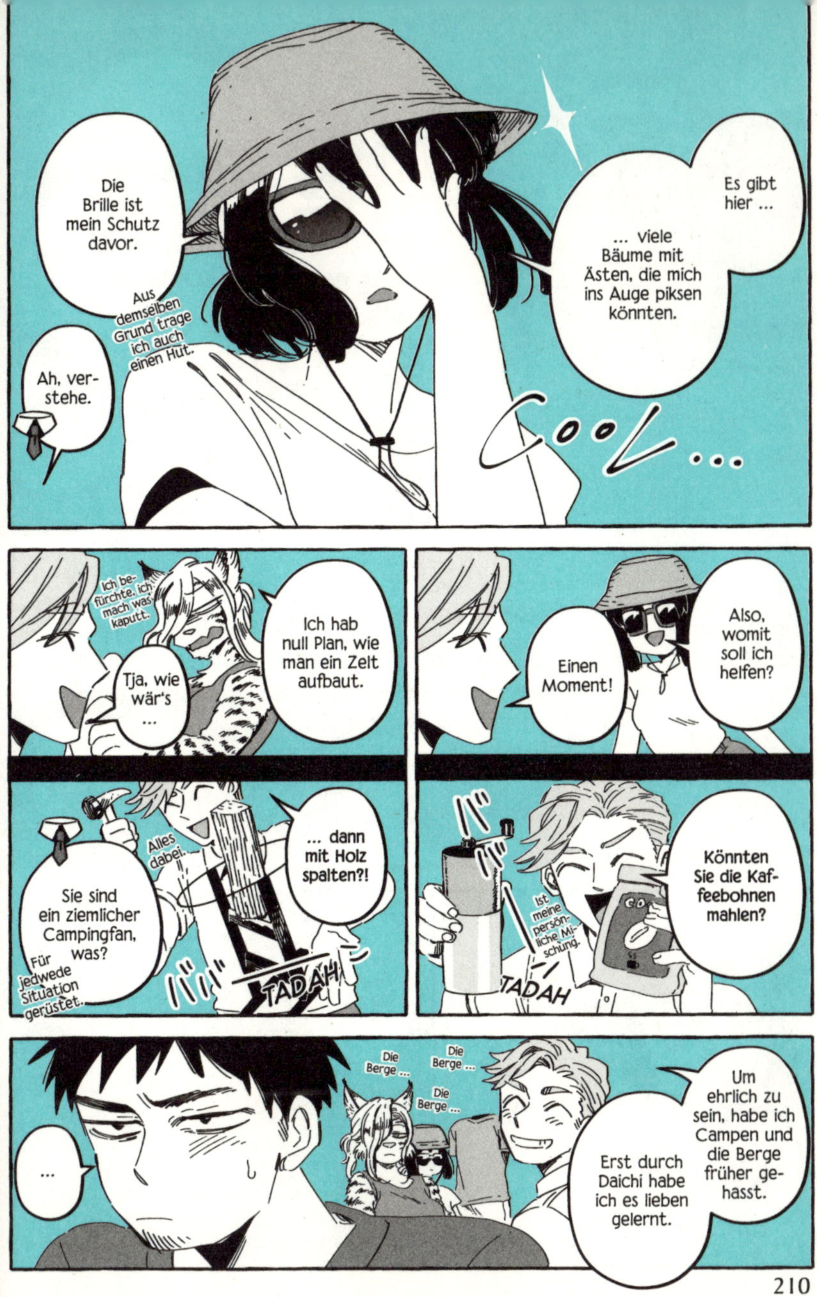

Es gibt hier ...
... viele Bäume mit Ästen, die mich ins Auge piksen könnten.
Die Brille ist mein Schutz davor.
Aus demselben Grund trage ich auch einen Hut.
Ah, verstehe.
Cool ...
Also, womit soll ich helfen?
Einen Moment!
Ich hab null Plan, wie man ein Zelt aufbaut.
Ich befürchte, ich mach was kaputt.
Tja, wie wär's ...
Könnten Sie die Kaffeebohnen mahlen?
Ist meine persönliche Mischung.
TADAH
... dann mit Holz spalten?!
TADAH
Alles dabei.
Sie sind ein ziemlicher Campingfan, was?
Für jedwede Situation gerüstet.
Um ehrlich zu sein, habe ich Campen und die Berge früher gehasst.
Erst durch Daichi habe ich es lieben gelernt.
Die Berge ...
Die Berge ...
Die Berge ...
...

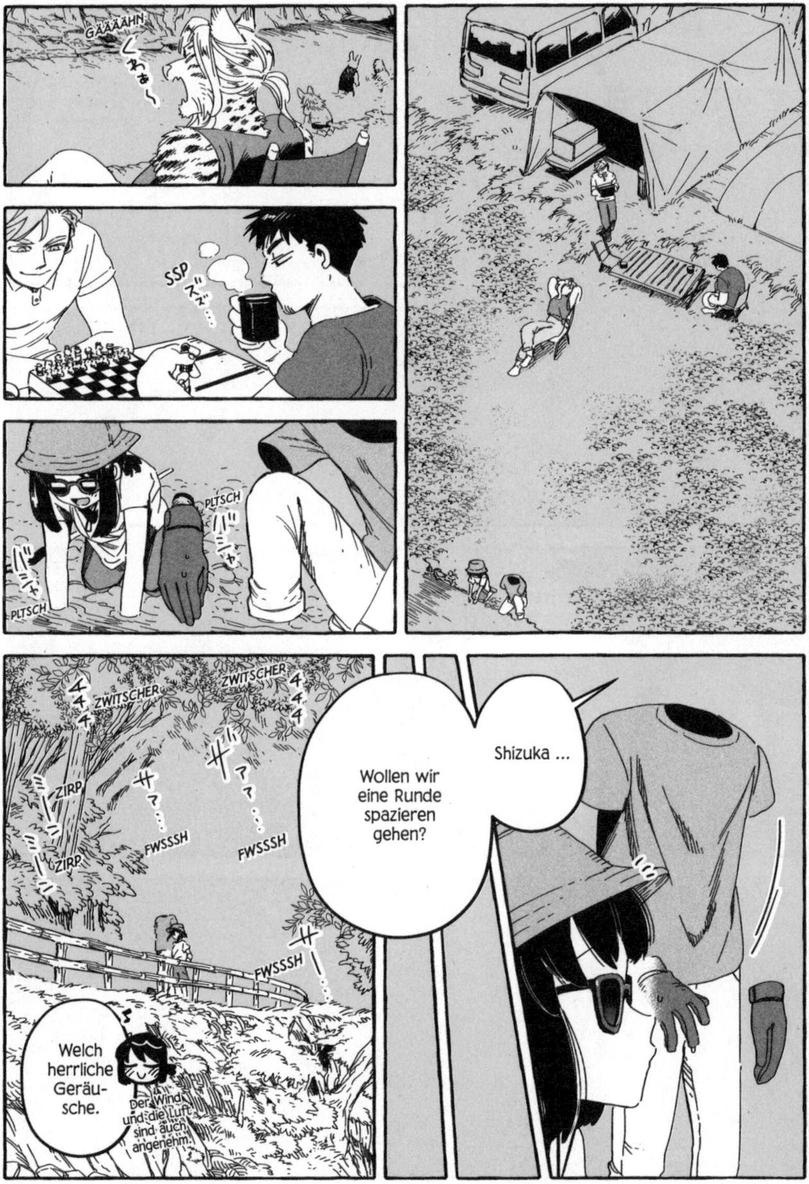
GÄÄÄÄHN
くわぁ〜
SSP
ズズ…
PLTSCH
バシャ
PLTSCH
バシャ
Shizuka ...
Wollen wir eine Runde spazieren gehen?
ZWITSCHER
チチチ
ZWITSCHER
チチチ
ZIRP
ミーン
ZIRP
ミーン
サァ…
FWSSSH
ザァァ…
FWSSSH
ザー…
FWSSSH
Welch herrliche Geräusche.
Der Wind und die Luft sind auch angenehm.

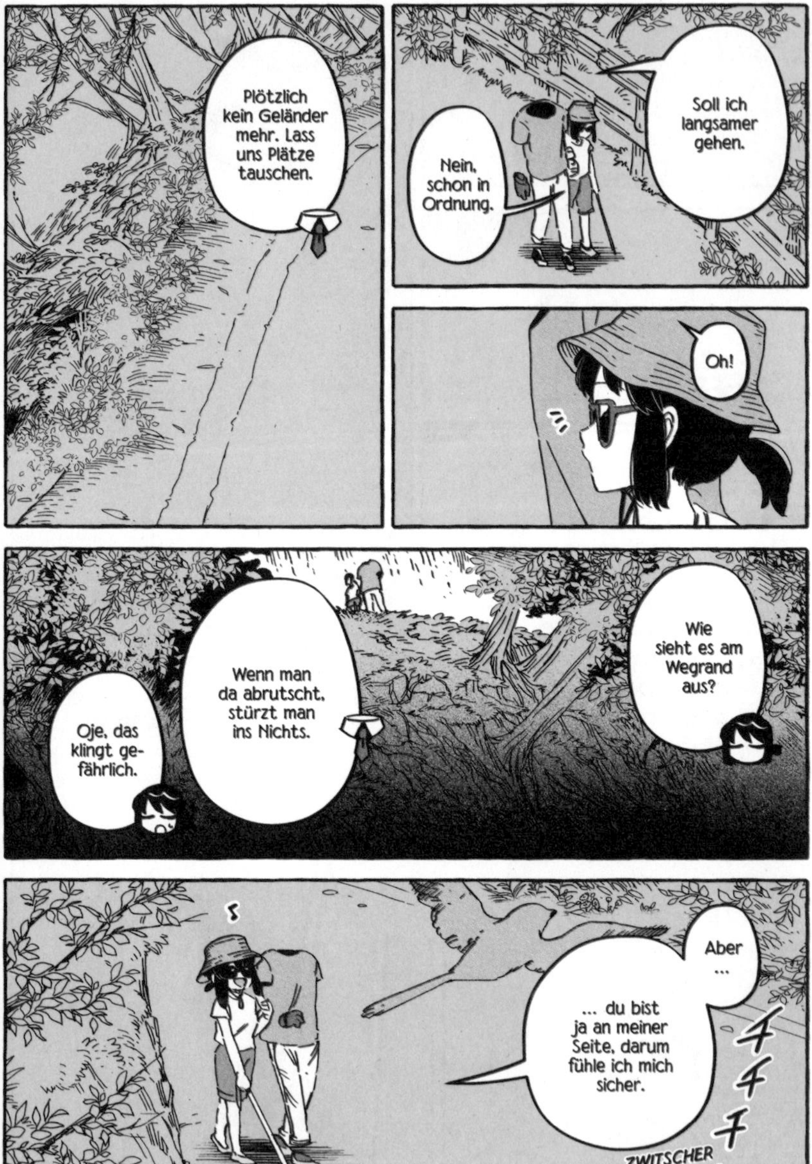
Soll ich langsamer gehen.
Nein, schon in Ordnung.
Plötzlich kein Geländer mehr. Lass uns Plätze tauschen.
Oh!
Wie sieht es am Wegrand aus?
Wenn man da abrutscht, stürzt man ins Nichts.
Oje, das klingt ge-fährlich.
Aber ...
... du bist ja an meiner Seite, darum fühle ich mich sicher.
ZWITSCHER

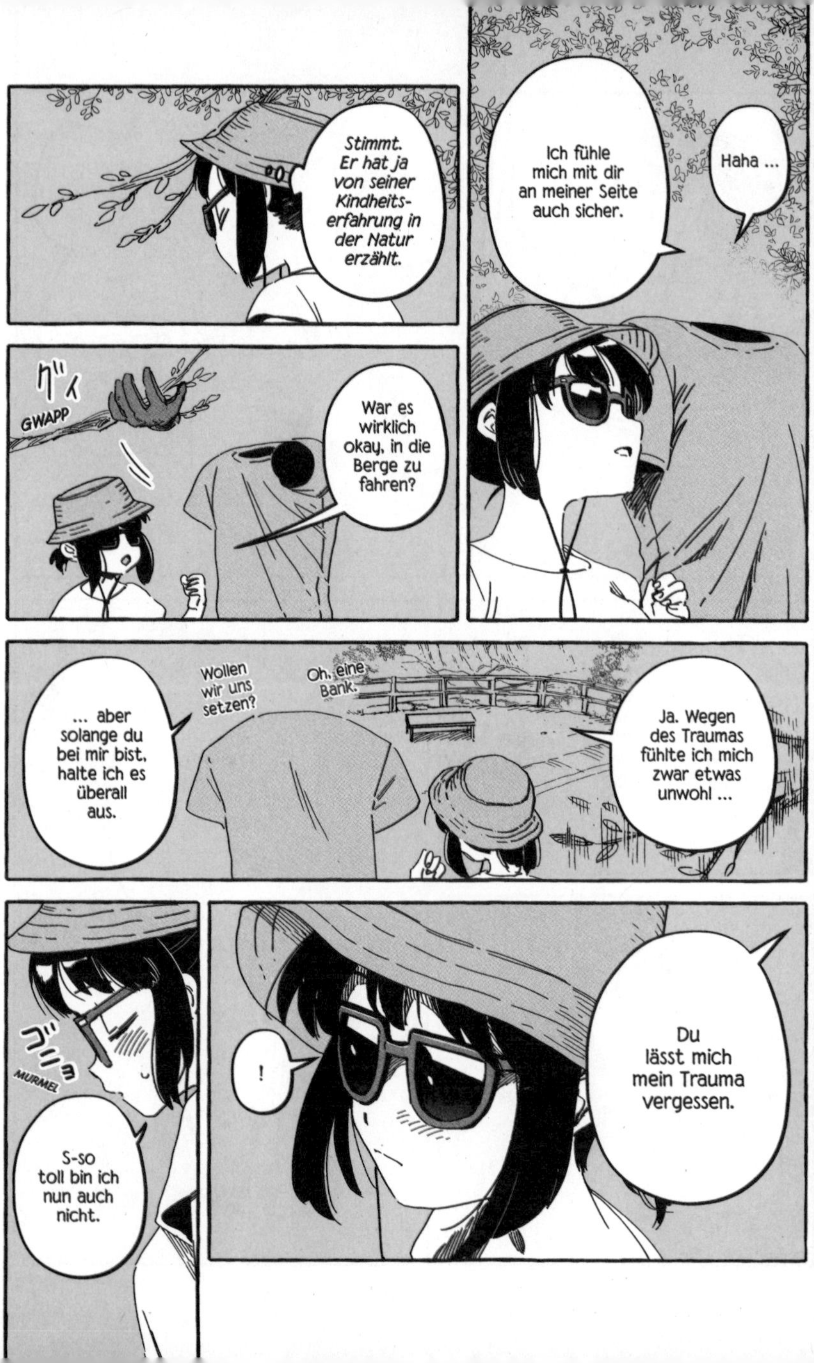
Ich fühle mich mit dir an meiner Seite auch sicher.
Haha ...
Stimmt. Er hat ja von seiner Kindheitserfahrung in der Natur erzählt.
War es wirklich okay, in die Berge zu fahren?
グイ
GWAPP
Ja. Wegen des Traumas fühlte ich mich zwar etwas unwohl ...
Oh, eine Bank.
Wollen wir uns setzen?
... aber solange du bei mir bist, halte ich es überall aus.
Du lässt mich mein Trauma vergessen.
!
ゴニョ
MURMEL
S-so toll bin ich nun auch nicht.

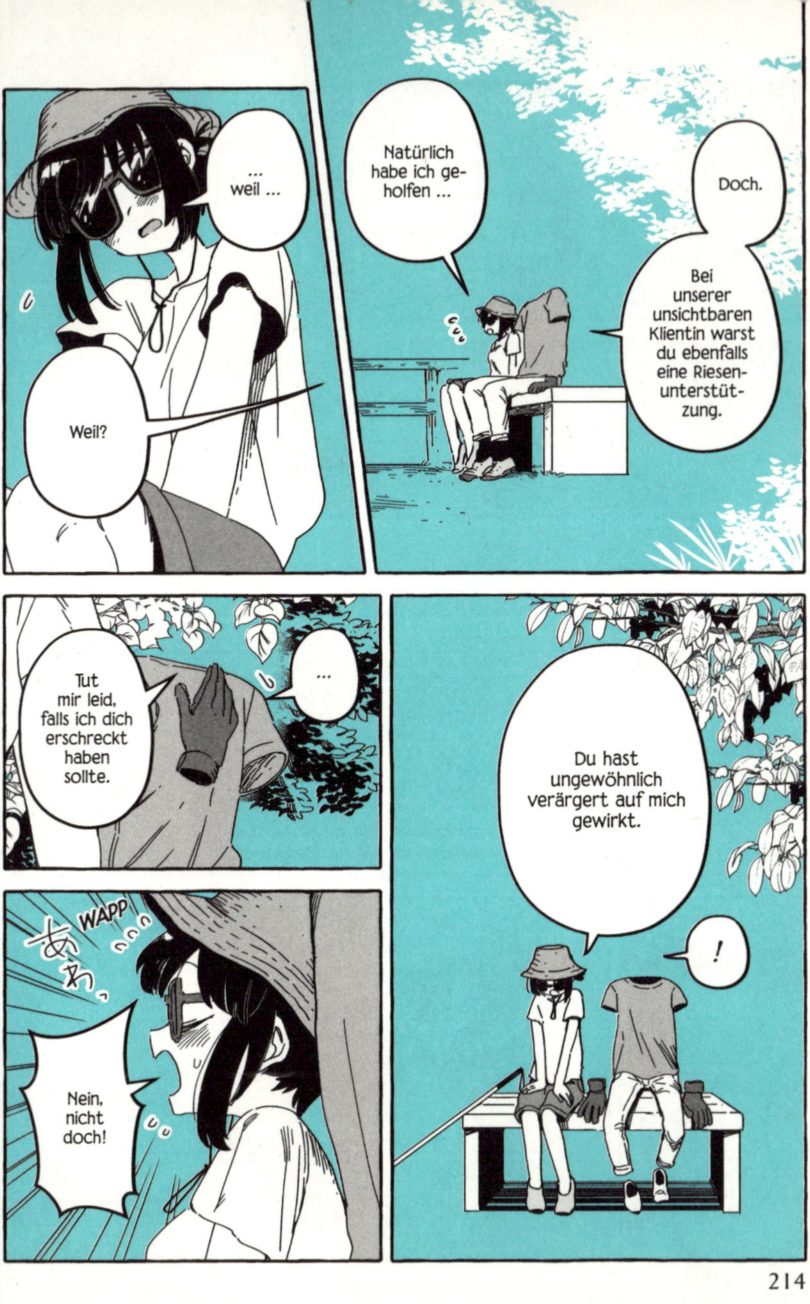
Doch.
Bei unserer unsichtbaren Klientin warst du ebenfalls eine Riesen-unterstüt-zung.
Natürlich habe ich ge-holfen ...
... weil ...
Weil?
Du hast ungewöhnlich verärgert auf mich gewirkt.
!
Tut mir leid, falls ich dich erschreckt haben sollte.
...
WAPP
あわ
Nein, nicht doch!

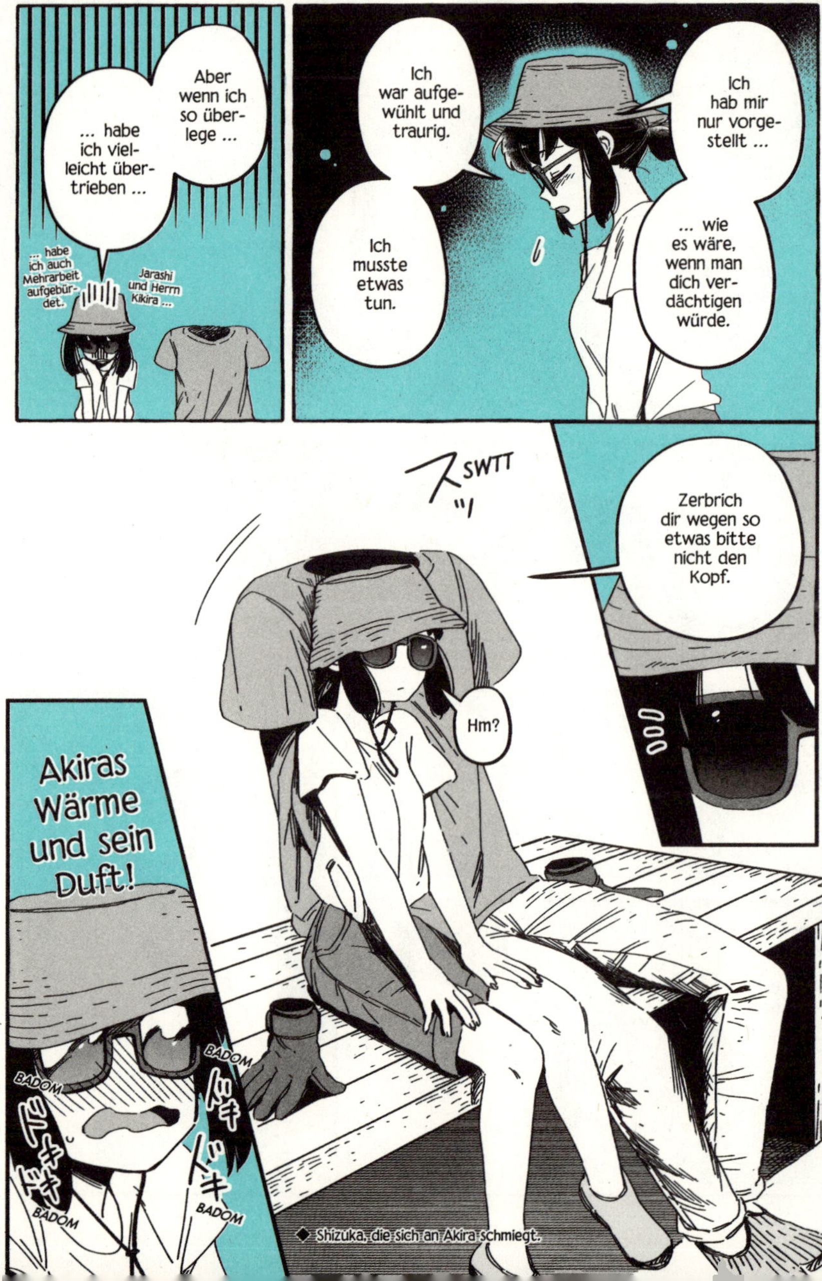
Ich hab mir nur vorgestellt ...
... wie es wäre, wenn man dich verdächtigen würde.
Ich war aufgewühlt und traurig.
Ich musste etwas tun.
Aber wenn ich so überlege ...
... habe ich vielleicht übertrieben ...
Jarashi und Herrn Kikira ...
... habe ich auch Mehrarbeit aufgebürdet.
SWTT
Zerbrich dir wegen so etwas bitte nicht den Kopf.
Hm?
Akiras Wärme und sein Duft!
BADOM
BADOM
BADOM
BADOM

◆ Shizuka, die sich an Akira schmiegt.

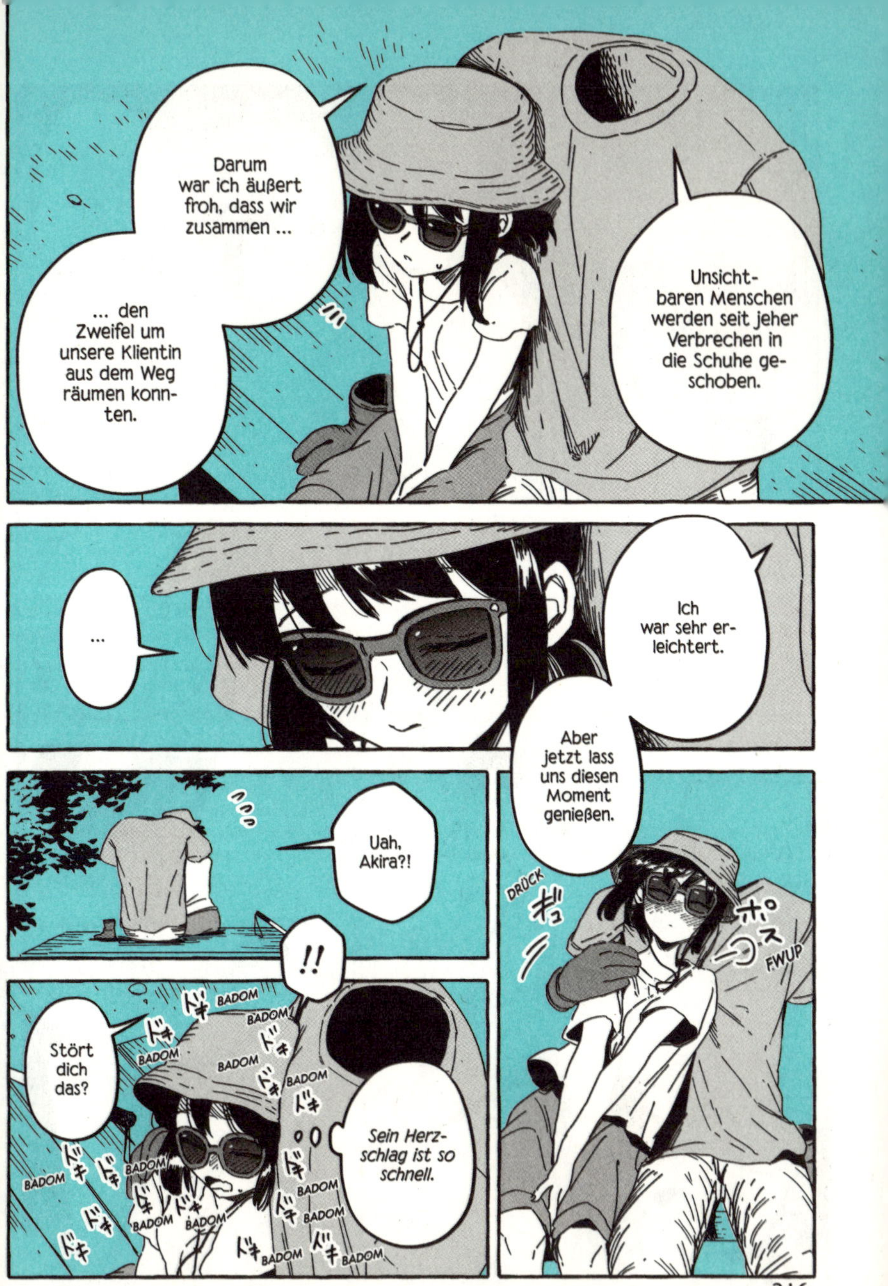
Unsicht-
baren Menschen
werden seit jeher
Verbrechen in
die Schuhe ge-
schoben.
Darum
war ich äußert
froh, dass wir
zusammen ...
... den
Zweifel um
unsere Klientin
aus dem Weg
räumen konn-
ten.
Ich
war sehr er-
leichtert.
...
Aber
jetzt lass
uns diesen
Moment
genießen.
DRÜCK
FWUP
Uah,
Akira?!
!!
Sein Herz-
schlag ist so
schnell.
Stört
dich
das?
BADOM BADOM BADOM BADOM BADOM BADOM BADOM BADOM BADOM BADOM BADOM BADOM

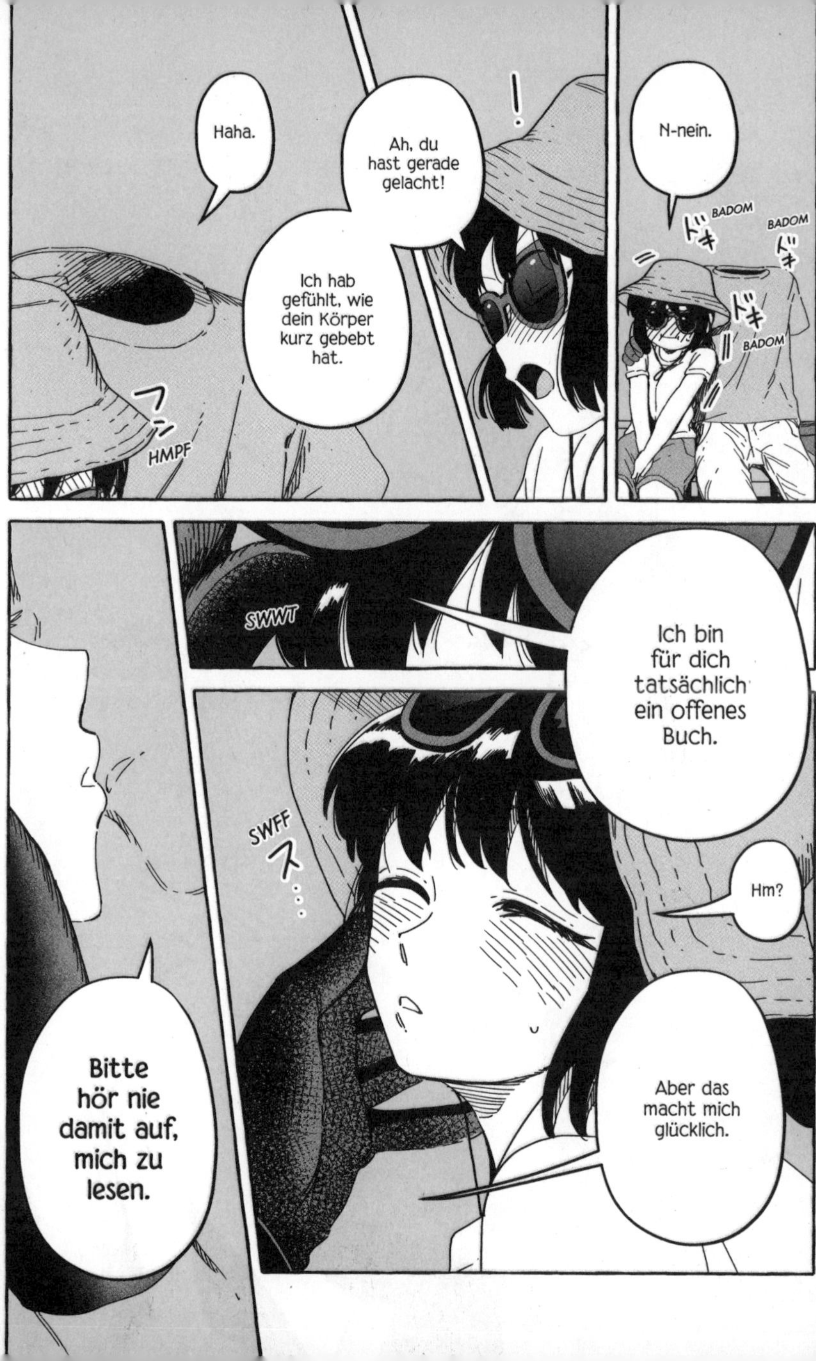
N-nein.
BADOM
BADOM
BADOM
!
Ah, du hast gerade gelacht!
Ich hab gefühlt, wie dein Körper kurz gebebt hat.
Haha.
HMPF
Ich bin für dich tatsächlich ein offenes Buch.
SWWT
Hm?
SWFF
Aber das macht mich glücklich.
Bitte hör nie damit auf, mich zu lesen.

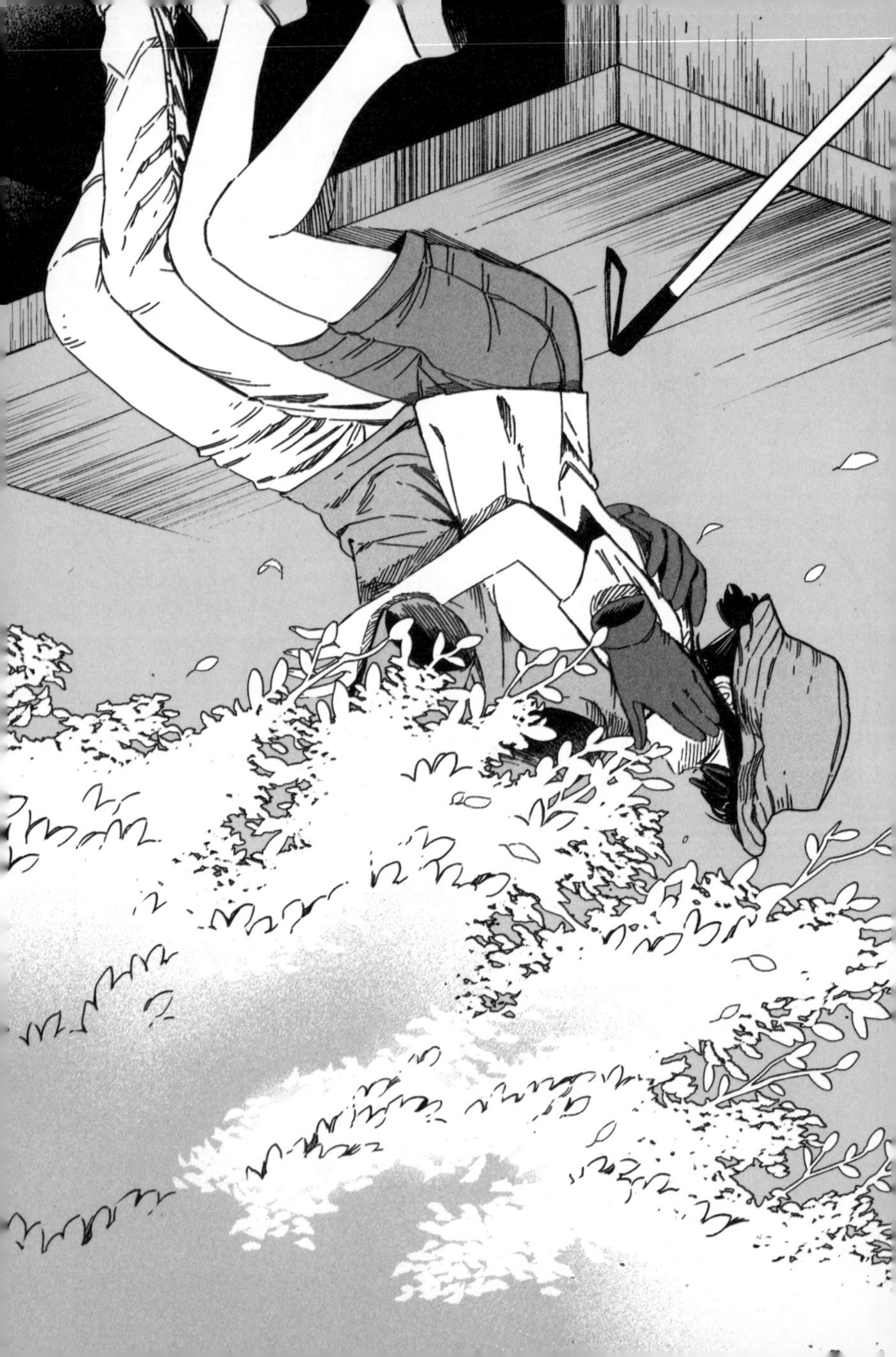

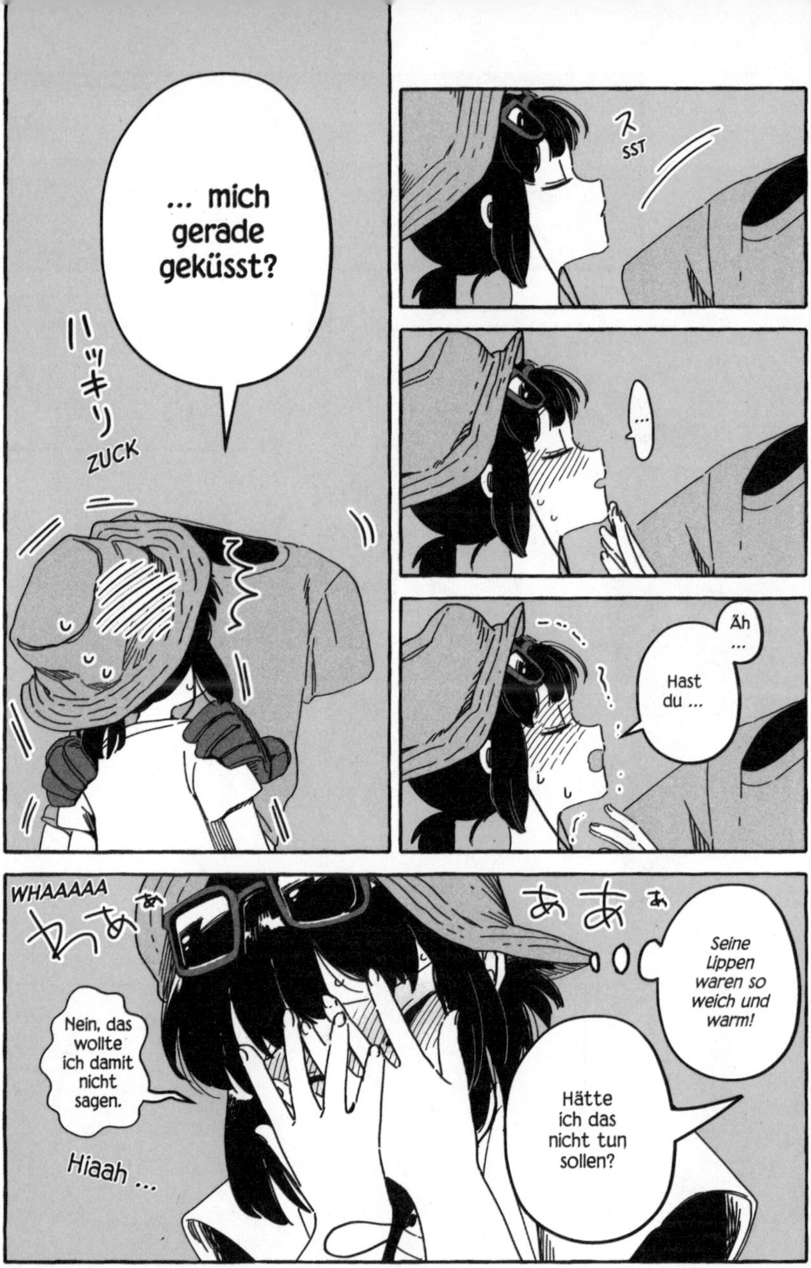
ス
SST
...
Äh ...
Hast du ...
... mich gerade geküsst?
ハッキリ
ZUCK
WHAAAAA
わあああ
Seine Lippen waren so weich und warm!
Hätte ich das nicht tun sollen?
Nein, das wollte ich damit nicht sagen.
Hiaah ...

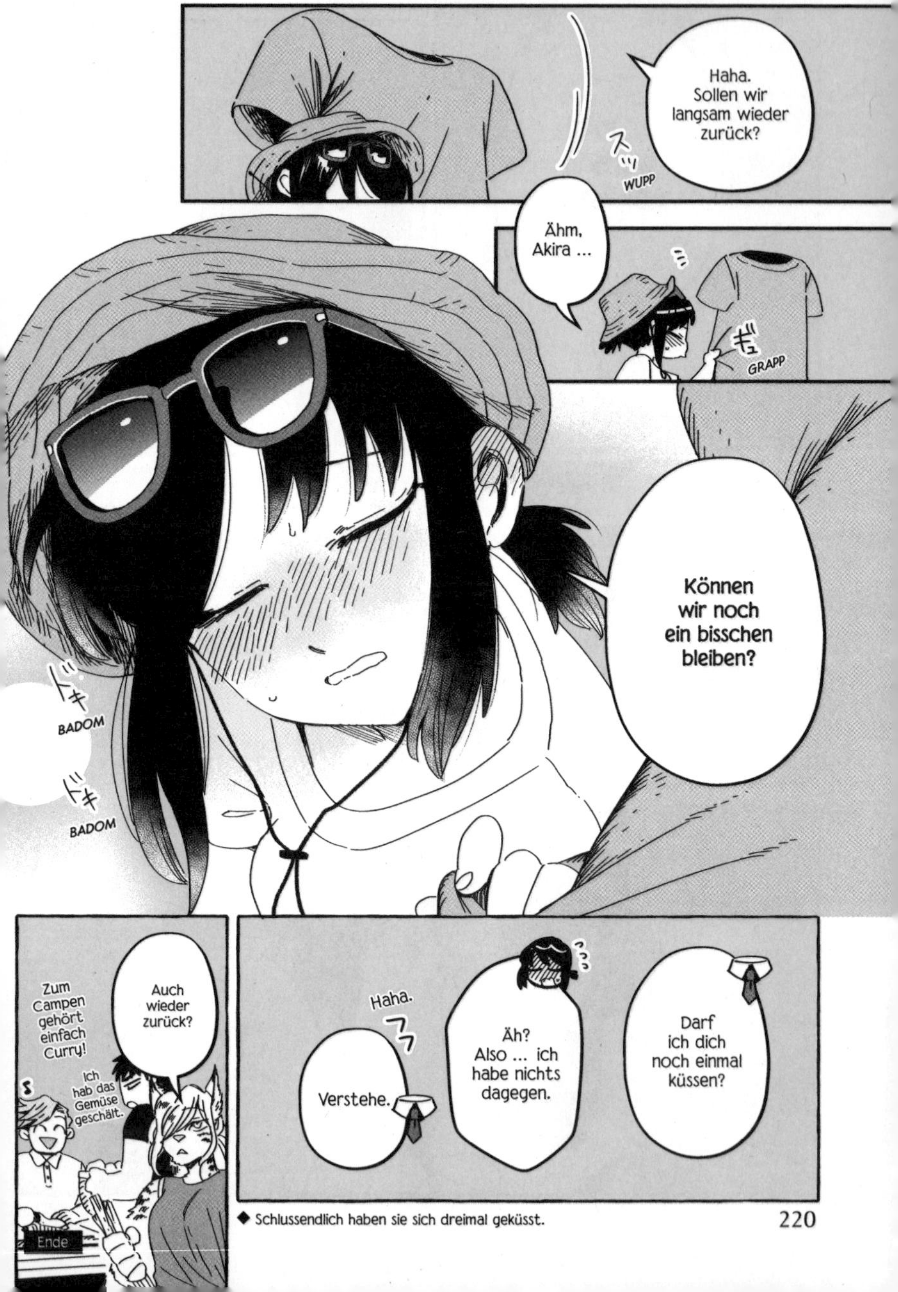
Haha.
Sollen wir langsam wieder zurück?
WUPP
Ähm, Akira ...
GRAPP
Können wir noch ein bisschen bleiben?
BADOM
BADOM
Darf ich dich noch einmal küssen?
Äh? Also ... ich habe nichts dagegen.
Haha.
Verstehe.
Auch wieder zurück?
Zum Campen gehört einfach Curry!
Ich hab das Gemüse geschält.
Ende

◆ Schlussendlich haben sie sich dreimal geküsst.

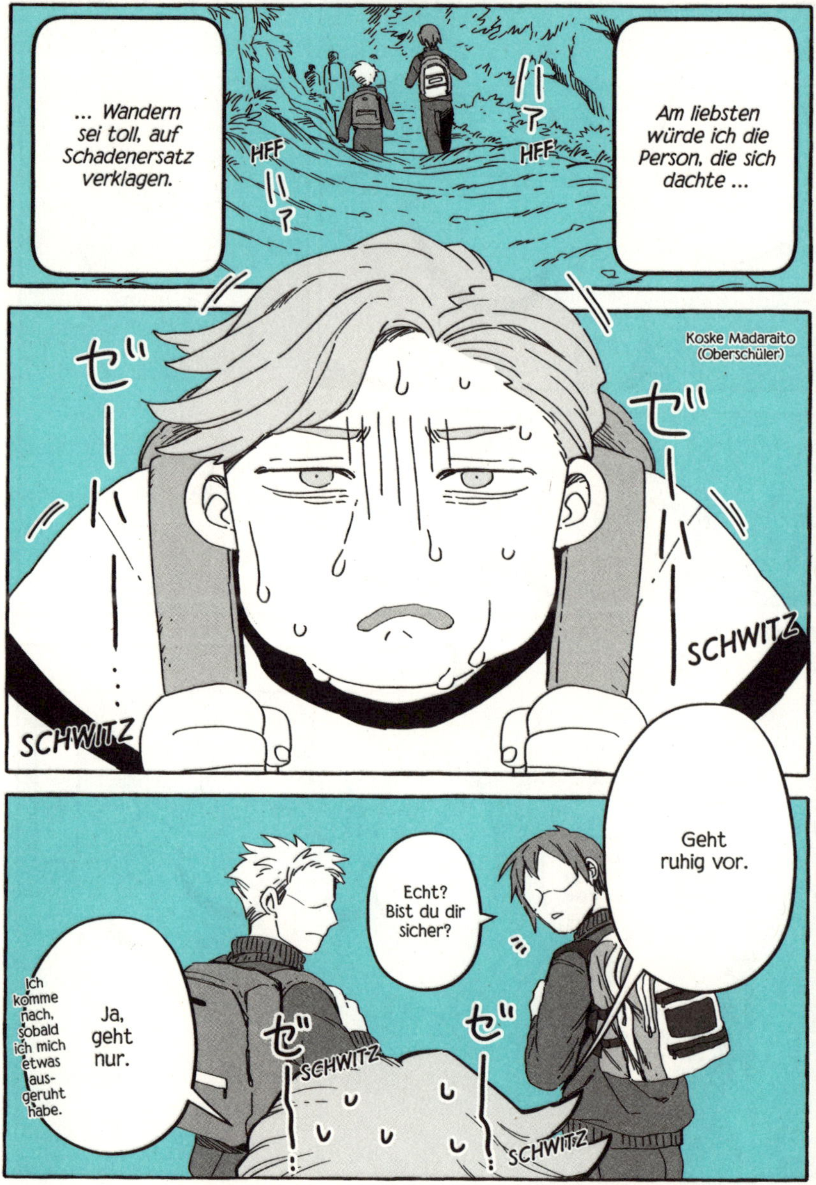
Am liebsten würde ich die Person, die sich dachte ...
HFF
HFF
... Wandern sei toll, auf Schadenersatz verklagen.
Koske Madaraito (Oberschüler)
SCHWITZ
SCHWITZ
Geht ruhig vor.
Echt? Bist du dir sicher?
Ja, geht nur.
Ich komme nach, sobald ich mich etwas ausgeruht habe.
SCHWITZ
SCHWITZ

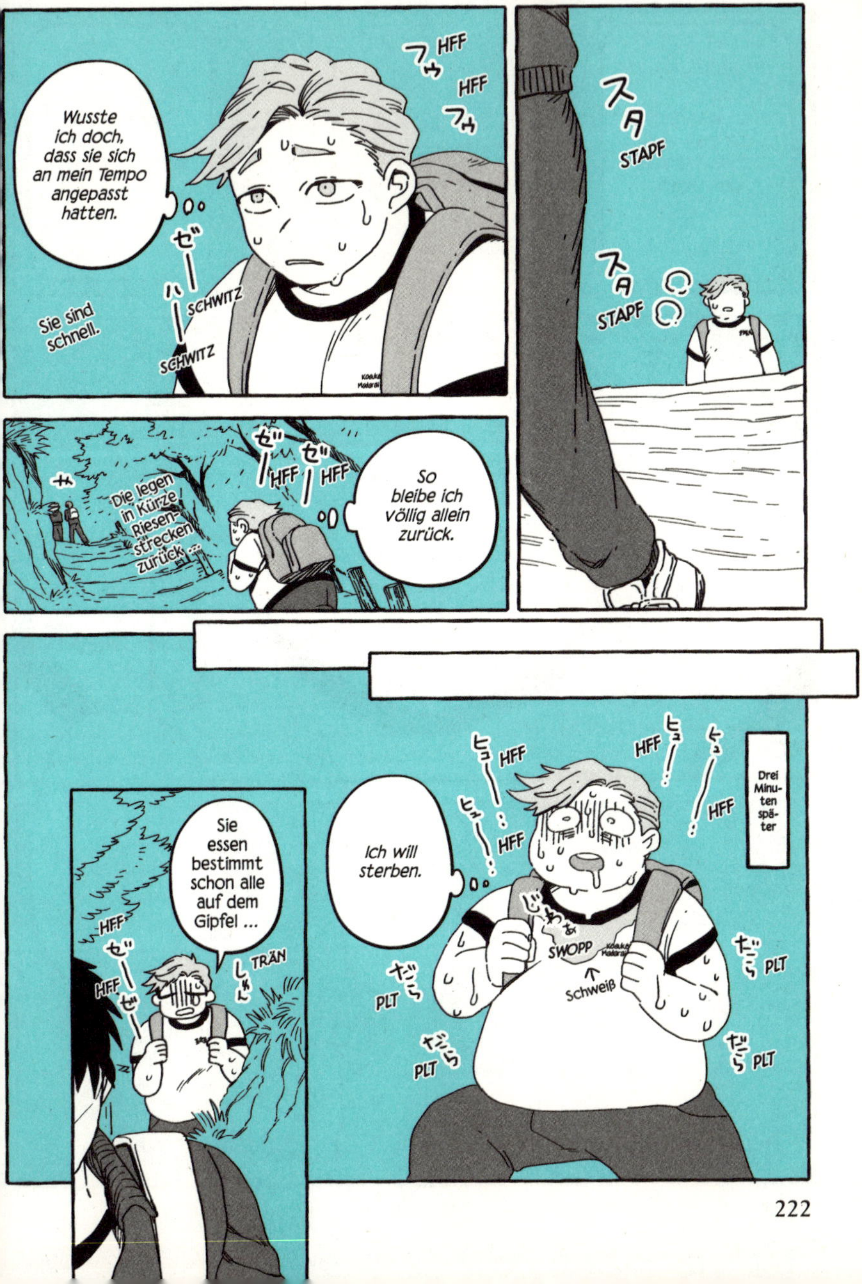
STAPF
STAPF
HFF
HFF
Wusste ich doch, dass sie sich an mein Tempo angepasst hatten.
SCHWITZ
SCHWITZ
Sie sind schnell.
So bleibe ich völlig allein zurück.
HFF
HFF
Die legen in Kürze Riesenstrecken zurück ...
Drei Minuten später
HFF
HFF
HFF
HFF
Ich will sterben.
SWOPP
Schweiß
PLT
PLT
PLT
PLT
Sie essen bestimmt schon alle auf dem Gipfel ...
TRÄN
HFF
HFF

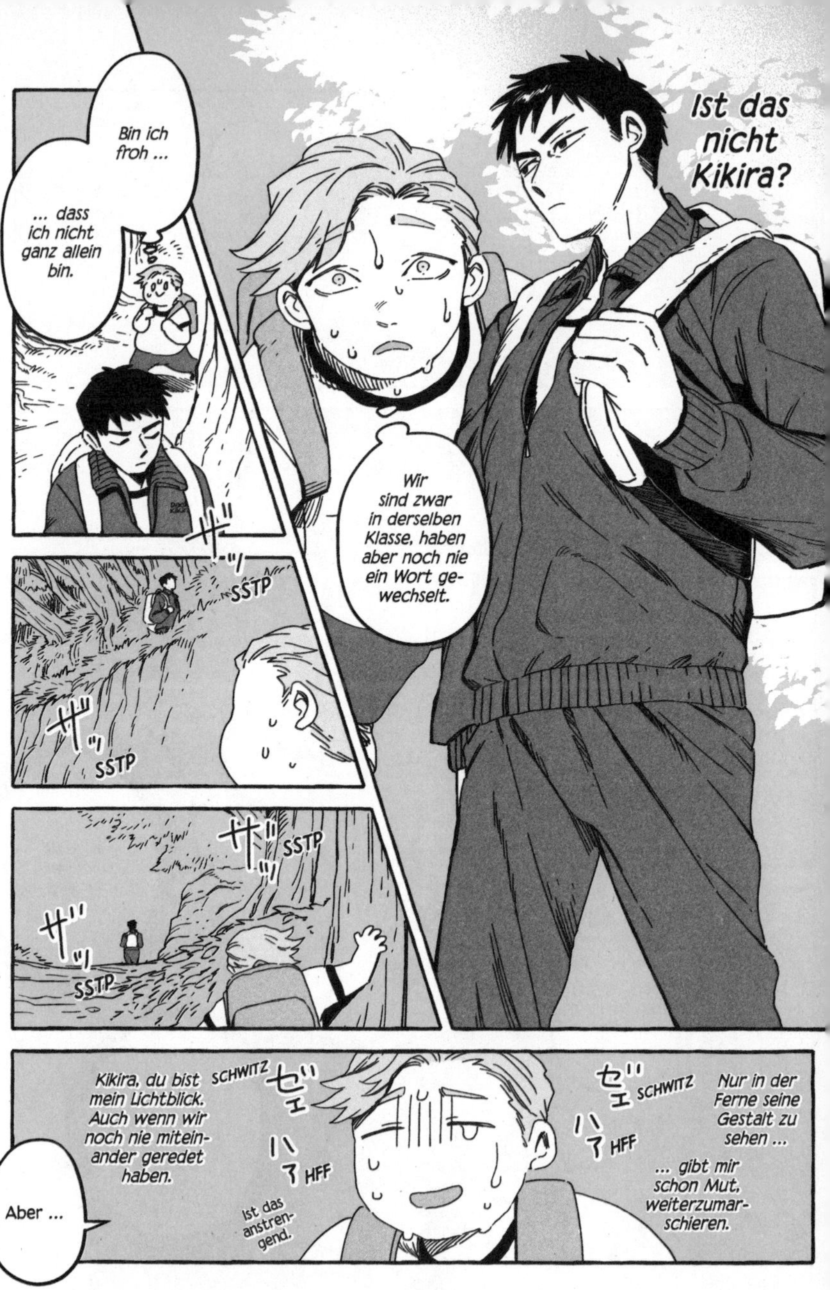
Ist das nicht Kikira?
Wir sind zwar in derselben Klasse, haben aber noch nie ein Wort gewechselt.
Bin ich froh ...
... dass ich nicht ganz allein bin.
SSTP
SSTP
SSTP
SSTP
Nur in der Ferne seine Gestalt zu sehen ...
... gibt mir schon Mut, weiterzumarschieren.
SCHWITZ
HFF
Ist das anstrengend.
SCHWITZ
HFF
Kikira, du bist mein Lichtblick. Auch wenn wir noch nie miteinander geredet haben.
Aber ...

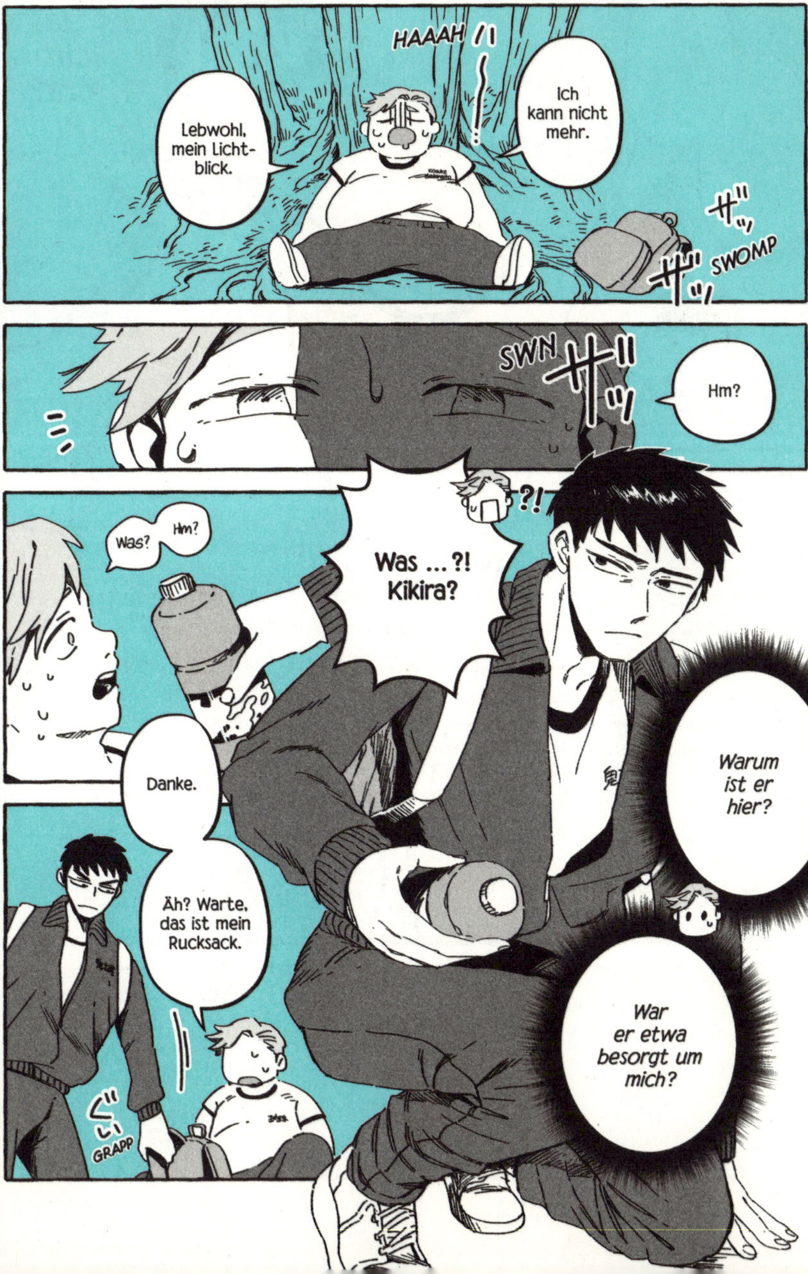
HAAAH
Ich kann nicht mehr.
Lebwohl, mein Licht-blick.
SWOMP
SWN
Hm?
?!
Was …?! Kikira?
Hm?
Was?
Danke.
Äh? Warte, das ist mein Rucksack.
GRAPP
Warum ist er hier?
War er etwa besorgt um mich?

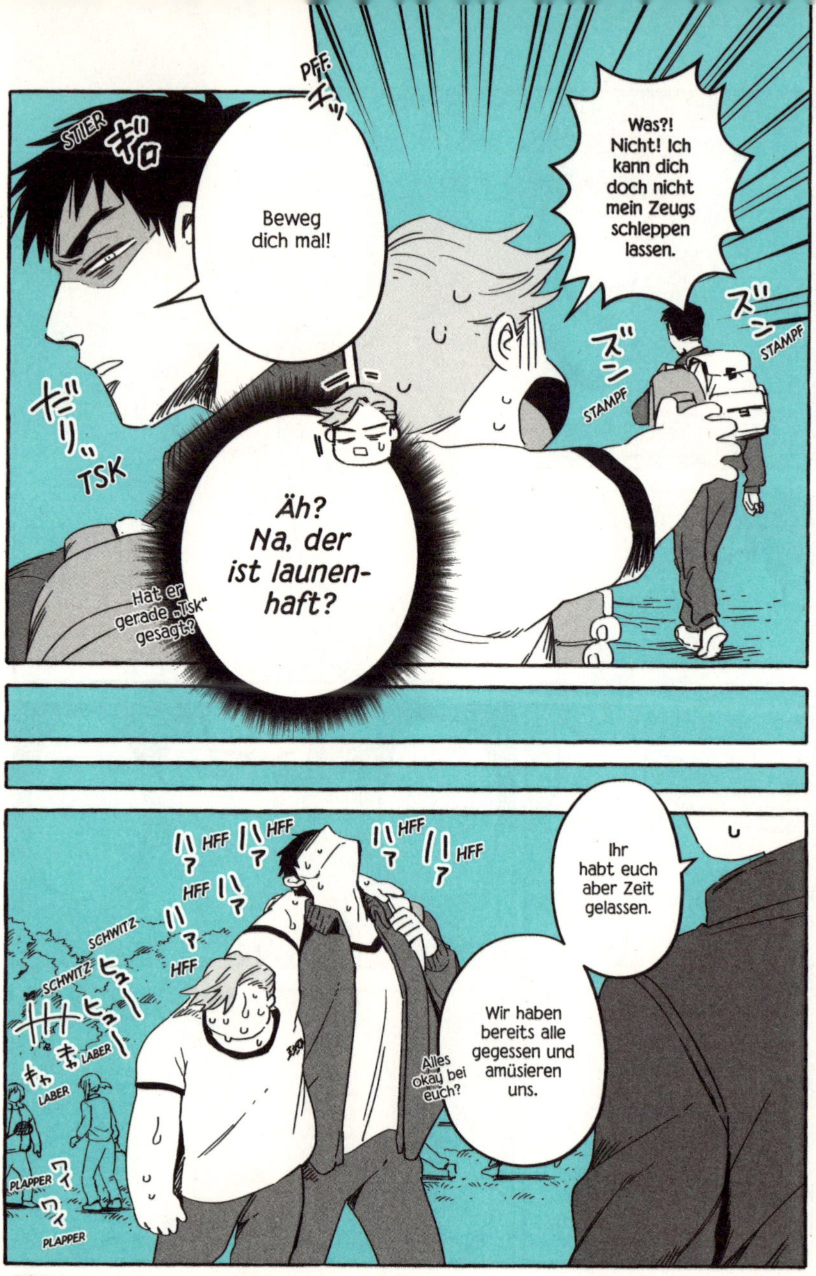
Was?! Nicht! Ich kann dich doch nicht mein Zeugs schleppen lassen.
ズン STAMPF
ズン STAMPF
Beweg dich mal!
STIER ギロ
PFF. チッ
Äh? Na, der ist launen-haft?
Hat er gerade „Tsk“ gesagt?
だり TSK
Ihr habt euch aber Zeit gelassen.
Wir haben bereits alle gegessen und amüsieren uns.
Alles okay bei euch?
ハァ HFF
ハァ HFF
ハァ HFF
ハァ HFF
ハァ HFF
ハァ HFF
SCHWITZ ヒュー
SCHWITZ ヒュー
キャ LABER
キャ LABER
ワイ PLAPPER
ワイ PLAPPER

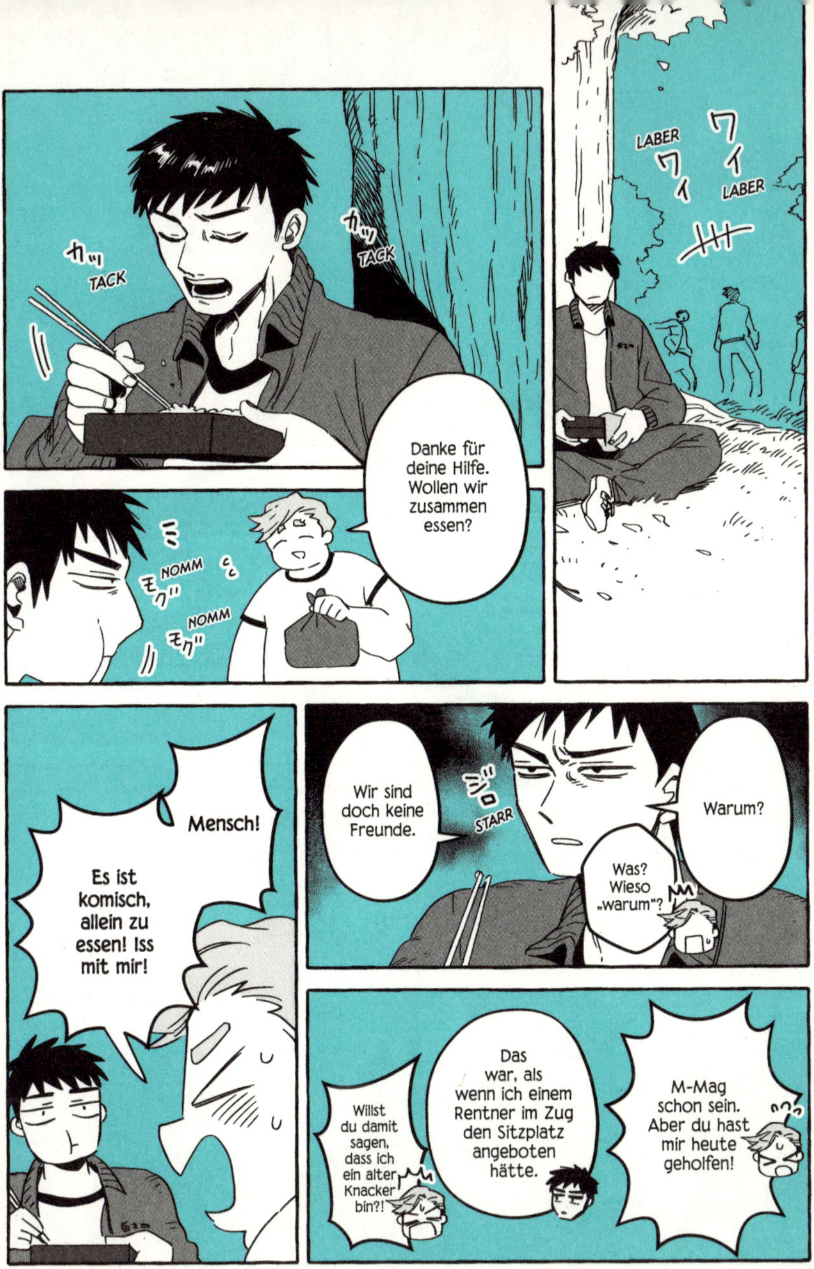
ワイワイ
LABER
LABER
カッ
TACK
カッ
TACK
Danke für deine Hilfe. Wollen wir zusammen essen?
モグ
NOMM
モグ
NOMM
Warum?
Was? Wieso „warum“?
ジロ
STARR
Wir sind doch keine Freunde.
M-Mag schon sein. Aber du hast mir heute geholfen!
Das war, als wenn ich einem Rentner im Zug den Sitzplatz angeboten hätte.
Willst du damit sagen, dass ich ein alter Knacker bin?!
Mensch!
Es ist komisch, allein zu essen! Iss mit mir!

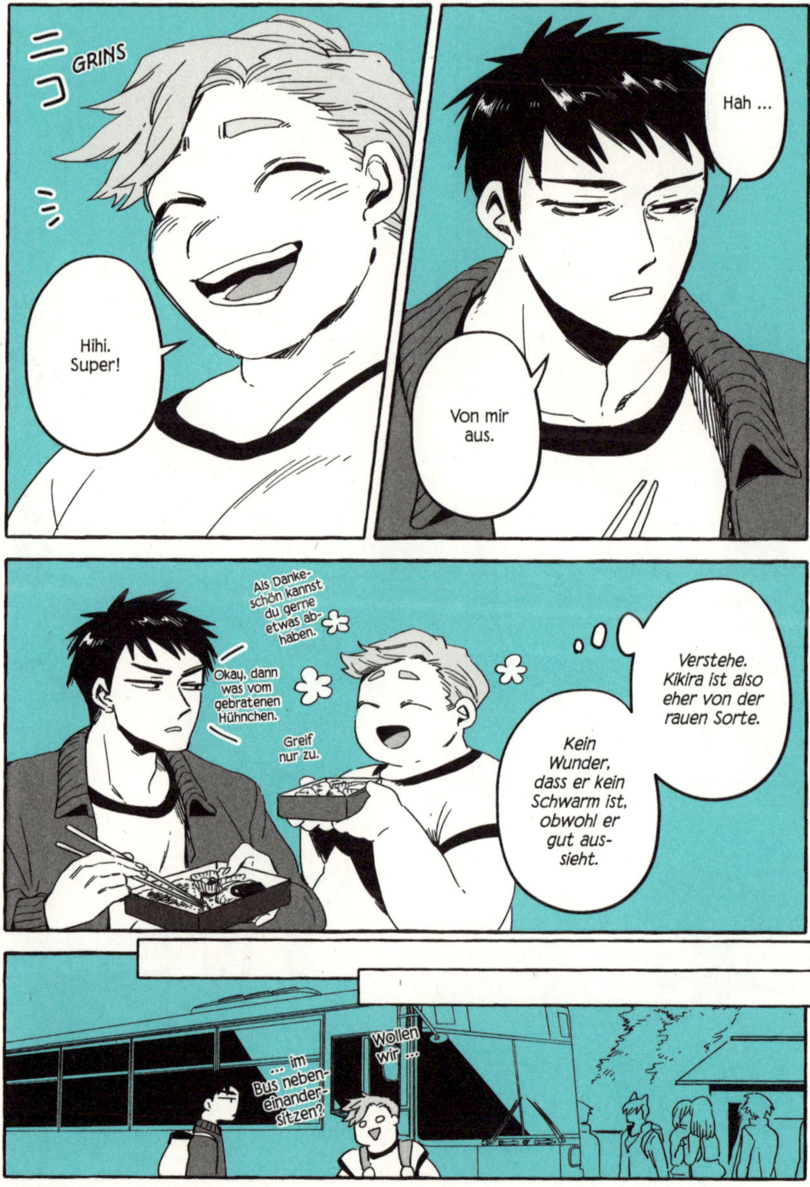
Hah ...
Von mir aus.
Hihi. Super!
GRINS
Verstehe. Kikira ist also eher von der rauen Sorte.
Kein Wunder, dass er kein Schwarm ist, obwohl er gut aussieht.
Als Dankeschön kannst du gerne etwas abhaben.
Okay, dann was vom gebratenen Hühnchen.
Greif nur zu.
Wollen wir ...
... im Bus nebeneinandersitzen?

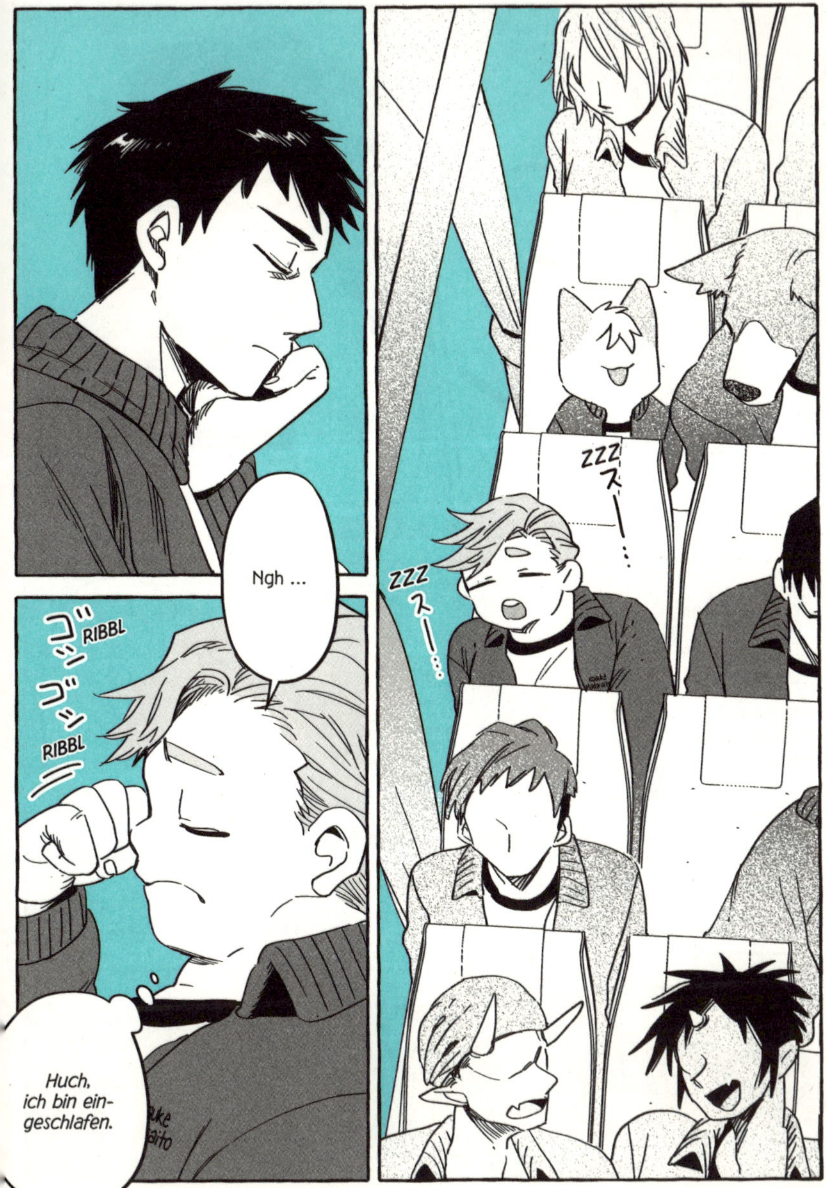
ZZZ スー…
ZZZ スー…
Ngh ...
ゴシゴシ RIBBL RIBBL
Huch, ich bin eingeschlafen.

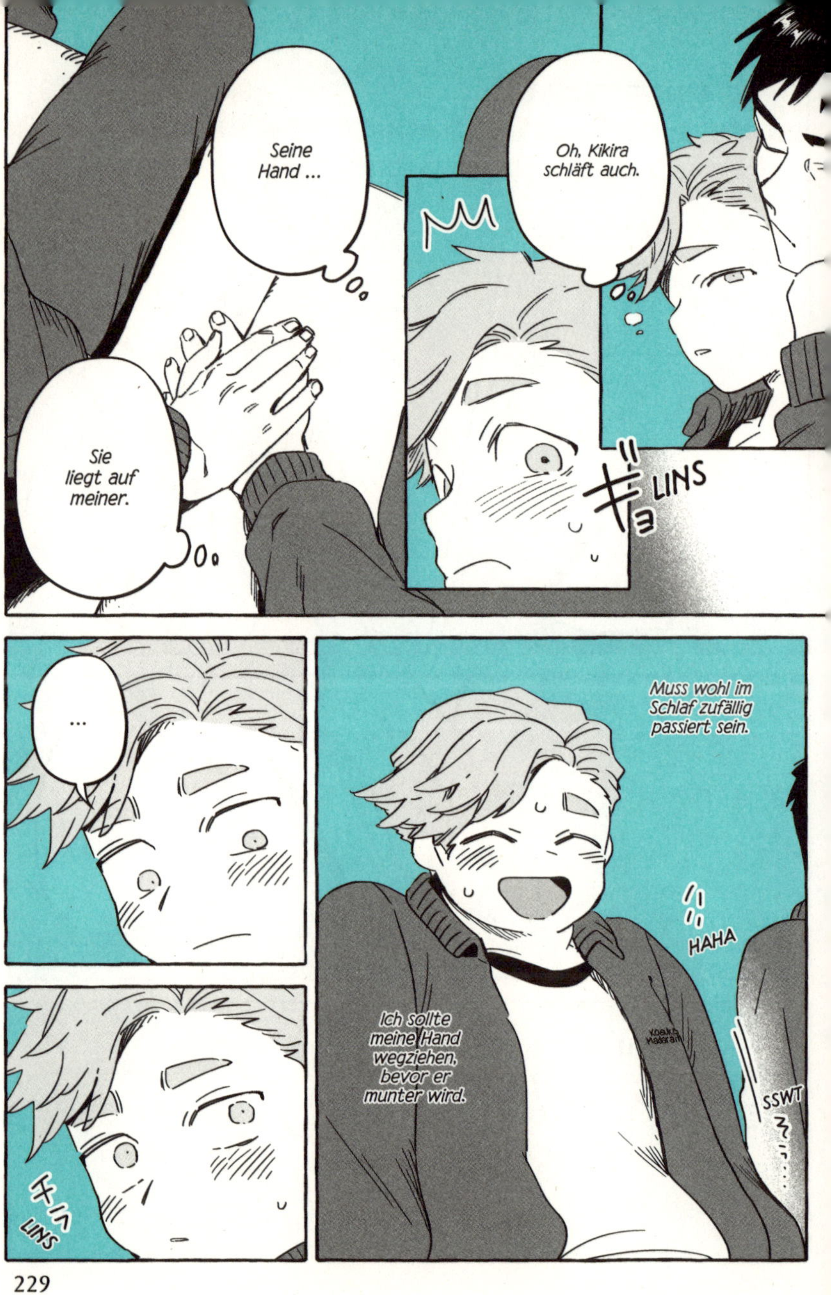
Oh, Kikira schläft auch.
Seine Hand ...
Sie liegt auf meiner.
LINS
...
LINS
Muss wohl im Schlaf zufällig passiert sein.
HAHA
Ich sollte meine Hand wegziehen, bevor er munter wird.
SSWT

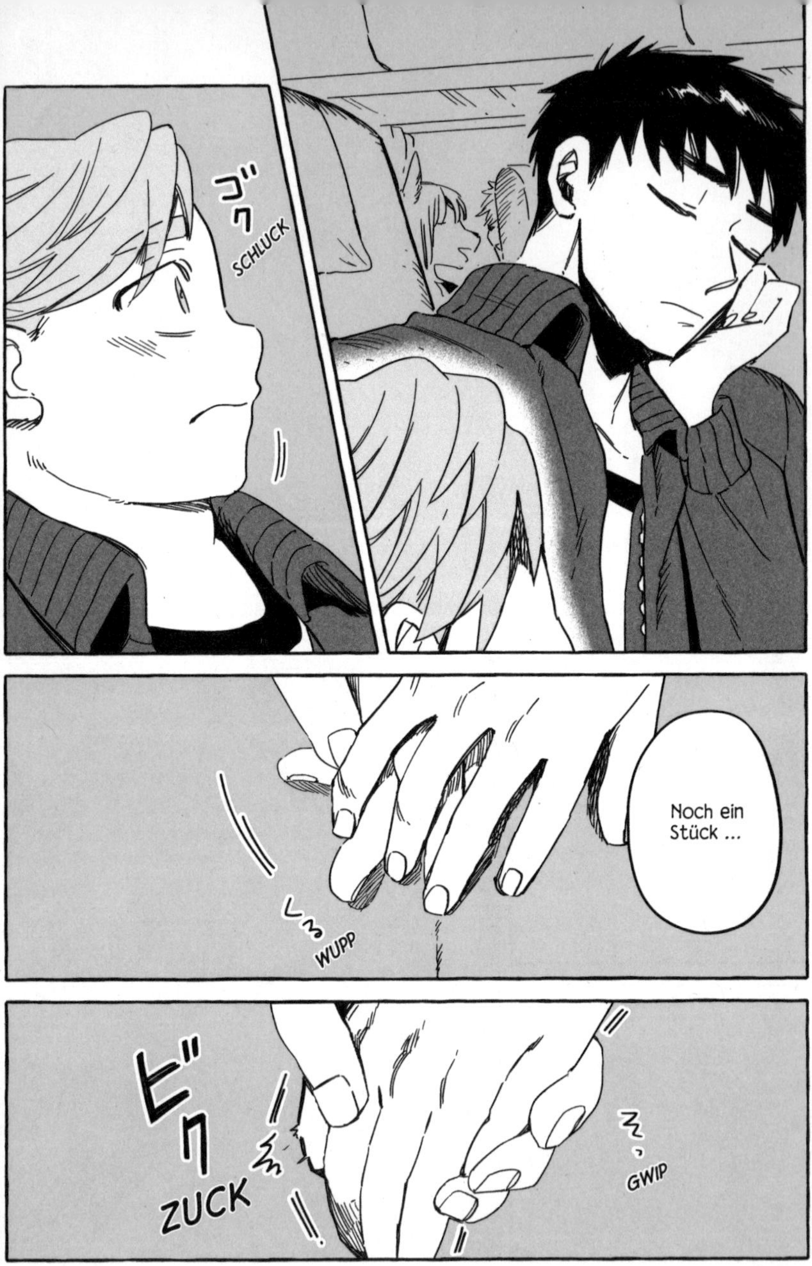
ゴク
SCHLUCK
Noch ein Stück ...
くる
WUPP
ビク
ZUCK
GWIP

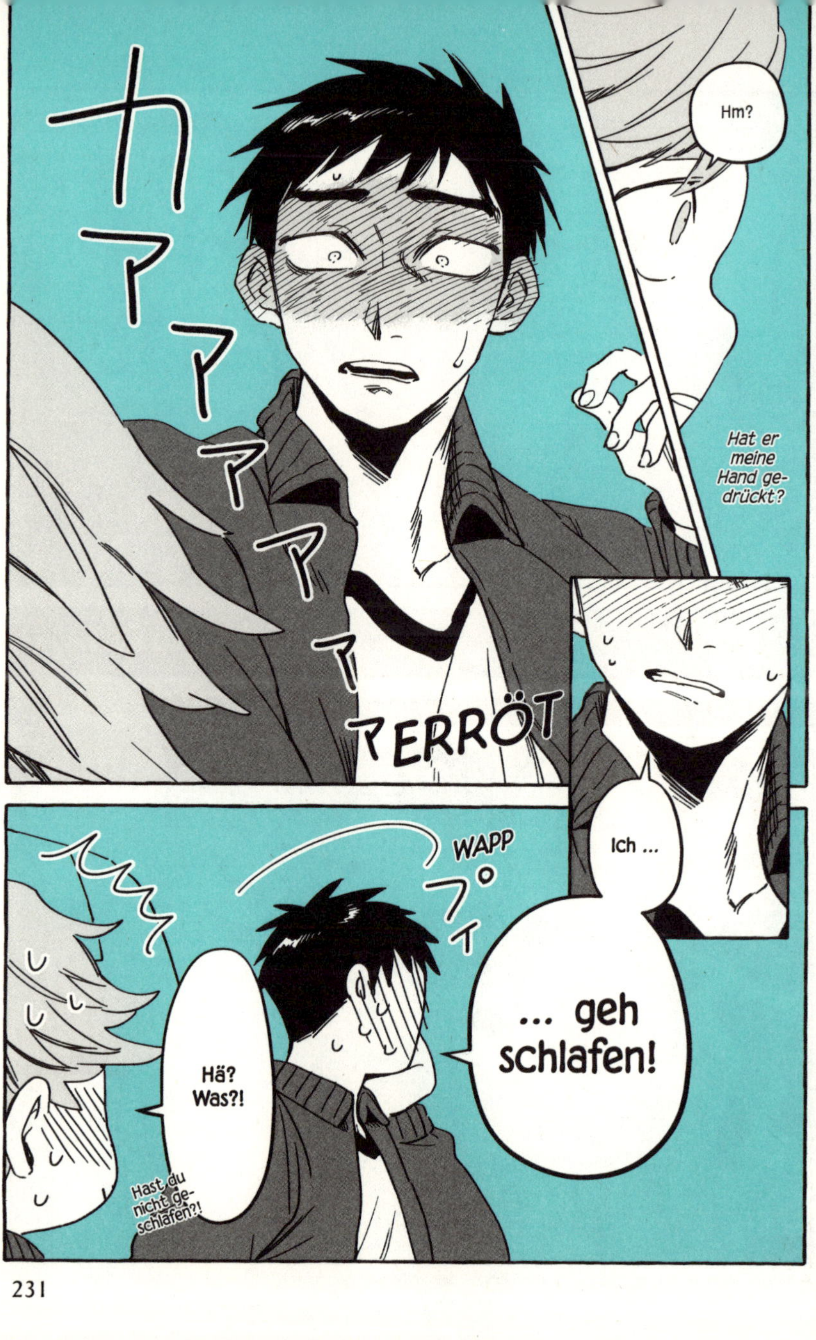
Hm?
Hat er meine Hand gedrückt?
カアアアアア
ERRÖT
Ich ...
... geh schlafen!
WAPP
プイ
Hä? Was?!
Hast du nicht geschlafen?!

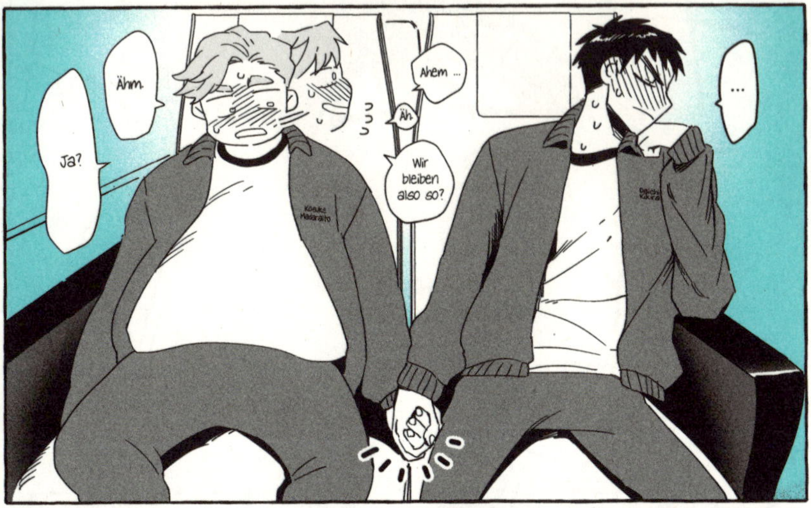
…
Ahem …
Äh.
Wir bleiben also so?
Ähm.
Ja?

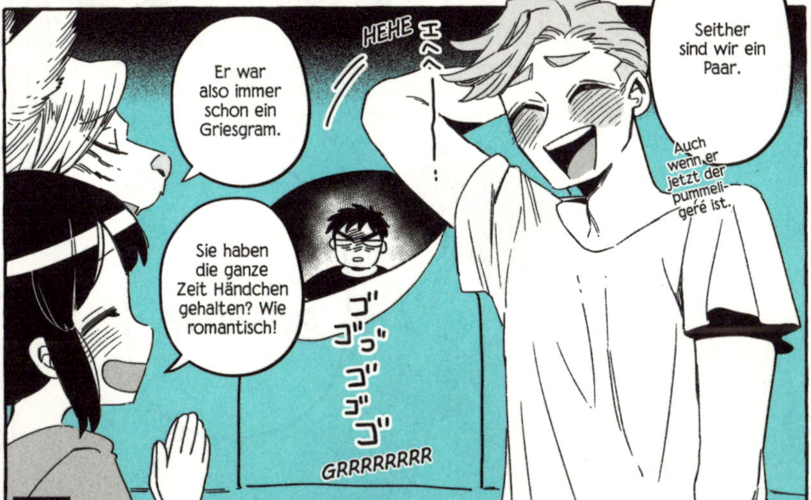
Seither sind wir ein Paar.
Auch wenn er jetzt der pummeligeré ist.
HEHE
Er war also immer schon ein Griesgram.
Sie haben die ganze Zeit Händchen gehalten? Wie romantisch!
ゴゴッゴゴゴ
GRRRRRRRR
Ende

• Im Zeit

◆ Bis zum nächsten Tag hat Daichi Kikira kein Wort mit seinem Partner gesprochen.

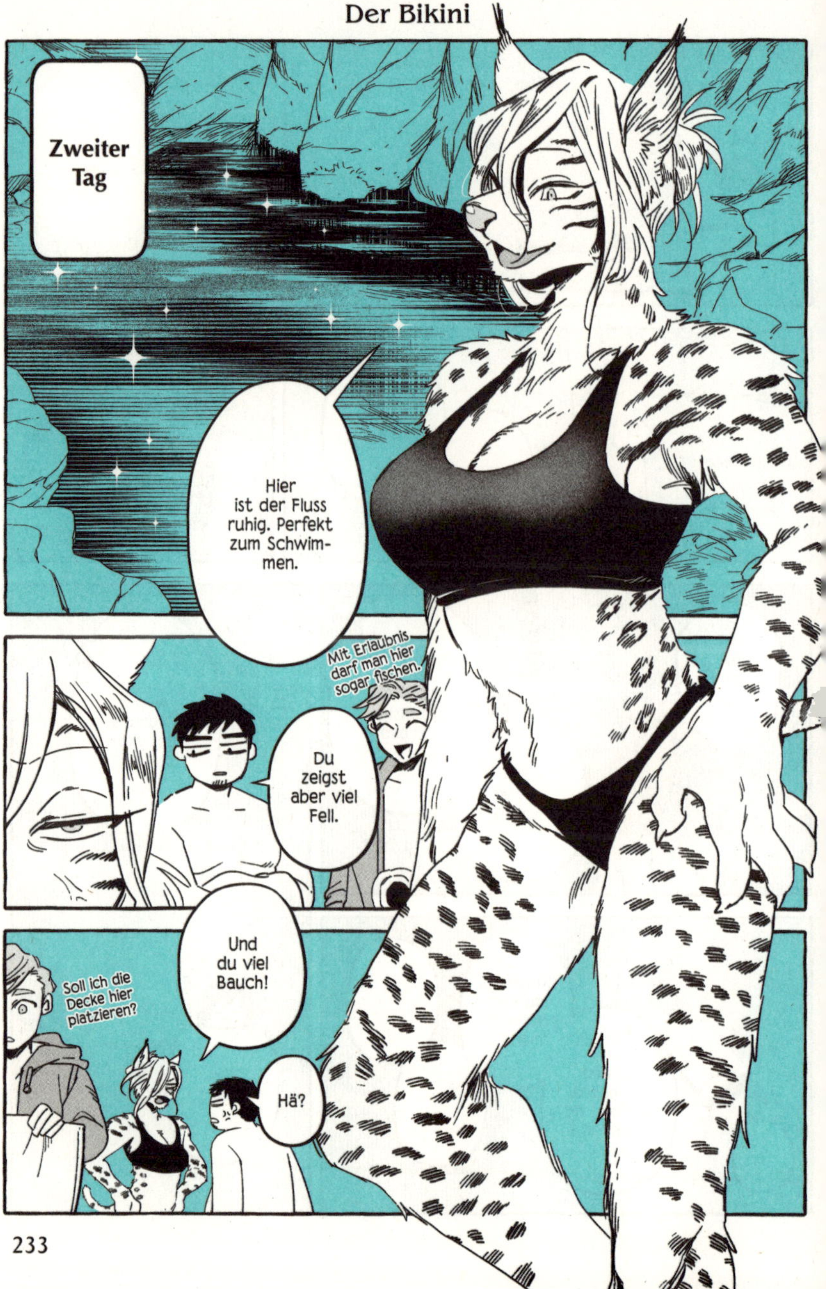
Zweiter Tag
Hier ist der Fluss ruhig. Perfekt zum Schwimmen.
Mit Erlaubnis darf man hier sogar fischen.
Du zeigst aber viel Fell.
Und du viel Bauch!
Soll ich die Decke hier platzieren?
Hä?

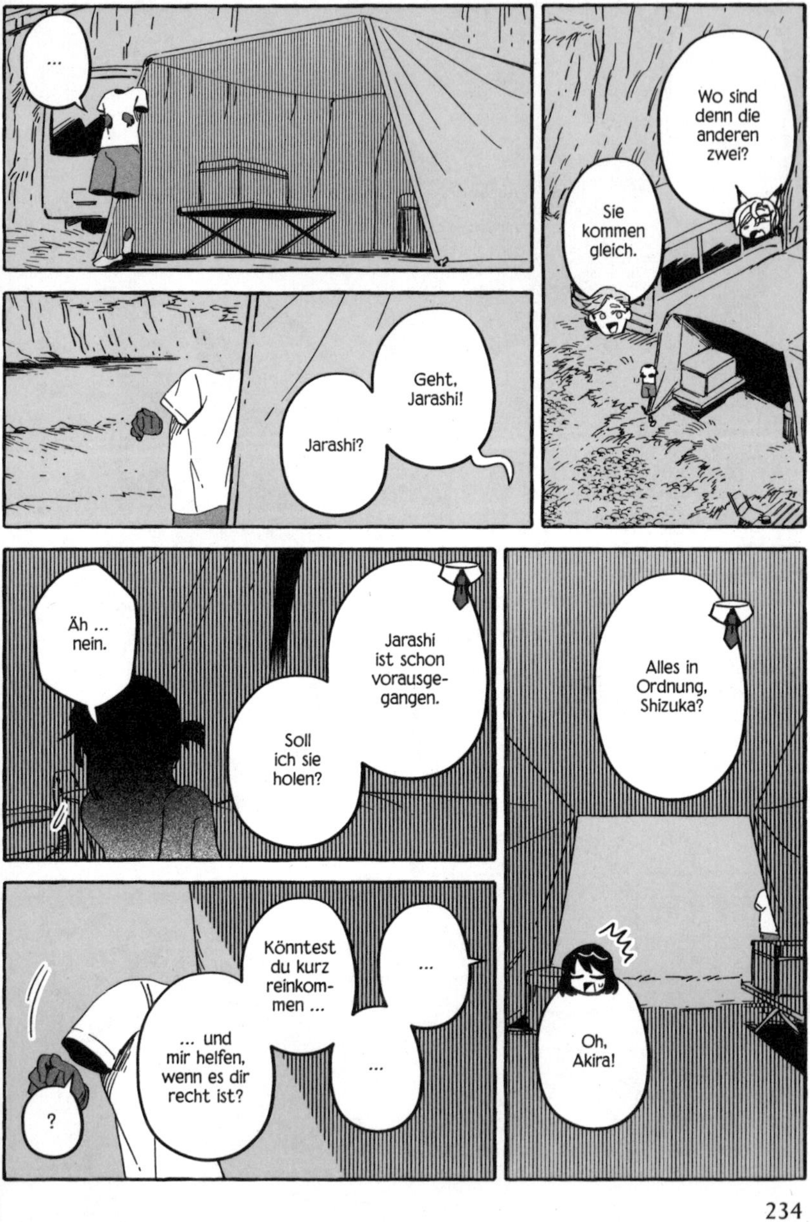
Wo sind denn die anderen zwei?
Sie kommen gleich.
...
Geht, Jarashi!
Jarashi?
Alles in Ordnung, Shizuka?
Oh, Akira!
Jarashi ist schon vorausgegangen.
Soll ich sie holen?
Äh ... nein.
...
Könntest du kurz reinkommen ...
... und mir helfen, wenn es dir recht ist?
...
?

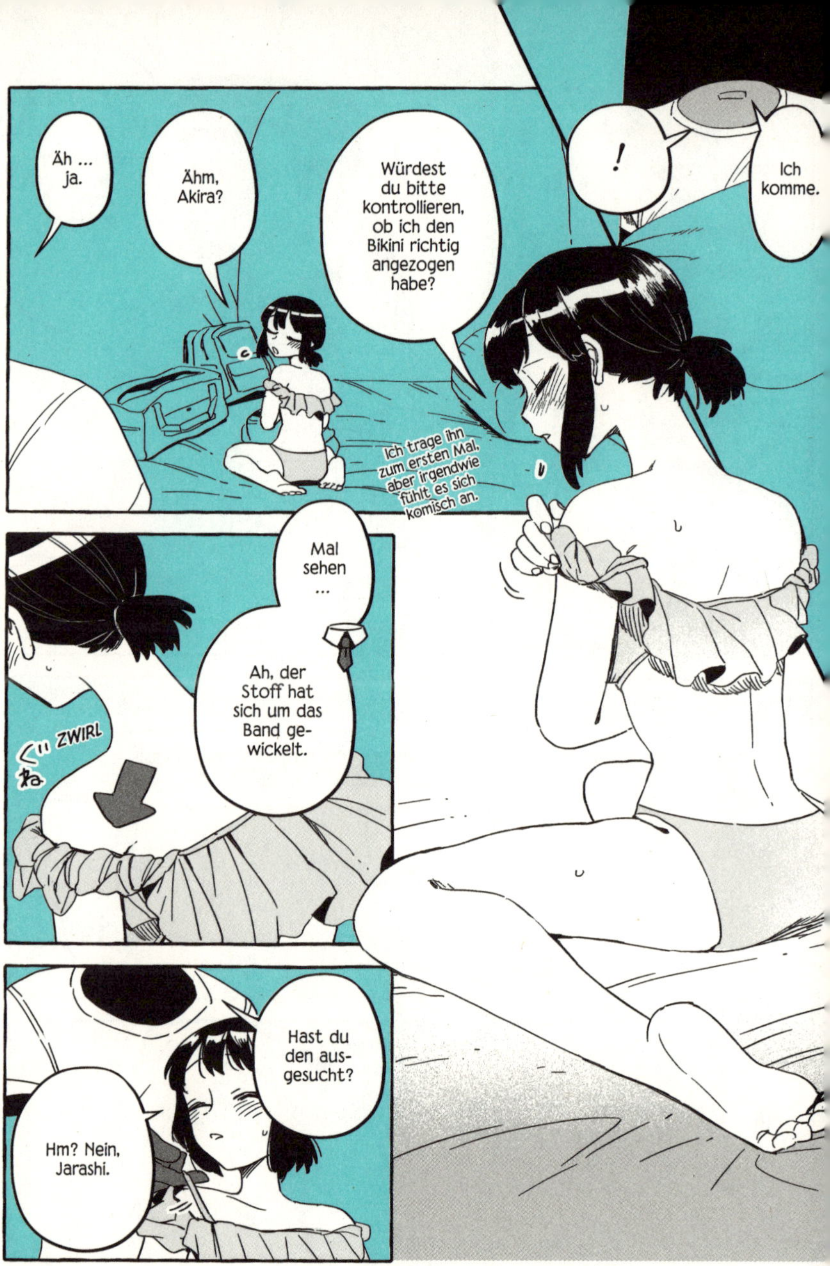
Ich komme.
!
Würdest du bitte kontrollieren, ob ich den Bikini richtig angezogen habe?
Ähm, Akira?
Äh … ja.
Ich trage ihn zum ersten Mal, aber irgendwie fühlt es sich komisch an.
Mal sehen …
Ah, der Stoff hat sich um das Band gewickelt.
ZWIRL
Hast du den aus- gesucht?
Hm? Nein, Jarashi.

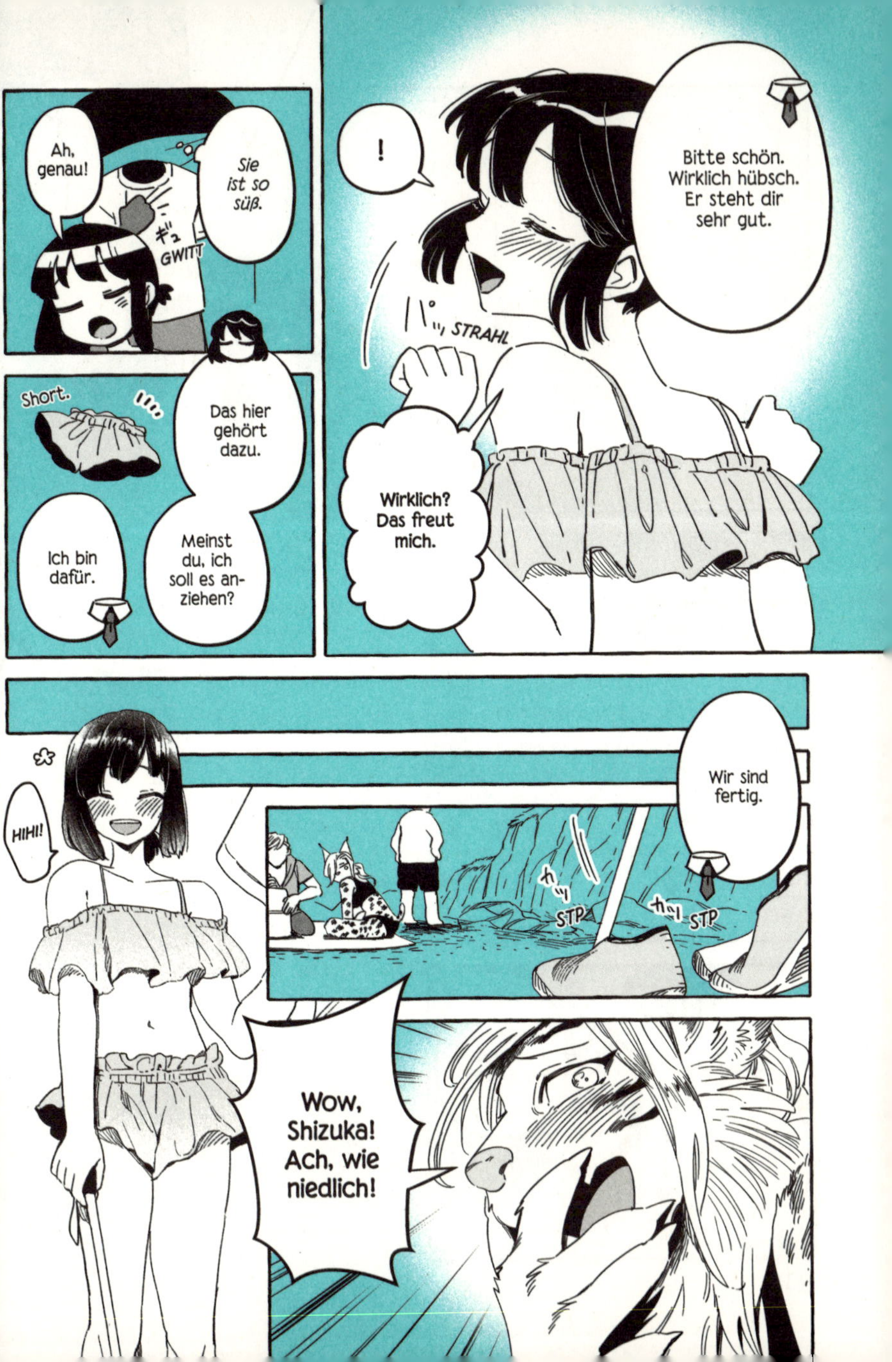
Bitte schön. Wirklich hübsch. Er steht dir sehr gut.
!
STRAHL
Wirklich? Das freut mich.
Sie ist so süß.
Ah, genau!
GWITT
Das hier gehört dazu.
Short.
Meinst du, ich soll es anziehen?
Ich bin dafür.
Wir sind fertig.
STP
STP
Wow, Shizuka! Ach, wie niedlich!
HIHI!

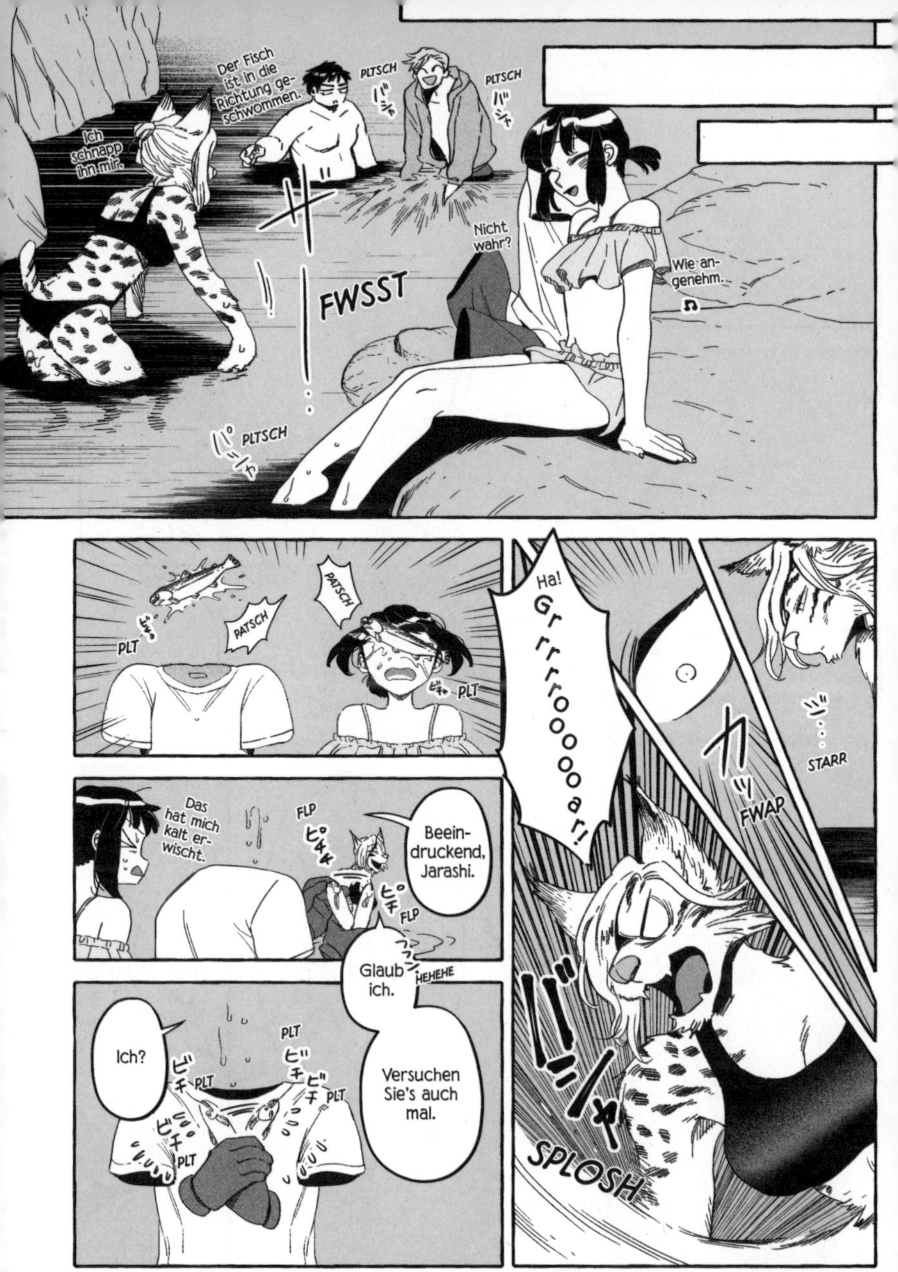
Wie an-
genehm.
Nicht
wahr?
PLTSCH
PLTSCH
Der Fisch
ist in die
Richtung ge-
schwommen.
Ich
schnapp
ihn mir.
FWSST
PLTSCH
Ha!
Grrrrooooar!
STARR
FWAP
SPLOSH
PATSCH
PATSCH
PLT
PLT
Das
hat mich
kalt er-
wischt.
FLP
Beein-
druckend,
Jarashi.
FLP
Glaub
ich.
HEHEHE
Versuchen
Sie's auch
mal.
PLT
PLT
PLT
PLT
Ich?

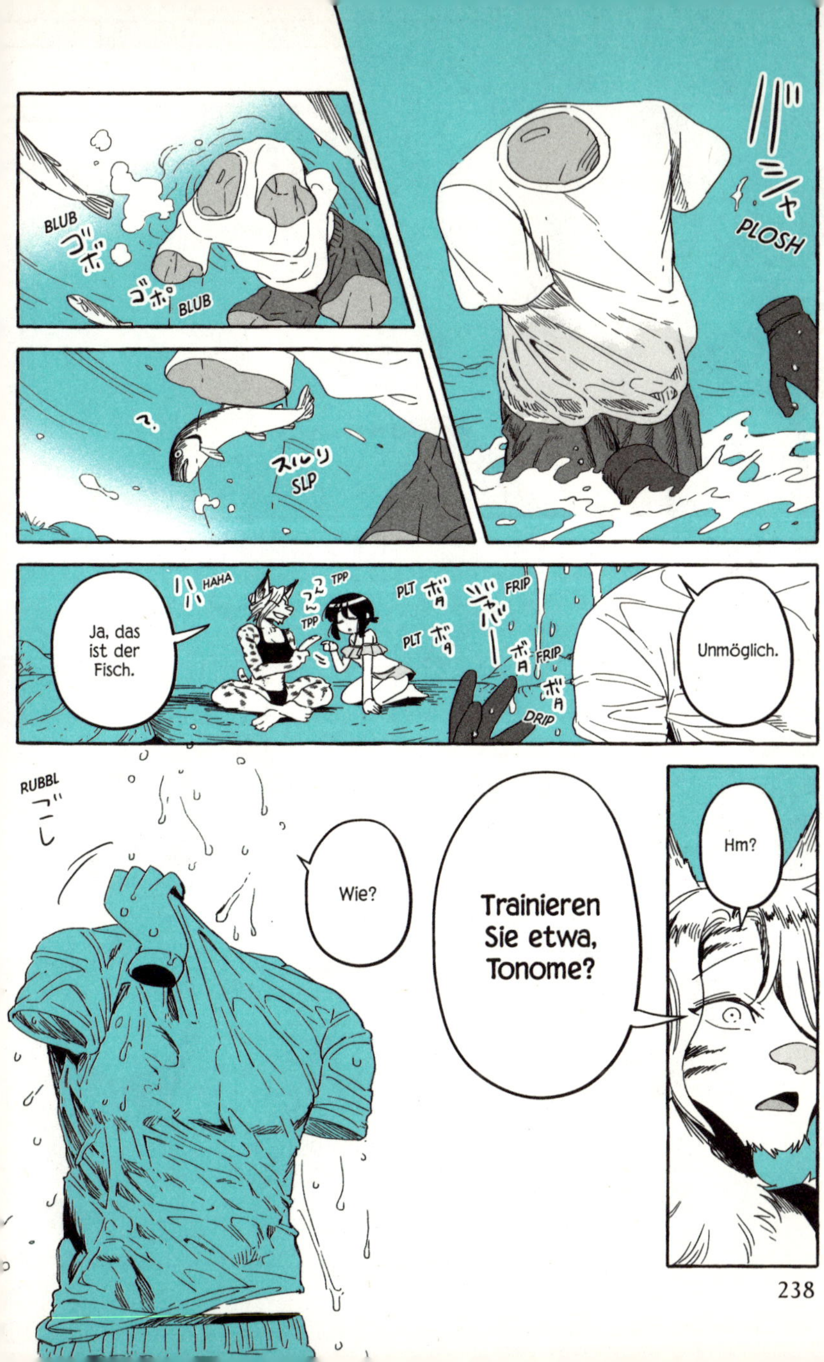
PLOSH
BLUB
BLUB
SLP
Unmöglich.
FRIP
FRIP
DRIP
PLT
PLT
TPP
TPP
HAHA
Ja, das ist der Fisch.
Hm?
Trainieren Sie etwa, Tonome?
Wie?
RUBBL

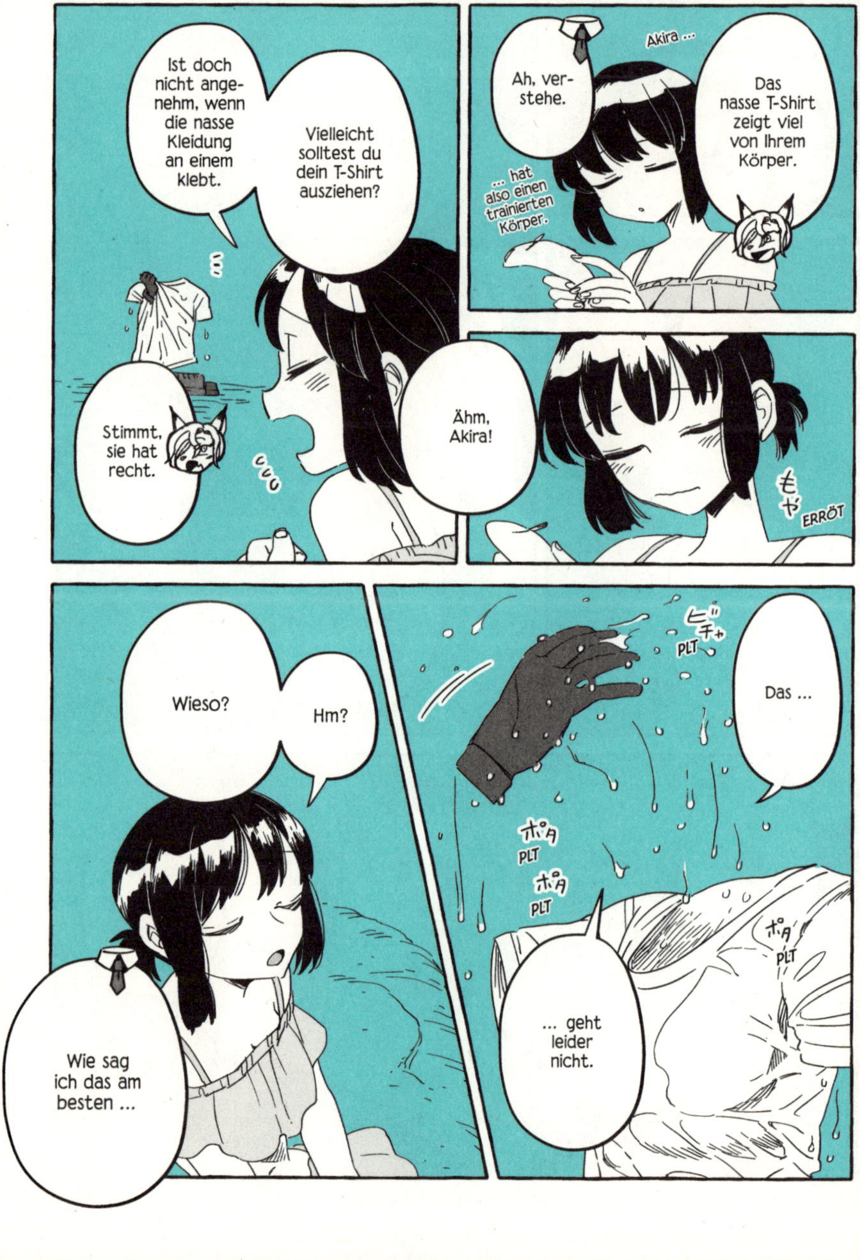
Das nasse T-Shirt zeigt viel von Ihrem Körper.
Akira …
Ah, verstehe.
… hat also einen trainierten Körper.
Ähm, Akira!
ERRÖT
Vielleicht solltest du dein T-Shirt ausziehen?
Ist doch nicht angenehm, wenn die nasse Kleidung an einem klebt.
Stimmt, sie hat recht.
Das …
PLT
PLT
PLT
PLT
… geht leider nicht.
Hm?
Wieso?
Wie sag ich das am besten …

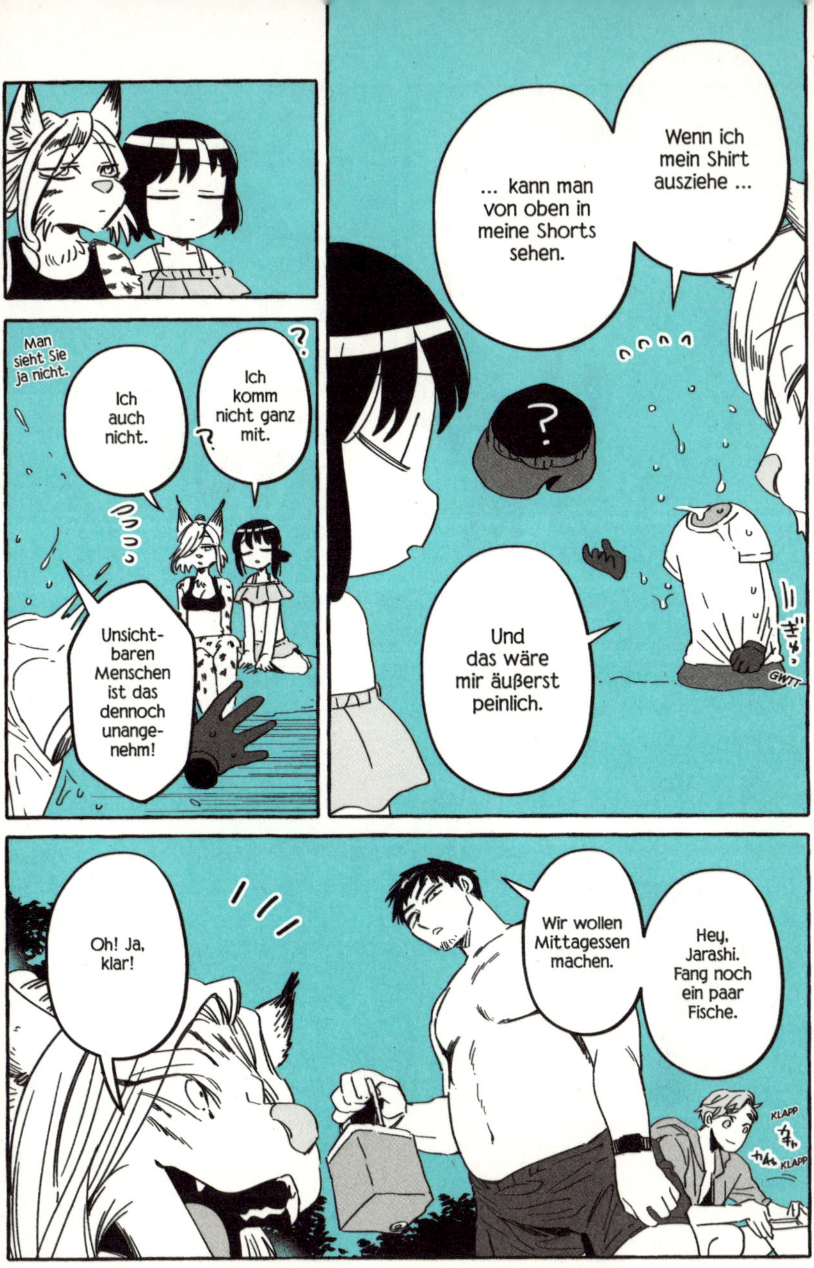

Wenn ich mein Shirt ausziehe ...
... kann man von oben in meine Shorts sehen.
Und das wäre mir äußerst peinlich.
GWTT
Ich komm nicht ganz mit.
Ich auch nicht.
Man sieht Sie ja nicht.
Unsichtbaren Menschen ist das dennoch unangenehm!
Hey, Jarashi. Fang noch ein paar Fische.
Wir wollen Mittagessen machen.
KLAPP
KLAPP
Oh! Ja, klar!

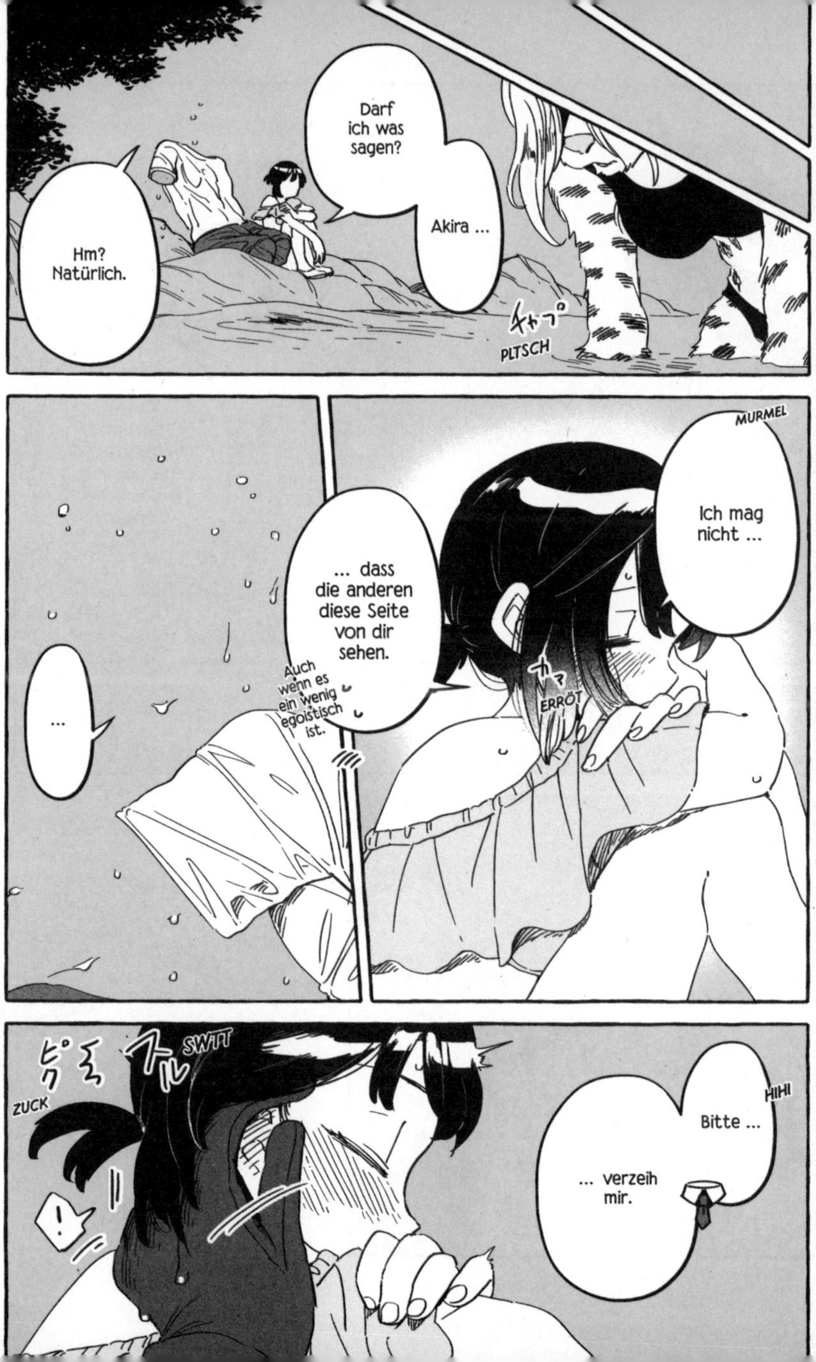
Akira ...
Darf ich was sagen?
Hm? Natürlich.
チャプ
PLTSCH
MURMEL
Ich mag nicht ...
... dass die anderen diese Seite von dir sehen.
カァ
ERRÖT
Auch wenn es ein wenig egoistisch ist.
...
HIHI
Bitte ...
... verzeih mir.
スル
SWTT
ピクッ
ZUCK
!

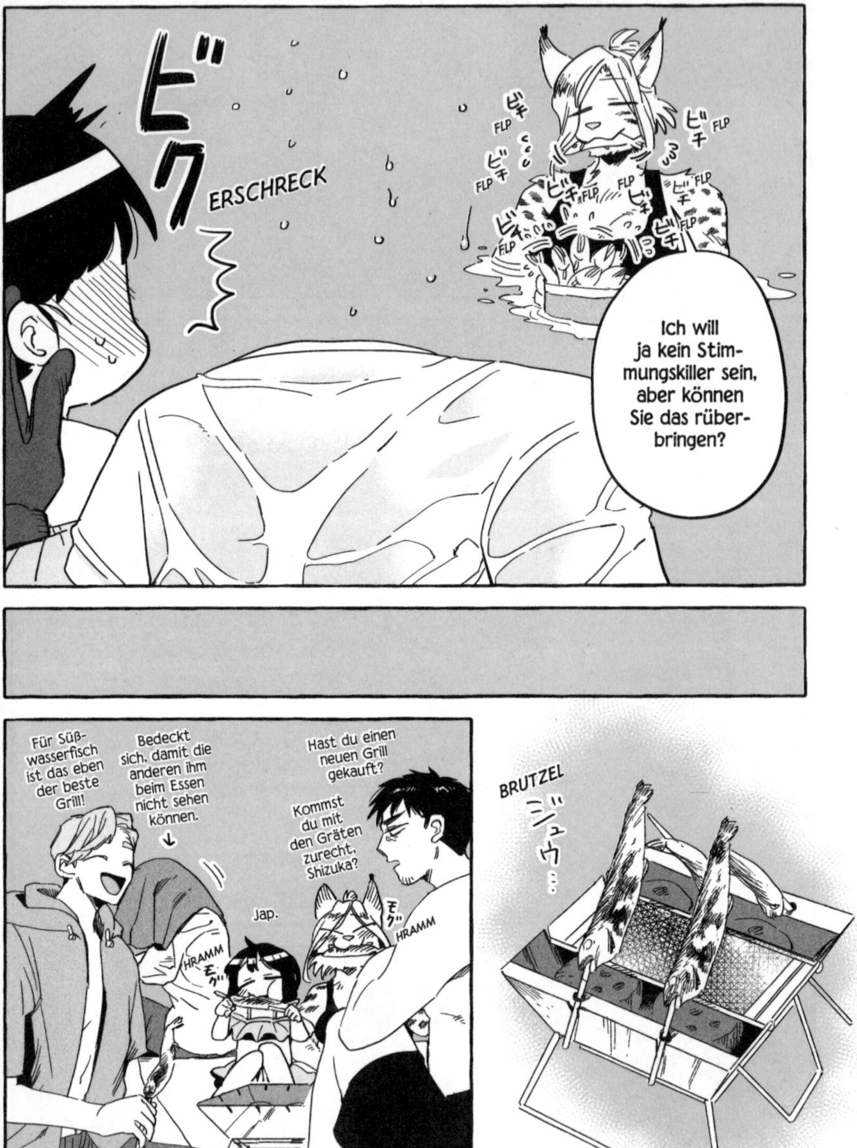
ビク
ERSCHRECK
FLP
FLP
FLP
FLP
FLP
FLP
FLP
FLP
Ich will ja kein Stimmungskiller sein, aber können Sie das rüberbringen?
BRUTZEL
Hast du einen neuen Grill gekauft?
Kommst du mit den Gräten zurecht, Shizuka?
HRAMM
Jap.
HRAMM
Bedeckt sich, damit die anderen ihm beim Essen nicht sehen können.
Für Süßwasserfisch ist das eben der beste Grill!

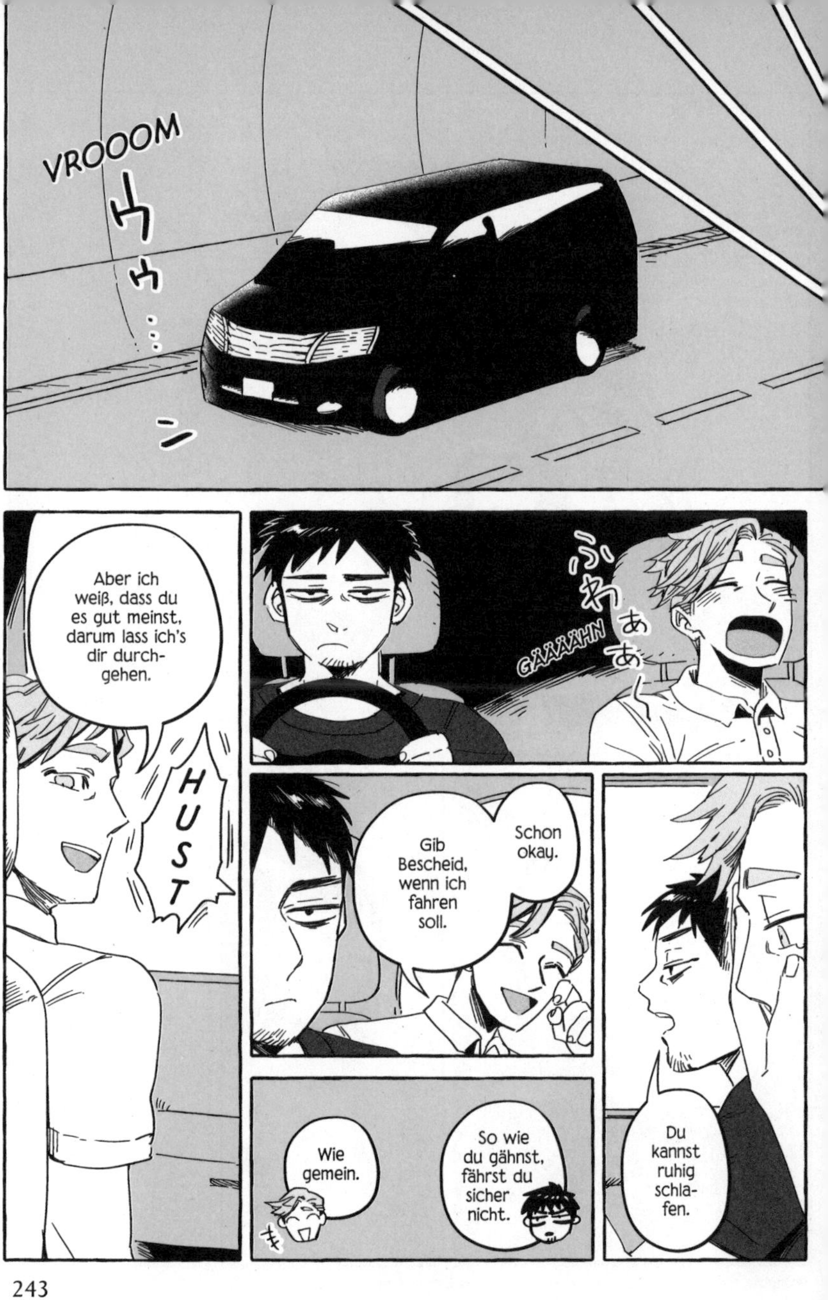
VROOOM
GÄÄÄÄHN
Aber ich weiß, dass du es gut meinst, darum lass ich's dir durchgehen.
HUST
Schon okay.
Gib Bescheid, wenn ich fahren soll.
Du kannst ruhig schlafen.
So wie du gähnst, fährst du sicher nicht.
Wie gemein.

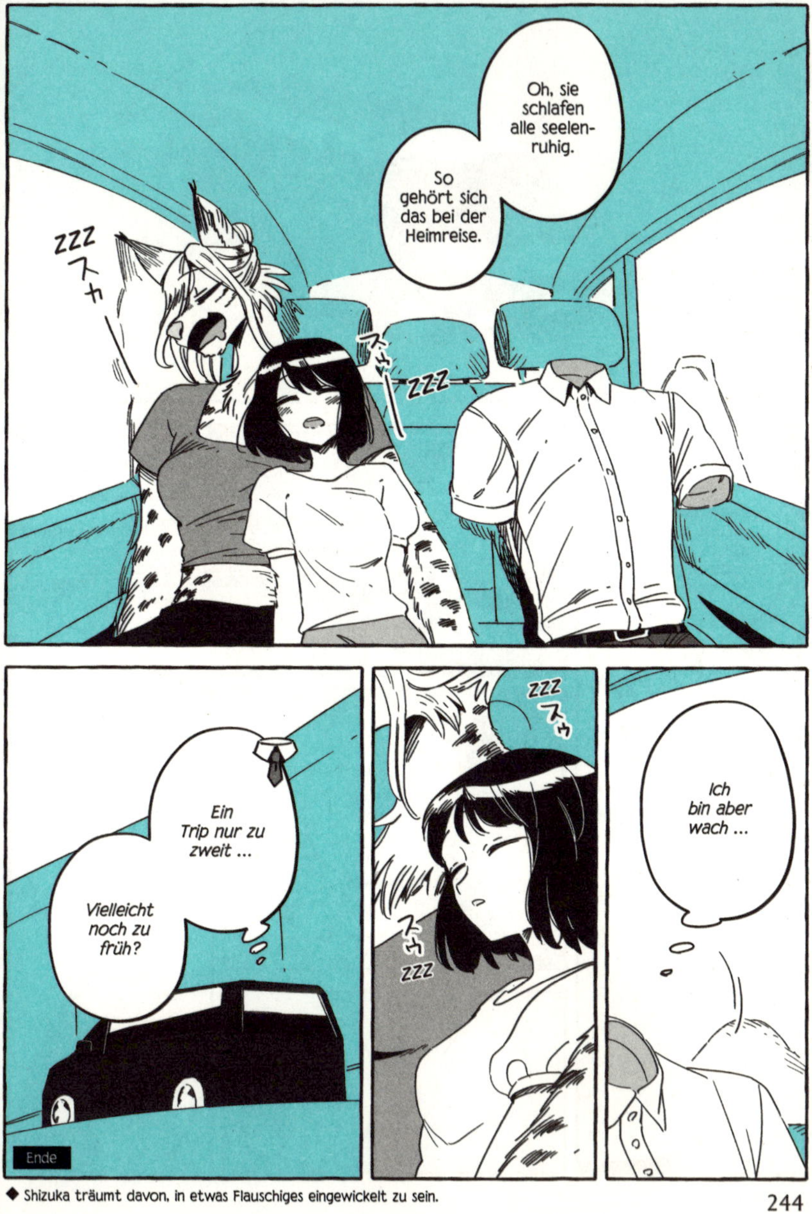
Oh, sie schlafen alle seelenruhig.
So gehört sich das bei der Heimreise.
ZZZ スカ
スゥ ZZZ
Ich bin aber wach ...
ZZZ スゥ
スゥ ZZZ
Ein Trip nur zu zweit ...
Vielleicht noch zu früh?
Ende

◆ Shizuka träumt davon, in etwas Flauschiges eingewickelt zu sein.

Nachts ...

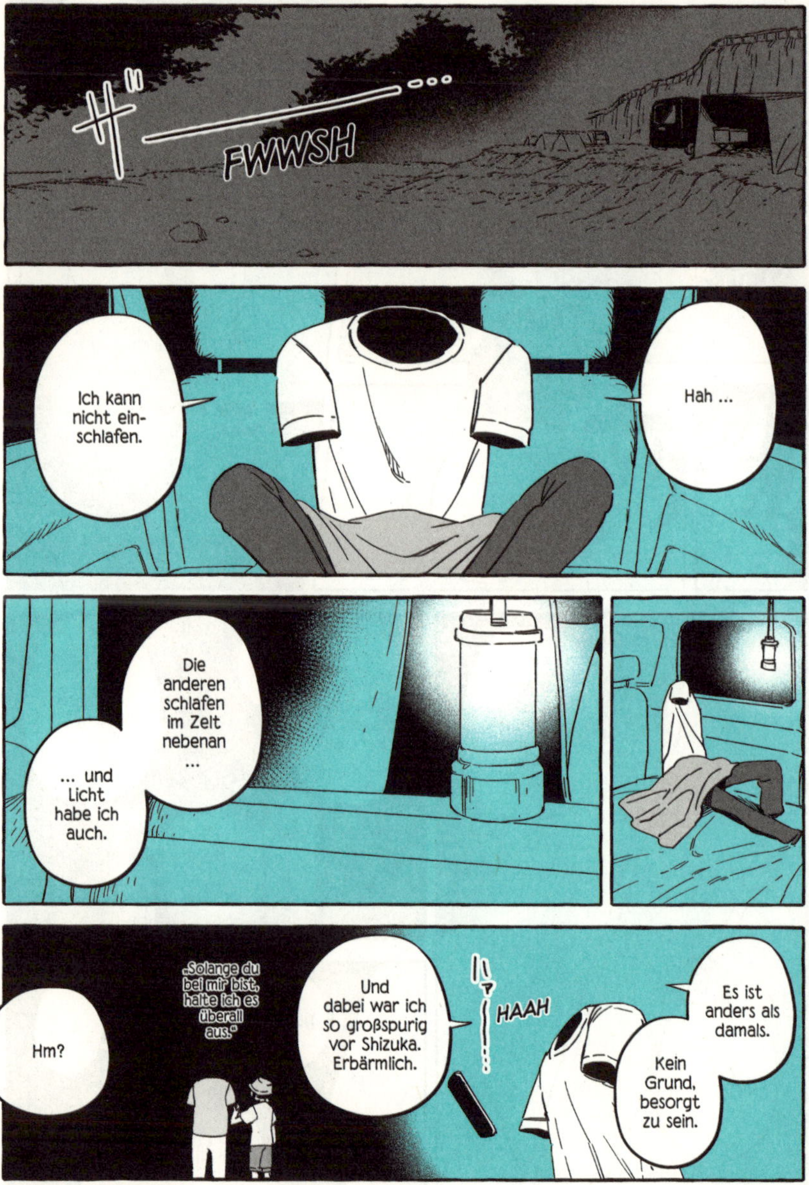
FWWSH
Hah ...
Ich kann nicht ein-schlafen.
Die anderen schlafen im Zelt nebenan ...
... und Licht habe ich auch.
Es ist anders als damals.
Kein Grund, besorgt zu sein.
HAAH
Und dabei war ich so großspurig vor Shizuka. Erbärmlich.
„Solange du bei mir bist, halte ich es überall aus."
Hm?

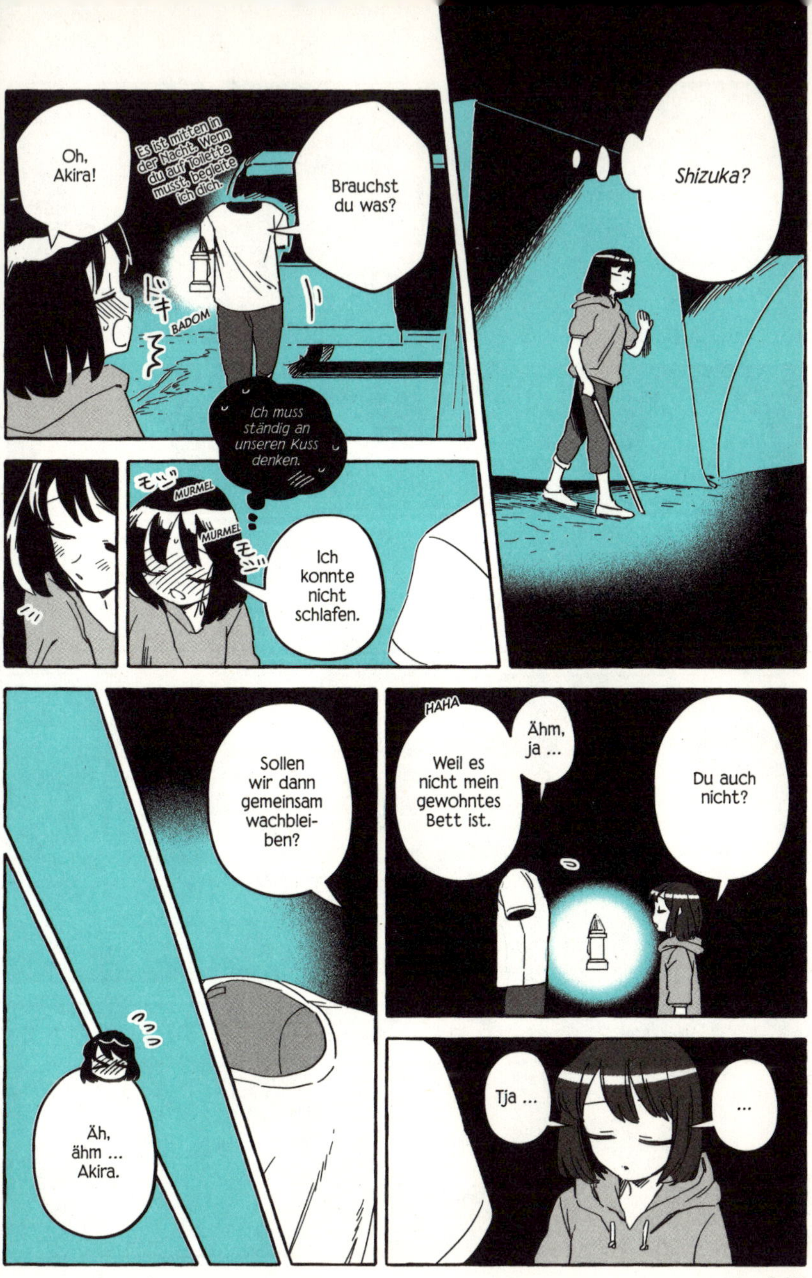
Shizuka?
Oh, Akira!
Brauchst du was?
Es ist mitten in der Nacht. Wenn du auf Toilette musst, begleite ich dich.
BADOM
Ich muss ständig an unseren Kuss denken.
Ich konnte nicht schlafen.
MURMEL
MURMEL
Du auch nicht?
Ähm, ja ...
Weil es nicht mein gewohntes Bett ist.
HAHA
Sollen wir dann gemeinsam wachblei-ben?
...
Tja ...
Äh, ähm ... Akira.

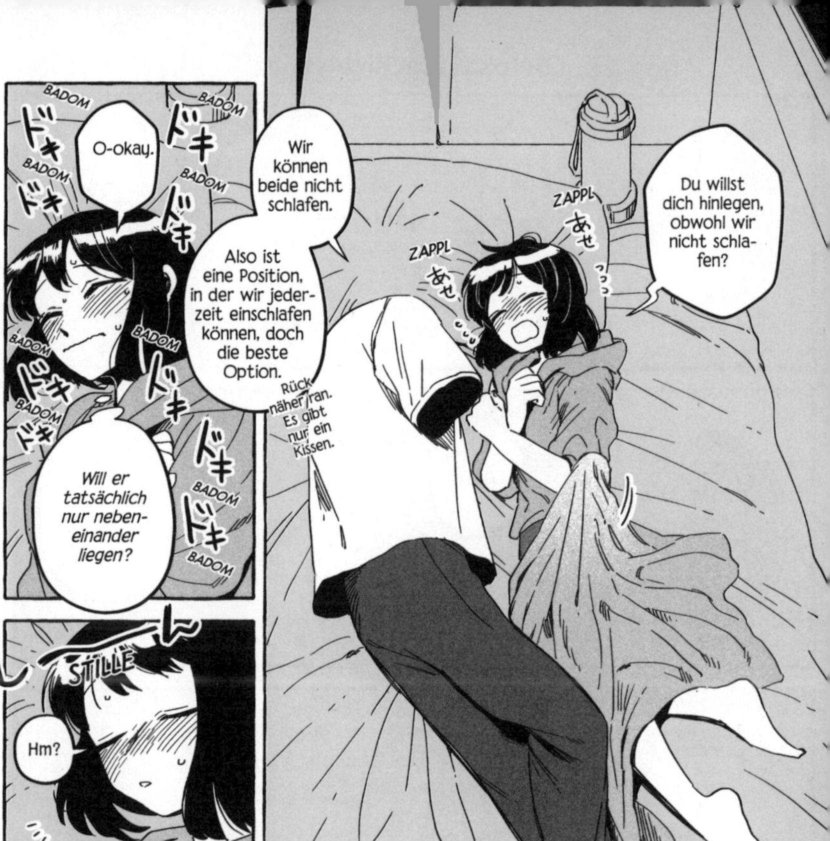
Du willst dich hinlegen, obwohl wir nicht schlafen?
ZAPPL
ZAPPL
Wir können beide nicht schlafen.
Also ist eine Position, in der wir jederzeit einschlafen können, doch die beste Option.
Rück näher ran. Es gibt nur ein Kissen.
BADOM
BADOM
O-okay.
Will er tatsächlich nur nebeneinander liegen?
STILLE
Hm?
ZZZ
Akira?
Akira?

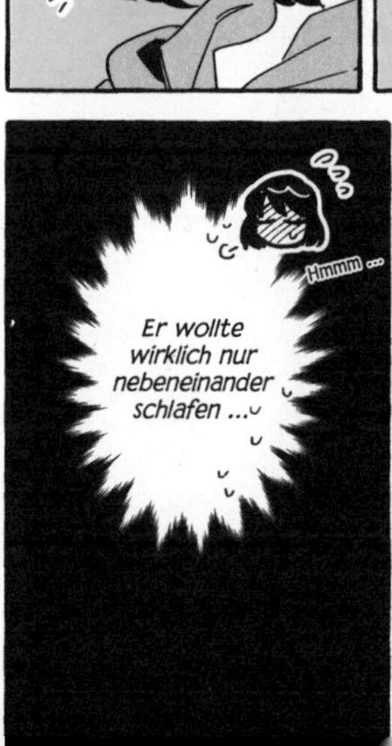
Hmmm ...
Er wollte wirklich nur nebeneinander schlafen ...

Ende ◆ Früh am Morgen schlich sich Shizuka zurück ins Zelt.

Detektivgeschichten 1

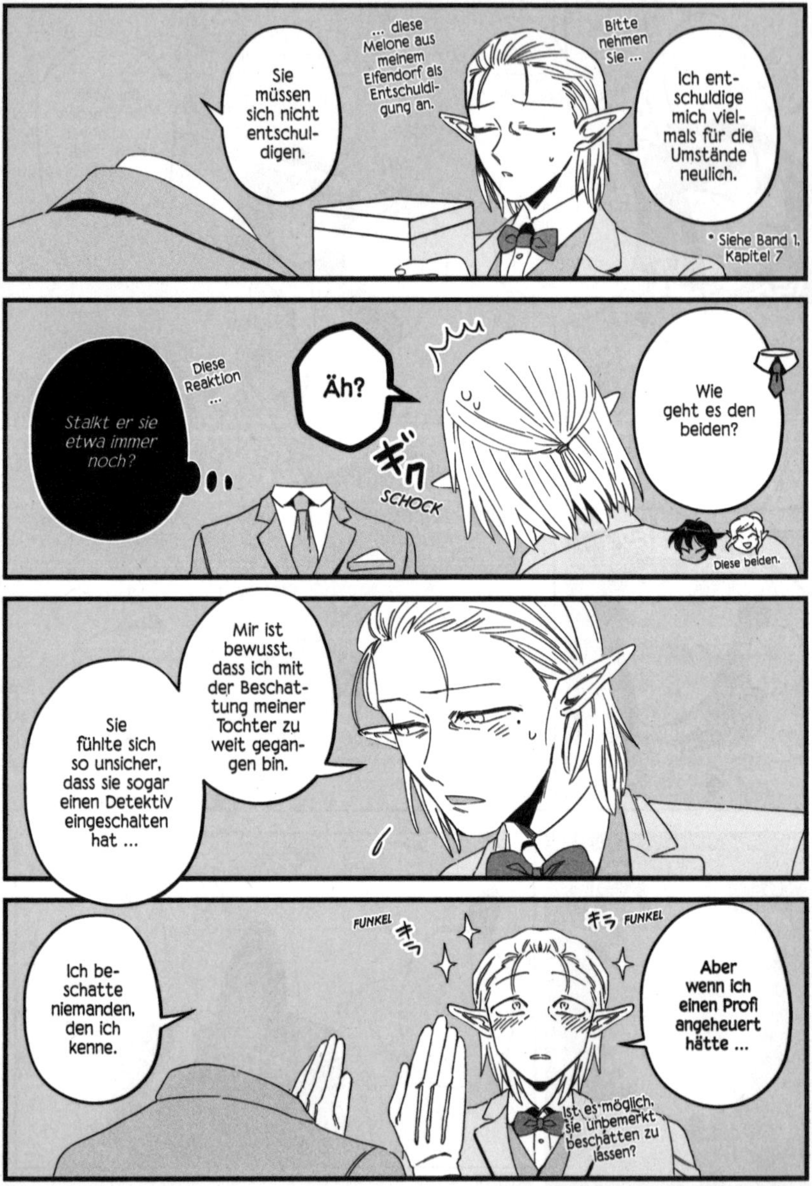

Ich entschuldige mich vielmals für die Umstände neulich.
Bitte nehmen Sie ...
... diese Melone aus meinem Elfendorf als Entschuldigung an.
Sie müssen sich nicht entschuldigen.
* Siehe Band 1, Kapitel 7
Wie geht es den beiden?
Diese beiden.
SCHOCK
Äh?
Diese Reaktion ...
Stalkt er sie etwa immer noch?
Mir ist bewusst, dass ich mit der Beschattung meiner Tochter zu weit gegangen bin.
Sie fühlte sich so unsicher, dass sie sogar einen Detektiv eingeschalten hat ...
Aber wenn ich einen Profi angeheuert hätte ...
FUNKEL
FUNKEL
Ist es möglich, sie unbemerkt beschatten zu lassen?
Ich beschatte niemanden, den ich kenne.

◆ Ein lernresistenter Vater.

Detektivgeschichten 2

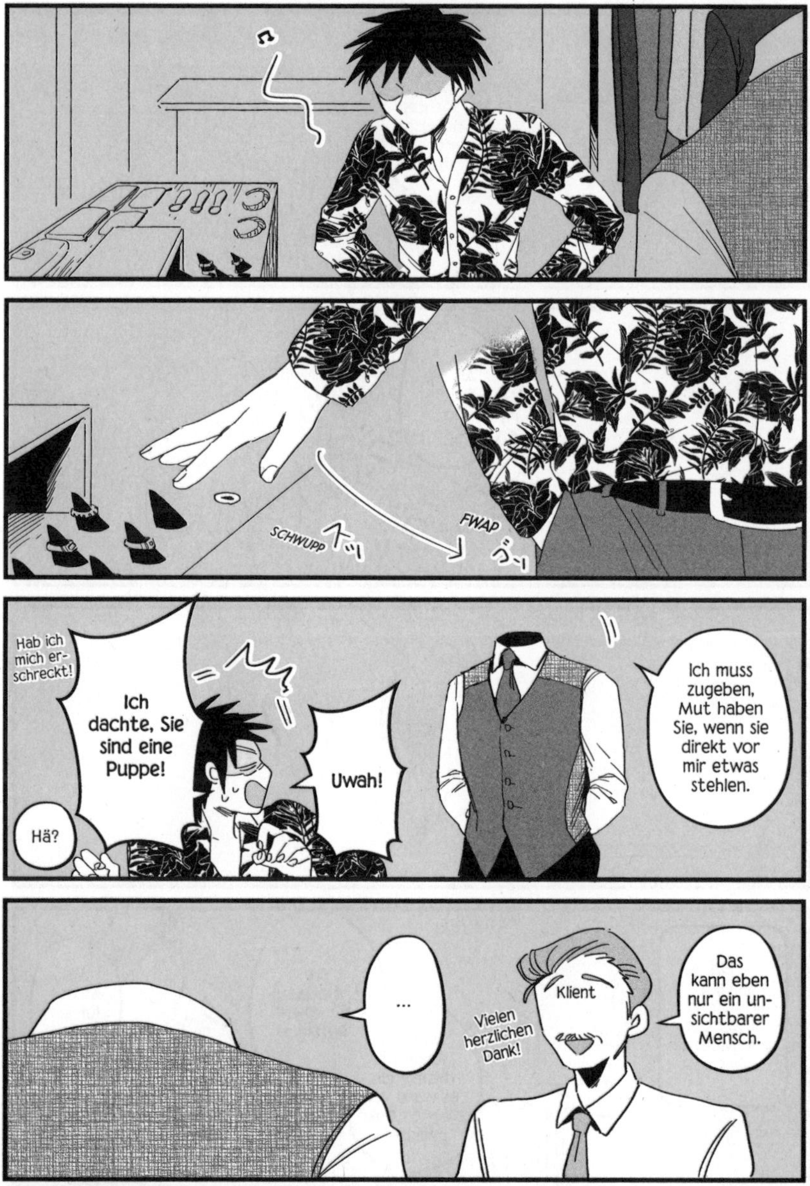
SCHWUPP
FWAP
Ich muss zugeben, Mut haben Sie, wenn sie direkt vor mir etwas stehlen.
Uwah!
Ich dachte, Sie sind eine Puppe!
Hab ich mich er-schreckt!
Hä?
Das kann eben nur ein un-sichtbarer Mensch.
Klient
Vielen herzlichen Dank!
…

◆ Ein nicht erfreuter Akira Tonome.

Detektivgeschichten 3

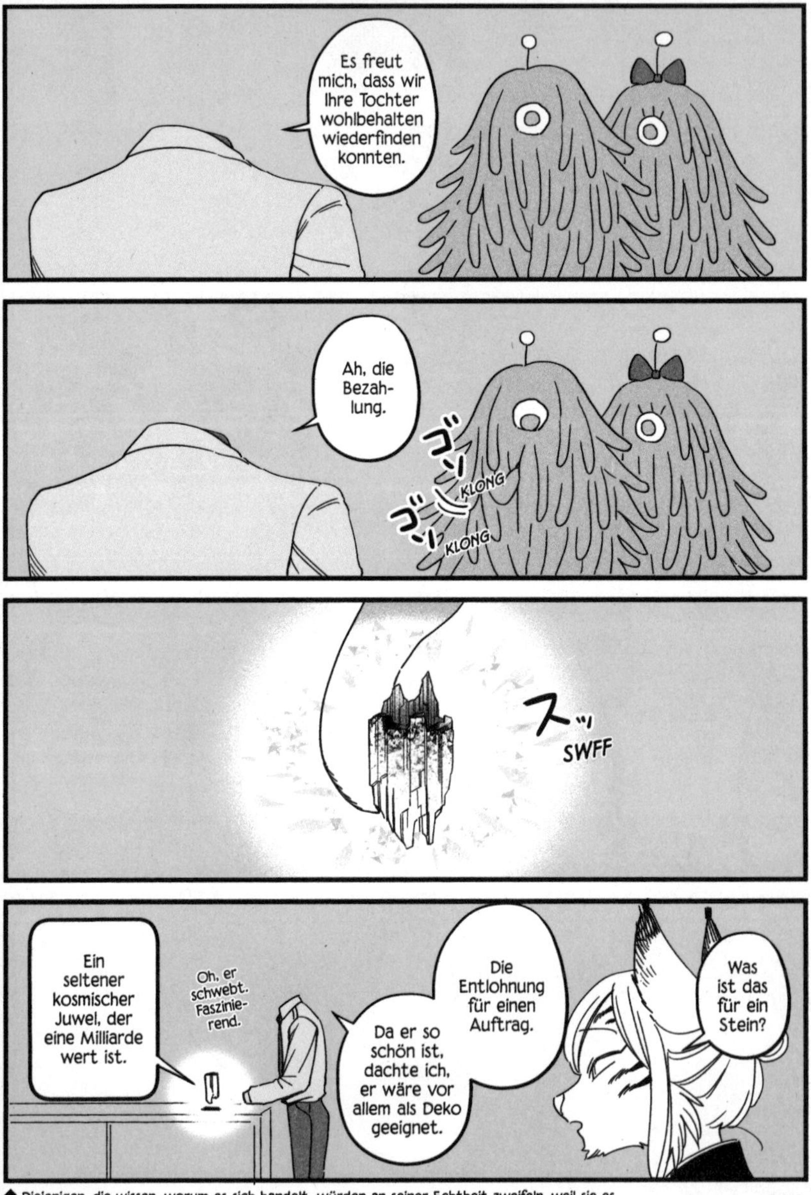

Es freut mich, dass wir Ihre Tochter wohlbehalten wiederfinden konnten.
Ah, die Bezahlung.
KLONG
KLONG
SWFF
Was ist das für ein Stein?
Die Entlohnung für einen Auftrag.
Da er so schön ist, dachte ich, er wäre vor allem als Deko geeignet.
Oh, er schwebt. Faszinierend.
Ein seltener kosmischer Juwel, der eine Milliarde wert ist.

◆ Diejenigen, die wissen, worum es sich handelt, würden an seiner Echtheit zweifeln, weil sie es nicht glauben könnten.

Detektivgeschichten 4

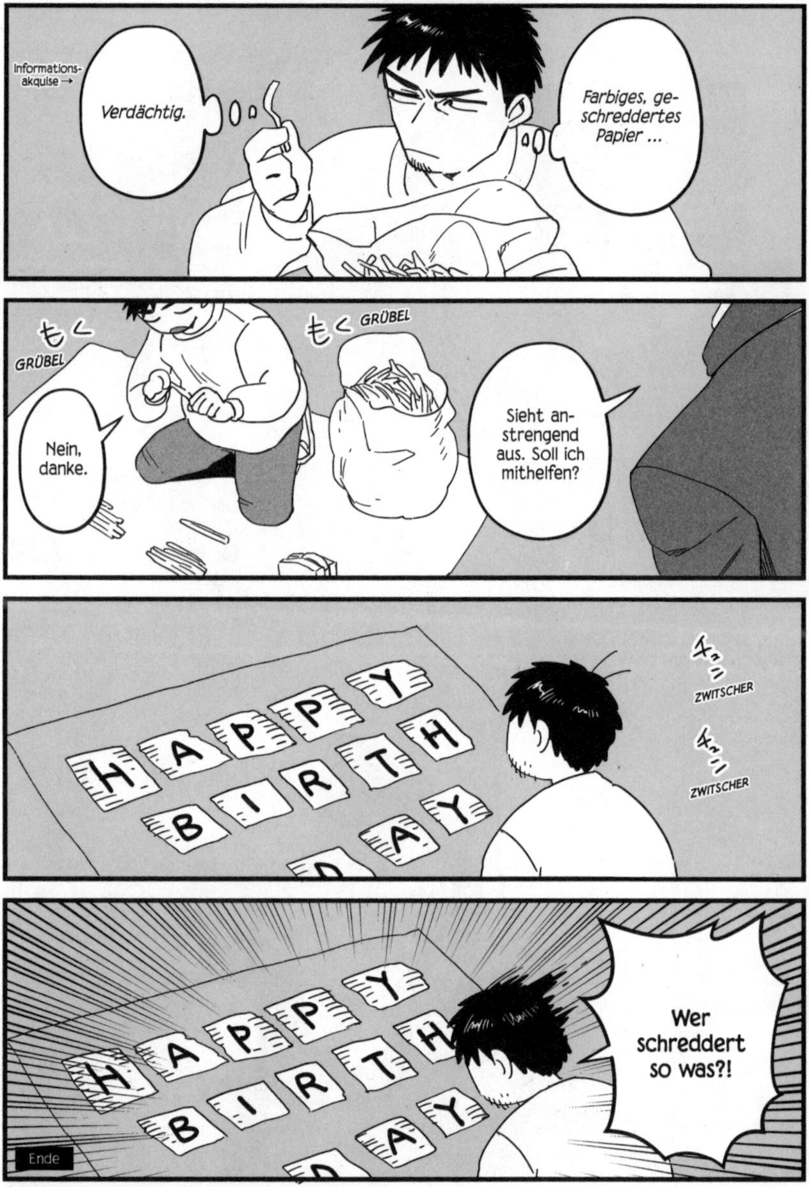

Farbiges, geschreddertes Papier ...
Verdächtig.
Informations-akquise →
もく GRÜBEL
もく GRÜBEL
Sieht anstrengend aus. Soll ich mithelfen?
Nein, danke.
チュン ZWITSCHER
チュン ZWITSCHER
HAPPY BIRTHDAY
Wer schreddert so was?!
HAPPY BIRTHDAY
Ende

◆ Als Nächstes: Eine Vorschau für Band 3!

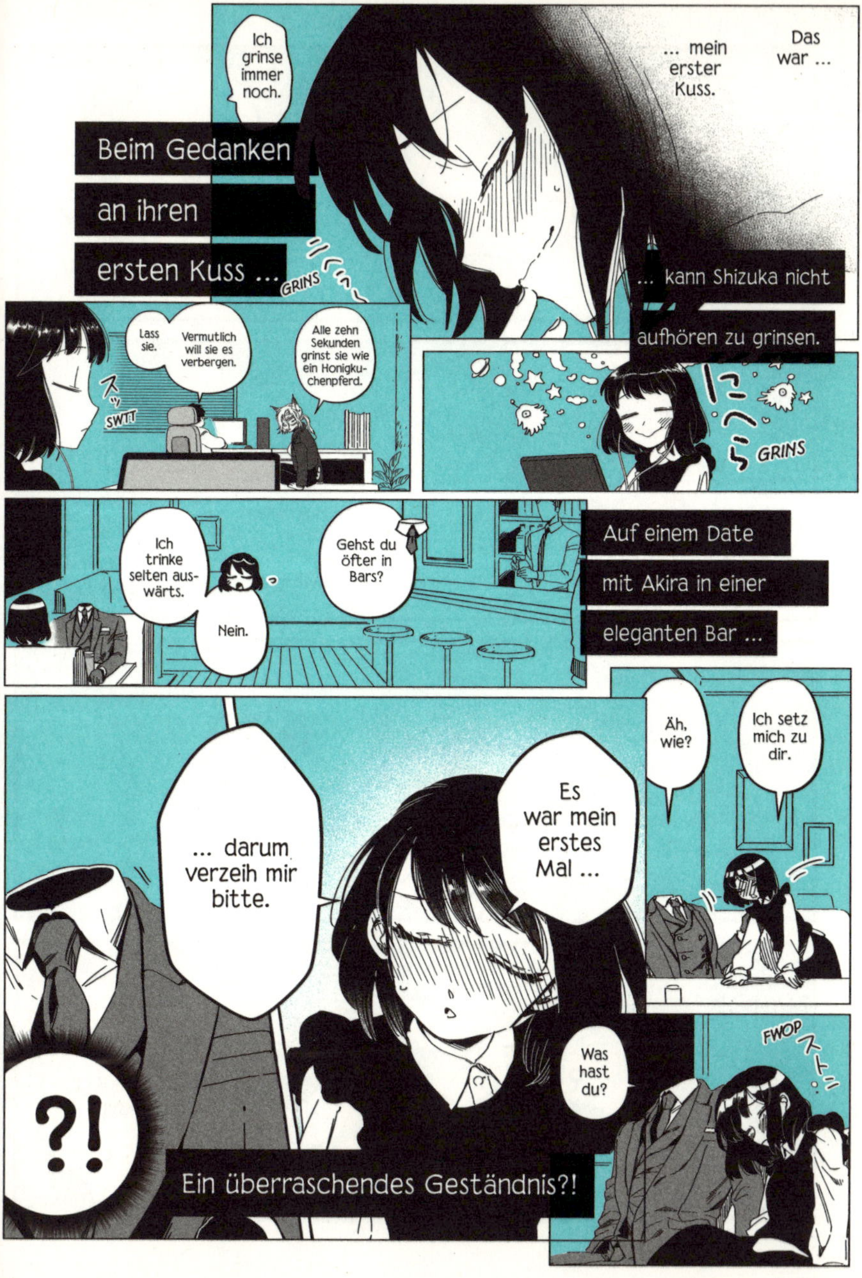
Das war ...
... mein erster Kuss.
Ich grinse immer noch.
Beim Gedanken
an ihren
ersten Kuss ...
GRINS
... kann Shizuka nicht
aufhören zu grinsen.
GRINS
Alle zehn Sekunden grinst sie wie ein Honigkuchenpferd.
Vermutlich will sie es verbergen.
Lass sie.
SWTT
Auf einem Date
mit Akira in einer
eleganten Bar ...
Gehst du öfter in Bars?
Nein.
Ich trinke selten auswärts.
Ich setz mich zu dir.
Äh, wie?
Es war mein erstes Mal ...
... darum verzeih mir bitte.
FWOP
Was hast du?
?!
Ein überraschendes Geständnis?!

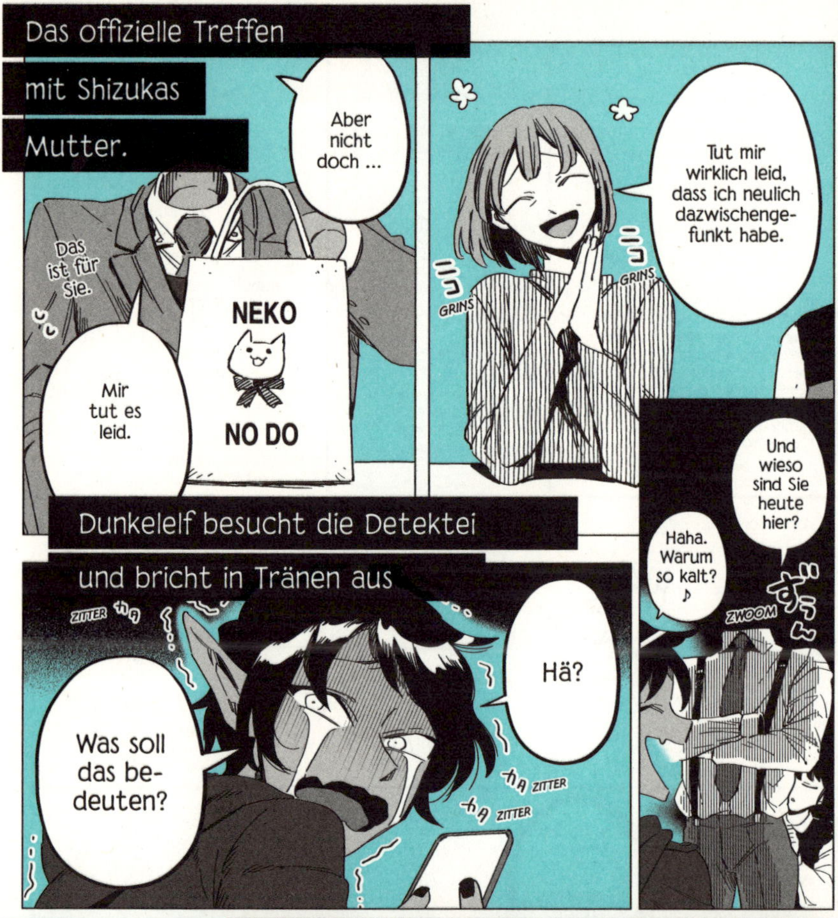
Das offizielle Treffen
mit Shizukas
Mutter.
Tut mir wirklich leid, dass ich neulich dazwischengefunkt habe.
GRINS
GRINS
Aber nicht doch ...
Das ist für Sie.
NEKO
NO DO
Mir tut es leid.
Dunkelelf besucht die Detektei
und bricht in Tränen aus
Und wieso sind Sie heute hier?
Haha. Warum so kalt? ♪
ZWOOM
Hä?
Was soll das bedeuten?
ZITTER
ZITTER
ZITTER

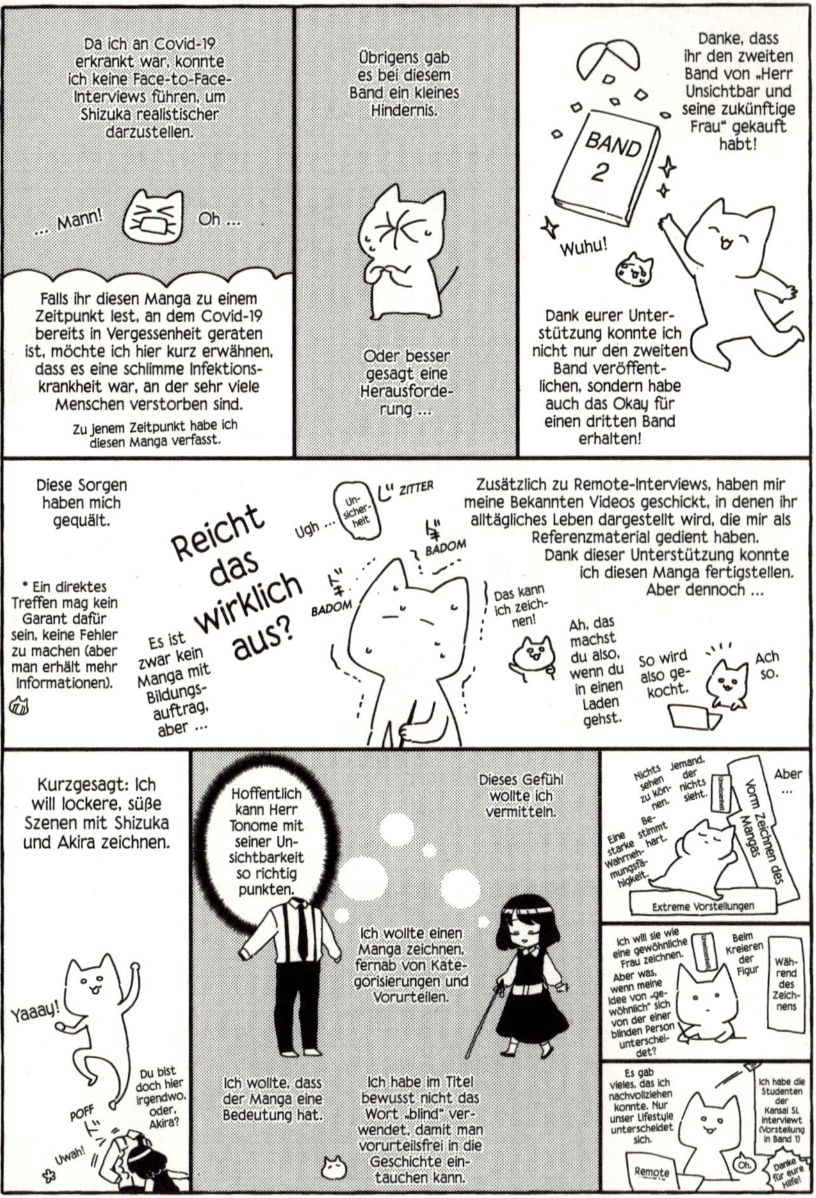
Danke, dass ihr den zweiten Band von „Herr Unsichtbar und seine zukünftige Frau“ gekauft habt!
BAND 2
Wuhu!
Dank eurer Unterstützung konnte ich nicht nur den zweiten Band veröffentlichen, sondern habe auch das Okay für einen dritten Band erhalten!
Übrigens gab es bei diesem Band ein kleines Hindernis.
Oder besser gesagt eine Herausforderung …
Da ich an Covid-19 erkrankt war, konnte ich keine Face-to-Face-Interviews führen, um Shizuka realistischer darzustellen.
… Mann!
Oh …
Falls ihr diesen Manga zu einem Zeitpunkt lest, an dem Covid-19 bereits in Vergessenheit geraten ist, möchte ich hier kurz erwähnen, dass es eine schlimme Infektionskrankheit war, an der sehr viele Menschen verstorben sind.
Zu jenem Zeitpunkt habe ich diesen Manga verfasst.
Zusätzlich zu Remote-Interviews, haben mir meine Bekannten Videos geschickt, in denen ihr alltägliches Leben dargestellt wird, die mir als Referenzmaterial gedient haben.
Dank dieser Unterstützung konnte ich diesen Manga fertigstellen.
Aber dennoch …
Das kann ich zeichnen!
Ah, das machst du also, wenn du in einen Laden gehst.
So wird also gekocht.
Ach so.
ZITTER
Unsicherheit
Ugh …
BADOM
BADOM
Reicht das wirklich aus?
Es ist zwar kein Manga mit Bildungsauftrag, aber …
Diese Sorgen haben mich gequält.
* Ein direktes Treffen mag kein Garant dafür sein, keine Fehler zu machen (aber man erhält mehr Informationen).
Aber …
Vorm Zeichnen des Mangas
Nichts sehen zu können.
Jemand, der nichts sieht.
Eine starke Wahrnehmungsfähigkeit.
Bestimmt hart.
Extreme Vorstellungen
Während des Zeichnens
Beim Kreieren der Figur
Ich will sie wie eine gewöhnliche Frau zeichnen.
Aber was, wenn meine Idee von „gewöhnlich“ sich von der einer blinden Person unterscheidet?
Ich habe die Studenten der Kansai SL interviewt (Vorstellung in Band 1)
Es gab vieles, das ich nachvollziehen konnte. Nur unser Lifestyle unterscheidet sich.
Remote
Oh.
Danke für eure Hilfe!
Dieses Gefühl wollte ich vermitteln.
Hoffentlich kann Herr Tonome mit seiner Unsichtbarkeit so richtig punkten.
Ich wollte einen Manga zeichnen, fernab von Kategorisierungen und Vorurteilen.
Ich wollte, dass der Manga eine Bedeutung hat.
Ich habe im Titel bewusst nicht das Wort „blind“ verwendet, damit man vorurteilsfrei in die Geschichte eintauchen kann.
Kurzgesagt: Ich will lockere, süße Szenen mit Shizuka und Akira zeichnen.
Yaaay!
Du bist doch hier irgendwo, oder, Akira?
POFF
Uwah!

* Kansai SL (Kansai Student Library)

SUTOPPU!

**Koko wa kono manga no owari dayo.
Hantaigawa kara yomihajimete ne!
Dewa omatase shimashita!
Tanoshii hitotoki wo dozo!**

Egmont-Manga-Chiimu

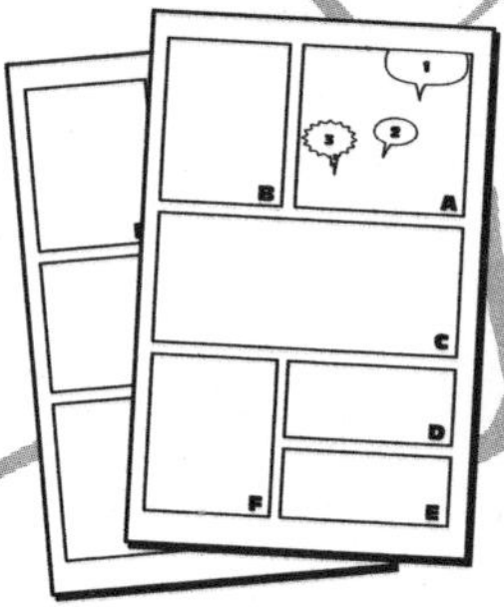

STOPP!

**Das ist der Schluss des Mangas.
Fangt bitte am anderen Ende an!
Und nun genug der Vorrede,
viel Spaß beim Lesen!**

Euer Egmont-Manga-Team

www.egmont-manga.de
Unsere Bücher findest du im
Buch- und Fachhandel und auf

EGMONT
Shop

www.egmont-shop.de

„Herr Unsichtbar und seine zukünftige Frau"
von Iwatobineko
Aus dem Japanischen von Victoria Maria Zach
Originaltitel: Toumei Otoko to Ningen Onna
~Sonouchi Fuufu ni Naru Futari~

Originalausgabe:
Tomei Otoko to Ningen Onna~Sonouchi Fufu ni
Naru Futari~

Originally published in Japan in 2021 by FUTABASHA
PUBLISHERS LTD, Tokyo.
German language translation rights arranged with
FUTABASHA PUBLISHERS LTD, Tokyo, through TOHAN
CORPORATION, Tokyo.

Deutschsprachige Ausgabe:
Egmont Manga verlegt durch Egmont
Verlagsgesellschaften mbH,
Ritterstraße 26, 10969 Berlin

1. Auflage 2024
Verantwortliche Redakteurin: Inga Wurzbach
Textbearbeitung: Martin Gericke
Gestaltung: Anke Koopmann, designomicon
Koordination: Angelika Schönhuber
Printed in the EU
978-3-7555-0349-1

story house
EGMONT